MAPPLE まっぷる

還有公路休息站&SA・PA情報！

可以從這裡拆下

新潟兜風自駕MAP

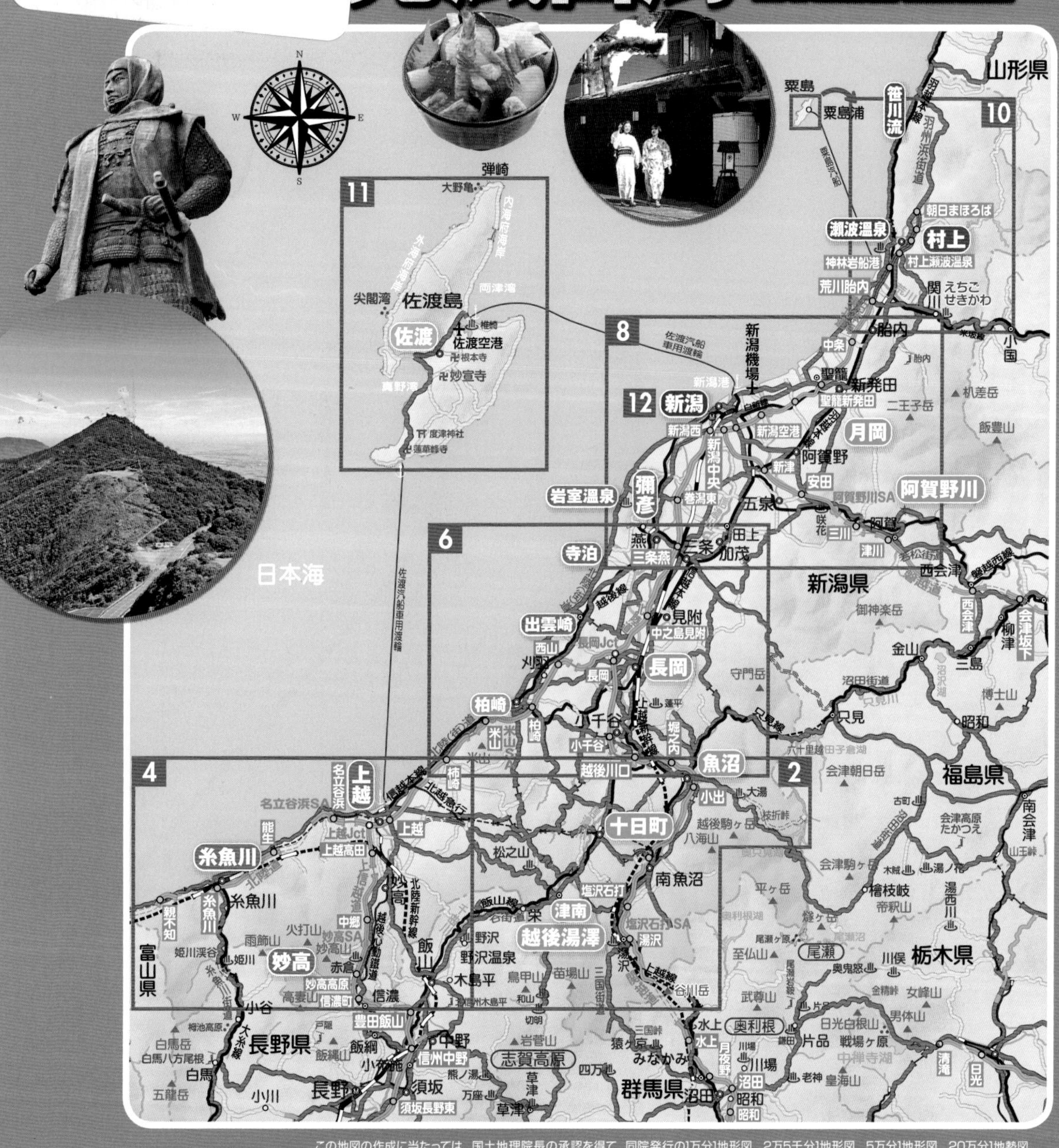

CONTENTS

★兜風自駕MAP★

★市區MAP★

★公路休息站&SA・PA情報★

越後湯澤・十日町・南魚沼
福島県
只見町
魚沼市
南魚沼市
群馬県
みなかみ町
湯沢町
越後駒ヶ岳
八海山
谷川岳
毛猛山
村杉岳
未丈ヶ岳
朝日岳
大源太山
茂倉岳
一ノ倉岳
太郎山
金城山
鳴倉山
奥只見湖
檜枝岐村
枝折峠
銀山平
銀山平温泉 白銀の湯
奥只見湖遊覧船
とんじろ茶屋
田舎食堂 いろりじねん
ホテル湯元
大湯温泉 交流センターユピオ
公路休息站 ゆのたにに
深雪の里
西福寺(開山堂)
ふれあい交流センター
見晴らしの湯こまみ
永林寺
堀之内
堀之内PA
そば処 薬師
La Grassa
毘沙門堂
ファミリーダイニング小玉屋
大和PA
魚沼之里
八海山空中纜車
欅苑
レストラン雪国
直江兼續公傳世館
大海屋みやげ店
六日町
お六の湯
雲洞庵
大源太 峡谷露營場
四十八滝
みなかみ
水上IC
たかさき
絕佳的「溫泉巡禮」路線
也可以行經小出IC前往福島一帶
沿著斷崖絕壁修築，僅1.5車道寬的道路
可邊駕駛邊欣賞駒之岳的景色!
風景絕佳的山路。前往駒之岳的登山口有停車場與廁所
日本數一數二的難駛山道路。請小心駕駛
全長22km，其中有18km為隧道
連續急彎，請留意對向車
焦點主題
現美新幹線
げんびしんかんせん
外觀內裝皆充滿藝術氣息的列車
行駛於越後湯澤～新潟間的觀光列車。所有車廂都展示了當代藝術作品，搭乘的同時還能順便欣賞。攝影家蜷川實花設計的外觀也十分華麗。
0570-04-8928
(びゅう予約センター)
MAP 附錄② P.9 C-4
行駛區間 越後湯澤～新潟
行駛日 以週六日、假日為主1天3班來回（詳細請於官網確認） ¥單程4900円～
※在主要車站的旅行櫃台「びゅうプラザ」或「びゅう予約センター」受理外，前一天的18時前也可在網路上辦理
©mika ninagawa, Courtesy of Tomio Koyama Gallery
越後湯澤溫泉
1:12,000
0 200m
周邊圖 附錄② P.3
石打駅
塩沢石打IC
ガーラ湯沢駅(臨)
SPAガーラの湯
浦佐駅
雪國之宿 高半
一望千里 御湯宿 中屋
湯居閒蔵
湯元共同浴場 山の湯
湯元跳望閣 湯居閒蔵
湯元橋
越後湯沢
下湯沢共同浴場 駒子の湯
湯沢IC
越後湯沢温泉雪まつり
布場ゲレンデ
湯沢高原スキー場 パノラマパーク
湯沢高原ロープウェイ
コマクサの湯
足湯ポケットパーク かんなっくり
湯澤町歷史民俗資料館「雪國館」
湯沢東映ホテル
駒子もち 億萬屋
ぽんしゅ館 越後湯沢店
越後の味蔵 回転寿し 本陣DINING
越後つけ麺維新
越後湯澤んまや駅中店
魚沼らーめん雁舎
中央いちば
たべあるき横丁
利き酒ギャラリー越の室
駅の酒蔵
酒風呂 湯の沢
雪ん洞
糀らって
MURANGOZZO
温泉珈琲 水屋
越後湯澤んまや
CoCoLo湯沢・がんぎどおり
いなもと
越後湯沢温泉観光協会(雪国観光舎)
湯沢グランド
越後湯沢温泉 一本杉スキー場
越後湯沢駅
上毛高原駅
水上駅
滝乃湯
音羽屋旅館
ニューオータニ
保よし
松泉閣花月
ニューモンド
KKR ゆきぐに
附錄② 2

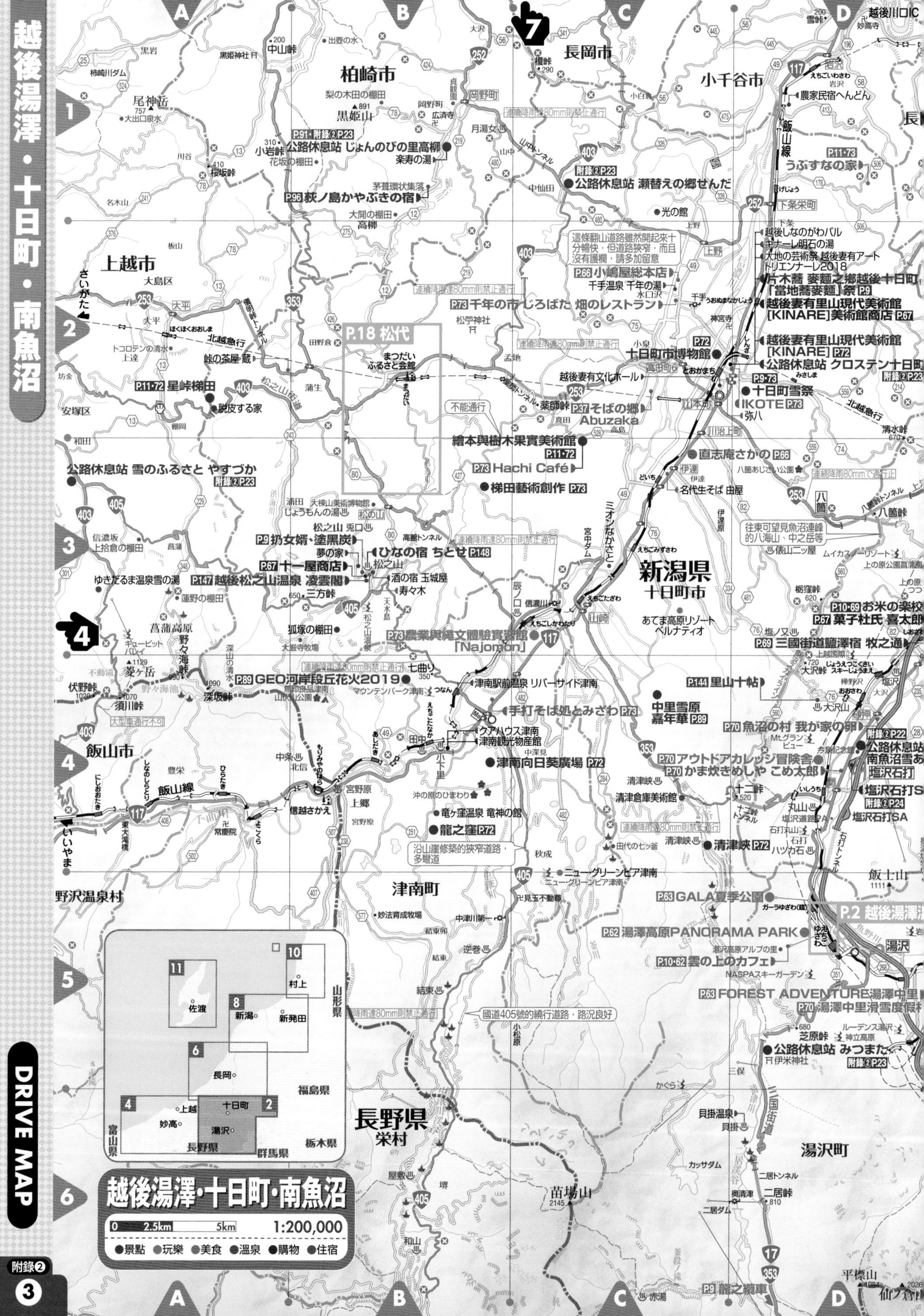
越後湯澤・十日町・南魚沼
1:200,000
●景點 ●玩樂 ●美食 ●溫泉 ●購物 ●住宿
柏崎市
長岡市
小千谷市
上越市
十日町市
新潟県
長野県
栄村
津南町
湯沢町
飯山市
公路休息站 じょんのびの里高柳
萩ノ島かやぶきの宿
公路休息站 瀬替えの郷せんだ
うぶすなの家
小嶋屋総本店
千年の市じろばた 畑のレストラン
越後妻有里山現代美術館 [KINARE]美術館商店
十日町市博物館
公路休息站 クロステン十日町
十日町雪祭
IKOTE
そばの郷 Abuzaka
繪本與樹木果實美術館
Hachi Café
梯田藝術創作
直志庵さがの
星峠梯田
公路休息站 雪のふるさと やすづか
扒女婿、塗黑炭
ひなの宿 ちとせ
十一屋商店
越後松之山温泉 凌雲閣
農業與繩文體驗實習館「Najomon」
GEO河岸段丘花火2019
手打そば処とみさわ
津南向日葵廣場
龍之窪
清津峡
里山十帖
中里雪原嘉年華
魚沼の村 我が家の卵
アウトドアカレッジ冒険舎
かま炊きめしや こめ太郎
公路休息站 南魚沼雪あ
塩沢石打SA
GALA夏季公園
湯澤高原PANORAMA PARK
雲の上のカフェ
FOREST ADVENTURE湯澤中里
湯澤中里滑雪度假村
公路休息站 みつまた
お米の楽校
菓子社氏 喜太郎
三國街道鹽澤宿 牧之通
P.18 松代
P.2 越後湯澤
龍之瀧車
苗場山

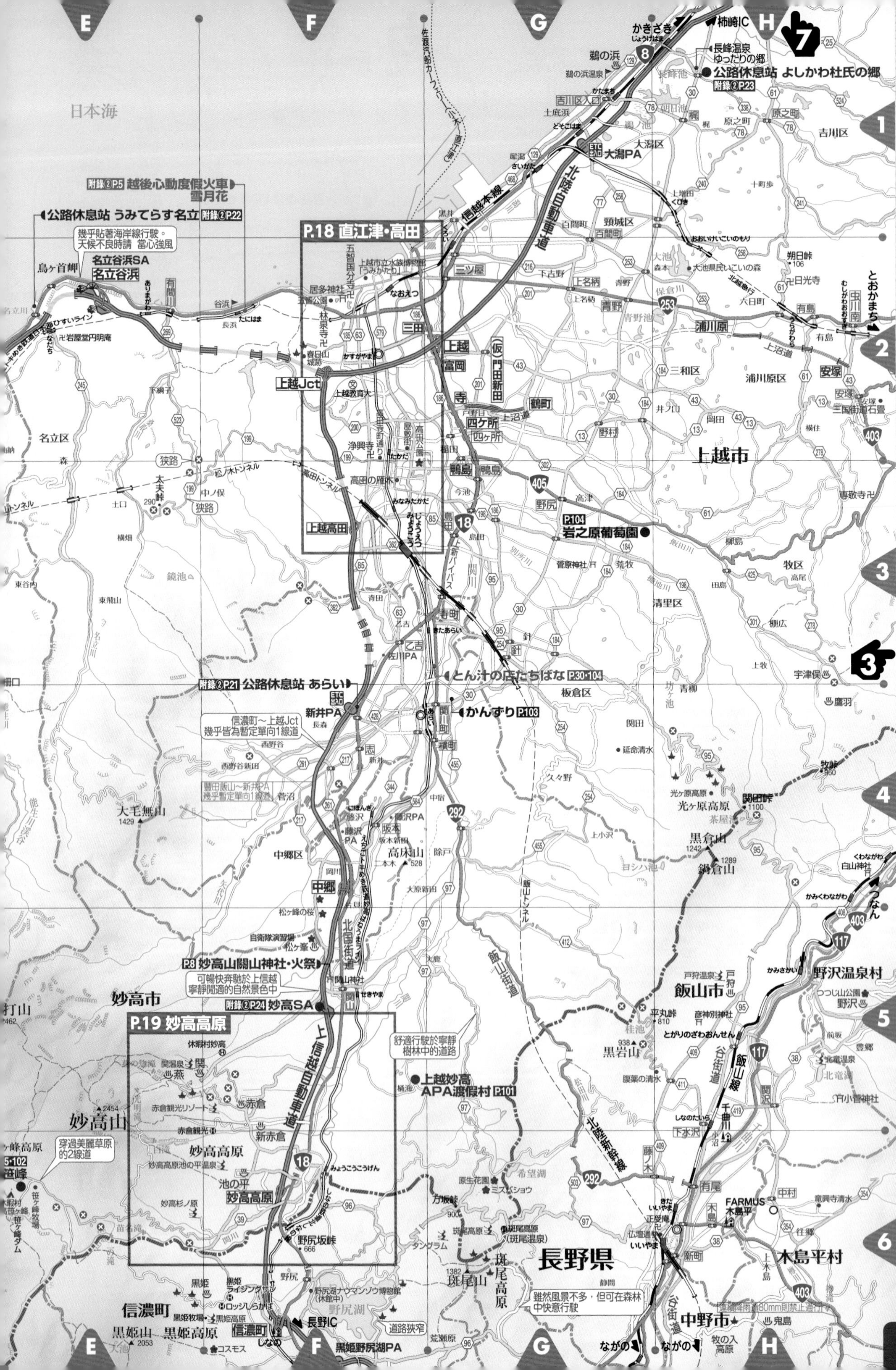

日本海

附錄②P.5 越後心動度假火車 雪月花

公路休息站 うみてらす名立 附錄②P.22

幾乎貼著海岸線行駛。天候不良時請 當心強風

名立谷浜SA

名立谷浜

鳥ヶ首岬

P.18 直江津・高田

上越Jct

上越高田

上越市

上越妙高

P.104 岩之原葡萄園

とん汁の店たちばな P.30・104

附錄②P.21 公路休息站 あらい

新井PA

信濃町～上越Jct 幾乎皆為暫定單向1線道

かんずり P.103

P.8 妙高山關山神社・火祭

可暢快奔馳於上信越 寧靜閒適的自然景色中

附錄②P.24 妙高SA

妙高市

P.19 妙高高原

妙高山

穿過美麗草原 的2線道

舒適行駛於寧靜 樹林中的道路

上越妙高 APA渡假村 P.101

飯山市

野沢温泉村

長野県

雖然風景不多，但可在森林 中快意行駛

道路狭窄

信濃町

長野IC

黒姫野尻湖PA

中野市

木島平村

附錄② P.23 公路休息站 よしかわ杜氏の郷

長峰温泉 ゆったりの郷

大潟PA

柿崎IC

とおかまち

つなん

ながの

上越・妙高
上越・妙高
0 2.5km 5km 1:200,000
●景點 ●玩樂 ●美食 ●溫泉 ●購物 ●住宿
佐渡
村上
新潟
新発田
山形県
長岡
福島県
上越
十日町
妙高
湯沢
富山県
長野県
群馬県
栃木県
焦點主題
越乃Shu*Kura
こしのしゅくら
日本酒王國—新潟特有的觀光列車
坐在沿著海邊奔馳的列車上，在欣賞絕景的同時，還能享用在地日本酒，以及使用在地食材製作的下酒菜。車上還設有品酒區(收費)。
0570-04-8928(びゅう予約センター) MAP 附錄② P.17 A-3
行駛區間 上越妙高～十日町
行駛日 以週六日、假日為主1天1班來回(冬季停駛、詳細情形請於官網確認)
¥單程6400円～
※在主要車站的旅行櫃台「びゅうプラザ」或「びゅう予約センター」受理外，前一天的18時前也可在網路上辦理
焦點主題
越後心動度假火車 雪月花
えちごときめきりぞーとせつげっか
飽覽山海絕景的觀景列車
配備日本國內列車中最大的窗戶及展望台，可觀賞打動人心的壯麗美景。與四季風景相映成趣的銀紅色車身，全都是在新潟的工廠所打造。
025-543-8988(えちごトキめきリゾート雪月花予約センター) MAP 附錄② P.4 F-2
行駛區間 上越妙高～妙高高原(折返)～糸魚川 行駛日 以週六日、假日為主1天2班(詳情請於官網確認) ¥附餐點17500円 ※僅接受預約中心的電話預約。於電話暫時預約後，將金額匯入指定戶口，會再寄出車票。從行駛日的4個月前可開始預約(逢週六日、假日則翌工作日)
有許多大型車通行
附錄② P.22 公路休息站 マリンドリーム能生
かにや横丁
あさひ楼
能生白山神社
有許多大型車通行
能生
för ägg P.103
天津神社
奴奈川神社
蓮台寺PA
小富士山
糸魚川市
水保観音堂
北陸新幹線
北陸自動車道
P.18 糸魚川
附錄② P.23
公路休息站 親不知ピアパーク
親不知
天険 親不知
公路休息站 越後市振の関
附錄② P.23
とやま
黒姫山 1222
新潟県
焼山
笹倉
島道鉱泉
鉾ヶ岳
権現岳
フォッサマグナパーク
白鳥山 1287
明星山 1189
P.104 小瀧川翡翠峡
シーサイドバレー
糸魚川
日吉神社
駒ヶ岳 1498
鋸岳 1631
焼山 2400
雨飾
雨飾山 1963
金山 2245
天狗原山 2197
犬ヶ岳 1593
富山県
朝日町
高浪池
大峰峠 680
姫川
ホテル國富 翠泉閣
大所トンネル
葛葉峠
長野県
小谷村
乙見山峠 1510
到此為止的區間為柏油路
小谷
八丁坂
白池
栂池
塩坂トンネル
つがいけ
白池
朝日岳 2418
風吹岳 1888
風吹大池
みなみおたり
中土
北小谷
大宮諏訪神社
堂津岳 1927
来馬
DRIVE MAP

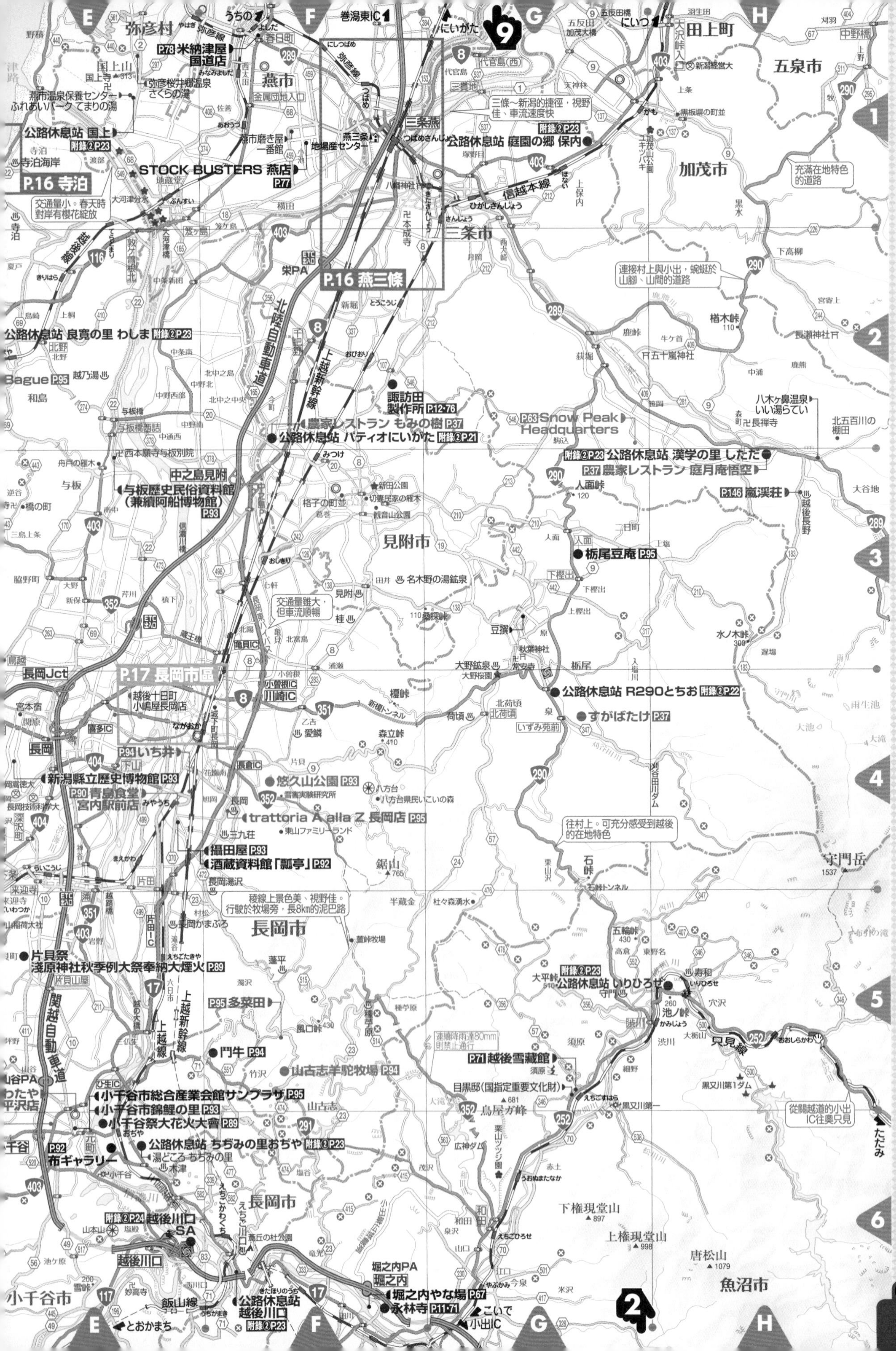

E F G H

1 2 3 4 5 6

9

弥彦村
燕市
三条市
加茂市
五泉市
田上町
見附市
長岡市
小千谷市
魚沼市

P.78 米納津屋 国道店
弥彦桜井郷温泉 さくらの湯
燕市温泉保養センター ふれあいパーク てまりの湯
公路休息站 国上 附錄② P.23
寺泊海岸
STOCK BUSTERS 燕店 P.77
燕市磨き屋一番館
地場産センター
P.16 寺泊
交通量小。春天時對岸有櫻花綻放
P.16 燕三條
三條～新潟的捷徑，視野佳、車流速度快
附錄② P.23 公路休息站 庭園の郷 保内
充滿在地特色的道路
連接村上與小出，蜿蜒於山腳、山間的道路
公路休息站 良寛の里 わしま 附錄② P.23
Bague P.95
諏訪田製作所 P.12・76
P.63 Snow Peak Headquarters
農家レストラン もみの樹 P.37
公路休息站 パティオにいがた 附錄② P.21
附錄② P.23 公路休息站 漢学の里 しただ
P.37 農家レストラン 庭月庵悟空
P.146 嵐渓荘
八木ヶ鼻温泉 いい湯らてい
中之島見附
与板歴史民俗資料館（兼續阿船博物館） P.93
栃尾豆庵 P.95
名木野の湯鉱泉
交通量雖大，但車流順暢
P.17 長岡市區
越後十日町 小嶋屋長岡店
公路休息站 R290とちお 附錄② P.22
すがばたけ P.37
P.94 いち井
新潟縣立歴史博物館 P.93
P.90 青島食堂 宮内駅前店
悠久山公園 P.93
trattoria A alla Z 長岡店 P.95
摂田屋 P.93
酒蔵資料館「瓢亭」 P.92
往村上。可充分感受到越後的在地特色
稜線上景色美、視野佳。行駛於牧場旁，長8km的泥巴路
片貝祭 淺原神社秋季例大祭奉納大煙火 P.89
附錄② P.23 公路休息站 いりひろせ
P.95 多菜田
門牛 P.94
山古志羊駝牧場 P.94
連續降雨達80mm則禁止通行
P.71 越後雪藏館
目黒邸（國指定重要文化財）
從關越道的小出IC往奧只見
小千谷市総合産業会館サンプラザ P.95
小千谷市錦鯉の里
小千谷祭大花火大會 P.89
P.92 布ギャラリー
公路休息站 ちぢみの里おぢや 附錄② P.23
附錄② P.24 越後川口 SA
公路休息站 越後川口 附錄② P.23
堀之内やな場 P.67
永林寺 P.11・71
北陸自動車道
關越自動車道
上越新幹線
上越線
信越本線
只見線
飯山線
長岡Jct
巻潟東IC
三条燕
栄PA
中之島見附
長岡北
長岡IC
小千谷IC
越後川口
堀之内PA
小出IC
守門岳 1537
鋸山 765
鳥屋ガ峰 681
下権現堂山 897
上権現堂山 998
唐松山 1079
にいがた
にいつ
こいで
ただみ
とおかまち

長岡・柏崎・寺泊

0 2.5km 5km 1:200,000

●景點 ●玩樂 ●美食 ●溫泉 ●購物 ●住宿

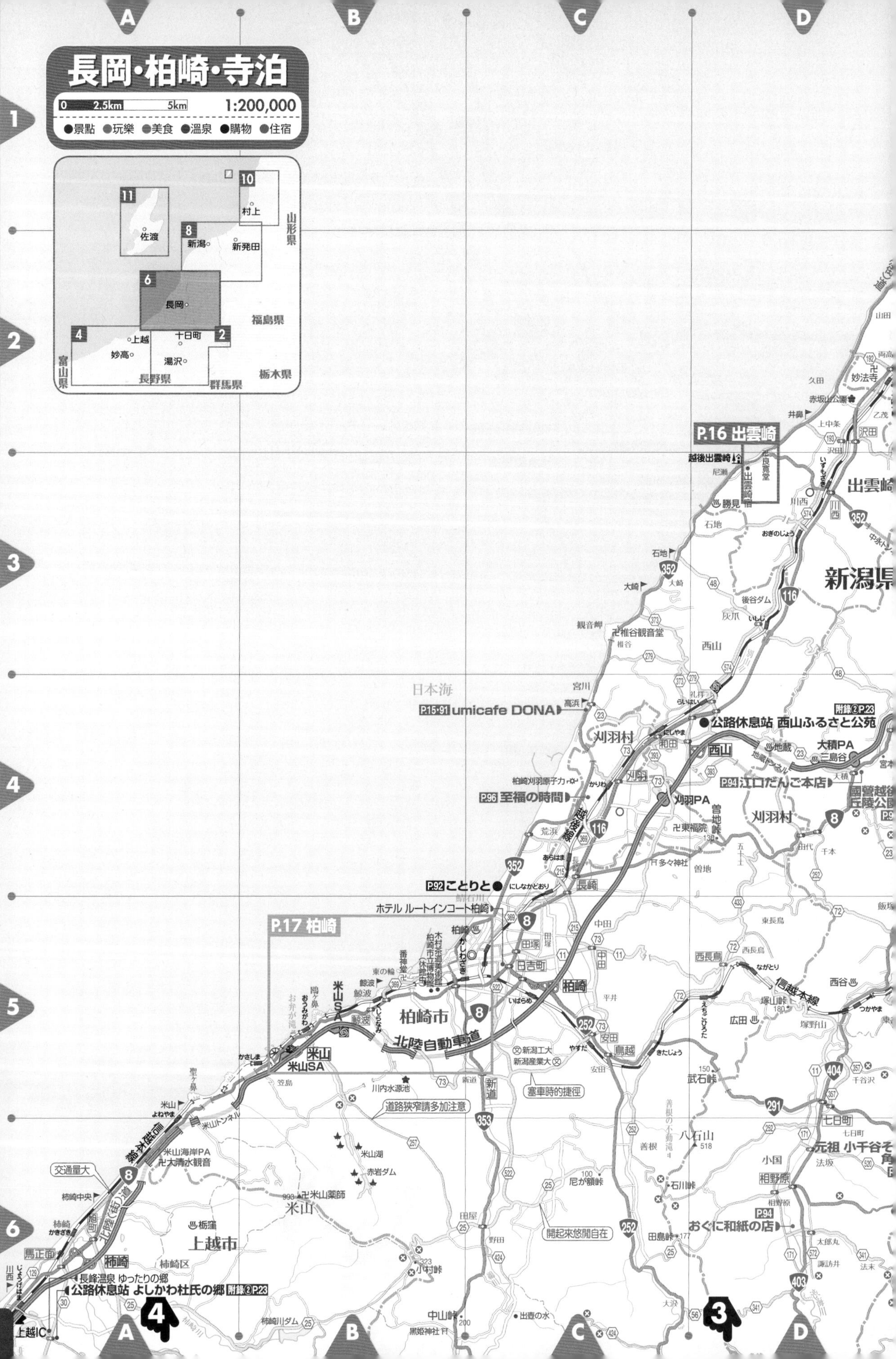

村上 佐渡 新潟 新発田 山形県 長岡 福島県 上越 十日町 妙高 湯沢 富山県 長野県 群馬県 栃木県

日本海

P.16 出雲崎
越後出雲崎
良寛堂
出雲崎宿
出雲崎
新潟県
椎谷観音堂
P.15・91 umicafe DONA
公路休息站 西山ふるさと公苑 附錄② P.23
刈羽村
大積PA
P.94 江口だんご本店
柏崎刈羽原子力
P.96 至福の時間
刈羽PA
國營越後丘陵公園
P.92 ことりと
ホテル ルートインコート柏崎
P.17 柏崎
柏崎市
北陸自動車道
米山SA
信越本線
塞車時的捷徑
道路狹窄請多加注意
米山海岸PA
大清水観音
交通量大
米山薬師
上越市
開起來悠閒自在
おぐに和紙の店 P.94
元祖 小千谷そ角
長峰温泉 ゆったりの郷
公路休息站 よしかわ杜氏の郷 附錄② P.23
上越IC

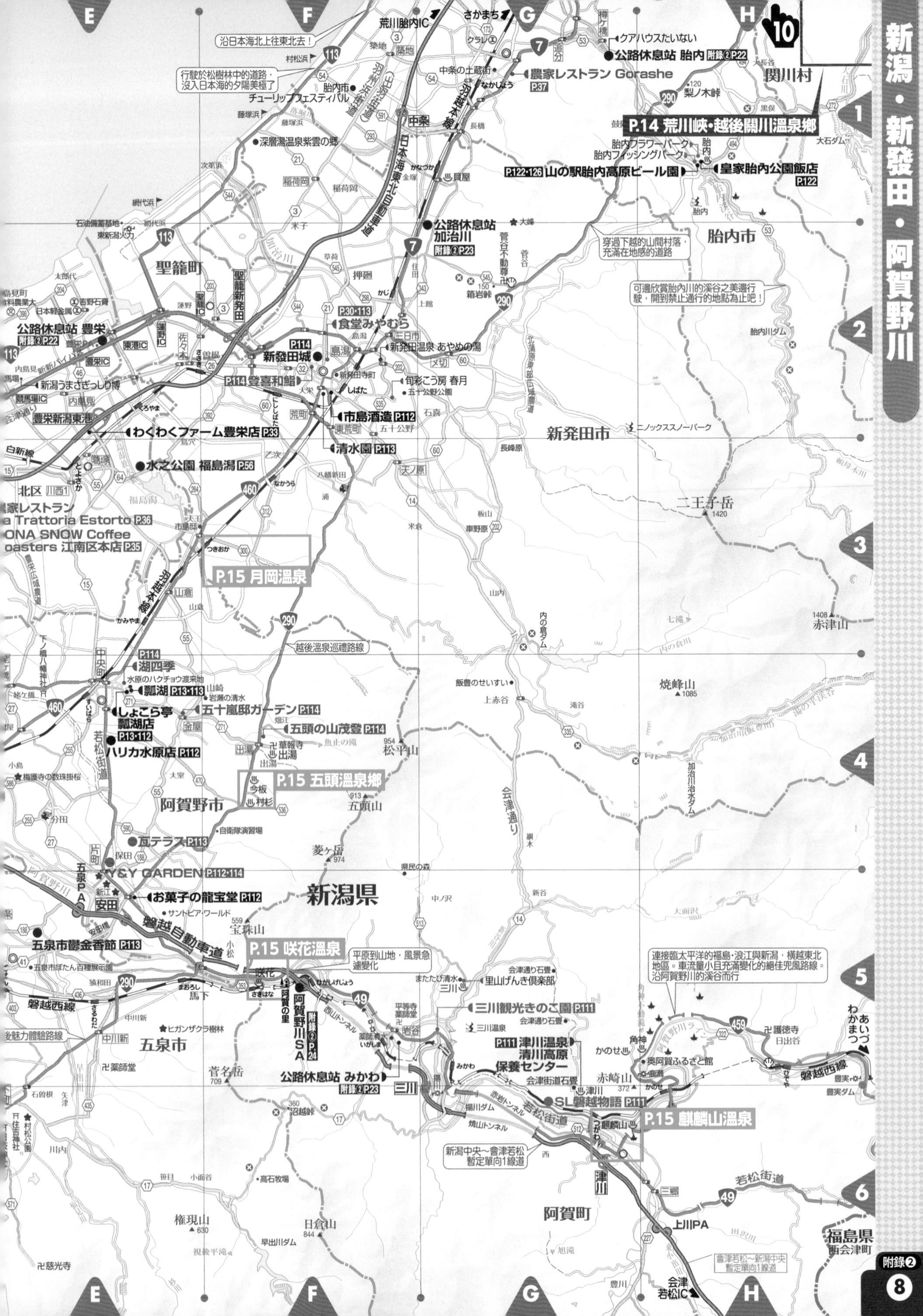

10
沿日本海北上往東北去！
荒川胎内IC
行駛於松樹林中的道路，沒入日本海的夕陽美極了
クアハウスたいない
公路休息站 胎内 附錄② P.22
農家レストラン Gorashe P.37
関川村
梨ノ木峠
チューリップフェスティバル
P.14 荒川峡・越後關川温泉郷
深層湯温泉紫雲の郷
胎内フラワーパーク
胎内フィッシングパーク
P.122・126 山の駅胎内高原ビール園
皇家胎内公園飯店 P.122
公路休息站 加治川 附錄② P.23
胎内市
穿過下越的山間村落，充滿在地感的道路
聖籠町
可邊欣賞胎内川的溪谷之美邊行駛，開到禁止通行的地點為止吧！
公路休息站 豊栄 附錄② P.22
P.30・113 食堂みやむら
新発田温泉 あやめの湯
P.114 新發田城
P.114 登喜和鮨
旬彩こう房 春月
新潟うまさぎっしり博
市島酒造 P.112
清水園 P.113
わくわくファーム豊栄店 P.33
新発田市
ニノックススノーパーク
水之公園 福島潟 P.56
二王子岳
農家レストラン
La Trattoria Estorto P.36
ONA SNOW Coffee Roasters 江南区本店 P.35
P.15 月岡温泉
赤津山
越後温泉巡禮路線
P.114 湖四季
瓢湖 P.13・113
五十嵐邸ガーデン P.114
しょこら亭 瓢湖店 P.13・112
五頭の山茂登 P.114
焼峰山
ハリカ水原店 P.112
松平山
P.15 五頭温泉郷
阿賀野市
五頭山
会津通り
瓦テラス P.113
菱ケ岳
Y&Y GARDEN P.112・114
お菓子の龍宝堂 P.112
新潟県
五泉市鬱金香節 P.113
磐越自動車道
P.15 咲花温泉
平原到山地，風景急遽變化
連接臨太平洋的福島・浪江與新潟，橫越東北地區。車流量小且充滿變化的絶佳兜風路線。沿阿賀野川的溪谷而行
里山げんき倶楽部
磐越西線
三川観光きのこ園 P.111
阿賀野川SA 附錄② P.24
五泉市
P.111 津川温泉 清川高原保養センター
公路休息站 みかわ 附錄② P.23
SL磐越物語 P.111
P.15 麒麟山温泉
新潟中央～會津若松 暫定單向1線道
阿賀町
上川PA
福島県 西会津町
會津若松～新潟中央 暫定單向1線道
会津若松IC

新潟・新發田・阿賀野川
DRIVE MAP
附錄②
9
新潟・新發田・阿賀野川
0 2.5km 5km 1:200,000
●景點 ●玩樂 ●美食 ●溫泉 ●購物 ●住宿
佐渡
村上
新潟
新発田
山形県
長岡
福島県
上越
十日町
妙高
湯沢
富山県
長野県
群馬県
栃木県
日本海
新日本海フェリー（小樽～新潟）
新日本海フェリー（苫小牧東・秋田～新潟～敦賀）
佐渡汽船カーフェリー（両津～新潟）
新日本海フェリー（敦賀～新潟）
P.20 鮨・割烹いじま
新潟空港
東区
西名目所IC
P.33 せきとり本店
P.58 新潟仙貝王國
P.15 新潟周邊
一日市IC
海老ケ瀬IC
竹尾IC
中央区
桜木IC
紫竹山IC
日本海東北自動車道
信越本線
新潟空港
豊栄SA
鳥屋野潟
ビッグスワンスタジアム
中央食堂 P.20
新潟市場
築地場屋敷林
五十嵐浜
新潟西
黒埼
女池IC
小新
亀貝
P.57 塩川酒造
新通
緒立
新潟ふるさと村
新潟市
新潟中央
新潟亀田
P.23 ことぶき寿司 内野店
新潟西バイパス
新潟PA
茅野山IC
江南区
路旁都是防風林，看不見海
P.36 和FOODレストラン トコワカ
曽和
高山
西区
P.34 Fermier
P.60 CAVE D'OCCI WINERY
ヴィネスパ
越後線
附錄② P.24 黒埼PA
P.37 やさい工房 あぐりDining
P.56 豪農之館 北方文化博物館（伊藤邸）
新潟市 P.57 Agri Park（農業公園）
三條～新潟的捷徑 視野佳、車流也快
角田浜
笹祝酒造
附錄② P.2 現美新幹線
P.57 神尾弁当
新潟市新津鐵道資料館
可以最近距離看到佐渡，開起來很舒服的濱海公路
角田岬
P.57 上堰潟公園
西蒲区
附錄② P.23 公路休息站 花夢里にいつ
P.84 越後七浦 海岸公路
P.36 農園のカフェ厨房 TONERIKO
P.56 舊笹川家 住宅
上越新幹線
秋葉区
角田山
P.30 こまどり
プレジール
カフェバー 風待 P.32
LE POELON BIS P.51
南区
P.57 酒井商店
暫時看不見海
P.8 白根大風箏會戰
白根大風箏歷史館 P.57
新潟市新津美術館
新潟縣立植物園
巻
中野邸紀念館 P.56
P.21 おさかな亭 白根店
白根日の出町
巻潟東
P.16 岩室温泉
另一條新潟～三條的捷徑
北陸自動車道
P.81 パノラマタワー
宝山酒造 P.79
多宝山
彌彥山空中纜車 P.81
P.81 御神廟
P.16 彌彥
田上町
湯田上
弥彦村
弥彦桜井郷温泉 さくらの湯 P.82
田んぼアート
可從車窗望見壯麗的彌彥山
P.16 燕三條
燕市
三条市
公路休息站 国上 附錄② P.23
燕市温泉保養センター ふれあいパーク てまりの湯
P.85 燕市磨屋一番館
三条燕
燕三条 地場産センター
中之島見附IC
附錄② P.23 公路休息站 庭園の郷 保内
寺泊海岸
P.16 寺泊
長岡市
てらどまり
ながおか
加茂市
信越本線
6

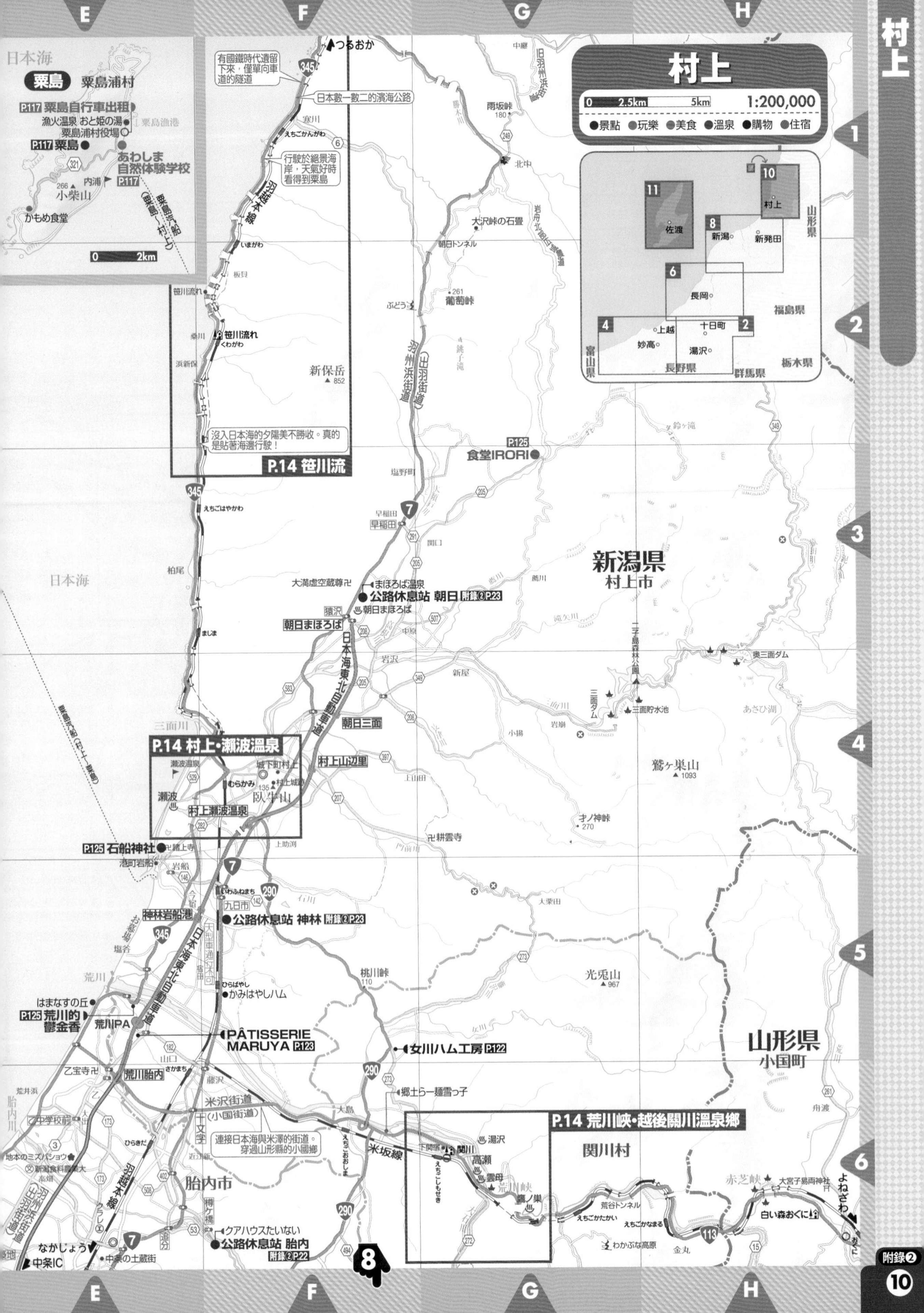
村上
0 2.5km 5km 1:200,000
●景點 ●玩樂 ●美食 ●溫泉 ●購物 ●住宿
粟島 粟島浦村
P.117 粟島自行車出租
漁火溫泉 おと姫の湯
粟島浦村役場
P.117 粟島
あわしま自然体験学校
小柴山
かもめ食堂
日本海
有國鐵時代遺留下來，僅單向車道的隧道
日本數一數二的濱海公路
行駛於絕景海岸，天氣好時看得到粟島
笹川流れ
新保岳
沒入日本海的夕陽美不勝收。真的是貼著海邊行駛！
P.14 笹川流
P.125 食堂IRORI
新潟県
村上市
大満虚空蔵尊
まほろば温泉
公路休息站 朝日 附錄② P.23
朝日まほろば
朝日三面
P.14 村上・瀬波温泉
瀬波
村上瀬波温泉
臥牛山
村上山辺里
P.125 石船神社
神林岩船港
公路休息站 神林 附錄② P.23
鷲ヶ巣山
光兎山
かみはやしハム
はまなすの丘
P.125 荒川的鬱金香
荒川PA
PÂTISSERIE MARUYA P.123
女川ハム工房 P.122
郷土ら一麺雪っ子
荒川胎内
米沢街道（小国街道）
連接日本海與米澤的街道。穿過山形縣的小國鄉
胎内市
クアハウスたいない
公路休息站 胎内 附錄② P.22
中条IC
P.14 荒川峽・越後関川溫泉鄉
関川村
山形県
小国町
白い森おくに
よねざわ
つるおか
佐渡
新潟
新発田
長岡
上越
十日町
妙高
湯沢
長野県
群馬県
福島県
栃木県
富山県

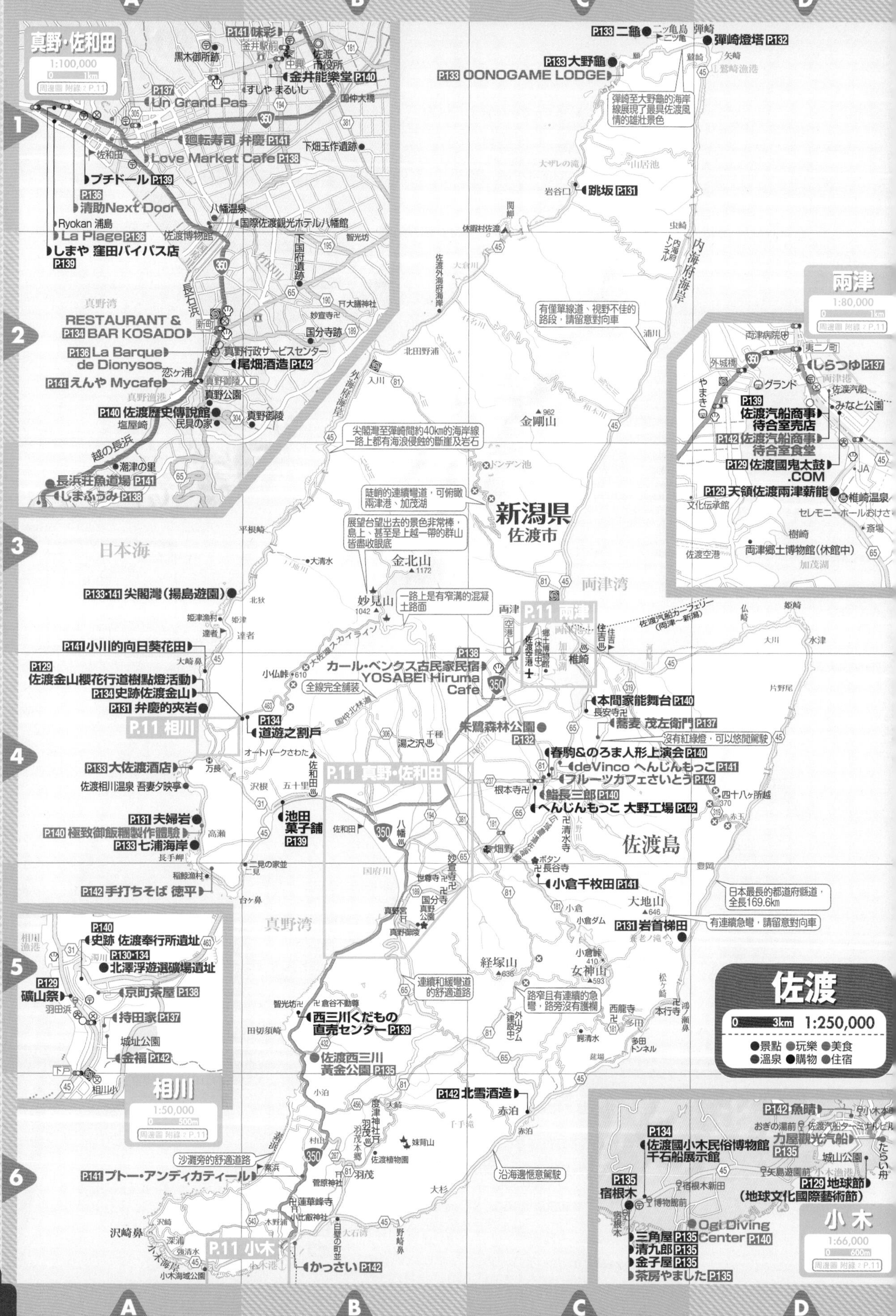

A B C D

真野・佐和田

1:100,000
周邊圖 附錄 P.11

P.141 味彩
金井駅前
黒木御所跡
佐渡市役所
中興
金井能樂堂 P.140
すしや まるいし
國仲大橋
P.137 Un Grand Pas
廻転寿司 弁慶 P.141
下畑玉作遺跡
佐和田
Love Market Cafe P.138
プチドール P.139
P.136 清助Next Door
八幡温泉
Ryokan 浦島
国際佐渡観光ホテル八幡館
La Plage P.136
佐渡博物館
下国府遺跡
智光坊
しまや 窪田バイパス店 P.139
長石浜
真野湾
RESTAURANT & BAR KOSADO P.134
新町
大膳神社
妙宣寺
国分寺跡
P.136 La Barque de Dionysos
真野行政サービスセンター
尾畑酒造 P.142
恋ケ浦
P.141 えんや Mycafe
真野御陵入口
真野公園
真野漁港
P.140 佐渡歴史傳說館
塩屋崎
民具の家
真野御陵
越の長浜
潮津の里
長浜荘魚道場 P.141
しまふうみ P.138

佐渡

P.133 二龜
二ツ亀島
二ツ亀
彈崎
彈崎燈塔 P.132
鷲崎
矢崎
P.133 大野龜
鷲崎漁港
P.133 OONOGAME LODGE

彈崎至大野龜的海岸線展現了最具佐渡風情的雄壯景色

大ザレの滝
山居池
岩谷口
跳坂 P.131
関岬
休暇村佐渡
虫崎
内海府トンネル
内海府海岸
佐渡外海府海岸
大倉川
有僅單線道、視野不佳的路段，請留意對向車
浦川
北田野浦
入川
外海府海岸
金剛山 962
和木川

尖閣灣至彈崎間約40km的海岸線一路上都有海浪侵蝕的斷崖及岩石

ドンデン池

陡峭的連續彎道，可俯瞰兩津港、加茂湖

展望台望出去的景色非常棒，島上、甚至是上越一帶的群山皆盡收眼底

新潟県
佐渡市
平根崎
日本海
大清水
金北山 1172
両津湾
P.133・141 尖閣灣（揚島遊園）
北狄
妙見山 1042
一路上是有窄滿的混凝土路面
両津
P.11 両津
姫津漁村
姫津
達者
達者
大佐渡スカイライン
空港入口
佐渡空港
郷土博物館（休館中）
加茂湖
椎崎
住吉
佐渡汽船カーフェリー（両津－新潟）
P.141 小川的向日葵花田
大崎鼻
P.129 佐渡金山櫻花行道樹點燈活動
小仏峠 610
カール・ベンクス古民家民宿 P.138
YOSABEI Hiruma Cafe
全線完全舗装
P.134 史跡佐渡金山
P.131 弁慶的夾岩
国中林道
P.11 相川
P.134 道遊之割戸
本間家能舞台 P.140
長安寺
蕎麦 茂左衛門 P.137
没有紅綠燈，可以悠閒駕駛
朱鷺森林公園 P.132
千種
湯之沢
オートパークさわた
佐和田
P.133 大佐渡酒店
万長
春駒&のろま人形上演会 P.140
deVinco へんじんもっこ P.141
P.11 真野・佐和田
佐渡相川温泉 吾妻夕映亭
沢根
五十里
根本寺
フルーツカフェさいとう P.142
鮨長三郎 P.140
四十八ヶ所越
へんじんもっこ 大野工場 P.142
池田菓子舗 P.139
P.131 夫婦岩
高瀬
P.140 極致御飯糰製作體驗
八幡
佐和田
清水寺
P.133 七浦海岸
畑野
佐渡島
長手岬
ボタン
長谷寺
稲鯨漁村
二見の家並
二見
国府川
P.142 手打ちそば 徳平
妙宣寺
小倉千枚田 P.141
豊岡
世尊寺
国分寺
台ヶ鼻
日本最長的都道府縣道，全長169.6km
大地山 646
真野湾
真野公園
小倉
有連續急彎，請留意對向車
小倉ダム
P.131 岩首梯田
真野宮
真野御陵
養老ノ滝
小倉峠 410
経塚山 636
女神山 593
連續和緩彎道的舒適道路
路窄且有連續的急彎，路旁沒有護欄
智光坊
倉谷不動尊
外山ダム（建設中）
西龍寺
本行寺
西三川くだもの直売センター P.139
田切須崎
多田トンネル
鍔清水
佐渡西三川黃金公園 P.135
蓮華峰寺
小泊
P.142 北雪酒造
大崎
度津神社
羽茂本郷
赤泊
村山
妹背山
沙灘旁的舒適道路
羽茂
佐渡植物園
沿海邊愜意駕駛
P.141 プトー・アンディカティール
素浜
菅原神社
大杉
蓮華峰寺
小比叡神社
沢崎鼻
深浦
木野浦
白壁の町並
大石湾
野崎鼻
強清水
P.11 小木
小木海岸
小木海域公園
小木港
かっさい P.142

両津

1:80,000
周邊圖 附錄 P.11

両津病院
東二ノ町
外城橋
しらつゆ P.137
やまき
グランド
両津港
佐渡汽船
P.139 佐渡汽船商事待合室売店
みなと公園
P.142 佐渡汽船商事待合室食堂
P.129 佐渡國鬼太鼓.COM
JA
P.129 天領佐渡両津薪能
椎崎温泉
文化伝承館
セレモニーホールおけさ
樹崎
斎場
佐渡空港
両津郷土博物館（休館中）
加茂湖

相川

1:50,000
周邊圖 附錄 P.11

相川漁港
P.140 史跡 佐渡奉行所遺址
P.130・134 北澤浮遊選礦場遺址
濁川
P.129 礦山祭
京町茶屋 P.138
羽田浜
持田家 P.137
城址公園
金福 P.142
下戸
相川小

佐渡

1:250,000

●景點 ●玩樂 ●美食 ●溫泉 ●購物 ●住宿

小木

1:66,000
周邊圖 附錄 P.11

P.142 魚晴
小木小
おぎの湯前
佐渡汽船ターミナルビル
P.134 佐渡國小木民俗博物館 千石船展示館
力屋觀光汽船 P.135
たらい舟
城山公園
矢島遊園前
小木漁港
P.129 地球節（地球文化國際藝術節）
宿根木新田
P.135 宿根木
博物館前
宿根木
Ogi Diving Center P.140
三角屋 P.135
清九郎 P.135
金子屋 P.135
茶房やました P.135

DRIVE MAP

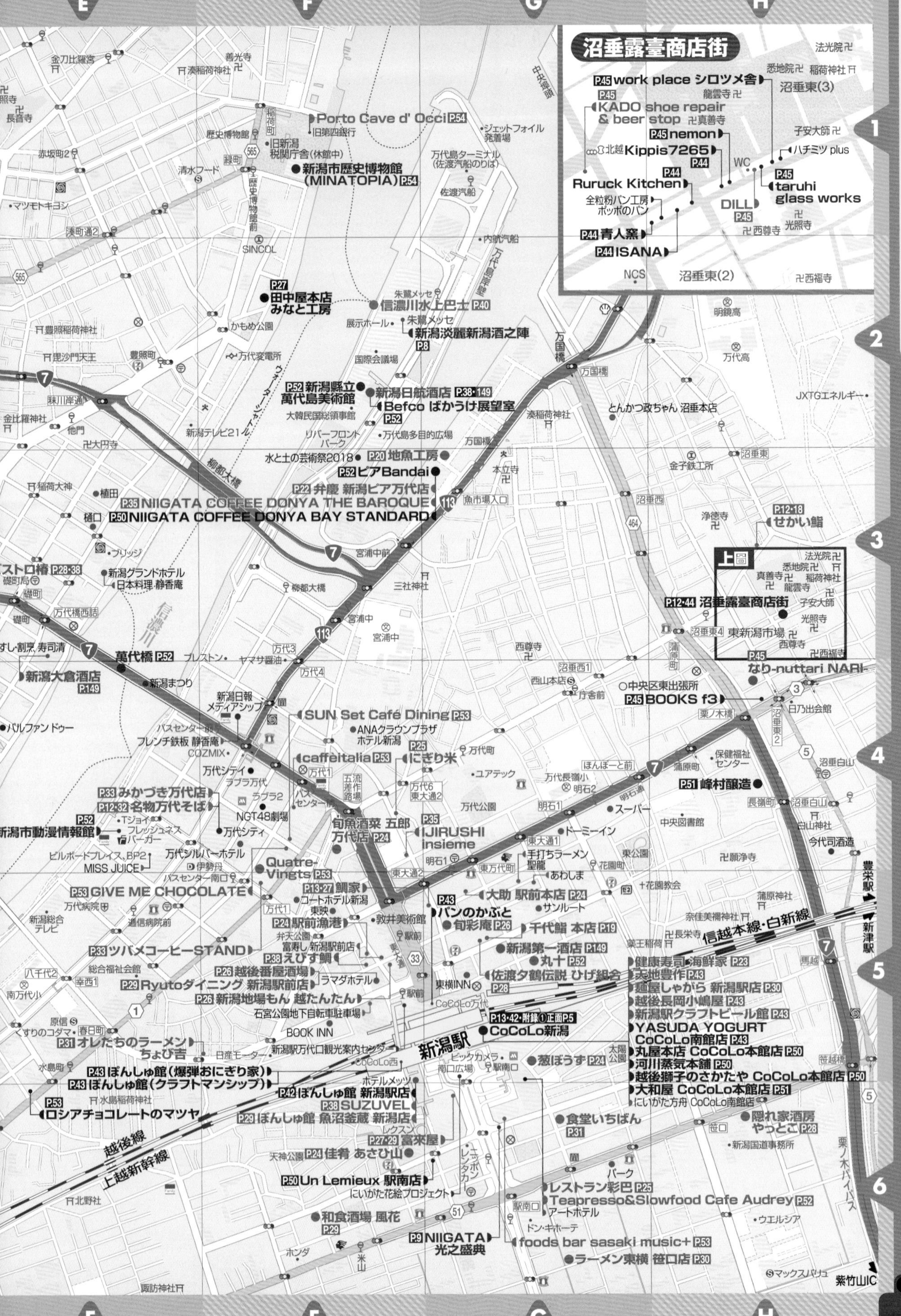
沼垂露臺商店街
P.45 work place シロツメ舎
P.45 KADO shoe repair & beer stop
P.45 nemon
北越 Kippis7265 P.44
P.44 Ruruck Kitchen
全粒粉パン工房 ポッポのパン
P.44 青人窯
P.44 ISANA
P.45 taruhi glass works
ハチミツ plus
DILL P.45
沼垂東(3)
沼垂東(2)
Porto Cave d' Occi P.54
新潟市歴史博物館 (MINATOPIA) P.54
田中屋本店 みなと工房 P.27
信濃川水上巴士 P.40
新潟淡麗新潟酒之陣 P.8
新潟縣立萬代島美術館 P.52
新潟日航酒店 P.38・149
Befco ばかうけ展望室 P.52
地魚工房 P.20
ピアBandai P.52
弁慶 新潟ピア万代店 P.22
P.35 NIIGATA COFFEE DONYA THE BAROQUE
P.50 NIIGATA COFFEE DONYA BAY STANDARD
萬代橋 P.52
新潟大倉酒店 P.149
せかい鮨 P.12・18
沼垂露臺商店街 P.12・44
なり-nuttari NARI P.45
BOOKS f3 P.45
峰村醸造 P.51
SUN Set Café Dining P.53
caffeitalia P.53
にぎり米 P.25
みかづき万代店 P.33
名物万代そば P.12・32
新潟市動漫情報館 P.52
旬魚酒菜 五郎 万代店 P.24
IJIRUSHI insieme P.35
Quatre-Vingts P.53
GIVE ME CHOCOLATE P.53
鯛家 P.13・27
駅前漁港 P.24
パンのかぶと P.43
旬彩庵 P.26
千代鮨 本店 P.19
大助 駅前本店 P.24
ツバメコーヒーSTAND P.33
えびす鯛 P.38
越後番屋酒場 P.26
Ryutoダイニング 新潟駅前店 P.29
新潟地場もん 越たんたん P.26
新潟第一酒店 P.149
丸十 P.52
佐渡夕鶴伝説 ひげ組合 P.28
健康寿司 海鮮家 P.23
天地豊作 P.43
麺屋しゃがら 新潟駅店 P.30
越後長岡小嶋屋 P.43
新潟駅クラフトビール館 P.43
YASUDA YOGURT CoCoLo南館店 P.43
丸屋本店 CoCoLo本館店 P.50
河川蒸気本舗 P.50
越後獅子のさかたや CoCoLo本館店 P.50
大和屋 CoCoLo本館店 P.51
CoCoLo新潟 P.13・42・附錄①正面P.5
新潟駅
オレたちのラーメン ちょび吉 P.31
ぽんしゅ館（爆弾おにぎり家） P.43
ぽんしゅ館（クラフトマンシップ） P.43
ぽんしゅ館 新潟駅店 P.42
SUZUVEL P.38
ぽんしゅ館 魚沼釜蔵 新潟店 P.29
ロシアチョコレートのマツヤ P.53
葱ぼうず P.24
食堂いちばん P.31
隠れ家酒房 やっとこ P.28
富來屋 P.27・29
佳肴 あさひ山 P.24
Un Lemieux 駅南店 P.50
和食酒場 風花 P.29
NIIGATA 光之盛典 P.9
レストラン彩巴 P.25
Teapresso&Slowfood Cafe Audrey P.52
foods bar sasaki music+ P.53
ラーメン東横 笹口店 P.30
信越本線・白新線
越後線
上越新幹線
柳都大橋
信濃川
万代島埠頭
万国橋
栗ノ木バイパス
紫竹山IC

新潟市區

0 150m 300m 1:12,000

●景點 ●玩樂 ●美食
●溫泉 ●購物 ●住宿

周邊圖 附錄②P.15

新潟市區的鬧區可分為CoCoLo新潟及萬代城所在的「站前地區」，以及過了萬代橋的「古町地區」。出發前先搞懂各區的相對位置，前往自己想去的景點時會更有效率！

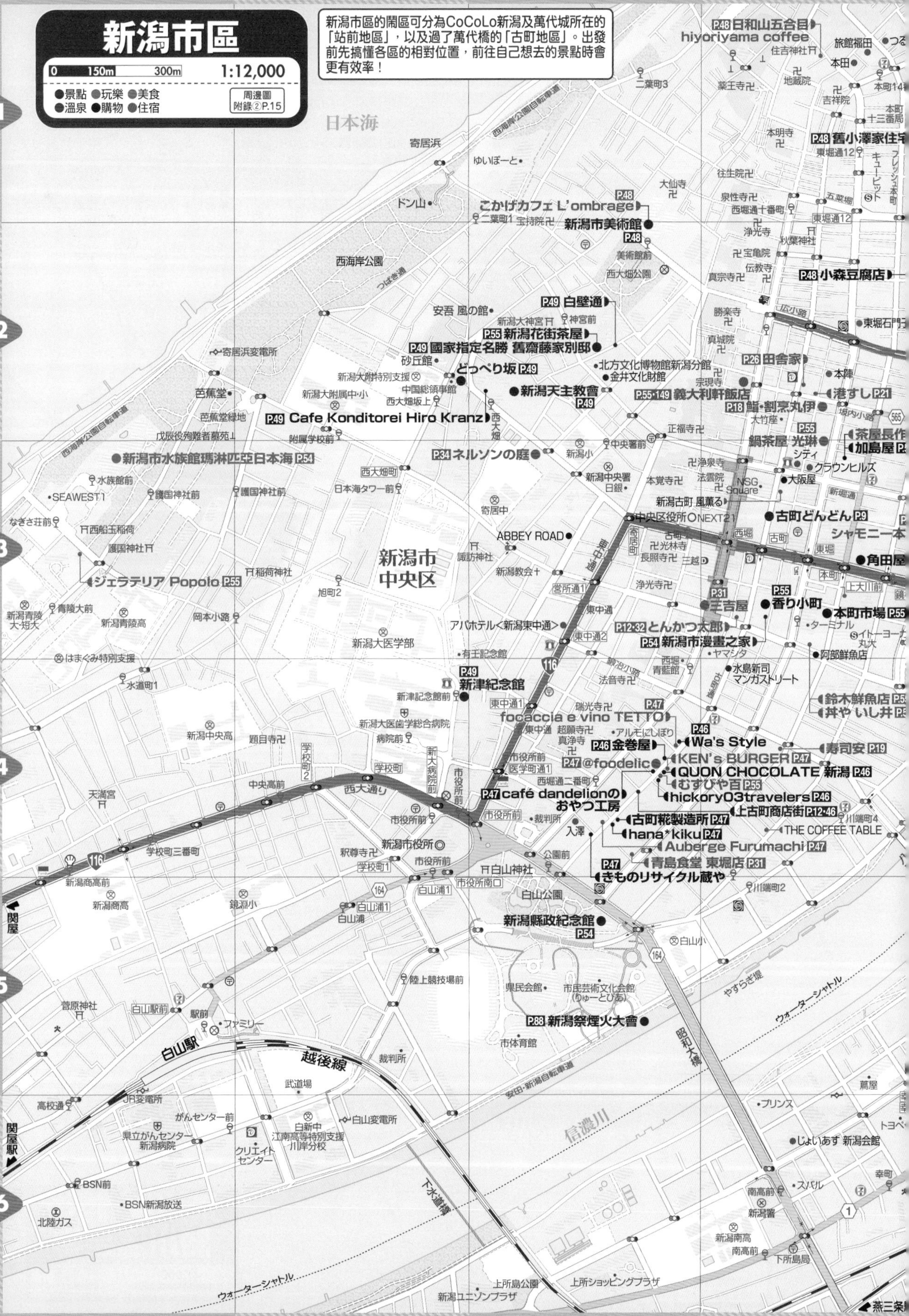

A B C D

1 2 3 4 5 6

日本海

P.48 日和山五合目
hiyoriyama coffee
P.48 舊小澤家住宅
P.48 こかげカフェ L'ombrage
新潟市美術館 P.48
P.48 小森豆腐店
P.49 白壁通
P.55 新潟花街茶屋
P.49 國家指定名勝 舊齋藤家別邸
どっぺり坂 P.49
新潟天主教會 P.49
P.26 田舍家
P.55·149 義大利軒飯店
港すし P.21
P.18 鮨・割烹丸伊
P.55 鍋茶屋 光琳
茶屋長作
加島屋 P.55
P.49 Cafe Konditorei Hiro Kranz
P.34 ネルソンの庭
新潟市水族館瑪淋匹亞日本海 P.54
古町どんどん P.9
シャモニー本店
角田屋
ジェラテリア Popolo P.55
P.31 三吉屋
P.55 香り小町
本町市場 P.55
P.12·32 とんかつ太郎
P.54 新潟市漫畫之家
P.49 新津紀念館
鈴木鮮魚店 P.55
丼や いし井 P.55
P.47 focaccia e vino TETTO
P.46 Wa's Style
P.46 金巻屋
寿司安 P.19
KEN's BURGER P.47
P.47 @foodelic
QUON CHOCOLATE 新潟 P.46
むすびや百 P.55
hickory03travelers P.46
P.47 café dandelionのおやつ工房
上古町商店街 P.12·46
古町糀製造所 P.47
hana*kiku P.47
Auberge Furumachi P.47
青島食堂 東堀店 P.31
P.47 きものリサイクル蔵や
新潟縣政紀念館 P.54
P.88 新潟祭煙火大會

新潟市中央区
寄居浜 西海岸公園 ドン山 安吾 風の館 砂丘館 芭蕉堂 寄居浜変電所 新潟大附属中·小 附属学校前 戊辰役殉難者墓苑 水族館前 護国神社前 SEAWEST1 なぎさ荘前 西船玉稲荷 護国神社 稲荷神社 旭町2 岡本小路 青陵大前 新潟青陵大·短大 新潟青陵高 はまぐみ特別支援 水道町1 新潟大医学部 有壬記念館 新津記念館前 新潟大医歯学総合病院 病院前 新潟中央高 題目寺 学校町 中央高前 西大通り 天満宮 学校町三番町 新潟商高前 新潟商高 鏡淵小 白山浦 新潟市役所 市役所前 釈尊寺 白山神社 白山公園 県民会館 市民芸術文化会館(りゅーとぴあ) 市体育館 陸上競技場前 白山駅 越後線 菅原神社 裁判所 武道場 JR変電所 高校通 がんセンター前 県立がんセンター新潟病院 クリエイトセンター 白新中 江南高等特別支援川岸分校 白山変電所 BSN前 BSN新潟放送 北陸ガス 関屋駅 関屋 下水道橋 信濃川 ウォーターシャトル やすらぎ堤 昭和大橋 新潟ユニゾンプラザ 上所島公園 上所ショッピングプラザ 新潟南高 南高前 下所島局 新潟警 プリンス じょいあす 新潟会館 スバル 幸町 燕三条 ABBEY ROAD 諏訪神社 新潟教会 寄居中 日本海タワー前 西大畑町 西大畑公園 美術館前 ゆいぽーと 二葉町3 二葉町1 宝持院 新潟大神宮 神宮前 北方文化博物館新潟分館 金井文化財館 宗現寺 新潟中央署 日銀 本覚寺 法雲院 NSG Square 大阪屋 クラウンヒルズ 新潟古町 風鳴る 中央区役所 NEXT21 古町 西堀 東堀 三越 光林寺 長照寺 浄光寺 アパホテル<新潟東中通> 東中通 ヤマシタ 西堀 青藍館 水島新司マンガストリート 法音寺 瑞光寺 超願寺 真浄寺 アルモにしぼり 医学町通1 西堀通二番町 市役所前 入澤 公園前 川端町2 THE COFFEE TABLE 白山小 イトーヨーカドー丸大 阿部鮮魚店 ターミナル 本陣 旅館福田 本田 住吉神社 地蔵院 吉祥院 本明寺 往生院 泉性寺 西堀通十番町 浄光寺 宝亀院 秋葉神社 伝教寺 真宗寺 勝楽寺 真城院 広小路 東堀石門 大竹屋 正福寺 中央署前 浄泉寺 薬王寺 大仙寺 十三番町 本町14 東堀通12 東堀通12 五業場 キューピット

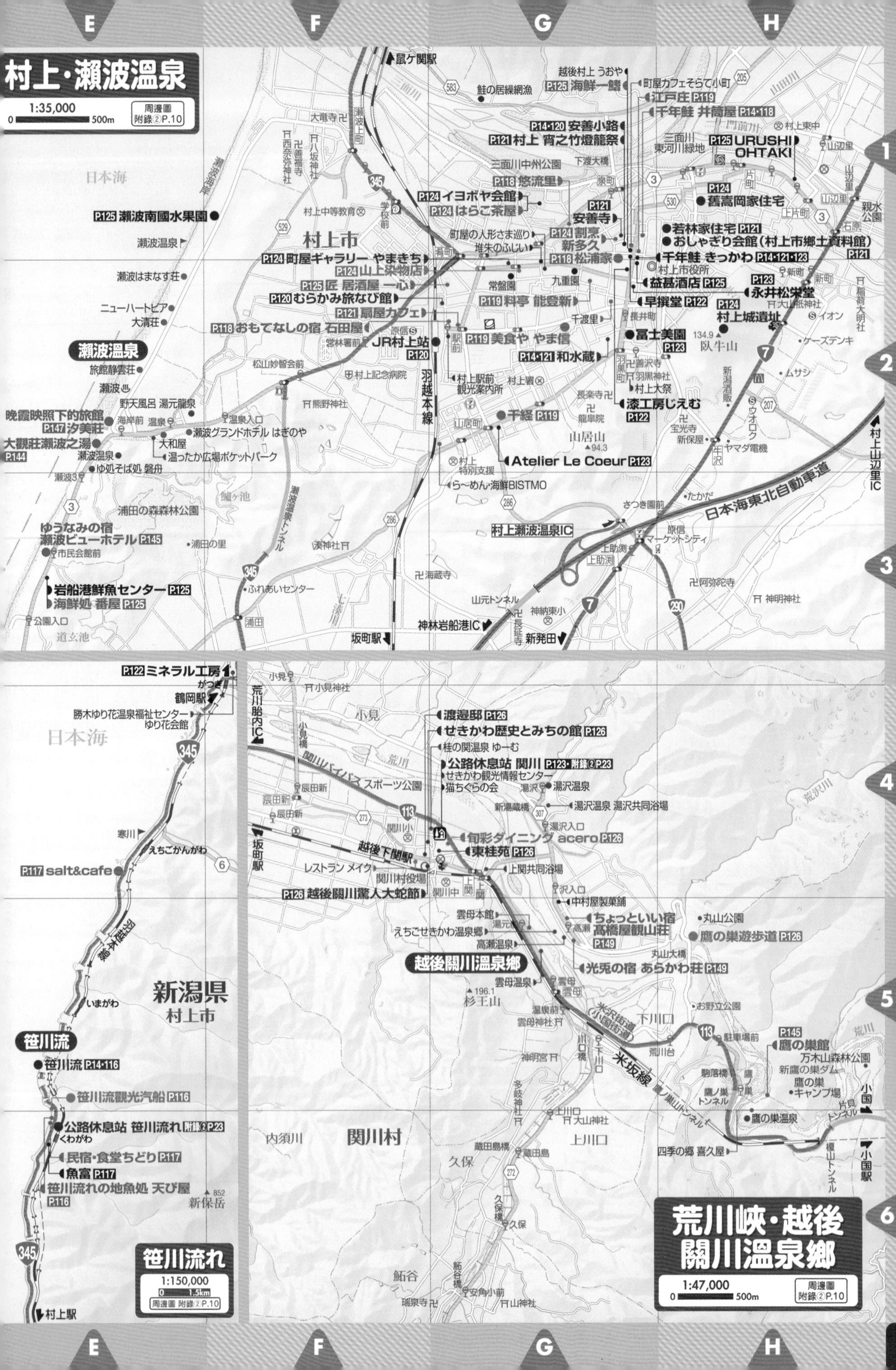

村上・瀬波温泉

1:35,000
0 500m
周邊圖 附錄②P.10

鼠ケ関駅
越後村上 うおや
P.125 海鮮一鰭
町屋カフェそらで小町
江戸庄 P.119
千年鮭 井筒屋 P.14・118
P.14・120 安善小路
P.121 村上 宵之竹燈籠祭
P.125 URUSHI OHTAKI
三面川東河川緑地
鮭の居繰網漁
大龍寺
西奈弥神社
善福寺
八坂神社
瀬波上町
日本海
三面川中州公園
下渡大橋
P.118 悠流里
P.124 イヨボヤ会館
P.124 はらこ茶屋
P.124 舊嵩岡家住宅
P.125 瀬波南國水果園
村上中等教育
学校前
P.121 安善寺
P.124 割烹 新多久
P.118 松浦家
若林家住宅 P.121
おしゃぎり会館（村上市郷土資料館） P.121
町屋の人形さま巡り
堆朱のふじい
村上市
瀬波温泉
P.124 町屋ギャラリー やまきち
P.124 山上染物店
P.125 匠 居酒屋 一心
P.120 むらかみ旅なび館
P.121 扇屋カフェ
P.119 料亭 能登新
千年鮭 きっかわ P.14・121・123
村上市役所
益甚酒店 P.125
P.123 永井松栄堂
早撰堂 P.122
P.124 村上城遺址
瀬波はまなす荘
ニューハートピア
大清荘
P.118 おもてなしの宿 石田屋
P.119 美食や やま信
冨士美園 P.123
134.9 臥牛山
JR村上站 P.120
P.14・121 和水蔵
瀬波温泉
旅館静雲荘
瀬波
野天風呂 湯元龍泉
晩霞映照下的旅館 P.147 汐美荘
大觀荘瀬波之湯 P.144
瀬波グランドホテル はぎのや
大和屋
温ったか広場ボケットパーク
ゆ処そば処 磐舟
村上記念病院
熊野神社
羽越本線
村上駅前観光案内所
村上署
漆工房じえむ P.122
千經 P.119
龍泉院
山居山 94.3
Atelier Le Coeur P.123
村上特別支援
ら～めん・海鮮BISTMO
村上山辺里IC
日本海東北自動車道
浦田の森森林公園
ゆうなみの宿 瀬波ビューホテル P.145
市民会館前
浦田の里
瀬波温泉トンネル
村上瀬波温泉IC
マーケットシティ
上助渕
岩船港鮮魚センター P.125
海鮮処 番屋 P.125
ふれあいセンター
海蔵寺
阿弥陀寺
神明神社
山元トンネル
神林岩船港IC
坂町駅
新発田
公園入口
道玄池
ケーズデンキ
イオン
ムサシ
ウオロク
ヤマダ電機
宝光寺
新保屋

P.122 ミネラル工房
がつぎ
鶴岡駅
勝木ゆり花温泉福祉センター ゆり花会館
日本海
寒川
えちごかんがわ
P.117 salt&cafe
羽越本線
新潟県
村上市
いまがわ
笹川流
笹川流 P.14・116
笹川流観光汽船 P.116
公路休息站 笹川流れ 附錄②P.23
くわがわ
民宿・食堂ちどり P.117
魚富 P.117
笹川流れの地魚処 天び屋 P.116
新保岳 852
村上駅

笹川流れ
1:150,000
0 1.5km
周邊圖 附錄②P.10

荒川胎内IC
小見
小見神社
渡邉邸 P.126
せきかわ歴史とみちの館 P.126
桂の関温泉 ゆーむ
公路休息站 関川 P.123・附錄②P.23
せきかわ観光情報センター
猫ぐらの会
関川バイパス
スポーツ公園
湯沢温泉
湯沢温泉 湯沢共同浴場
辰田新
荒沢川
坂町駅
旬彩ダイニング acero P.126
東桂苑 P.126
越後下関駅
レストラン メイク
関川村役場
上関共同浴場
P.126 越後關川驚人大蛇節
中村屋製菓舗
雲母本館
ちょっといい宿 高橋屋観山荘 P.149
えちごせきかわ温泉郷
高瀬温泉
丸山公園
鷹の巣遊歩道 P.126
越後關川温泉郷
光兎の宿 あらかわ荘 P.149
丸山大橋
雲母温泉
杉王山 196.1
米沢街道（小国街道）
下川口
お野立公園
荒川台
米坂線
P.145 鷹の巣館
万木山森林公園
新鷹の巣ダム
鷹の巣キャンプ場
鷹ノ巣トンネル
鷹の巣温泉
片貝トンネル
小国
四季の郷 喜久屋
榎山トンネル
小国駅
内須川
関川村
上川口
大山神社
蔵田島
久保
鮎谷
安角小前
山神社
瑞泉寺

荒川峡・越後關川温泉郷
1:47,000
0 500m
周邊圖 附錄②P.10

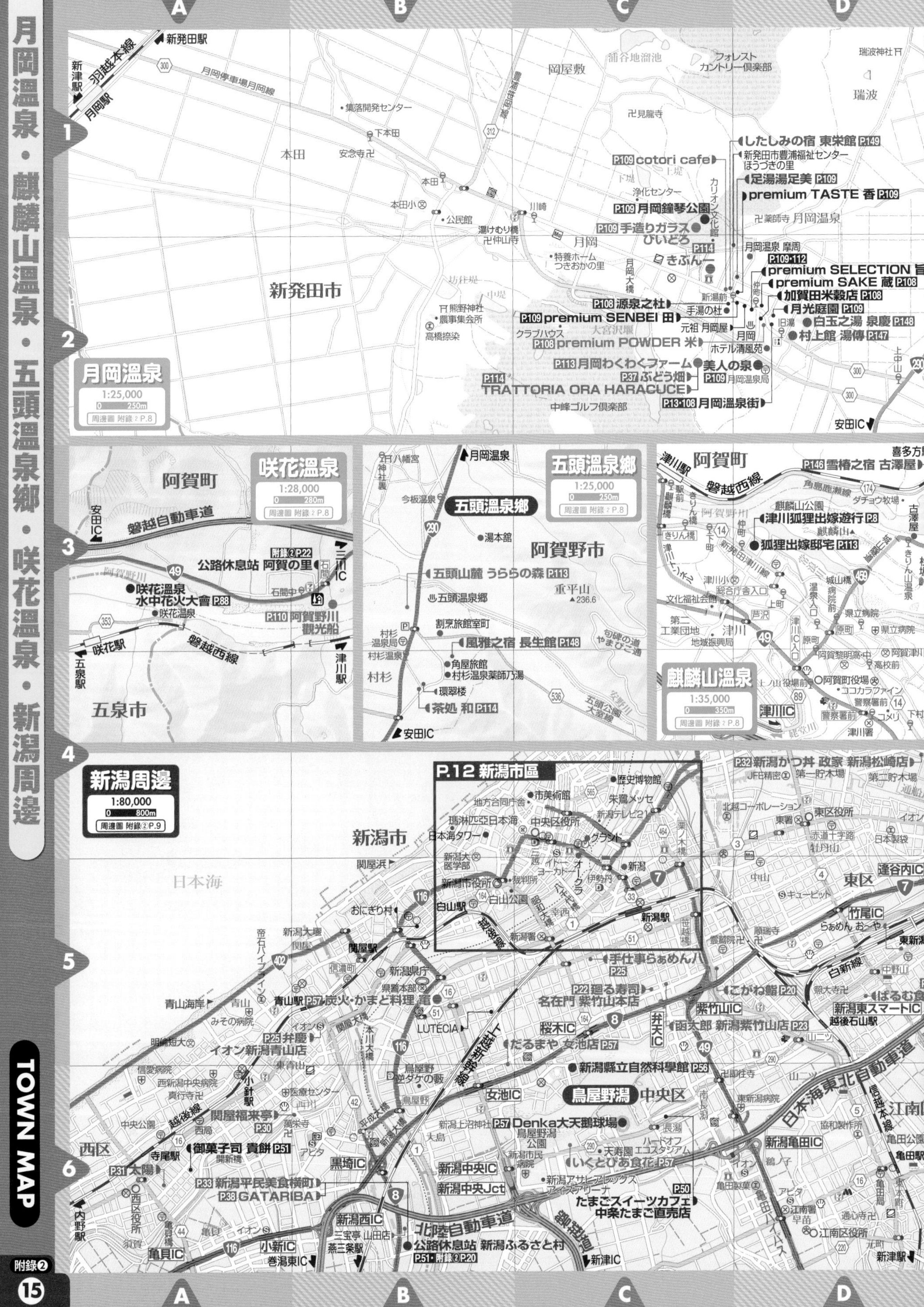
月岡溫泉
1:25,000
周邊圖 附錄②P.8
新発田市
P.149 したしみの宿 東栄館
P.109 cotori cafe
P.109 足湯湯足美
premium TASTE 香 P.109
P.109 月岡鐘琴公園
P.109 手造りガラス ひいどろ
P.114 きぶんー
P.109・112 premium SELECTION 旨
premium SAKE 蔵 P.108
加賀田米穀店 P.108
月光庭園 P.109
白玉之湯 泉慶 P.148
村上館 湯傳 P.147
P.108 源泉之杜
P.109 premium SENBEI 田
P.108 premium POWDER 米
P.113 月岡わくわくファーム
P.37 ぶどう畑
美人の泉 P.109
P.114 TRATTORIA ORA HARACUCE
P.13・108 月岡温泉街
咲花溫泉
1:28,000
周邊圖 附錄②P.8
阿賀町
磐越自動車道
附錄②P.22 公路休息站 阿賀の里
咲花溫泉 水中花火大會 P.88
P.110 阿賀野川 觀光船
磐越西線
五泉市
五頭溫泉鄉
1:25,000
周邊圖 附錄②P.8
阿賀野市
五頭山麓 うららの森 P.113
風雅之宿 長生館 P.148
茶処 和 P.114
麒麟山溫泉
1:35,000
周邊圖 附錄②P.8
P.146 雪椿之宿 古澤屋
津川狐狸出嫁遊行 P.8
狐狸出嫁邸宅 P.113
新潟周邊
1:80,000
周邊圖 附錄②P.9
P.12 新潟市區
新潟市
日本海
P.32 新潟かつ丼 政家 新潟松崎店
手仕事らぁめん八 P.25
P.22 廻る寿司 名在門 紫竹山本店
こがね鮨 P.20
ぱるむ食
P.57 炭火・かまど料理 竃
P.25 弁慶 イオン新潟青山店
だるまや 女池店 P.57
函太郎 新潟紫竹山店 P.23
新潟縣立自然科學館 P.56
鳥屋野潟
中央区
東区
西区
江南区
P.57 Denka大天鵝球場
P.57 いくとぴあ食花
関屋福来亭 P.30
御菓子司 貴餅 P.51
P.31 太陽
P.33 新潟平民美食横町
P.38 GATARIBA
P.50 たまごスイーツカフェ 中条たまご直売店
北陸自動車道
日本海東北自動車道
公路休息站 新潟ふるさと村 P.51・附錄②P.20
新潟中央IC
新潟中央Jct
新潟西IC
新潟亀田IC
新潟東スマートIC
黒埼IC
亀貝IC
小新IC
女池IC
桜木IC
紫竹山IC
竹尾IC
逢谷内IC
新津IC

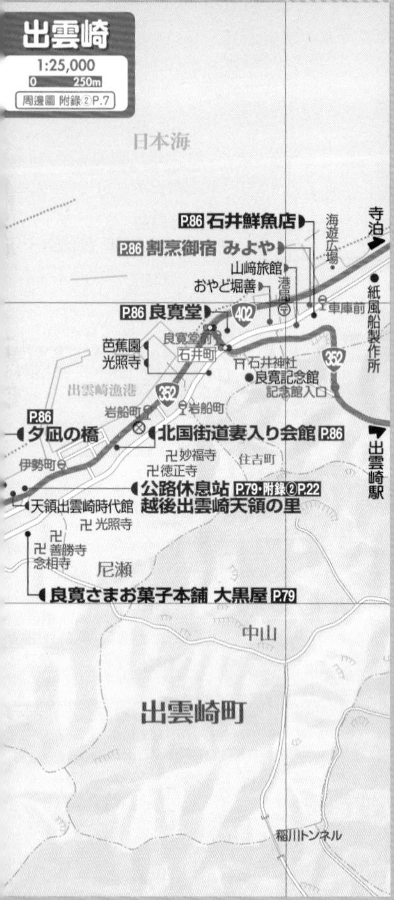

出雲崎
1:25,000 0 250m
周邊圖 附錄② P.7

P.86 石井鮮魚店
P.86 割烹御宿 みよや
P.86 良寛堂
夕凪の橋 P.86
北国街道妻入り会館 P.86
公路休息站 P.79・附錄② P.22 越後出雲崎天領の里
良寛さまお菓子本舗 大黒屋 P.79
山﨑旅館
おやど堀善
良寛記念館
紙風船製作所
出雲崎町
日本海

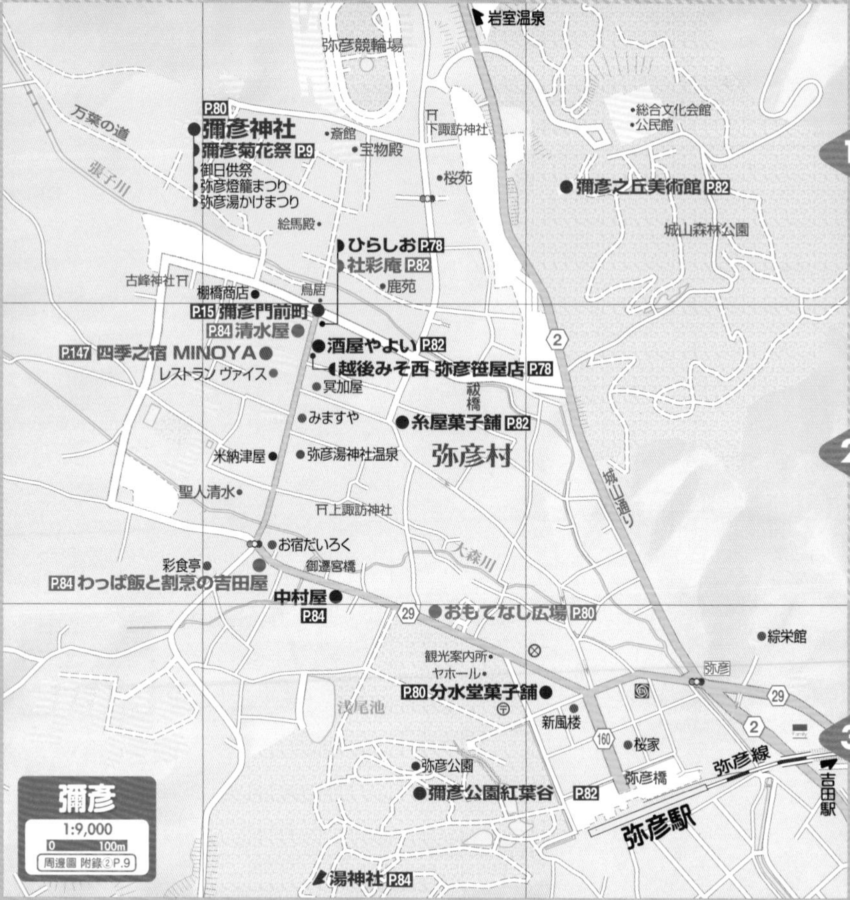

彌彦
1:9,000 0 100m
周邊圖 附錄② P.9

P.80 彌彦神社
彌彦菊花祭 P.9
御日供祭
弥彦燈籠まつり
弥彦湯かけまつり
ひらしお P.78
社彩庵 P.82
P.15 彌彦門前町
P.84 清水屋
酒屋やよい P.82
P.147 四季之宿 MINOYA
越後みそ西 弥彦笹屋店 P.78
糸屋菓子舗 P.82
彌彦之丘美術館 P.82
P.84 わっぱ飯と割烹の吉田屋
中村屋 P.84
おもてなし広場 P.80
P.80 分水堂菓子舗
彌彦公園紅葉谷 P.82
湯神社 P.84
弥彦駅
弥彦村

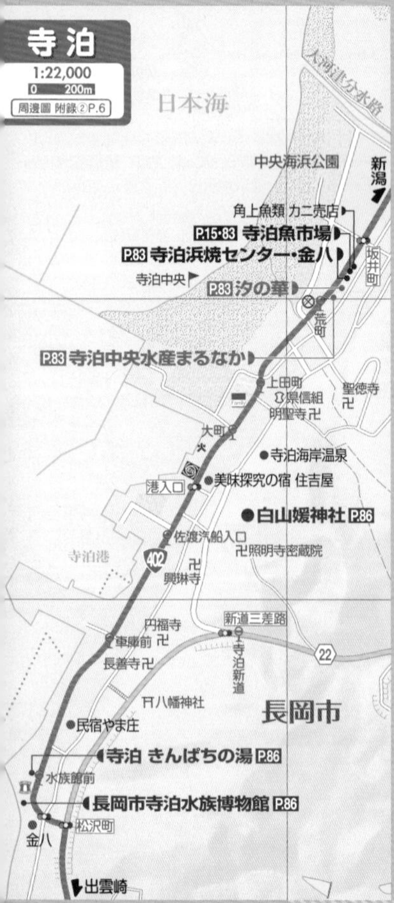

寺泊
1:22,000 0 200m
周邊圖 附錄② P.6

P.15・83 寺泊魚市場
P.83 寺泊浜焼センター・金八
P.83 汐の華
P.83 寺泊中央水産まるなか
白山媛神社 P.86
寺泊 きんぱちの湯 P.86
長岡市寺泊水族博物館 P.86
長岡市
日本海

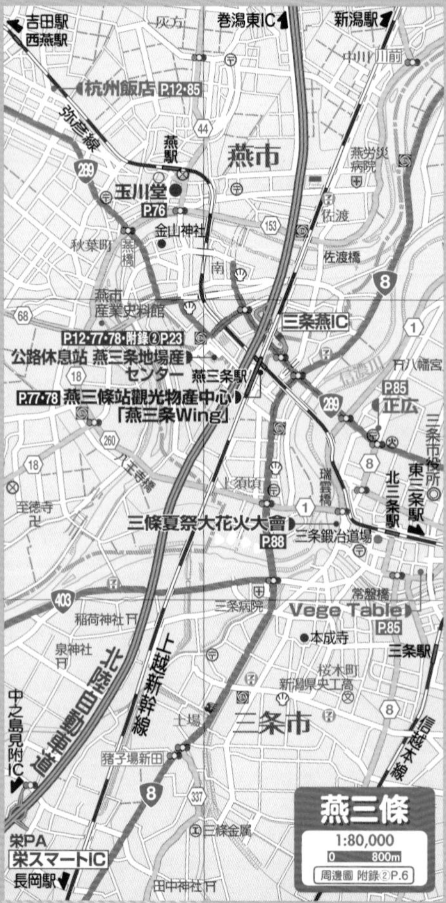

燕三條
1:80,000 0 800m
周邊圖 附錄② P.6

杭州飯店 P.12・85
玉川堂 P.76
P.12・77・78・附錄② P.23 公路休息站 燕三条地場産センター
P.77・78 燕三條站観光物産中心「燕三条Wing」
三條夏祭大花火大會 P.88
Vege Table P.85
燕市
三条市

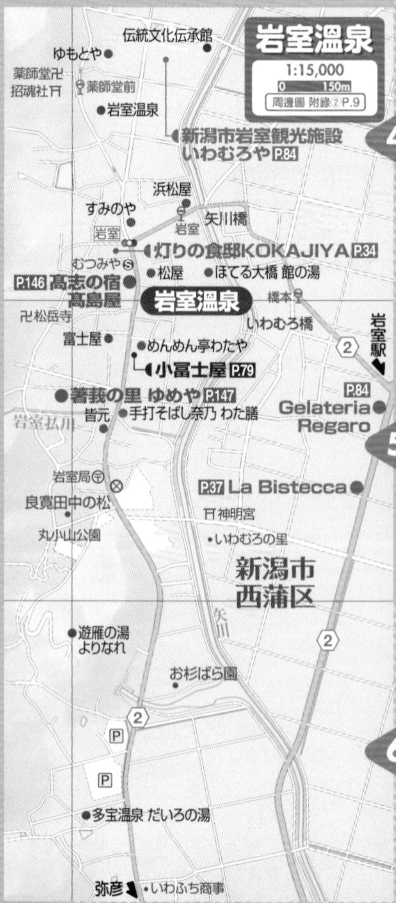

岩室温泉
1:15,000 0 150m
周邊圖 附錄② P.9

新潟市岩室観光施設 いわむろや P.84
灯りの食邸KOKAJIYA P.34
P.146 高志の宿 髙島屋
小冨士屋 P.79
蕎麦の里 ゆめや P.147
P.84 Gelateria Regaro
P.37 La Bistecca
新潟市西蒲区

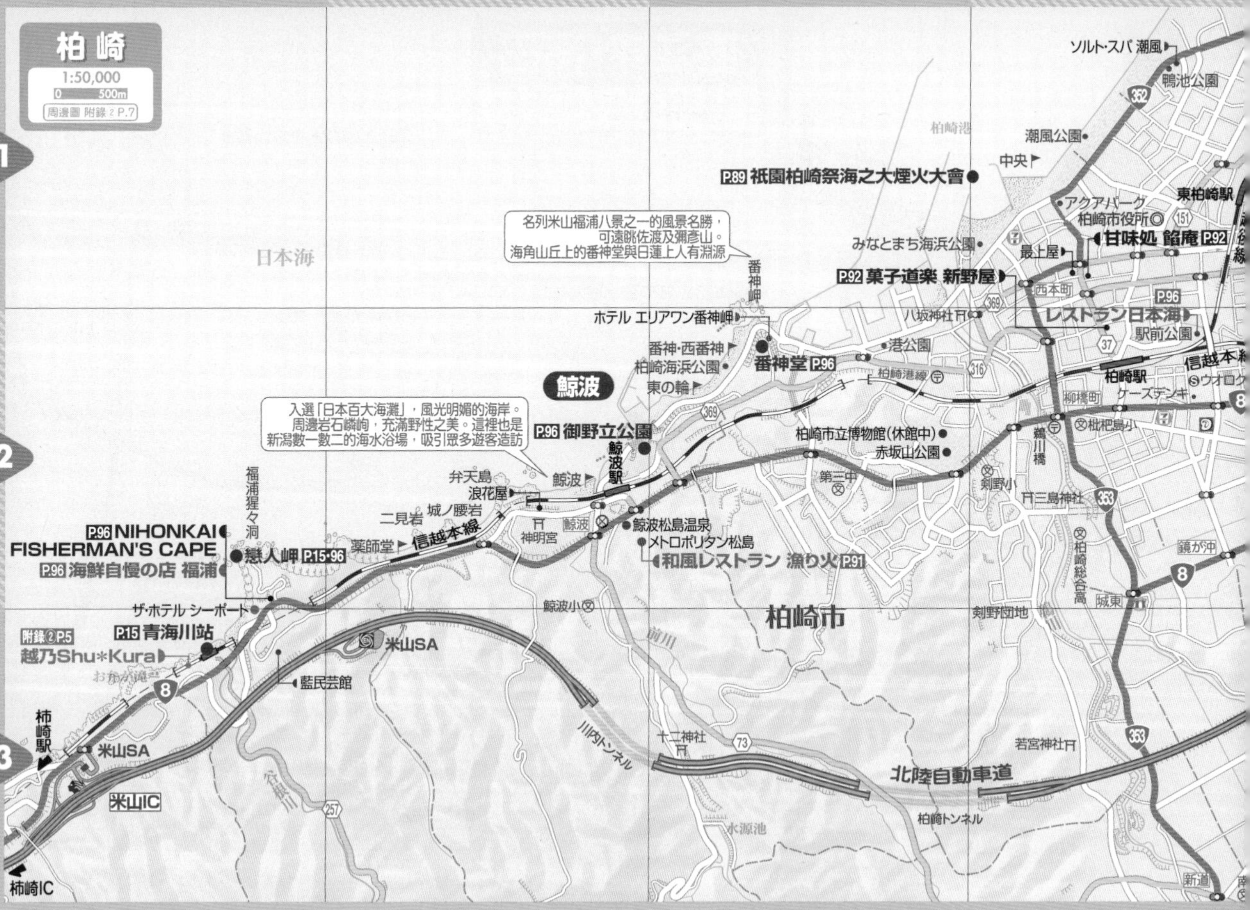

A B C D

1 2 3

柏崎

1:50,000
0 500m
周邊圖 附錄② P.7

日本海
柏崎港
ソルト・スパ 潮風
鵜川公園
潮風公園
中央
P.89 祇園柏崎祭海之大煙火大會
東柏崎駅
アクアパーク
柏崎市役所
名列米山福浦八景之一的風景名勝，可遠眺佐渡及彌彥山。海角山丘上的番神堂與日蓮上人有淵源
みなとまち海浜公園
甘味処 館庵 P.92
最上屋
P.92 菓子道楽 新野屋
西本町
番神岬
P.96
八坂神社
レストラン日本海
ホテル エリアワン番神岬
番神・西番神
港公園
駅前公園
柏崎海浜公園
番神堂 P.96
柏崎港線
柏崎駅
信越本線
東の輪
ケーズデンキ
ウオロク
鯨波
柏崎市立博物館(休館中)
赤坂山公園
枇杷島小
入選「日本百大海灘」，風光明媚的海岸。周邊岩石嶙峋，充滿野性之美。這裡也是新潟數一數二的海水浴場，吸引眾多遊客造訪
P.96 御野立公園
鯨波駅
鵜川橋
福浦猩々洞
弁天島
浪花屋
鯨波
第三中
剣野小
三島神社
二見岩
城ノ腰岩
P.96 NIHONKAI FISHERMAN'S CAPE
神明宮
鯨波松島温泉
メトロポリタン松島
柏崎総合高
P.96 海鮮自慢の店 福浦
戀人岬 P.15・96
薬師堂
信越本線
和風レストラン 漁り火 P.91
鏡が沖
ザ・ホテル シーポート
鯨波小
柏崎市
剣野団地
城東
附錄② P.5
P.15 青海川站
越乃Shu*Kura
米山SA
藍民芸館
前川
柏崎駅
米山SA
川内トンネル
十二神社
若宮神社
米山IC
谷根川
北陸自動車道
水源池
柏崎トンネル
柏崎IC
新道

4 5 6

長岡市區

1:25,000
0 300m
周邊圖 附錄② P.6

公民館
宮関
原信
北越コーポレーション
蔵王
東蔵王
燕三条駅
北長岡駅
見附
城岡新町
蓮潟
長岡造形大前
宮関町
北越コーポレーション研究所
安禅寺
金峯神社
蔵王
チャレンジャー前
ツガミ
倉敷機械
越後交通整備前
チャレンジャー
宝国寺
長岡造形大
荻野町
中央公園
蓮潟
西蔵王
福祉センター
新保
八幡神社
蔵王町
新町5
リリックホール
新潟縣立近代美術館 P.93
新町2
大阪王将
美術館
原信
西新町
蓮潟
ハイブ長岡
新潟県立近代美術館ミュージアムショップKINBI
長岡大橋
泉
新町小
新町
蓮潟町
千秋が原ふるさとの森
松葉
堺町
コメリ
極楽寺
石内
東新町
寺島
寺島町
ハイブ長岡
石内局
新町1
琴平
長岡バイパス
日赤病院前
中島7
上越新幹線
信越本線
リバーサイド千秋
長岡大橋詰
セレモニーホール虹
西サービスセンター
赤十字病院
東中
昭和
諏訪神社
寺島
寺島町
新町1
SUZUDELI P.90
コミュニティセンター
東栄
ネッツ
Tジョイ
赤十字看護専門学校
神田小
昭和通り
古正寺
長岡和島線
本社営業所前
長岡市
西神田町
正覚寺
古正寺中央
愛宕
中央公園
千秋が原ビル
水道公園
水道町
社会福祉センター
立川総合病院
愛宕神社
トヨペット
長岡警
諏訪神社
健康管理センター
信濃川
水道局
明徳高
中島6
中島中央公園
東神田
クリナップ
千秋
自遊空間
長岡聾
安善寺
栄涼寺
古正寺
イオン
イオン
信濃川右岸運動公園
中島局
神田1
地蔵堂
ゼビオ
千秋が原南公園
中島2
表町小
長町
東神田局
千場
ベルナール
中島4
呉服町
中島
古正寺
原信
古正寺
中島公園
中島小
P.93 山本五十六紀念館
河井繼之助紀念館 P.93
千場
ムサシ
大手大橋西詰
西蔵寺
西願寺
関東町
大手大橋
日赤3
ウオロク
善行寺
川崎小
大島中
陸上競技場
明治公園
本町
福住
今朝白3
公民館
サッカー場
渡里町
長岡局
如是蔵博物館
駒形十吉記念美術館
三ツ郷屋
緑町
緑町
野球場
信濃
日赤町局
P.90 レストランナカタ
TANITA CAFE
P.95
ターミナル
鷲第一
信濃川河川公園
赤法寺
船江町
北越
長岡銘品の館 ぽんしゅ館
案内所前
北陸ガス
信濃川河川事務所
日赤町
表町
大手通
西ロ
フレンド CoCoLo長岡店 P.90
大島本町5
大島小前
本妙寺
P.94 割烹魚吉
越後の蔵 和心づくし あさひ山
大島小
岡村町
野球場
長岡祭大煙火大會 P.8・89
P.92 ガトウ専科本店
P.92 瑞花
長岡駅
ニューオータニ
今朝白
阪之上
殿町
東坂之上
長岡市役所
長岡大手高
大島局
春日
柳原局
東口
大手橋
ソフトボール場
大島新町
P.91 IMIMATSU CAFE 大手店
ホテル ルートイン長岡駅前
稲荷神社
長生橋東詰
山田
千手
大手高前
大島
長生橋
三ツ郷屋
大島4
大島
新町2
千手3
柏町
旭町
台町
長岡高
沖田
大島本町
大島3
橋西詰
柏町
弓町
学校町
大山
大島本町
託善寺
大島町
左近町
草生津
西千手
千手
南町
浦佐駅
四郎丸

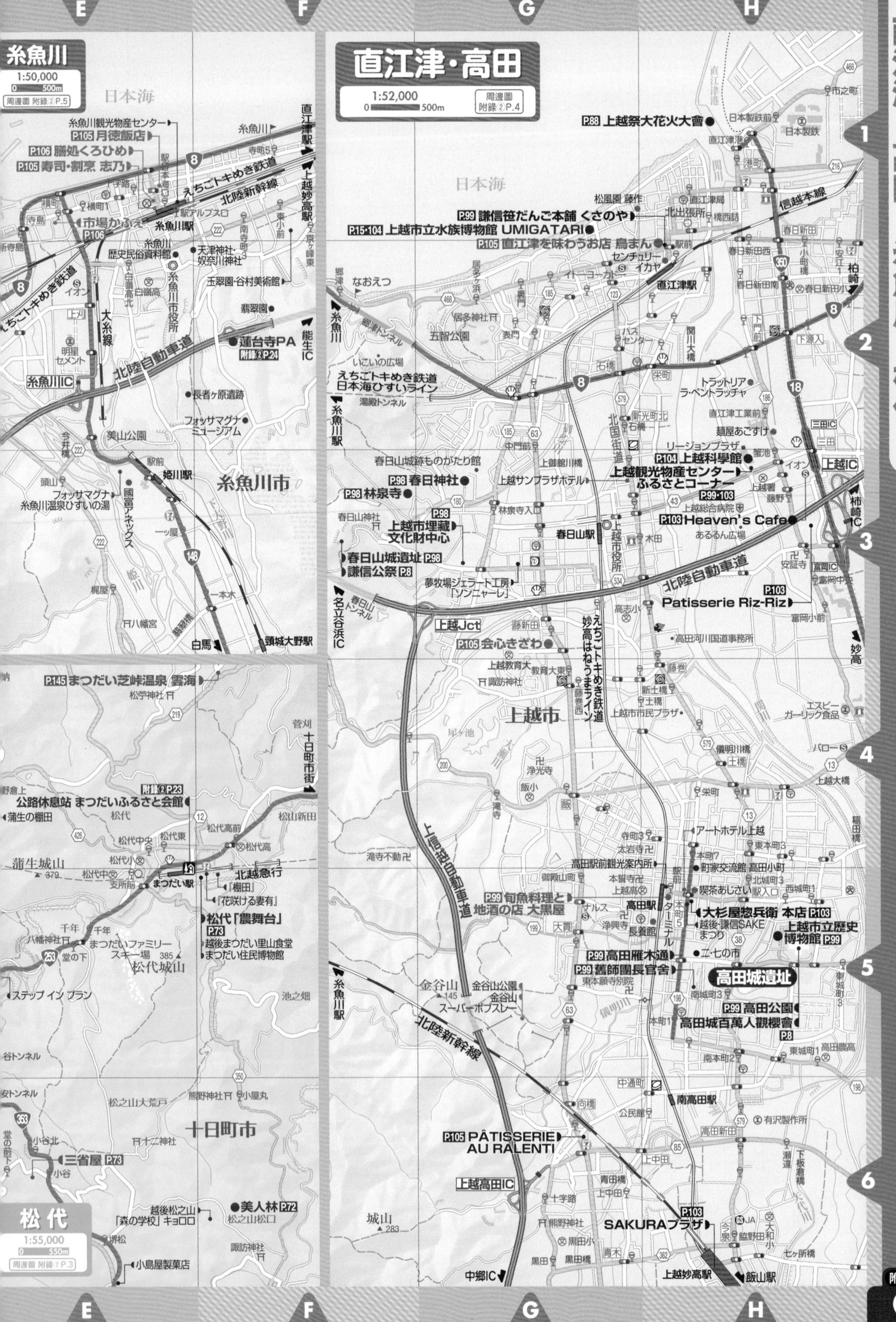
直江津・高田
1:52,000
糸魚川
1:50,000
松代
1:55,000
日本海
上越市
糸魚川市
十日町市
上越祭大花火大會
上越市立水族博物館 UMIGATARI
直江津を味わうお店 鳥まん
謙信笹だんご本舗 くさのや
直江津駅
春日神社
林泉寺
上越市埋蔵文化財中心
春日山城遺址
謙信公祭
上越科學館
上越観光物産センター ふるさとコーナー
Heaven's Cafe
Patisserie Riz-Riz
上越Jct
会心きざわ
旬魚料理と地酒の店 大黒屋
大杉屋惣兵衛 本店
上越市立歴史博物館
高田雁木通
舊師團長官舍
高田城遺址
高田公園
高田城百萬人觀櫻會
高田駅
南高田駅
PÂTISSERIE AU RALENTI
上越高田IC
SAKURAプラザ
上越妙高駅
北陸自動車道
北陸新幹線
上信越自動車道
えちごトキめき鉄道 妙高はねうまライン
えちごトキめき鉄道 日本海ひすいライン
信越本線
糸魚川観光物産センター
月徳飯店
膳処くろひめ
寿司・割烹 志乃
市場かぶと
蓮台寺PA
糸魚川IC
糸魚川駅
姫川駅
まつだい芝峠温泉 雲海
公路休息站 まつだいふるさと会館
まつだい駅
北越急行
松代「農舞台」
三省屋
美人林

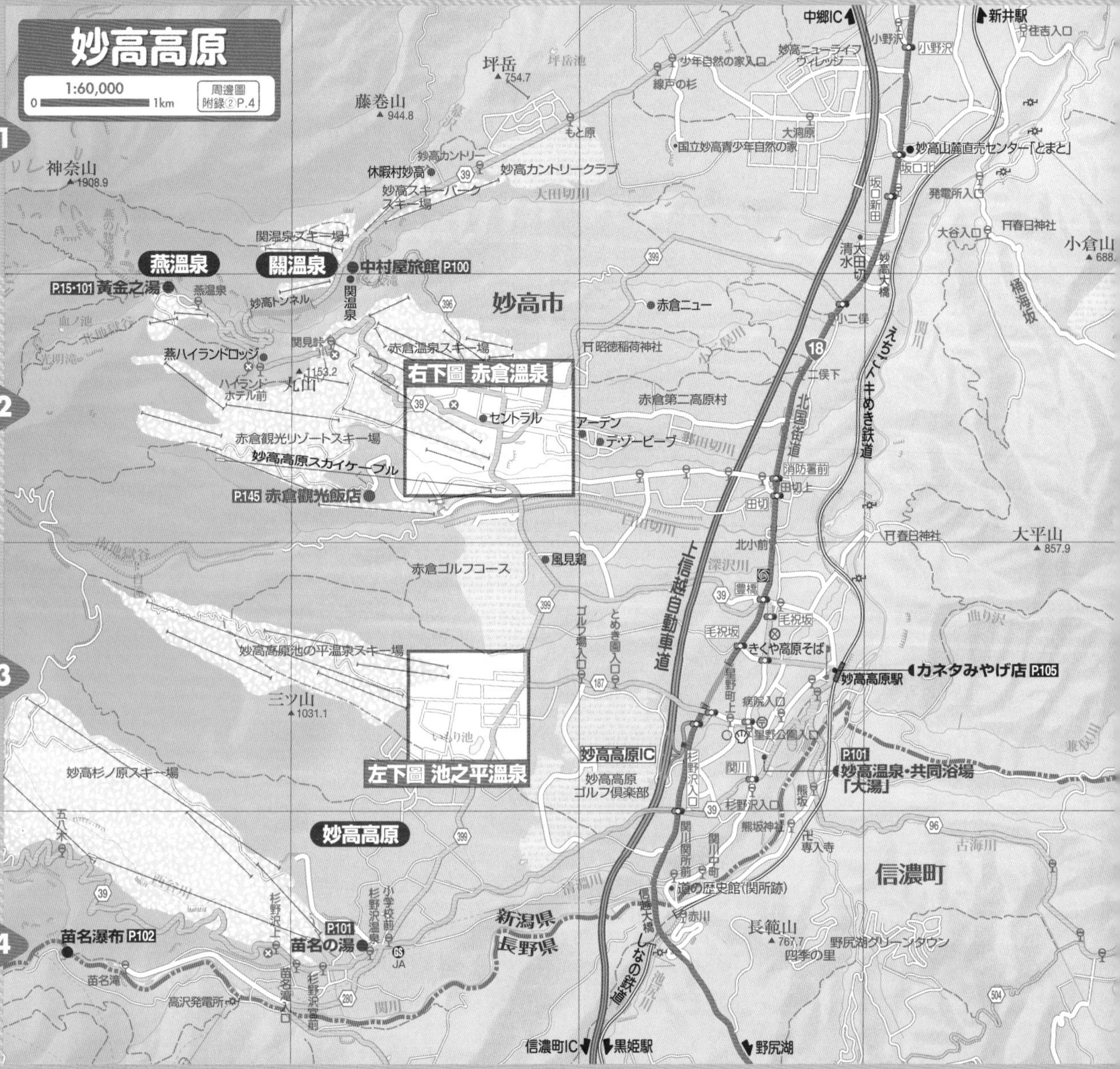

妙高高原

1:60,000

周邊圖 附錄②P.4

池之平溫泉

1:15,000

周邊圖 上圖

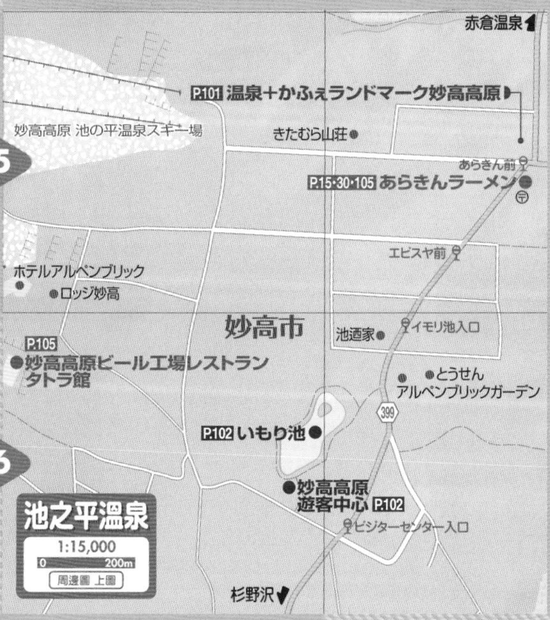

赤倉溫泉

1:15,000

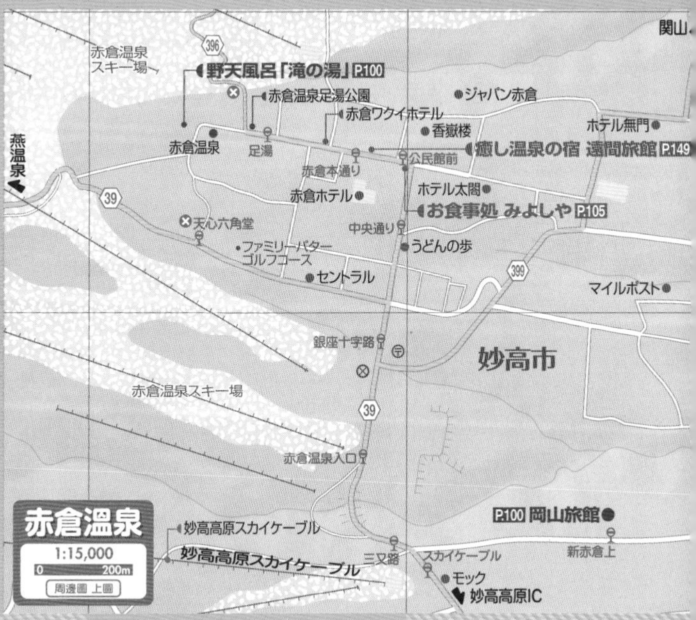

周邊圖 上圖

TOWN MAP

展現了新潟大自然魅力的
美麗花圃是一大亮點

從春～秋整座新潟故鄉村都呈現出繽紛華麗的風景

直擊3大人氣設施！

新潟的公路休息站

以下將從新潟的眾多公路休息站中，選出造訪旅客數特別多的3座介紹給你。大啖新潟特產及在地美食、在鮮魚中心或產地直銷市場採購新鮮食材…各式各樣的樂趣讓人流連忘返。

人氣大解密1 美麗的四季花卉

集市館與魅力館旁有寬廣的花圃，不論是新潟縣縣花—鬱金香綻放的春季，或是豔麗的大麗菊亮相的夏～秋季都很有看頭。

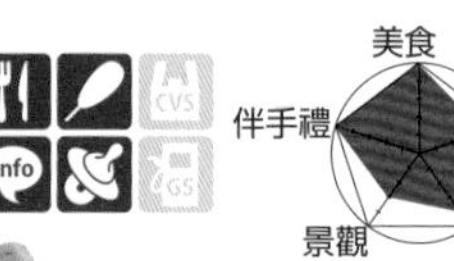
各種顏色、品種的鬱金香綻放出美麗花朵

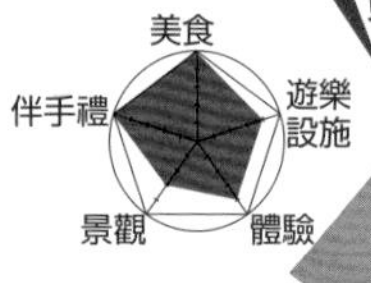
花圃每年都有不一樣的設計

2017年來客數第2名 176萬人 新潟市郊外

國道8 ROUTE

みちのえきにいがたふるさとむら

公路休息站 新潟ふるさと村

北陸自動車道新潟西IC經國道8號往長岡方向車程2.5km

除了新潟特產齊聚一堂的「集市館」，還集結了能吃到鄉土料理、在地美食的多家餐廳。提供各種新潟資訊的「魅力館」及各種體驗設施也值得造訪。

025-230-3030(魅力館)
魅力館9:00～17:00、集市館9:30～17:30(食堂街為11:00～15:00、視季節而異)，兩館夏季營業時間皆會延長
休 無休 所 新潟市西区山田2307
P 400輛 MAP 附錄②P.15 B-6

美食、遊樂設施、體驗、景觀、伴手禮

「ふるさと寿司」的散壽司盒飯「華」1080円有滿滿的海鮮

「赤とんぼ」的片木蕎麥麵附天麩羅(2人份)2808円

人氣大解密2 新潟美食&特產一應俱全！

集市館1樓販售的特產及工藝品約有1萬件之多！2樓則有鄉土料理的餐廳及新潟平民美食橫町(→本書P.33)。

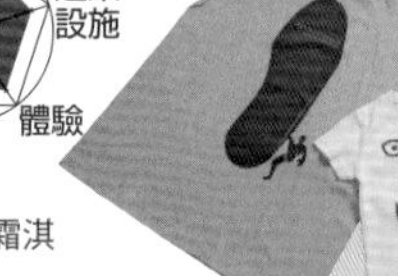
買來當伴手禮也很適合！

「新潟Tシャツ委員会」的T恤各2800円

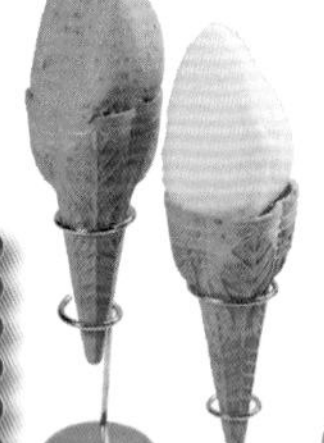
「絵日記」的獨家義式冰淇淋(單球)各330円

雪室咖啡霜淇淋360円

雪室咖啡義式冰淇淋(右)，棒茶義式冰淇淋(左)各360円

別忘了這裡！

透過歡樂的方式認識新潟 **魅力館**

2樓介紹了新潟人從明治至昭和時代的生活。老房子及重現了大正時代街景的展示區值得一看。

還有使用人工降雪機造雪的「雪國體驗區」

蕎麥麵擀製體驗的日期時間需洽詢

還可以體驗餵食鯉魚(春～秋季)

圍繞水池打造的故鄉庭園

人氣大解密3 還有遊樂設施及有趣的體驗！

綠室設置了木製活動器材，讓小小孩在下雨天也能開心遊玩；故鄉越後之家則有蕎麥麵擀製體驗等，歡樂又有趣。

在綠室裡開懷地盡情遊玩吧

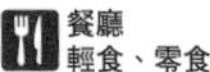 餐廳 輕食、零食  商店  便利商店  服務處  育嬰室  加油站

↑「四季彩館ひだなん」的白咖哩906円

妙高雪蝦義大利麵1393円

想品嘗剛捕撈到的海鮮與美食來這裡就對了

←「食堂ミサ」的味噌拉麵830円

→米粉麵包「米ットさん」270円鬆軟可口

↓經典野澤菜口味的米粉烤餡餅162円

↓放了蓮藕的米粉烤餡餅162円

「PATRASHE」吃得到米粉麵包&烤餡餅

2017年來客數第1名 294萬人 妙高

國道18 ROUTE

公路休息站 あらい

みちのえきあらい

鄰上信越自動車道新井PA・智慧IC

從國道18號與上信越自動車道皆可前往。販售各種日本海海產的鮮魚中心、農產品直銷所、選擇豐富多元的餐飲設施都十分受歡迎。也有便利商店。

☎0255-70-1021(くびき野情報館) 營9:00～21:00(視店鋪而異) 休視店鋪而異 所妙高市猪野山58-1 P468輛

MAP附錄②P.4 F-4

美食 遊樂設施 體驗 景觀 伴手禮

↓最受歡迎的蝦和螃蟹自然也少不了

人氣大解密1 眾多餐廳滿足你對美食的需求

用地內有可以吃到在地產妙高雪蝦窯烤披薩及義大利麵的「窯右衛門」，以及迴轉壽司、麵包店等各式餐飲店。

人氣大解密2 美味的新鮮海產&海鮮燒烤

日本海鮮魚中心有各式各樣剛捕撈上岸的海鮮及自製乾貨。別錯過了豪邁燒烤當令美味海鮮的「海鮮燒烤區」。

↑豪邁享用整條燒烤的海鮮吧

→擺出了滿滿的海鮮供顧客選購

別忘了這裡! 不用下高速公路就能過夜 新井新潟超級酒店

→1晚5280円～，並提供免費早餐

不論是來妙高觀光度假，或商務目的住宿都適合。房型雖然以小巧玲瓏的單人房為主，但十分舒適。附設天然溫泉設施。

2017年來客數第3名 109萬人 見附

縣道20

公路休息站 パティオにいがた

みちのえきぱてぃおにいがた

北陸自動車道中之島見附IC往三條方向車程3km

用地內有產地直銷市場、農家餐廳、彙整了刈谷田川水災資料的防災檔案館、日間露營場等。於日本廁所大賞獲獎的廁所也是一大賣點。

☎0258-94-6211 營直銷市場9:00～19:00/餐廳11:00～14:30、17:30～20:00 休無休 所見附市今町1-3358 P111輛

MAP附錄②P.6 F-2

↑每道料理都以蔬菜為主，非常健康

↓能吃到各種廚房剛做好的料理

享用完新鮮蔬菜的美味料理就去市場走走逛逛吧

從各種熟食到鄉土料理、甜點，餐點種類豐富

←もみの樹店內空間寬敞，不會感到擁擠

美食 遊樂設施 體驗 景觀 伴手禮

人氣大解密1 可以盡情品嘗美味的在地蔬菜

「農家レストラン もみの樹」以自助式吃到飽的形態提供使用在地蔬菜的手作料理，包括了著名的烤洋蔥，以及各種熟食、鄉土料理。

人氣大解密2 販售新鮮蔬菜的市場

產地直銷市場「健幸めっけ」提供了在地農家種植的當令蔬菜、水果、米等，每種都新鮮水嫩，品質看得出來。

←鮮豔又有光澤的新鮮蔬果看起來超誘人

別忘了這裡! 大草坪讓人心曠神怡 日間露營場

可以在大草坪烤肉，並提供可清洗烤肉架的溫水沖洗設備。可租借烤肉用具（收費）。營位可免費使用。

↑在青翠草地上享用烤肉感覺更是美味

美味甜點也非吃不可

←牛奶羊羹500g各238円

→青蛙餅乾小220円～

阿賀漢堡500円（週六、週日、假日限定）

國道49 公路休息站 阿賀の里 阿賀

みちのえきあがのさと

磐越自動車道安田IC經國道49號往會津若松方向車程10km

位在阿賀野川畔，有魚市場、物產館、飲食區等設施。魚市場「魚匠」的規模在日本海沿岸算得上數一數二。飲食區能吃到拉麵、海鮮蓋飯、咖哩飯等餐點。

0254-99-2121 9:00～17:00 休無休 所阿賀町石間4301 P300輛 MAP附錄②P.15 B-3

帶有微微酒糟香氣
料多實在的美味拉麵
使用酒糟提味的阿賀之里拉麵850円

可以盡情品嘗紅松葉蟹的好所在
餐廳「番屋」的螃蟹套餐3675円

國道8 公路休息站 マリンドリーム能生 糸魚川

みちのえきまりんどりーむのう

北陸自動車道能生IC經國道8號往新潟方向車程3.5km

提供鮮度一流的海鮮料理的餐廳，以及能買到能生海域捕獲的海產的鮮魚中心最有人氣。「かにや横丁」可以買到新鮮的紅松葉蟹。

025-566-3456 9:00～18:00（視店鋪、季節而異） 休無休 所糸魚川市能生小泊3596-2 P463輛 MAP附錄②P.5 D-2

可以吃到昆布顆粒口感的昆布霜淇淋330円

縣道53 公路休息站 胎内 胎内

みちのえきたいない

日本海東北自動車道中條IC經國道7號、縣道53號往胎内リゾート方向車程10km

可欣賞飯豐連峰景色的公路休息站。除了販售胎內的特產，還有適合全家遊玩的樽橋遊園、介紹繩文時代的鄉土文化傳習館、和與美之館・美術館、溫泉設施クアハウス、食堂等設施。

0254-47-2723 9:00～18:00（食堂為4～10月、11:00～15:00） 休無休，商店、食堂為週一（逢假日則翌日休） 所胎内市下赤谷387-1 P145輛 MAP附錄②P.10 F-6

大自然中的遊樂園
可以和羊駝近距離接觸
可見到20多種動物

國道290 公路休息站 R290とちお 長岡

みちのえきるーとにきゅうまるとちお

關越自動車道長岡IC經國道8號、國道351號往栃尾方向車程22km

可以買到約150種之多的名產，除了栃尾手鞠、在地和菓子丸鯛、栃尾的好水與風土孕育出的日本酒，還能吃到現炸、現烤、紅燒等各種不同方式烹調的栃尾豆皮。

0258-77-0100 10:00～18:00、餐廳為10:00～17:30（L.O.） 休無休 所長岡市栃尾宮沢1764 P94輛 MAP附錄②P.6 G-4

分量與口感都令人滿足！
特色在地名產
現炸栃尾豆皮250円～

國道8 公路休息站 うみてらす名立 上越

みちのえきうみてらすなだち

北陸自動車道名立谷濱IC經縣道87號，國道8號往糸魚川方向車程3km

「ゆらら」有可欣賞日本海的露天浴池，以及夏季營業的室內與室外2座泳池。並附設鮮魚市場、海鮮餐廳、住宿設施。

025-531-6300 名立之湯ゆらら10:00～21:00、食彩鮮魚市場9:00～19:00、海鮮餐廳海のだいどこや11:00～20:30(L.O.)、物產館10:00～18:00 休第2週三（8月除外） 所上越市名立区名立大町4280-1 P230輛 MAP附錄②P.4 E-2

海水泳池感覺
就像在海邊戲水
在庭院裡的海水游泳池（7月中旬～8月下旬）

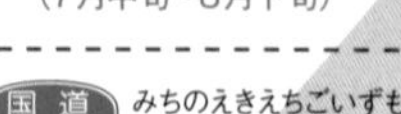

國道7 公路休息站 豊栄 新潟市郊外

みちのえきとよさか

北陸自動車道新潟西IC經國道7號往新發田方向車程26km

被認定為「公路休息站發祥地」的公路休息站。附設的鴕鳥農場，以及有步道、涼亭，面積約1萬m²的自然公園、餐點品項豐富的輕食餐廳很受歡迎。

025-388-2700 食堂、商店為7:00～19:00（12～2月為～17:00、L.O.為打烊10分鐘前）、情報站為9:00～17:00 休無休 所新潟市北区木崎3644乙 P154輛 MAP附錄②P.8 E-2

餵食體驗讓你
跟鴕鳥近距離接觸！
鴕鳥農場入場免費

國道352 公路休息站 越後出雲崎天領の里 出雲崎

みちのえきえちごいずもざきてんりょうのさと

北陸自動車道西山IC經國道116號，國道352號往新潟方向車程17km

往日本海延伸102m的「凪止之橋」為人氣景點，此外還有能感受出雲崎歷史的時代館及石油紀念館等值得一看之處。餐廳可以吃到出雲崎的平民美食小鱈魚漢堡。

0258-78-4000 9:00～17:00 休第1週三（5、8月無休） 所出雲崎町尼瀬6-57 P160輛 MAP附錄②P.16 E-2

「戀人聖地」沐浴在
夕陽下美不勝收
凪止之橋是人氣夕陽景點

國道17 公路休息站 南魚沼 雪あかり 南魚沼

みちのえきみなみうおぬまゆきあかり

關越自動車道鹽澤石打IC經縣道28號・國道17號往南魚沼市區方向車程4km

有販售南魚沼特產的直銷所及美術館（門票500円）等各種設施。可以吃到剛煮好的越光米的餐廳很受歡迎。

025-783-4500 9:00～17:00（視設施而異） 休無休（視設施而異） 所南魚沼市下一日市855 P185輛 MAP附錄②P.3 D-4

品嘗剛煮好的越光米
有美味米飯的定食500円～

餐廳 輕食、零食｜商店｜CVS 便利商店｜info 服務處｜育嬰室｜GS 加油站

更多 新潟 公路休息站

公路休息站 ゆのたに
みちのえきゆのたに　魚沼

025-792-7300（魚沼市觀光協会）　MAP 附錄②P.2 F-1

販售各種充滿雪國特色的特產

視設施、季節而異　休無休　所魚沼市吉田1148　關越自動車道小出IC經國道291號、縣道70號往吉田方向車程2km　P50輛

公路休息站 みつまた
みちのえきみつまた　越後湯澤

025-788-9410　MAP 附錄②P.3 D-5

提供自豪的雪國料理與溫泉足湯

9:00～17:00(12～4月為10:00～18:00、L.O.為30分鐘前)　休週二　所湯沢町三俣1000　關越自動車道湯沢IC經國道17號往水上方向車程8km　P17輛

公路休息站 よしかわ杜氏の郷
みちのえきよしかわとうじのさと　上越

025-548-2331　MAP 附錄②P.4 H-1

是公路休息站也是酒藏

9:00～17:00　休週一（逢假日則翌日休）　所上越市吉川区杜氏の郷1　北陸自動車道柿崎IC經國道8號、縣道30號往長峰方向車程2km　P270輛

公路休息站 雪のふるさと やすづか
みちのえきゆきのふるさとやすづか　上越

025-595-1010　MAP 附錄②P.3 A-3

麻糬冰淇淋是著名美食

9:00～18:00　休週一　所上越市安塚区樽田140　北陸自動車道上越IC經國道253號等、國道403號往樽田方向車程27km　P53輛

公路休息站 親不知ピアパーク
みちのえきおやしらずぴあぱーく　糸魚川

025-561-7288　MAP 附錄②P.5 A-4

坐擁日本海景色享用海鮮料理

9:30～17:00（視設施而異）　休視設施而異　所糸魚川市外波903-1視設施而異　北陸自動車道親不知IC經國道8號往新潟方向車程1km　P249輛

公路休息站 越後市振の関
みちのえきえちごいちぶりのせき　糸魚川

025-564-2922　MAP 附錄②P.5 A-4

前往風景名勝上越的門戶

8:00～20:00、餐廳為～19:45(20:00打烊)　休無休　所糸魚川市市振1035-50　北陸自動車道親不知IC經國道8號往富山方向車程約10km　P62輛

越後出雲崎天領の里（→P.22）的夕陽

公路休息站 良寛の里 わしま
みちのえきりょうかんのさとわしま　長岡

0258-41-8110　MAP 附錄②P.6 E-2

更賽牛乳霜淇淋是人氣美食

9:00～17:00（餐廳為10:00～15:00）　休第1週一（5、8月無休）　所長岡市島崎5713-2　北陸自動車道西山IC經國道116號往新潟方向車程15km　P152輛

公路休息站 西山ふるさと公苑
みちのえきにしやまふるさとこうえん　柏崎

0257-48-2839　MAP 附錄②P.7 D-4

中國風庭園別有一番情調

9:00～17:00　休週一（逢假日則翌日休）　所柏崎市西山町坂田717-4　北陸自動車道西山IC經國道116號往新潟方向車程2km　P189輛

公路休息站 じょんのびの里高柳
みちのえきじょんのびのさとたかやなぎ　柏崎

0257-41-2222　MAP 附錄②P.3 B-1

有純泡湯或住宿皆可的溫泉設施

10:00～20:30(2～3月為～19:30)　休第2、4週二　所柏崎市高柳町高尾10-1　關越自動車道六日町IC經國道253號、縣道12號往柏崎方向車程40km　P212輛

公路休息站 まつだい ふるさと会館
みちのえきまつだいふるさとかいかん　十日町

025-597-3442　MAP 附錄②P.18 E-5

松之山溫泉的門戶

8:30～17:30（冬季為～17:00）　休無休　所十日町市松代3816-1　關越自動車道六日町IC經國道253號往上越方向車程30km　P92輛

公路休息站 瀬替えの郷せんだ
みちのえきせがえのさとせんだ　十日町

025-761-2008　MAP 附錄②P.3 C-1

仙田產越光米令人讚賞

8:00～17:00（冬季為8:30～）　休週三　所十日町市中仙田甲826　關越自動車道越後川口IC經國道117號、國道252號往柏崎方向車程20km　P73輛

公路休息站 クロステン十日町
みちのえきくろすてんとおかまち　十日町

025-757-2323　MAP 附錄②P.3 C-2

盡情享受溫泉與藝術吧！

9:00～17:30　休視店鋪而異　所十日町市本町6の1-71-26　關越自動車道六日町IC經國道253號、國道117號往長岡方向車程17km　P362輛

公路休息站 いりひろせ
みちのえきいりひろせ　魚沼

025-796-2500　MAP 附錄②P.6 H-5

山林食材製作的餐點帶有懷舊風味

9:00～17:00　休無休　所魚沼市大栃山356-2　關越自動車道小出IC經國道252號往福島方向車程25km　P79輛

公路休息站 関川
みちのえきせきかわ　關川

0254-64-0252　MAP 附錄②P.14 G-4

可以參觀稻草貓屋的編製過程

9:00～17:00(有季節性變動)　休第3週三（逢假日翌日休）　所関川村下関1260-4　日本海東北自動車道荒川胎内IC經國道113號往南陽方向車程15km　P298輛

公路休息站 国上
みちのえきくがみ　燕三條

0256-98-0770　MAP 附錄②P.6 E-1

泡個免費足湯放鬆一下吧

商店10:00～17:30（視設施而異）　休週一　所燕市国上5866-1　北陸自動車道三条燕IC經國道289號、縣道2號往寺泊方向車程14km　P236輛

公路休息站 漢学の里 しただ
みちのえきかんがくのさとしただ　燕三條

0256-47-2230　MAP 附錄②P.6 H-3

在「文化之里」與美食相遇

9:00～16:00（12～3月為10:00～15:00）　休無休（有季節性變動）　所三条市庭月451-1　北陸自動車道三条燕IC經國道289號往八木鼻方向車程20km　P150輛

公路休息站 燕三条 地場産センター
みちのえきつばめさんじょうじばさんせんたー　燕三條

0256-32-2311　MAP 附錄②P.16 G-5

能買到各種燕三條製品

9:30～17:30　休第1週三　所三条市須頃1-17　北陸自動車道三条燕IC經國道289號往吉田方向車程1km　P119輛

公路休息站 庭園の郷 保内
みちのえきていえんのさとほない　燕三條

0256-38-7276　MAP 附錄②P.6 G-1

園藝愛好者不可錯過的公路休息站

9:00～18:00（餐廳為11:00～21:00）　休有臨時休　所三条市下保内4035　北陸自動車道三条燕IC經國道403號往加茂方向車程9km　P197輛

公路休息站 ちぢみの里おぢや
みちのえきちぢみのさとおぢや　小千谷

0258-81-1717　MAP 附錄②P.6 E-6

可享受每週輪替的2種浴場

10:00～21:15（用餐為20:00、22:00打烊）　休週三（逢假日則營業）　所小千谷市薭生甲1670-1　關越自動車道小千谷IC經國道291號、國道17號往新潟方向車程5km　P120輛

公路休息站 越後川口
みちのえきえちごかわぐち　長岡

0258-89-4550　MAP 附錄②P.6 F-6

在地新鮮蔬菜琳瑯滿目

9:00～18:00（冬季為～17:00）　休第1、3、5週二（冬季為週二休）　所長岡市川口中山84-2　關越自動車道越後川口IC經縣道83號、國道17號往湯澤方向車程4km　P42輛

公路休息站 花夢里にいつ
みちのえきかむりにいつ　新潟市郊外

0250-21-6633　MAP 附錄②P.9 D-4

能買到各種新鮮花卉與蔬菜

9:00～17:00（4～8月為～18:00）　休無休　所新潟市秋葉区川根438　北陸自動車道巻潟東IC經國道460號往新津方向車程15km　P171輛

公路休息站 加治川
みちのえきかじかわ　新發田

0254-33-3175　MAP 附錄②P.8 G-2

品嘗古早味的加治川拉麵

9:00～18:00、食堂為10:00～17:00(18:00打烊)　休第3週四　所新発田市横岡1147　日本海東日本自動車道聖籠新発田IC經國道7號往村上方向車程12km　P53輛

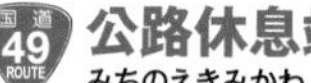

公路休息站 みかわ
みちのえきみかわ　阿賀

0254-99-3779　MAP 附錄②P.8 F-5

潔淨好水造就在地好滋味

商店10:00～17:00、食堂11:00～15:00（假日、冬季會變更）　休週三　所阿賀町岩谷2865　磐越自動車道三川IC經國道49號往安田方向車程3km　P39輛

公路休息站 笹川流
みちのえきささがわながれ　村上

0254-79-2017　MAP 附錄②P.14 E-6

絕景與海鮮帶來滿滿幸福

9:00～17:30　休週三　所村上市桑川891-1　日本海東北自動車道村上瀬波温泉IC經國道345號往鶴岡方向車程20km　P48輛

公路休息站 朝日
みちのえきあさひ　村上

0254-72-1551　MAP 附錄②P.10 F-3

好玩、好吃，還可以過夜

9:00～18:00（視設施而異）　休最後週一　所村上市猿沢1215　日本海東北自動車道朝日まほろばIC經國道7號往鶴岡方向車程0.6km　P220輛

公路休息站 神林
みちのえきかみはやし　村上

0254-66-6326　MAP 附錄②P.10 F-5

記得買以品質著稱的岩船米

物產館8:15～17:15、情報站8:30～16:15　休無休　所村上市九日市809　日本海東北自動車道神林岩船港IC經國道7號往關川方向車程1km　P63輛

特色鄉土美食不可錯過！

SA・PA導覽

新潟的SA・PA自然也少不了各種使用在地食材製作的美食，以及新潟限定的伴手禮，值得專程開車走一趟。

餐廳、輕食、美食街　商店　便利商店

北陸自動車道 黑埼PA

くろさきばーきんぐえりあ

上行 餐廳7:00～20:00 商店7:00～20:00　下行 餐廳7:00～20:00 商店7:00～20:00

擁有加油站、智慧IC等與SA同等級的設施，停車場也十分寬廣。四周是農田，放眼望去盡是閒適風景。

MAP附錄②P.9 C-4

炸雞塊不僅分量十足味道也沒話說

上行

黑埼特製炸雞塊定食
830円

以加了新潟縣產醬油，黑埼店獨家的特製醬汁調味。1人分有多達250g的雞肉

濃郁味噌湯頭大受歡迎的經典拉麵

上行 下行

味噌拉麵
780円

「ラーメンとん太」講究的濃郁味噌湯頭搭配Q彈粗麵超對味！

北陸自動車道 蓮台寺PA

れんだいじばーきんぐえりあ

上行 餐廳7:00～23:00 商店7:00～23:00　下行 餐廳7:00～23:00 商店7:00～23:00

位於糸魚川，是北陸道在新潟縣最後一座PA，「ラーメンとん太」在上下行皆有分店。

MAP附錄②P.18 F-2

荒川胎内IC　村上　日本海東北道　中条IC　豊栄SA　新潟中央JCT　新潟PA　黑埼PA　五泉PA　阿賀野川　新潟　阿賀野川SA　上川PA　磐越道　栄PA　三条燕IC　彌彥　→磐梯山SA　大積PA　刈羽PA　長岡JCT　米山SA　山谷PA　柏崎IC　北陸道　長岡　堀之内PA　名立谷浜SA　越後川口SA　小出IC　大潟PA　大和PA　關越道　上信越道　上越JCT　越後湯澤　糸魚川IC　蓮台寺PA　新井PA　塩沢石打SA　妙高SA　湯沢IC　妙高高原IC　妙高　土樽PA　↓小布施PA　谷川岳PA　赤城高原SA

磐越自動車道 阿賀野川SA

あがのがわさーびすえりあ

上行 餐廳7:00～19:00 商店7:00～19:00　下行 餐廳8:00～20:00 商店8:00～20:00 便利商店24小時

從位在下行端的展望台，可望見阿賀野川的壯麗景色。有各種運用在地乳製品製作的商品。

MAP附錄②P.8 F-5

使用越乃黃金豚的極品豬排蓋飯

上行

越乃黃金豚炸豬排蓋飯
860円

使用新潟產豬肉「越乃黃金豚」，麵衣酥脆，口感多汁味美

關越自動車道 越後川口SA

えちごかわぐちさーびすえりあ

上行 餐廳8:00～21:00 商店24小時　下行 餐廳7:00～20:00 商店24小時

設在下行端的展望台可眺望壯麗的信濃川風景。以優質的水與米製作的各式餐點，以及口味多樣的柿種米菓很受歡迎。

MAP附錄②P.6 E-6

鮭魚與鮭魚卵呈現奢華滋味

下行

魚野川杉木圓筒飯
1600円

茶飯上鋪著紅鮭肉與醬油醃鮭魚卵，附鮭魚酒糟湯與小菜

上信越自動車道 妙高SA

みょうこうさーびすえりあ

上行 餐廳7:00～20:00 商店7:00～20:00　下行 餐廳7:00～20:00 商店7:00～20:00

正對著妙高山，並擁有寬廣綠地，可以在鄰近的步道感受山岳的自然之美。

MAP附錄②P.4 F-5

羅勒的撲鼻香氣造就特色美食

上行

羅勒鹽麴風味妻有豬肉蓋飯
980円

使用十日町的品牌豬—妻有豬肉，並以獲得Made in上越認證的羅勒鹽麴調味

關越自動車道 塩沢石打SA

しおざわいしうちさーびすえりあ

上行 餐廳7:00～21:00 商店7:00～21:00　下行 餐廳7:00～20:00 商店7:00～20:00

下行車道可望見八海山的英姿。能買到魚沼產鹽澤越光米等新潟特色伴手禮。

MAP附錄②P.3 D-4

享譽全日本的新潟優質品牌豬

下行

和豬糯米豬薑燒豬肉定食
880円

薑燒豬肉使用的是安全飼養的越後糯米豬，為人氣高居第一的定食

新潟 佐渡

CONTENTS 2

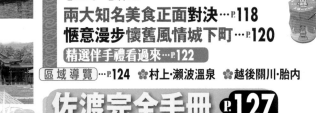

新潟市區 P.39

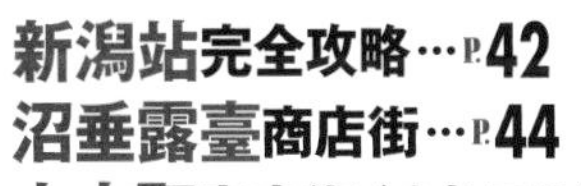

越後湯澤·魚沼·十日町 P.61

燕三條·彌彥·寺泊 P.75

長岡·柏崎 P.87

上越·妙高·糸魚川 P.97

月岡溫泉·阿賀野川 P.107

村上·瀨波溫泉·笹川流…P.115

佐渡完全手冊 P.127

利用本書前請詳細閱讀下列事項

●本書刊載的內容為2019年1月～3月時採訪、調查時的資訊。
本書製作中或出版後，餐廳的菜單與商品內容、費用等各種刊載資訊有可能變動，也可能依季節而有變動、臨時休業等無法消費的情況。因為消費稅的調高，各項費用可能變動，因此會有部分設施的標示費用為稅外的情況，消費之前請務必事先確認。此外，因本書刊載內容而造成的糾紛和損害等，敝公司無法提供賠償，請在確認此點之後再行購買。

●各種資訊使用以下的方式刊載

電話號碼 刊載的電話號碼為各設施的洽詢用電話號碼，因此可能會出現非當地號碼的情況。使用衛星導航等設備查詢地圖時，可能會出現和實際不同的位置，敬請留意。

營業時間·開館時間 營業時間、開館時間為實際上可以使用的時間。基本上餐飲店為開店到最後點餐時間，各種設施為開館到可入館的最終時間。

休 公休日 原則上只標示出公休日，基本上省略過年期間、黃金週、盂蘭盆節和臨時休業等情況。

¥ 費用·價錢 ●各設施之入場費用，基本上為大人1人份的費用。●住宿費原則上是一般客房的1房費用，附餐點時則標示2人1房時1人份的費用。金額為包含服務費、消費稅在內的費用，但可能依季節、星期、房型等而有所變動，預約時請務必確認。

所 地址 各設施的所在位置。自然景點僅為大略標示，使用衛星導航設定時請務必注意。

交通方式 原則上標示出最近的車站，所需時間僅為預估值，可能因季節、天候和交通機關的時刻表更動而有極大差異。尤其在冬季，移動時請預留充分時間。

P 停車場 若該設施有停車場，不分收費、免費，標示該停車場可容納之數量。若沒有停車場，會記載「無」。

MAP 附錄②P.00 0-0 表示該設施在地圖上之位置。

新潟原來是這樣的地方！

一張地圖認識新潟

新潟縣面日本海，呈南北狹長狀，是日本面積第5大的都道府縣。先來認識各地區的相對位置關係，能讓你更容易做好行程規劃！

美麗圓拱造型的萬代橋是市區著名地標

在地美食及伴手禮應有盡有
新潟之旅就從這裡開始！

P.39

●にいがたたうん

新潟市區

新潟市在江戶時代有北前船（當時的商船）靠港，也是幕末開港的5港之一，自古以來便十分繁榮，是整個新潟縣的核心之地。這裡的餐廳及商店數量居全縣之冠，可以盡情吃美食、逛街。也別錯過集結了個性派商店的區域。

↑從鄉土料理到時尚咖啡廳，各種美食一應俱全

冬天是著名的滑雪度假勝地
可盡情享受溫泉及越光米的山間地區

P.61

●えちごゆざわ・うおぬま・とおかまち

越後湯澤 魚沼・十日町

上越新幹線及關越自動車道貫穿中央，與東京之間交通十分便利。除了冬天可以來滑雪之外，還有以魚沼產最具代表性的越光米、鄉土料理片木蕎麥麵、山間的溫泉等，豐富多樣的美食及樂趣等你來發掘。

←美味的越光米就是誕生於這如詩如畫的梯田景色之中

↑使用了海藻增添黏性的片木蕎麥麵也是知名美食

不可不知的新潟小常識

1 南北長距離移動要講求效率！

新潟縣南北狹長，海岸線長度相當於東海道新幹線從東京到名古屋的距離。雖然有鐵道或高速公路等交通方式，但仍需要相當時間，往來移動時一定要確實做好規劃。

2 留意不同地區間的天氣變化！

新潟的內陸地區山岳連綿，冬天容易積雪。沿海地方雖然降雪較少，但冬天時常出現強風。有時沿岸地方是晴天，內陸地區卻在下雨，兩邊會呈現截然不同的天氣。

3 什麼是上越、中越、下越？

新潟縣除了佐渡以外的地方，自古以來便從南往北，區分為上越、中越、下越3個區域。上中下的順序，是依與過去的首都京都的遠近排列的。這3個區域的中心地分別為上越、長岡、新潟市區。

穿上浴衣感受溫泉街的迷人風情
搭乘觀光船及蒸氣火車飽覽明媚風光

●つきおかおんせん・あがのがわ

月岡溫泉・阿賀野川

P.107

這是位在新潟市區北側至東側的地區。月岡溫泉搭乘電車就可以到，充滿情調的石板路與有美肌效果的溫泉十分有人氣。搭乘觀光船等則能將阿賀野川美不勝收的自然風光盡收眼底。

換上浴衣悠閒漫步於溫泉街♪

月岡溫泉氣氛典雅閑靜

沿著阿賀野川行駛的蒸氣火車

造訪世界級金屬加工製品產地
順道參拜知名宗教景點

●つばめさんじょう・やひこ・てらどまり

燕三條・彌彥・寺泊

P.75

燕&三條市的周邊地區以傑出的製造工藝聞名，靠日本海側還有新潟縣數一數二的能量景點—彌彥神社。有新潟後花園之稱的岩室溫泉、以海鮮聞名的寺泊也都位在這一區，玩起來樂趣無窮！

出自世界級職人之手的作品絕對不可錯過

把你喜歡的作品帶回家吧！

可以在燕三条站周邊買到

在寺泊港上岸的新鮮漁獲超誘人！

泡湯之餘欣賞夕陽感覺超療癒

造訪村上品嘗鮭魚富含深度的美味

海景與夕陽是瀨波溫泉最自豪的美景

在充滿懷舊風情的城下町散步後
享受兩大美食與夕陽時分的溫泉！

●むらかみ・せなみおんせん・ささがわながれ

村上・瀨波溫泉・笹川流

P.115

新潟縣最北部的地區，可以從村上出發玩一圈。推薦在村上享用鮭魚&牛肉的午餐後，在海邊溫泉旅館林立的瀨波溫泉住一晚。北端的笹川流以絕美海岸風景著稱。

長岡的煙火大會無論煙火數量、人氣皆是新潟縣之冠

約2萬發的煙火絢麗璀璨

吸引各地遊客前來朝聖的煙火大會及
在地美食、閒適風光深具魅力

●ながおか・かしわざき

長岡・柏崎

P.87

這個地區以中越的主要城市長岡為中心，範圍包括了柏崎等沿岸地區至山區的栃尾等地。沒入日本海的夕陽，以及梯田、茅草屋頂民家群聚的里山等豐富多元的景色令人讚嘆，還有許多在地美食等你來品嘗。

柏崎山間地帶的景色深深打動人心

佐渡
直江津港⇄小木港
高速車用渡輪
1小時40分
兩津
小木
赤泊

在大野龜欣賞佐渡最具代表性的美景

感受島上悠閒的氣氛
享受美好的慢活時光

●さど

佐渡

P.127

佐渡位在新潟市區的外海，閒適的景色與特色咖啡廳等時髦的景點與島完美共存，讓這裡成為人氣旅遊勝地。宛如著名動畫中的場景、在網路上引發熱烈討論的懷舊景點也不可錯過♪

最適合拍照打卡的絕美景色

島上有許多融合了周邊自然景觀的咖啡廳

與上杉謙信有深厚淵源之地
內陸地方有眾多名湯及高原度假地

●じょうえつ・みょうこう・いといがわ

上越・妙高・糸魚川

P.97

過去為戰國時代武將上杉謙信根據地的上越市區，以及與長野縣接壤的高原度假地都是這一區的亮點。位於內陸的妙高高原聚集了許多特色溫泉旅館及度假飯店。

上越有眾多上杉謙信相關的景點

位在妙高山山腰的笹峰是一處高原度假勝地

可以看到牛隻悠閒吃草的景象

信越本線
北陸道
直江津
上越IC
上越妙高
上越
越後心動鐵道
糸魚川
大糸線
糸魚川IC
富山
糸魚川
上信越道
越後心動鐵道
北陸新幹線
妙高高原IC
妙高
東京⇄糸魚川
北陸新幹線「白鷹號」
2小時5～25分
東京⇄上越妙高
北陸新幹線「白鷹號」
1小時50分～2小時10分

的一年四季

新潟人的在地生活與秀麗的自然景緻，隨著四季交替變遷展現了各種樣貌。豐富山海資源造就的各種當令美食，加上多采多姿的傳統祭典、活動等，讓你不論在什麼時間造訪新潟，都能玩得開心盡興。

夏

8月2·3日
長岡市·信濃川河岸（長生橋下游）

長岡祭大花火大會 P.89

●ながおかまつりおおはなびたいかい

新潟夏季代表性的煙火大會，具有全國性的人氣、知名度。於信濃川河岸舉行。

令人讚嘆的壯觀煙火 點亮了長岡的夜空

春

高田城及護城河的襯托 讓夜晚的櫻花更顯嬌豔多姿

2019年4月1日~15日
上越市·高田公園 P.99（高田公園）

高田城百萬人觀櫻會

●たかだじょうひゃくまんにんかんおうかい

建於高田城遺址的高田公園與周邊共有約4000株櫻花一齊盛開，以名列日本三大夜櫻著稱。

8月	7月	6月	5月	4月	3月
平均氣溫 26.6℃	平均氣溫 27.4℃	平均氣溫 21.1℃	平均氣溫 17.0℃	平均氣溫 12.7℃	平均氣溫 7.5℃

活動

2019年8月24·25日（前夜祭23日）
上越市·春日山城遺址·春日山城史跡廣場等

謙信公祭

●けんしんこうさい

讚揚、感念上杉謙信之英勇與遺德的祭典，並重現了戰國時代震撼力十足的戰爭場面。

☎025-526-5111（謙信公祭贊助會事務局） MAP附錄②P.18 F-3

2019年6月6~10日 新潟市·中之口川堤防風箏會戰會場

白根大風箏會戰

●しろねおおたこがっせん

對戰雙方會放起24張榻榻米大的風箏互相纏鬥，設法切斷對手的風箏線。

☎025-372-6505（執行委員會）

MAP附錄②P.9 C-5

7月13·14日 妙高高原·關山神社

妙高山關山神社·火祭

●みょうこうさんせきやまじんじゃひまつり

源自妙高山信仰，擁有1200多年悠久歷史的傳統祭典。

☎0255-86-3911（妙高高原觀光服務處）

MAP附錄②P.4 F-5

5月3日 麒麟山溫泉·住吉神社等

津川狐狸出嫁遊行

●つがわきつねのよめいりぎょうれつ

化妝成狐狸的新娘等一行人出巡遊街，並以幽默詼諧的手法模仿狐狸的動作。

☎0254-92-4766（阿賀町觀光振興課）

MAP附錄②P.15 D-3

3月14·15日 新潟市·朱鷺展覽館

新潟淡麗新潟酒之陣

●にいがたたんれいにいがたさけのじん

幾乎縣內所有酒藏都會參展的日本酒盛會。只要購買門票，就能喝到約500種的在地酒。

☎025-229-1218（新潟縣釀酒同業公會）

MAP附錄②P.12 F-2

當令美食產季

真鯛（柏崎海域、粟島海域等）4~9月

初春時期甚至常捕獲超過5kg的大魚。粟島的定置網捕撈十分有名

蘆筍（新發田市等）4月中旬~7月中旬

新發田市產的蘆筍從整土開始的每一環節都十分講究，吃起來柔軟帶甜味

西瓜（新潟市、南魚沼市）6月~8月中旬

新潟市的「新潟西瓜」與南魚沼的「八色西瓜」是縣內的兩大西瓜

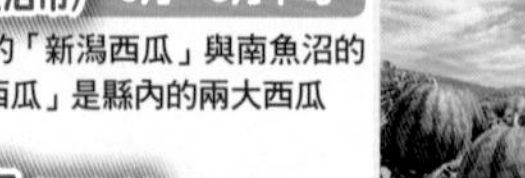

十全茄子（新潟市、燕市）7月中旬~9月中旬

新潟夏季代表性的茄子。肉質紮實，適合用來做醃漬物

黑埼茶豆（新潟市）7月下旬~8月上旬

於新潟市黑埼地區栽種，甜香及絕佳口感為最大特色

水蜜桃（新潟市、三條市等）7~9月

因口感滑順、糖度高而深受好評。而且品種豐富，不妨多嘗試比較

越後姬（新潟市、新發田市、五泉市等）1月下旬~6月上旬

新潟的獨家品牌草莓，果實大、酸味少，甜味濃郁

甜蝦（新潟海域、佐渡海域、糸魚川海域等）11~3月

樂趣數不清！來看看一整年的精采活動以及當令美食

新潟 好吃好玩

冬

2月第3週五～週日
十日町市・城ヶ丘ピュアランド（雪上嘉年華）

十日町雪祭

→P.73

●とおかまちゆきまつり

靠日本海側冬季最大規模的活動。除了可欣賞到60～70座的雪雕，還會在雪上舞台舉行現場表演等。

在冰雪打造的巨大舞台上 有夢幻華麗的表演

©十日町雪まつり実行委員会

秋

來趟充滿感動的空中散步 壯麗紅葉盡收眼底

2019年10月5日～11月10日
湯澤町・苗場滑雪場

龍之纜車

●ドラゴンドラ

連接苗場地區與田代高原，是日本最長的纜車。從車廂可以欣賞壯觀的紅葉景色。

☎025-789-4117

MAP附錄②P.3 D-6

2月 平均氣溫1.4℃

12月下旬～3月下旬
湯澤町・町內各滑雪場

湯澤冬花火

●ゆざわふゆはなび

在湯澤町內的12座滑雪場施放煙火，將湯澤的夜空點綴得繽紛絢爛。僅在特定日期施放（需於觀光協會網站確認）。

☎025-785-5505
（湯澤町觀光協會）

1月 平均氣溫1.7℃

12月 平均氣溫5.9℃

12月上旬～1月下旬 新潟市・新潟站周邊

NIIGATA 光之盛典

●にいがたひかりのぺーじぇんと

約26萬顆燈飾將新潟站南口的けやき通妝點得繽紛璀璨。

☎025-282-7108（執行委員會） MAP附錄②P.12 G-6

1月15日 十日町市・藥師堂

扔女婿、塗黑炭

●むこなげすみぬり

前一年娶了當地女性的新郎，會從5公尺的高度被扔到雪上的傳統習俗。

☎025-596-3011
（十日町市觀光協會松之山事務所） MAP附錄②P.3 B-3

11月 平均氣溫11.6℃

11月1～24日
彌彥村・彌彥神社

彌彥菊花祭

●やひこきくまつり

於彌彥神社內舉行，參展人數、參展品種數皆居日本國內之冠。

☎0256-94-3154
（彌彥觀光協會） MAP附錄②P.16 F-1

10月 平均氣溫17.2℃

9月 平均氣溫21.8℃

2019年10月5・6日
新潟市・古町

古町どんどん

●ふるまちどんどん

集結了舞台表演及屋台等的活動。5月11、12日也有舉行。

☎025-222-0665（古町どんどん執行委員會） MAP附錄②P.13 D-3

10月19・20日 十日町市・越後妻有交流館KINARE

片木蕎麥麵之鄉越後十日町「當地蕎麥麵」祭

●へぎそばのさとえちごとおかまちじそばまつり

以片木蕎麥麵聞名的十日町的蕎麥麵店齊聚一堂，吃吃看你最喜歡哪一家的吧。

☎025-757-2323（執行委員會） MAP附錄②P.3 C-2

赤鯥（岩船海域等）9～1月

又名紅喉，是新潟的高級魚。雖然是白肉魚，不過帶有油脂，鮮味濃郁

寒鰤魚（佐渡海域等）11月中旬～1月中旬

佐渡海域的鰤魚十分出名。寒冬時期可以捕撈到油脂豐富的天然鰤魚

Le Lectier西洋梨（新潟市、加茂市等）11月下旬～12月

果肉較La France品種更細緻，且口味濃郁。成熟時會變為黃色

おけさ柿（佐渡市、新潟市等）10月～11月上旬

おけさ柿是無籽的澀柿去除澀味而成的柿子，吃起來柔軟，帶有濃郁的果汁甜味

柳鰈魚（新潟海域、寢屋海域、岩船海域）9～11月

被視為鰈魚中高級、美味的品種，口味清新淡雅

新米（全縣）10月前後

除了魚沼之外，岩船、佐渡、新潟等也都是縣內知名的稻米產地

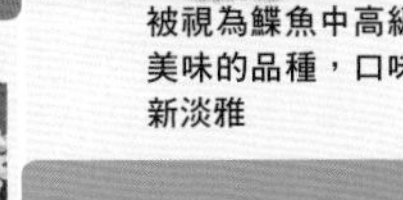

新潟代表性的美味海鮮，帶有恰到好處的甜味

甜蝦（新潟海域、佐渡海域、糸魚川海域等）11～3月

1月下旬～6月上旬 **越後姬**（新潟市、新發田市、五泉市等）

※祭典、活動之預定可能會有變更，請務必事先確認。平均氣溫引用自氣象廳網站（2018年新潟市之資料）。

在超廣角絕美風景前
享用咖啡與甜點小歇片刻
天神米
魚沼
新米

最強景點一網打盡 新潟這樣玩就對了♪ 2天1夜新潟行 5大最佳行程

行程1 by CAR

越後湯澤~魚沼 絕景兜風自駕行&里山體驗

走訪越後湯澤&魚沼地區，同時還能飽覽壯麗山岳景色的自駕行程。魚沼產越光米、雪國美食及絕景溫泉讓你身心都無比滿足！

新潟面積遼闊，不僅南北距離長，東西兩邊之間也相當寬廣，因此規劃行程時最好分成一區一區來玩。以下就教你如何運用不同交通工具，將新潟玩透透！

第1天

關越自動車道 湯沢IC

10:30 經17 351 462 30分

絕景 ①②

雲の上のカフェ

●くものうえのかふぇ

能以超廣角視野欣賞越後地方自然風光的絕景咖啡廳。在露臺上泡個足湯、享用甜點，讓自己放鬆一下吧。詳情見→P.62

①2018年6月於空中纜車山頂站新開幕，僅6～11月營業　②使用魚沼產米粉做成的可麗餅值得一試

12:30 經462 17 365 40分

午餐 ③④⑤

お米の楽校

●おこめのがっこう

介紹魚沼產越光米為何好吃的稻米博物館。午餐就吃這裡的極品米飯料理吧。詳情見→P.69

③還可以試吃比較不同品種的米（需預約）④米飯可無限享用的白飯膳1200円相當受歡迎　⑤還有能讓你免費帶一把米走的觀光票券540円

14:30 經365 17 364 291 25分

伴手禮 ⑥⑦

魚沼之里

●うおぬまのさと

由釀造在地日本酒「八海山」的酒藏所經營，可以參觀雪中貯藏庫、選購獨家伴手禮、享用美食。詳情見→P.64

⑥位於八海山麓，用地內及周遭豐富的自然景觀也是一大賣點　⑦集結了在地啤酒、肉類製品、蕎麥麵、里山美食等各式各樣的餐廳

住宿 ⑧

山間的溫泉旅館

⑧里山十帖（→P.144）

詳情見→P.144

新潟在地通③

5大最佳行程

越後湯澤～魚沼

「魚沼產越光米」的美味秘密

お米の楽校 負責人
宮田俊之先生

Q 越光米有哪些種類？

A 新潟產越光米分為新潟、岩船、魚沼、佐渡等4種，都是配合各地氣候所栽種，產自魚沼的米更是著名的品牌米。

Q 新潟的米吃起來有什麼特別之處？

A 具黏性、香氣，而且越嚼越甘甜，吃起來十分美味。新潟的米之所以好吃，是因為具備優質的水、土壤等得天獨厚的自然條件。

Q 為何魚沼產越光米評價特別高？

A 適合種植稻米的絕佳環境造就了美味的越光米。而且不論是剛煮好或冷了之後都好吃，做成飯糰或便當，吃起來的味道也一樣棒。

Q 新品種「新之助」是什麼樣的味道？

A 「新之助」是2017年秋天亮相的新品牌，追求有別於越光米的不同美味，最大特色為甜味豐盈、黏性強。目前也有販售可當作伴手禮的2合裝等商品。

座落於景緻優美的八海山麓 提供五花八門的伴手禮&美食

⑥

④

⑧

⑦

⑤

⑪

⑩

⑫

來到新潟絕不可錯過 越後地方代表性的絕景！

⑨

第2天

里山十帖經76 334

11:00 117 285 49 253 403 1小時

+絕景+ ⑨

星峠梯田

●ほしとうげのたなだ

在這一帶的眾多梯田中最具人氣的景點。約200片的梯田有如魚鱗般排列於山坡上。 詳情見→P.72

⑨插秧後的夕陽景色、秋天早晨常能看到的雲海、稻穗開始染上金黃色彩的秋天等，不同季節及時間各有獨特的美景

12:00 經403 253 528 40分

+藝術+ ⑩

繪本與樹木果實美術館

●えほんときのみのびじゅつかん

繪本作家田島征三將廢校的小學校舍當作「空間繪本」，賦予新生命所打造的藝術景點。 詳情見→P.72

⑩原本的體育館內有果實、漂流木、和紙等製作成的裝置藝術品。室內及室外展示了大量作品

13:30 經528 253 75 117 178 506 40分

+午餐+ ⑪

うぶすなの家

●うぶすなのいえ

這間餐廳位在屋齡約100年的老宅內，可在此享用以當地收穫的食材所製作的家常料理。 詳情見→P.73

⑪料理看似樸實，其實蘊含了許多雪國特有的智慧。裝盛料理的器皿則是出自陶藝家之手

15:30 經506 178 117 252 230 1小時

+藝術+ ⑫

永林寺

●えいりんじ

行程的最後，就欣賞由幕末時期的名匠石川雲蝶所創作的百餘件雕刻、繪畫等，畫下完美的句點吧。 詳情見→P.71

⑫欄間上雕刻了手持各式各樣樂器的天女。這座歷史超過500年的曹洞宗名剎，有許多值得觀賞的日本傳統藝術品

關越自動車道 堀內IC

行程2 by TRAIN
在新潟市區～燕三條享受美食&購物之旅

第一天先在新潟市區逛街，感受時尚風情，晚餐則大啖在地海鮮製作的美味壽司。隔天前往燕三條，見識當地引以為傲的世界級水準金屬製品。

JR上越新幹線 新潟站

10:30 巴士8分

‹散步› 上古町商店街 ❶❷
●カミフル
充滿懷舊氣氛的街道上聚集了許多現在正熱門的商店，在這裡悠閒地逛逛吧。詳情見→P.46

❶商店街建有屋頂，即使下雨也能安心逛街 ❷和風雜貨店裡有各種設計充滿現代感的商品

13:00 步行即到

‹午餐› とんかつ太郎 ❸
●とんかつたろう
從昭和時代初期經營至今的老店，在這裡享用新潟代表性的在地美食當午餐吧。詳情見→P.32

❸這裡的醬汁豬排蓋飯1050円沒有放蛋花，醬油口味甜鹹醬汁的獨特風味深受歡迎

15:00 巴士10分

‹散步› 沼垂露臺商店街 ❹❺❻
●ぬったりてらすしょうてんがい
商店街裡的長屋在翻修之後展現時尚風貌，搖身一變成為當紅最新景點。詳情見→P.44

❹❺❻工藝品店、咖啡廳綿延約250m，周邊也陸續有新店誕生

17:00 步行即到

‹晚餐› せかい鮨 ❼
●せかいずし
催生「極致」美味壽司的關鍵人物所經營的人氣壽司店。炙烤赤鯥是必吃美食！詳情見→P.18

❼除了在地魚之外，還能吃到炙烤赤鯥的「極致」美味壽司3500円（不含稅）。可搭配魚醬或天然鹽享用

‹住宿› 新潟站周邊的飯店
詳情見→P.149

集結了「新潟Design」新舊元素完美融合的商店街

造訪世界一流金屬製品產地 帶回值得珍藏的優質好物

新潟市區的晚餐首選 頂級海鮮做成的壽司！

せかい鮨的老闆‧吉沢俊哉先生

新潟市區是美食天堂！
新潟市區最具代表性的就屬用同一價格便能吃到10貫特上握壽司的「極致」美味壽司。除此之外，還有五花八門的各式美食。歡迎大家來品嘗只有新潟吃得到的好味道。

第2天

9:00

‹早餐› 名物万代そば ❽
●めいぶつばんだいそば
曾經上過電視節目，現在備受矚目的在地美食。從早上8時就開始營業，是早餐的好選擇。詳情見→P.32

❽以豚骨湯頭帶出香醇滋味的普通咖哩470円

JR上越新幹線 新潟站→燕三條站

10:00 步行5分

‹伴手禮› 公路休息站 燕三条地場産センター ❾
●みちのえきつばめさんじょうじばさんせんたー
販售超過8000項燕三條生產的商品，是挑選伴手禮的絕佳所在。詳情見→P.77

❾提供廚房用品、菜刀等豐富多樣的金屬製品

12:00 JR彌彥線7分 西燕站步行10分

‹午餐› 杭州飯店 ❿
●こうしゅうはんてん
新潟5大拉麵之一的背脂系拉麵的創始店。詳情見→P.85

❿中華麵800円，大量背脂讓麵吃起來始終熱呼呼

14:00 JR彌彥線+JR信越本線30分 帶織站步行20分

‹工廠參觀› 諏訪田製作所 ⓫
●すわだせいさくしょ
獲得世界各國好評的指甲剪、園藝剪刀等商品便是產自這裡。詳情見→P.76

⓫透過參觀工廠近距離欣賞職人的技術後，就去附設商店逛逛吧

JR上越新幹線 長岡站

行程3 by TRAIN

想變漂亮的女生別錯過！美人之湯・月岡溫泉♪

這個行程主要造訪溫泉街充滿了懷舊氣息的月岡溫泉。隔天可以順道探索附近的自然風光，再去新潟站周邊吃美食、選購伴手禮。

第1天

JR上越新幹線 新潟站→JR白新線 豐榮站

11:00 接駁巴士20分

溫泉街散步 ❶❷❸❹❺❻

月岡溫泉街

●つきおかおんせんがい

月岡溫泉以美人之湯著稱。溫泉街上有許多充滿新潟在地特色的商店，逛完之後可以泡免費的足湯休息一下。溫泉旅館提供浴衣出借服務。詳情見→P.108

❶溫泉街的石板路與黑牆很有味道 ❷散完步後來泡個足湯吧 ❸溫泉街上也有可愛的咖啡廳 ❹仙貝製作體驗相當受歡迎 ❺在社群網站上引發關注的夜景勝地 ❻也有販售各式日本酒的商店 ❼做了SPA之後是否覺得自己更美了呢？

住宿

月岡溫泉的旅館 ❼

❼白玉之湯 泉慶（→P.148）

詳情見→P.144

穿著浴衣走在石板路上 感受溫泉街的懷舊風情

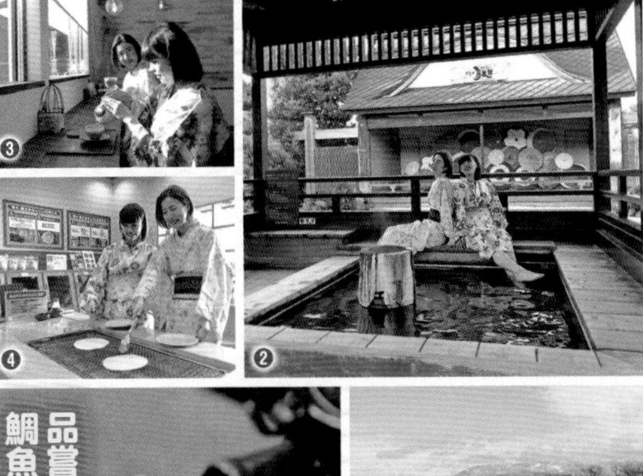

品嘗柏崎在地美食 鯛魚茶泡飯的絕佳滋味

悠閒地逛過溫泉街後 做個SPA讓身心徹底放鬆

第2天

搭路線巴士10分至月岡站→JR羽越本線 水原站

11:00 計程車5分

自然觀察 ❽

瓢湖

●ひょうこ

冬天有多達5000隻天鵝聚集的自然景點，可以近距離觀察天鵝潔白優雅的姿態。詳情見→P.113

❽每年10月前後會有第一批天鵝從西伯利亞等地飛來

11:30 步行即到

伴手禮 ❾

しょこら亭 瓢湖店

●しょこらていひょうこてん

商品中融入了新潟在地特色的巧克力甜點店。店面就位在湖畔，來這裡看看有什麼適合的伴手禮吧。詳情見→P.112

❾添加了越後在地日本酒「麒麟山」的生巧克力2268円等商品十分受歡迎

JR羽越本線 水原站→JR信越本線 新潟站

13:00 步行3分

午餐 ❿

鯛家

●たいや

將每天早上採買的新鮮真鯛切成生魚片，淋上高湯做成的茶泡飯堪稱極品！詳情見→P.27

❿鯛魚茶泡飯842円以芝麻、醬油醬汁調味，呈現味道富有層次

14:00 步行3分

伴手禮 ⓫⓬

CoCoLo新潟

●こころにいがた

踏上歸途前，別忘了在新潟伴手禮&美食一應俱全的新潟站停留！詳情見→P.42

⓫2018年4月開幕的新館・西N+
⓬還有深受歡迎的品酒區

JR上越新幹線 新潟站

行程4 by TRAIN

造訪村上～瀨波溫泉的絕美海景與懷舊老街

騎自行車探索村上市區、享用知名鮭魚料理的午餐後，於海邊的溫泉過夜。隔天則造訪奇岩怪石林立的絕景海岸。

第1天

JR上越新幹線 新潟站→羽越本線 村上站

11:00 自行車10分

散步 ❶❷❸

安善小路

●あんぜんこうじ

被指定為重要文化財的寺廟周邊有連綿的黑牆，保留了最完整的城下町風情。這一帶還有懷舊的伴手禮店、日本料理餐廳等，散發濃厚的歷史氣氛。

詳情見→P.120

❶❷巷弄內也能看到保留了昔日城下町風情的景色　❸讓人一窺過去中級武士住宅樣貌的若林家住宅也很有看頭

12:00 自行車即到

伴手禮 ❹

千年鮭 きっかわ

●せんねんざけきっかわ

加工、販售鹽引鮭、酒漬鮭魚等鮭魚料理的老店，還能看到鮭魚吊掛在店門口及店內風乾的光景。

詳情見→P.121

❹位於安善小路，歷史悠久的建築外觀十分吸睛。鮭魚經過一年時間風乾熟成

13:30 自行車即到

午餐 ❺

千年鮭 井筒屋

●せんねんざけいづつや

可以吃到熟成的鹽引鮭等各式鮭魚料理的鮭魚專賣店。懷舊摩登風格的裝潢也別具吸引力。

詳情見→P.118

❺鮭料理 七品2106円是能一次吃到多種村上的代表性鮭魚料理

14:30 自行車5分

參觀酒藏 ❻

和水藏

●なごみくら

釀造日本酒「大洋盛」的大洋酒造附設的展示場。參觀結束後，順便帶支喜歡的酒回去當伴手禮吧。

詳情見→P.121

❻現場展示了過去的舊招牌等，可認識釀酒的歷史

住宿 ❼❽

瀨波溫泉的旅館

❼大觀莊 瀨波之湯（→P.144）

詳情見→P.144

走在黑牆連綿的街道上 彷彿穿越回到江戶時代

各式各樣的鮭魚料理 讓你重新認識鮭魚的美味

第2天

JR羽越本線 村上站→桑川站

11:00 步行10分

絕景 ❾❿

笹川流

●ささがわながれ

笹川流是從村上市區往北延伸的絕景海岸，搭乘羽越本線也能從車上欣賞岩石嶙峋的海岸線風景。

詳情見→P.116

❾桑川站附近有遊覽船可搭乘
❿沿著海岸線行駛的羽越本線

JR羽越本線 桑川站→村上站→JR上越新幹線 新潟站

在太陽下山前入住旅館 享受夕陽作陪的絕景溫泉

行程5 by CAR

妙高～上越～彌彥 美不勝收山海絕景自駕行

飽覽遠方名峰聳立 閒適自在的田園風光

從新潟南部玩到中部的大範圍自駕行程。奔馳在有山、有海相伴的道路上，好好享受這趟充滿了新潟代表性絕景與在地美食的旅行吧。

第1天

上信越自動車道 妙高高原IC

11:00 經18 39 40分

①絕景 笹峰

●ささがみね

標高約1330m，可欣賞壯麗自然風光的景點。放牧牛隻的牧場也很有看頭。詳情見→P.102

①去本州最大的歐洲雲杉林，以及可看見牛隻放牧景象的笹峰牧場走走吧

12:00 經39 399 30分

②午餐 あらきんラーメン

使用產自妙高高原的番茄製作的新風格在地拉麵是午餐的好選擇。詳情見→P.105

②大量使用了在地產高原番茄的番茄拉麵820円

13:30 經399 396 39 20分

③溫泉 黃金之湯

●おうごんのゆ

妙高高原有眾多溫泉湧出，其中這座充滿野趣的露天溫泉更是不可錯過！詳情見→P.101

③乳白色泉水上倒映著紅葉的秋天是造訪這裡的最佳季節。可免費泡湯

15:00 經39 360 18 123 1小時

④水族館 上越市立水族博物館UMIGATARI

●じょうえつしりつすいぞくはくぶつかんうみがたり

有海中隧道、海豚表演、以日本海為主題的大水槽等各種展示，於2018年新開幕的水族館。詳情見→P.104

④以日本海為背景的海豚表演

住宿 妙高高原的飯店

赤倉觀光飯店（→P.145）詳情見→P.144

宛如與日本海融為一體 上越地方當紅的新景點！

新潟最富盛名的能量景點 在周邊的街道散步也別有樂趣

第2天

10:00 經8 1小時

⑤絕景 青海川站

●おうみがわえき

在社群網站上引發熱烈討論，距離日本海最近的車站。由於是無人站，可自由進出。

MAP 附錄②P.17 A-3 自由參觀

⑤不停有觀光客前來拍照的人氣車站

10:30 經8 10分

⑥⑦絕景 戀人岬

●こいびとみさき

能一覽斷崖絕壁與大海的風景名勝，也是據說能保佑戀情圓滿的人氣景點。詳情見→P.96

⑥⑦相傳將心形的牌子鎖在欄杆上再敲鐘，便能保佑戀情圓滿

11:30 經8 352 30分

⑧午餐 umicafe DONA

●うみかふぇどな

午餐時間就在靠近柏崎市區的絕景咖啡廳歇息片刻。可邊享用米粉甜點等餐點，邊欣賞眼前的海景。詳情見→P.91

⑧100%使用米粉製作的獨家鬆餅，原味594円等

13:00 經352 402 30分

⑨伴手禮 寺泊魚市場

●てらどまりさかなのいちばどおり

位於寺泊港附近的超人氣海鮮集散地。國道402號旁有整排的鮮魚店。詳情見→P.83

⑨螃蟹是寺泊的名產。可以吃到一整隻螃蟹的拉麵也很受歡迎

14:00 經402 2 20分

⑩⑪散步 彌彥門前町

●やひこもんぜんまち

位於JR彌彥站與彌彥神社之間，找個地方停車，來這邊散散步，感受一下懷舊氣氛吧。

MAP 附錄②P.16 G-2 詳情見→P.80

⑩彌彥神社具有越後第一宮的地位，為當地的信仰中心 ⑪兔子造型的和菓子是這裡的名產

北陸自動車道 三条燕IC

美食圖鑑

來到玩法五花八門、樂趣無窮的新潟，絕對不能錯過新潟在地美食。來自日本海的海鮮、享譽全國的品牌米、日本酒等，造訪新潟必吃的美食全數網羅，讓你一樣也不錯過！

最熱門的在地好味道 全都不錯過！

新潟

食材的品質一吃就知道！
農園餐廳
P.36

眾多實力派餐廳造就了美食王國
洋食
P.34

新潟的美酒令人陶醉！
日本酒&下酒菜
P.24

雪國特有的巧思創造的特色料理
雪室美食
P.38

新潟人耳熟能詳的鄉土美食♪
平民美食
P.32

「極致」壽司

以超值的均一價格就能吃到頂級食材

這就是新潟必吃美食「極致」美味壽司！

極品食材！**海膽** 新鮮度沒話說，爽口甜味餘韻不絕

極品食材！**鮭魚卵** 口感Q彈、充滿鮮味的絕讚食材！

極品食材！**鮪肚肉** 帶有細緻綿密油脂的頂級&超人氣食材！

極品食材！**赤鯥** 緊實的肉質與炙烤過的油脂完美融合出新潟特有的美味

極品食材！**甜蝦** 由於甜味濃郁，因此被稱作甜蝦。冬天還吃得到抱卵甜蝦

炙烤赤鯥等必吃的美味食材齊聚一堂！

「極致」壽司3500円(不含稅)
除了新潟在地魚，還吃得到炙烤赤鯥，豪華又澎派，堪稱最具代表性的極致美味壽司。

以甜味著稱的甜蝦美味程度出人意料

老闆 吉澤俊哉先生

沼垂

せかい鮨

★せかいずし

吸引許多外縣市顧客遠道而來的人氣壽司店。除了頂級越光米外，還使用了新潟獨家的甜蝦醬油、笠川流的天然鹽等，對調味料也十分講究。老闆也是催生「極致」美味壽司的功臣。

☎025-244-2656 MAP附錄②P.12 H-3

L11:00～13:45(14:00打烊)、17:00～21:00(21:30打烊)
休週一(逢假日則翌日休) 所新潟市中央区沼垂東4-8-34 JR新潟站搭巴士往臨港病院前7分，沼垂四ツ角下車，步行3分 P2輛

↑1樓為吧檯座與和式座位，2樓有桌席的包廂

什麼是「極致」美味壽司？

是新潟縣內的壽司店推出的一種超值套餐，可以吃到10貫嚴選特上握壽司（附湯品），而且不計盈虧，價格一律訂為3500円(不含稅)。除了各店家精心呈現的7貫當令新潟在地魚壽司外，一定會有鮪肚肉、鮭魚卵、海膽這3貫。一般會搭配魚醬等風味獨特的醬油享用。

新潟以海鮮與稻米著稱，壽司的水準自然也不在話下。可以品嘗到使用在地海鮮又經濟實惠的美味壽司！

↑也提供烤魚等豐富的單品料理

古町

鮨•割烹丸伊

★すしかっぽうまるい

老闆秉持「當天進貨的食材要當天用完」的理念，提供講究新鮮度的在地魚等。魚料以在地產為主，隨時提供超過30種的選擇。除了海鮮之外，還能享用新潟的鄉土料理與在地酒。

☎025-228-0101 MAP附錄②P.13 D-2

L11:30～14:00(打烊)、17:00～22:30(打烊) 休無休 所新潟市中央区東堀通8-1411 JR新潟站搭巴士往古町方向8分，古町下車，步行5分 P無

↑烤過之後吃起來更加鮮甜的炙烤赤鯥蓋飯1998円（午餐）

←店內有冰櫃前的吧檯座與和式座位、日式大包廂

老闆精挑細選的魚料 新鮮度保證令人滿意！

「極致」壽司3500円(不含稅)
除了當天捕撈上岸的赤鯥等10貫在地魚，還附精心製作的玉子燒

豐富多樣的新鮮食材 簡直讓人眼花撩亂！

「極致」壽司
3500円(不含稅)
醋飯使用的是以昆布高湯煮的越光米。最經典的3貫以外的壽司會每日變換種類

每項食材都有標示單價，大家可以安心點餐

新潟站周邊
千代鮨 本店
★ちよずしほんてん

第2代
千代澤義浩先生

每天採購近海捕獲的海鮮，將新鮮的當令食材迅速捏成壽司呈現給顧客。價格公開透明，令人安心。隨時提供約40種食材，選擇豐富，還可以搭配稀有的在地酒一同享用。

025-245-6727
MAP 附錄②P.12 G-5
L 11:30～13:30、16:30～23:30(24:00打烊)，週日、假日16:30～22:00(22:30打烊) 休 不定休 所 新潟市中央区東大通1-5-26 来来軒三笠ビル1F 🚃JR新潟站步行3分 P無

食材擺在一長排的冰櫃內，看起來十分壯觀(預計改裝)

堅持使用天然食材 精湛手藝帶來美味壽司

靜岡縣有東木產的優質山葵和食材非常搭

「極致」壽司3500円(不含稅)
吧檯座會由師傅一貫一貫捏給顧客。可搭配壽司醬油或藻鹽一同享用

老闆
山田藤市先生

本町
寿司安
★すしやす

吧檯座可以近距離觀賞師傅的手藝。全店禁菸

堅持使用天然食材的老店，提供基本功紮實的江戶前壽司。每項食材都耗時費工進行事前處理，因而深受好評。加了蝦肉漿的「長崎蛋糕玉子燒」也是店家的自信之作。

025-222-4613
MAP 附錄②P.13 D-4
L 11:30～13:30、17:00～21:00(打烊) 休 不定休 所 新潟市中央区本町通4-273 🚃JR新潟站搭巴士往附船町10分，本町通五番町下車即到 P無

還有更多安心&必吃美食

「越後壽司蓋飯」也值得推薦！

鮨，割烹丸伊的越後壽司蓋飯1296円，每天食材都不一樣

せかい鮨的越後壽司蓋飯1840円放了鰤魚及鮭魚卵

寿司安的越後壽司蓋飯2160円可以吃到黑鮪魚及白肉魚

和「極致」美味壽司一樣，可以一次吃到多種在地魚的海鮮蓋飯，一定會附上魚醬。使用的食材及呈現方式端看每間店的創意，價格也隨店鋪而異(大致在2000円上下)。也有店家提供越後壽司蓋飯的套餐。

大口品嘗豪華澎派的極品海鮮！

海鮮蓋飯

海鮮蓋飯就如同壽司，能同時享用新潟的極品海鮮與米飯兩種美味。分量十足的食材與米飯CP值爆表，讓人超滿足！

所有食材全都不錯過　奢侈吃遍新潟美味！

在市場裡的食堂　同樣吃得到一流美味

有如寶石般耀眼的海鮮　美到讓人捨不得吃下肚

第2代老闆　阿部武士先生

以白肉魚為主的越後壽司蓋飯也很不錯

A 越後壽司蓋飯 1400円

骰子大小的白肉魚、蝦子、鮭魚卵等海鮮及小黃瓜排列得賞心悅目，是熱門的人氣蓋飯

C 海鮮蓋飯 1080円

豪邁地擺上了產自日本海的在地魚等，分量十足的人氣美食。實惠的價格更是貼心◎

滿滿的甜蝦　絕對讓愛吃蝦的人大呼過癮

炙烤之後　鮮甜滋味更升級的　赤鯥堪稱極品

D 甜蝦蓋飯 (午餐) 1780円

剝去了蝦殼的鮮美甜蝦淋上魚醬與白飯一同享用。有時不供應甜蝦蓋飯，請多留意

A 炙烤赤鯥蓋飯 2300円

油脂在炙烤之後稍微融化，使魚肉的鮮味傳遍口中。魚肉畫上了刀紋，令口感更為鬆軟

赤鯥蓋飯僅使用笹川流的天然鹽調味

店長　岩渕浩先生

萬代島

D 地魚工房

★じざかなこうぼう

位於新潟漁會1樓的直售所內。用實惠的價格就能吃到使用當天捕撈上岸的海鮮做成的料理。除了蓋飯之外，生魚片、鰤魚下巴等單品料理也很受歡迎。

☎025-244-6182

MAP 附錄②P.12 G-3

L 9:30～15:00(15:30打烊)，週六、日、假日9:00～

休 週二　所 新潟市中央区万代島2-1

交 JR新潟站搭巴士往松濱10分，宮浦中学前下車即到　P 141輛

店內有吧檯座與桌席

新潟市郊外

C 中央食堂

★ちゅうおうしょくどう

位於中央批發市場內，物美價廉的食堂。使用在市場採購的天然海鮮，由幹練的師傅調理成美味料理。一大早就會開店，早餐想吃豐盛一點的話來這裡就對了。

☎025-276-2036

MAP 附錄②P.9 D-3

L 5:30～14:00(L.O.)

休 準同新潟市中央批發市場　所 新潟市江南区茗荷谷711 新潟市中央批發市場內 中央棟1F　交 JR龜田站車程5分

P 100輛

食材的品質連專業廚師都說讚

新潟市郊外

B こがね鮨

★こがねずし

老闆最早曾在米店習藝，不斷追尋最適合製作壽司的稻米，造就了這裡將海鮮美味發揮到極限的醋飯。中午及晚上皆提供多種套餐，可在此輕鬆自在享用美食。

☎025-246-0032

MAP 附錄②P.15 C-5

L 11:00～14:00(L.O.)、16:00～20:00(L.O.)、週日為11:00～20:00(L.O.)　休 週一(有臨時休)

所 新潟市東区紫竹5-1-1

交 JR新潟站車程5分　P 15輛

氣派的外觀看起來有如旅館

新潟市郊外

A 鮨•割烹いじま

★すしかっぽういじま

從海鮮到蔬菜、雞蛋都堅持使用在地產的壽司&割烹餐廳。提供大量使用當令食材的宴席料理5400円，以及豐富的單品料理、在地酒。也吃得到「極致」美味壽司。

☎025-259-5678

MAP 附錄②P.9 D-2

L 11:30～13:00(L.O.)、16:30～21:30(L.O.)　休 不定休

所 新潟市北区松浜本町2-16-13

交 JR新潟站車程20分

P 16輛

有吧檯座及和式座位、榻榻米座各種座位

在質感非凡的環境中暢快享用新鮮食材

B 越後食心蓋飯 2980円
能吃到炙烤赤鯥及時令特選食材、炙烤村上牛等超過15種食材（數量有限，需預約）

料多到好像要滿出來視覺效果超震撼！

2樓也有寧靜典雅的包廂

E あがの 3240円
吃得到10種海鮮魚及醋拌蓮藕等豐富多樣的食材 ※價格與內容有季節性變動

工作人員
小原大貴先生

在名店加賀島屋的2樓盡情品嘗鮭魚的美味

G 長作蓋飯 1836円
不僅有帝王鮭、醬油醃鮭魚卵，還放了蒸海膽，並附鮭魚味噌湯等

F 海鮮蓋飯(午餐) 2500円(不含稅)
在地白肉魚、鮪魚、鮭魚卵等15種食材堆積如山的著名美食。晚餐為3000円(不含稅)

古町

G 茶屋長作
★ちゃやちょうさく

使用新鮮的魚等嚴選食材，製作健康養生的餐點。另外還提供甜點、飲料、烏龍麵及季節限定料理等。

☎0120-00-5050 MAP附錄②P.13 D-3
🕒9:30～16:30(用餐為11:00～16:00) 休週日不定休 所新潟市中央区東堀前通8番町1367 加島屋2F 交JR新潟站搭巴士往古町方向8分，古町下車，步行3分 P12輛(有其他合作停車場)

⬅1樓為販售鮭魚加工品的商店

新潟市郊外

F おさかな亭 白根店
★おさかなていしろねてん

當令海鮮為最大賣點的日本料理餐廳，生魚片是最推薦的美食。店面位在國道8號上，空間明亮開闊，且午餐價格實惠，吸引許多人攜家帶眷前來。

☎025-373-0830 MAP附錄②P.9 C-5
🕒11:30～14:00、17:00～22:00 休週一晚 所新潟市南区戸頭1302-1 交JR新潟站車程40分 P20輛

⬅設有桌席、包廂等各種座位

古町

E 港すし
★みなとずし

昭和8（1933）年由堀端的屋台起家，現在已交棒給第3代經營。使用新潟近海捕獲的海鮮製作料理，店內不論吧檯座、包廂皆散發高貴氣息。

☎025-222-3710 MAP附錄②P.13 D-2
🕒11:30～14:00、17:00～22:30(週六、日、假日11:30～15:00、17:00～21:00、L.O.為各時段打烊時間30分前) 休不定休 所新潟市中央区古町通九番町1454 交JR新站搭巴士往古町方向8分，古町下車，步行5分 P無

⬅吧檯座前方的中庭如繪畫般優美典雅

新潟還有這個不容小覷的實力派美食！

迴轉壽司

用親民實惠的價格，就能吃到美味海鮮，正是迴轉壽司人氣居高不下的原因。壽司王國新潟的食材品質絕對是一流！

顛覆迴轉壽司店的常識 精挑細選的食材超受歡迎！

竹筴魚
140円
佐渡產竹筴魚飽滿厚實的程度肯定讓你嚇一跳。新鮮度沒話說，吃起來Q彈美味

甜蝦
421円
來新潟必吃的海鮮之一，一年四季都吃得到，不過冬天吃起來更為甘甜

剝皮魚佐魚肝
205円
鮮味濃郁的魚肝與彈嫩的魚肉完美融為一體

赤鯥561円
魚皮部分稍微炙烤過，帶出誘人香氣。冬天與6月的赤鯥尤其美味

★食材的品質造就了高水準的迴轉壽司★

佐渡海域以種類豐富、高品質的海鮮著稱，是日本數一數二的漁場。米也堅持使用佐渡產的減農藥米。

⬆稻米產自連朱鷺也能安心棲息的佐渡農田

⬆每天透過獨家管道採購佐渡海域的海鮮

古川智榮先生

萬代島

1盤 140円～

弁慶 新潟ピア万代店

★べんけいにいがたぴあばんだいてん

總 店位在佐渡的超人氣迴轉壽司店。使用在佐渡海域捕獲的新鮮直送漁獲，並在當天宰殺、使用，新鮮度沒話說。米也堅持使用佐渡產越光米。

☎025-255-6000 MAP附錄②P.12 G-3
L10:30～21:00 休週三 所新潟市中央区万代島2-4 ピアbandai內 🚌JR新潟站搭巴士往松濱10分，宮浦中学前下車，步行3分 P141輛

➲除了ピア万代，在新潟市的西區也有分店（→P.25）

➲店面靠近國道8號，因壽司種類豐富而深受歡迎

新潟站周邊

1盤 120円～

廻る寿司 名在門 紫竹山本店

★まわるすしなざえもんしちくやまほんてん

新 潟站南側的人氣迴轉壽司店，以實惠的價格將嚴選食材提供給顧客，品項豐富齊全的白肉魚更是一大賣點。還可免費享用魚頭與蝦頭煮的味噌湯。

☎025-245-8455 MAP附錄②P.15 C-5
L11:00～14:00、17:00～21:00（週六、日、假日11:00～21:00） 休週二
所新潟市中央区紫竹山1-7-5
🚌JR新潟站搭巴士往長潟線南部營業所5分，紫竹山下車，步行3分 P20輛

提供各種超值拼盤 而且可以自由選擇搭配！

匠2592円
有在地魚、生海膽、天然黑鮪魚等10貫頂級食材的握壽司

大人午餐
1080円(平日限定)
能吃到龍蝦、鮭魚卵等豐盛的食材！

也提供8貫842円的各種套餐組合

鮪魚拼盤864円
有鮪魚大腹肉、中腹肉等4貫壽司，天然黑鮪魚的美味可以一次吃個夠

工作人員 玉木代志樹先生

角魚
280円
雖然是淡雅而沒有明顯特色的白肉魚，仍能清楚感受到鮮味與甜味

東海鱸 390円
油脂的分布與白肉鮮味的比例完美，帶來其他魚所沒有的美味

不用擔心來不及搭車
安心自在大啖美味海鮮

石首魚
230円
一般多以紅燒方式烹調，不過因為新鮮，所以也能生吃

醋鯖魚 190円
醋的分量拿捏得極為巧妙，展現了職人高超的手藝

新潟站

健康寿司 海鮮家

1盤 110円～

★けんこうずしかいせんや

位 在新潟站新幹線剪票口附近的迴轉壽司店。所有海鮮都是市場直送，並使用有機栽培的新潟產越光米，搭配出完美滋味。親民實惠的價格也是一大賣點。

店面就位在車站大樓內，交通方便，位置絕佳

☎025-240-6161 MAP附錄②P.12 G-5
9:00～21:00 休無休 所新潟市中央区花園1-1-1 CoCoLo新潟東2F 交JR新潟站內 P826輛

新潟市郊外

ことぶき寿司 内野店

1盤 130円～

★ことぶきすしうちのてん

秉 持地產地銷的的理念，堅持使用新潟食材，每天精心挑選新鮮漁獲提供給顧客。由師傅親自捏製壽司也是這裡的一大賣點。還能吃到以華麗手法呈現的新潟特有海鮮。

☎025-263-1231 MAP附錄②P.9 B-3
11:00～15:00、17:00～21:00
休無休 所新潟市西区槇尾22-1
交JR内野站步行10分 P27輛

彷彿置身高級壽司店
能吃到師傅親自捏的壽司

煮穴子一本握 410円
使用一整條長達23cm的特大海鰻做的握壽司

可以詢問有哪些推薦的食材，再決定要吃什麼

鮪魚三味 950円
能同時吃到鮪魚中腹肉、大腹肉、超大腹肉等3貫壽司

佐渡金山甜蝦
950円
甜蝦重疊3層後再灑上金粉，看起來奢華貴氣

告訴你每個季節該吃什麼！

summer 夏

幼鮪
會在夏天游經佐渡海域，高雅的油脂堪稱極品

北魷
這個時期的北魷肉質柔軟，甜味濃郁

鱸魚
淡雅的鮮味與醋飯形成完美搭配

spring 春

五目扁魚
新潟特有的食材，冬天至春天的吃起來更有鮮味

櫻鱒
被譽為鱒魚中最美味的品種

蠑螺
Q彈口感與海水的香味讓人欲罷不能

winter 冬

赤鯥
日本海的高級魚。當令的赤鯥肉質緊實

鰤魚
不僅美味，更以高營養價值聞名

甜蝦
色澤鮮豔、肉質滑嫩的極品美味

autumn 秋

鮭魚卵
明亮的橘色外觀與水嫩Q彈的口感棒極了

鯖魚
帶油脂的魚肉經過職人的巧手，化作美味的醋鯖魚

比目魚
日本海產的比目魚向來以美味著稱

新潟站周邊

函太郎 新潟紫竹山店

1盤 130円～

★かんたろうにいがたしちくやまてん

來 自和新潟同樣是壽司一級戰區的函館，提供來自北海道、新潟，乃至日本全國各地的嚴選食材。不僅新鮮度沒話說，豐富的品項也令人滿意。

☎025-384-4443 MAP附錄②P.15 C-5
11:00～21:45(22:00打烊)
休無休 所新潟市中央区紫竹山2-4-33
交JR新潟站搭巴士往南部營業所40分，紫竹山下車即到 P50輛

海寶滿溢卷
442円
鮭魚卵、甜蝦、花枝等海鮮幾乎要滿出來，豐盛又奢華的一道料理

新潟在地、北海道的海鮮都吃得到
引發熱烈討論的排隊名店

被農田環繞的人氣名店。假日要排隊才吃得到

紅鮭筋子握壽司 475円
口感濕黏的紅鮭搭配水嫩Q彈的帶膜鮭魚卵做成的握壽司

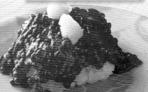

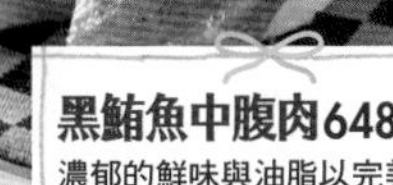

黑鮪魚中腹肉 648円
濃郁的鮮味與油脂以完美比例融合在一起，值得推薦的美食

日本酒&下酒菜

美酒與在地料理聯手打造出令人陶醉的饗宴

新潟約有90座酒藏，是全國數一數二的日本酒產地。將料理襯托得更加美味，風味迷人的日本酒值得細細品嘗！

嚴選海鮮與6款在地酒挑動你的味蕾

搭配這款日本酒就對了！

可以品嘗、比較6款來自越後的日本酒1069円

A ❶特選握壽司 匠2138円，1天限定10人份。除了海膽、鮭魚卵，還能吃到新鮮在地魚等各種食材的握壽司 ❷會依季節更換種類的活花枝生切片2680円（不含稅） ❸來新潟一定要吃吃看海藻鹽烤赤鯥2480円（不含稅）

酒藏精心呈現的絕妙美酒佳餚組合
朝日山
久保田

B 集合了芋頭燉雞肉、紅藻凍等新潟在地美食的鄉土料理五拼1490円 奶油起司上放了酒盜（醃漬海鮮內臟）的酒糟醃奶油起司600円（前）及烤豆皮650円

搭配這款日本酒就對了！

帶有高雅香氣的朝日山萬壽盃大吟釀一杯850円

新潟站周邊

A 葱ぼうず

★ねぎぼうず

可在此享用於佐渡海域捕撈的在地魚做成的生魚片、烤魚、壽司、鄉土料理等。豪邁地用上了各種新鮮在地魚的「特選綜合生魚片」1人份1598円～也是下酒菜的絕佳選擇◎！

☎025-240-6363
MAP 附錄② P.12 G-5
🕒17:00～23:00（24:00打烊） 休無休
所新潟市中央区笹口1-10-1 🚉JR新潟站即到
P無

店內有吧檯座及下嵌式座位

新潟站周邊

B 佳肴 あさひ山

★かこうあさひやま

以「久保田」、「朝日山」等日本酒聞名的朝日山酒造直營的餐廳。餐點皆是適合搭配日本酒的料理，店內空間洋溢高級感，在此好好品味各式美酒與佳餚吧。

☎025-278-8230
MAP 附錄② P.12 F-6
🕒11:30～14:00(14:30打烊)、17:00～22:00(23:00打烊)
休無休 所新潟市中央区天神1-12-7 LEXN1 1-1
🚉JR新潟站步行4分
P無

店內共有60席座位，並提供大小包廂

萬代城

C 旬魚酒菜 五郎 万代店

★しゅんぎょしゅさいごろうばんだいてん

以日本海的海鮮料理與新潟在地酒自豪的居酒屋。菜色豐富多樣，從鄉土料理到獨家美食都吃得到。而且使用的是農家直送的蔬菜及米，對食材十分講究。

☎025-241-5601
MAP 附錄② P.12 F-4
🕒17:30～翌1:00(翌2:00打烊)，週日、假日～24:30(翌1:30打烊)
休無休 所新潟市中央区東大通2-3-15 2F 🚉JR新潟站步行7分
P無

有要脫鞋的桌席及包廂等各種座位

新潟站周邊

D 駅前漁港

★えきまえぎょこう

老闆身兼新潟漁會採買仲介工作，因此店內的在地魚不論新鮮度、品質都是一流。每天還會推出小鰭紅娘魚、密點石斑魚、田中狼綿鳚等不同的稀有魚種，並能以實惠的價格喝到新潟在地酒。

☎025-244-8555
MAP 附錄② P.12 F-5
🕒17:00～23:30(24:00打烊，視日期而異)
休不定休 所新潟市中央区弁天1-3-29 🚉JR新潟站即到 P無

店內風格有如漁夫聚集休息的小屋，隨時充滿活力

新潟站周邊

E 大助 駅前本店

★だいすけえきまえほんてん

店家最自豪的，便是每天使用市場直送的當令海鮮製作成各種美味料理。每天早上採購的天然鮪魚更是受歡迎。午餐時段也有營業，白天造訪也一樣讚！

☎025-241-1230
MAP 附錄② P.12 G-5
🕒11:30～13:30、17:00～21:30(23:00打烊，假日為17:00～21:30) 休週日
所新潟市中央区東大通1-7-28 🚉JR新潟站步行5分
P無

除了吧檯座，也有桌席的包廂

以令人心滿意足的分量
呈現新鮮的日本海美味！
搭配這款日本酒就對了！
口味清爽舒暢的〆張鶴 花 1合450円（預計調整）

E ⑨圖中上方為裝滿了十幾種厚切生魚片的知名料理——日本海之幸 桶裝生魚片2138円（2～3人份）。下方為巨無霸栃尾豆皮 蔥味噌508円

獨家日本酒堪稱絕配

今代司酒造推出的獨家日本酒

C ⑥栃尾的豆皮702円是新潟名產，厚度為一般豆皮的2～3倍，而且以低溫與高溫各炸過1次！時令生魚片拼盤（2人份起）也值得推薦

搭配赤鯥茶泡飯及澎派的生魚片超對味
搭配這款日本酒就對了！
菊水純米酒不論冷的、熱的都好喝
1合626円

D ⑦放了分量有2尾之多的炙烤魚肉及酥炸魚頭、魚骨，淋上赤鯥高湯享用的赤鯥茶泡飯1058円 ⑧生魚片五拼1280円，澎派豪邁的擺盤超吸睛

豪華豐盛的新潟早餐不可錯過！

一定要吃早餐是新潟作風！

來這裡吃準沒錯！

新潟站周邊

にぎり米 ★にぎりまい

以經典口味餡料為主，常態性提供20種飯糰。由於母企業為壽司店，餡料所使用的食材新鮮又豐富。

各式飯糰 120円～
使用新潟縣特別栽培認證的越光米，現點現做

☎025-282-5010 MAP附錄②P.12 F-4

⊙店內設有可內用的吧檯座

營8:00～19:00 休週日、假日 所新潟市中央區東大通2-8-4 交JR新潟站步行5分 P無

新潟站周邊

手仕事らぁめん八 ★てしごとらぁめんはち

小魚乾風味拉麵的名店。早晨限定的晨間拉麵湯頭喝得到明顯的小魚乾風味，叉燒使用的是油脂較少的部位。

晨間拉麵 600円
麵條混用了中粗麵與寬麵，可以吃到不同口感

⊙從早到晚顧客絡繹不絕的人氣名店

☎025-245-8818 MAP附錄②P.15 C-5

營7:30～23:00 休無休 所新潟市中央區堀之內南1-1-17 交JR新潟站步行15分 P12輛

新潟市郊外

弁慶 イオン新潟青山店 ★べんけいいおんにいがたあおやまてん

使用在佐渡捕撈上岸的鮮魚製作成壽司的人氣店。吧檯形式的店面提供了最適合當作早餐的壽司餐點。

☎025-378-1113 MAP附錄②P.15 B-5

營10:00～21:30(22:00打烊) 休無休 所新潟市西區青山2-5-1 AEON新潟青山SC內 交JR青山站步行7分 P使用AEON新潟青山SC停車場

晨間壽司 864円
包括了8貫握壽司、1條壽司捲、味噌湯、沙拉、小菜的套餐。僅10～11時供應

⊙白天、晚上都能吃到職人捏製的正統壽司很有人氣

新潟站周邊

レストラン彩巴 ★れすとらんいろは

這間位於飯店內的餐廳，提供了魚沼產越光米及新鮮蔬菜、醬汁炸豬排等豐富多元的菜色。

☎025-240-2111（新潟ART新潟站前酒店） MAP附錄②P.12 G-5

營早餐6:30～9:30(L.O.)、午餐11:30～14:00(L.O.)、晚餐17:00～21:30(22:00打烊) 休無休 所新潟市中央區笹口1-1 交JR新潟站即到 P使用合作停車場（消費3000円免費停車1小時）

自助式早餐 1600円
以「感受新潟」為主題，常態性提供超過50種菜色！

⊙早午晚餐時段非住宿房客的顧客也可以來用餐

滑順口感與
獨特香氣
讓人一吃就上癮！
片木蕎麥麵

更詳細的介紹見P.66

中份片木蕎麥麵(2～3人份) 2040円
片木指的是用來裝蕎麥麵的四方形容器。製作麵條時使用了海藻增加黏性

充滿新潟在地特色的傳統滋味值得一試！

鄉土料理

新潟自古以來便發展出了獨特的飲食文化，代代相傳的各地鄉土料理中更是有各種極品美味等你來品嘗！

味噌經過燒烤
香氣撲鼻
讓人食指大動！

劍先燒

劍先燒432円
在飯糰上塗抹加了薑等佐料的味噌，串起來燒烤而成的一道料理。有一說是源自上杉謙信的軍中伙食

匯集各式美味食材
帶有竹葉芳香氣息的壽司

竹葉壽司

竹葉壽司390円
竹葉上擺了一口大的壽司飯，再搭配調味過的山蔬、香菇等，吃起來清爽無負擔

鮭魚的鮮美滋味
讓米飯吃起來更加可口！

杉木圓筒飯

鮭魚親子杉木圓筒飯1620円
以清淡的高湯炊煮米飯，並搭配鮭魚、鮭魚卵的新潟傳統米飯料理

新潟站周邊　圖片①

旬彩庵
★しゅんさいあん

片木蕎麥麵 劍先燒 杉木圓筒飯 竹葉壽司 鯛魚茶泡飯 栃尾豆皮 能平汁 酒浸鮭魚 麩料理 紅藻凍 竹葉糰子

對自家的蕎麥麵與下酒菜引以為傲的餐廳。片木蕎麥麵會分成一小把一小把擺盤，搭配蔥、山葵、黃芥末(有需要者)享用。

☎025-249-0399
MAP附錄②P.12 G-5
營11:30～23:30(24:00打烊)，週日、假日為12:00～21:00(22:00打烊) 休不定休 所新潟市中央區東大通1-6-1 交JR新潟站步行3分 P無

↑店內為純和風裝潢，可在和式座位悠閒享用料理

新潟站周邊　圖片②

新潟地場もん 越たんたん
★にいがたじばもんこしたんたん

片木蕎麥麵 劍先燒 杉木圓筒飯 竹葉壽司 鯛魚茶泡飯 栃尾豆皮 能平汁 酒浸鮭魚 麩料理 紅藻凍 竹葉糰子

位於新潟站前的鄉土料理餐廳。除了日本海的鮮魚外，還吃得到使用村上牛、越後糯米豬等在地食材製作的各種餐點。

☎025-255-5523
MAP附錄②P.12 F-5
營16:00～23:30(24:00打烊) 休無休 所新潟市中央區東大通1-1-10 5F 交JR新潟站即到 P無

↑店內有多間可供4人使用的包廂

古町　圖片③

田舍家
★いなかや

片木蕎麥麵 劍先燒 杉木圓筒飯 竹葉壽司 鯛魚茶泡飯 栃尾豆皮 能平汁 酒浸鮭魚 麩料理 紅藻凍 竹葉糰子

將杉木圓筒飯註冊為商標的始祖店。提供螃蟹、甜蝦、鮭魚、雞肉、冬季的牡蠣等各式各樣食材的杉木圓筒飯。

☎025-223-1266
MAP附錄②P.13 D-2
營11:30～13:30(14:00打烊)、17:00～21:30(22:00打烊)，週日、假日為～20:30(21:00打烊) 休無休 所新潟市中央區古町通9番町1457 交JR新潟站搭巴士往古町方向8分，古町下車，步行5分 P有特約停車場

↑店內有地爐席、包廂，散發懷舊氣氛

新潟站周邊　圖片④⑦⑧⑨⑩

越後番屋酒場
★えちごばんやさかば

片木蕎麥麵 劍先燒 杉木圓筒飯 竹葉壽司 鯛魚茶泡飯 栃尾豆皮 能平汁 酒浸鮭魚 麩料理 紅藻凍 竹葉糰子

→有如酒桶般的包廂，造型十分獨特

位在車站前的人氣名店，能吃到新潟及佐渡的鄉土料理。海鮮、火鍋料理及增添了獨家創意的鄉土料理都值得品嘗。

☎025-245-0011
MAP附錄②P.12 F-5
營17:00～23:00(24:00打烊) 休無休 所新潟市中央區弁天1-2-4 ラマダホテル1F 交JR新潟站即到 P無

紅藻凍

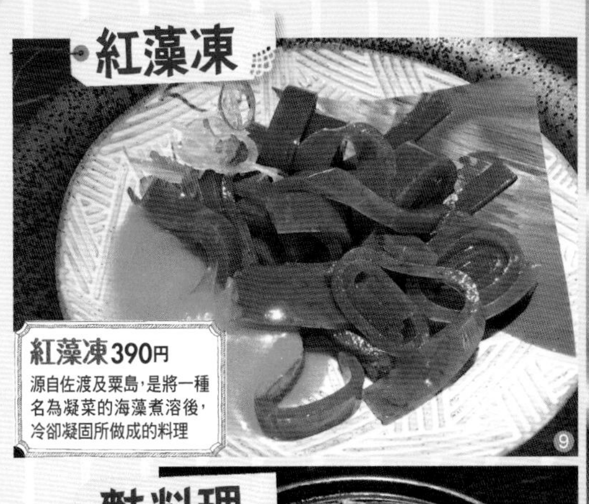

紅藻凍390円
源自佐渡及粟島，是將一種名為凝菜的海藻煮溶後，冷卻凝固所做成的料理

麩料理

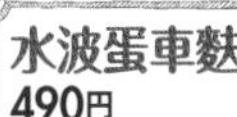

水波蛋車麩490円
麩現在已儼然成為岩船、新發田等地的名產。吸了高湯之後吃起來更加美味

原來鯛魚還能這樣吃
做成茶泡飯鮮味更讚！

鯛魚茶泡飯

鯛魚茶泡飯842円
新鮮的鯛魚生魚片拌入芝麻&醬油醬汁，再淋上高湯享用，是柏崎的在地美食

新潟站周邊　圖片5

鯛家
★たいや

➲店面就位在車站前，交通便利，並有多間包廂

片木蕎麥麵 劍先燒 杉木圓筒飯 竹葉壽司 鯛魚茶泡飯 栃尾豆皮 能平汁 酒浸鮭魚 麩料理 紅藻凍 竹葉糰子

每天早上從市場直送的真鯛與松葉蟹為主要賣點的日本料理餐廳。也吃得到赤鯥、能平汁等豐富的鄉土料理。

025-247-6633
MAP附錄②P.12 G-5
L11:30～14:00(15:00打烊)、17:00～22:30(23:00打烊)
休無休　所新潟市中央区東大通1-3-20　JR新潟站步行3分
P無

新潟站周邊　圖片6

富來屋
★ときや

➲店內典雅寧靜，讓人感受不到店就位於車站前

片木蕎麥麵 劍先燒 杉木圓筒飯 竹葉壽司 鯛魚茶泡飯 栃尾豆皮 能平汁 酒浸鮭魚 麩料理 紅藻凍 竹葉糰子

新潟站南口一出來就到，位置絕佳。提供宴席料理到單品料理等豐富多樣的餐點，店內所有座位皆為包廂座。

025-246-7302
MAP附錄②P.12 G-6
L17:00～23:00(24:00打烊)　休週日(逢假日則翌日休)　所新潟市中央区米山1-1-2　JR新潟站步行3分　P使用合作停車場

栃尾豆皮

栃尾豆皮590円
厚度約為一般豆皮的2倍，經過低溫與高溫油炸，造就了獨特口感

能平汁

滋味令人回味無窮
樸實的家常料理

能平汁648円
放了小芋頭等根莖類蔬菜、香菇、蒟蒻、鮭魚等食材燉煮的湯品。也有冷的

湊町通周邊

田中屋本店 みなと工房
★たなかやほんてんみなとこうぼう

還有這項名產！

遵循傳統製法，讓顧客品嘗到從過去傳承下來的家常味。對於原料也十分講究，內餡使用北海道產紅豆，艾草主要為新潟產。

025-225-8822
MAP附錄②P.12 F-2
L9:00～18:00　休無休
所新潟市中央区柳島町1-2-3
JR新潟站車程6分　P15輛

➲店內可以看到工作人員製作竹葉糰子的景象

竹葉糰子
1個162円～
除了紅豆沙、紅豆泥，還有茶豆餡、加了荒布的口味等

酒浸鮭魚

更詳細的介紹見P.118

酒浸鮭魚990円
村上地方的鄉土料理。藉由寒風將鹽引鮭風乾，享用之前要先浸泡在酒中

來自村上的代表性鮭魚料理
也是絕佳下酒菜

置身優雅時尚的空間
享用極品牛肉料理

這也是推薦美食！
新潟和牛義式切片牛排 1811円(100g)

本町
ビストロ椿
★びすとろつばき

位 於萬代橋畔，氣氛典雅的獨棟餐廳酒吧。除了村上牛，還吃得到佐渡牛的牛肚、燒烤縣產牛等。想吃其他肉類的話，這裡也有高品質的豬、雞、海鮮料理，選擇十分豐富。

025-226-7007
MAP 附錄②P.12 E-3
12:00～14:00(L.O.)、17:00～22:00(23:00打烊)，週五、週六、假日前日為～23:00(24:00打烊) 休無休
所新潟市中央区花町1981-1
JR新潟站車程5分 P無

桌席空間寬敞，也有包廂及露臺座

知名度急速上升，現正當紅的頂級食材！

新潟產 品牌肉

新潟不僅以美味的海鮮著稱，牛、雞、豬肉也毫不遜色。想大口吃肉、盡情享受的話，來新潟就對了！

新潟和牛

新潟和牛為縣內產牛肉的統一品牌，頒發給A、B3等級以上的黑毛和牛。牛隻於村上、關川、胎內等地飼育。

村上牛三分熟漢堡排 1382円
以大火燒烤表面，鎖住鮮味後，在烤箱中烤至略生的狀態

新潟土雞

新潟固有的天然紀念物──蜀雞與名古屋種橫斑蘆花雞交配所誕生的品牌雞。另一項特色是以平飼方式飼育。

炭火烤雞2人份1598円
以炭火燒烤雞腿、雞胸、雞心、雞胗、雞肝等部位的料理，能一次吃到5種美味

品嘗各種部位
土雞的每一處精華
都不錯過！

新潟站周邊
隠れ家酒房 やっとこ
★かくれがしゅぼうやっとこ

使 用雞、魚、在地蔬菜製作的料理為最大賣點。雞肉料理的品項尤其豐富，還獲認定為新潟土雞販售商店。超過40款的梅酒及新潟在地啤酒等多元的酒類選擇也是一大特色。

店內全為下嵌式座位，可在此悠閒自在地放鬆

025-249-1755
MAP 附錄②P.12 H-6
18:00～翌4:00(翌5:00打烊) 休不定休
所新潟市中央区南笹口2-1-12 リッカ南笹口2F
JR新潟站步行13分 P無

這也是推薦美食！
新潟土雞的串烤雞肉蔥1串280円也很受歡迎

口感恰到好處的鷄肉與
滑嫩鷄蛋堪稱極品！

新潟土雞親子蓋飯1290円
口味濃郁的土雞蛋蛋花淋在用醬油口味高湯煮過的雞肉上，打造出這款高人氣蓋飯。雞蛋半生不熟的口感妙極了！

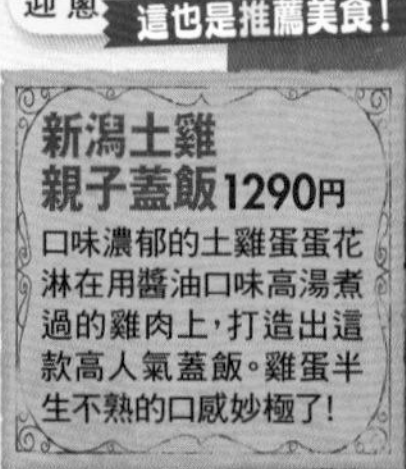
這也是推薦美食
佐渡赤泊產 蟹肉甲羅燒1404円

新潟站周邊
佐渡夕鶴伝説 ひげ組合
★さどゆうづるでんせつひげくみあい

提 供以佐渡的酒、下酒菜、新潟土雞為主的豐富餐點。土雞也會做成火鍋、炸雞翅等料理。海鮮料理則以赤鯥生魚片、蟹肉甲羅燒最為推薦。

025-244-0310
MAP 附錄②P.12 G-5
17:00～23:30(24:00打烊)
休無休 所新潟市中央区東大通1-5-28 2階 JR新潟站步行3分 P無

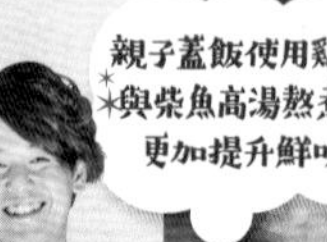
店內空間寬敞，有吧檯座、桌席等68席座位

親子蓋飯使用鷄骨與柴魚高湯熬煮，更加提升鮮味

老闆
橫山史敏先生

新潟站周邊

和食酒場 風花

★わしょくさかばかざはな

秉持地產地銷的理念，採購的肉、魚、蔬菜皆以縣內產為主。除了牛排，有時還會推出使用村上牛牛筋做的燉煮料理。

✆025-245-8650
MAP附錄②P.12 F-6
🕒11:30～13:30(L.O.)、17:00～23:30(24:00打烊)，週五、週六、假日前日為～翌0:30(翌1:00打烊) 休週日 所新潟市中央区米山2-7-20 ITPケヤキビルII 交JR新潟站步行5分 P1輛

↑店內四周有大片窗戶，環境明亮。蔬菜料理也很受歡迎

這也是推薦美食
使用新潟縣產蕎麥製作的片木蕎麥麵1944円

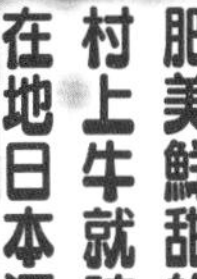

肥美鮮甜的村上牛就該搭配在地日本酒

半生村上牛
1058円
稍微炙烤過的村上牛腿肉口感滑嫩、香氣撲鼻，教人難以抗拒

遠紅外線燒烤的牛肉吃起來濕潤又多汁！

這也是推薦美食！
村上牛熔岩牛排 1998円（100g）

村上牛熔岩牛排蓋飯1998円
無農藥栽培的米飯上擺滿了三分熟的牛排及蔬菜，是這裡的人氣蓋飯

不論是肉或蔬菜料理都有豐富選擇

老闆兼主廚
長吉和幸先生

新潟站周邊

Ryutoダイニング 新潟駅前店

★りゅうとだいにんぐにいがたえきまえてん

這間蕎麥麵居酒屋有各種適合搭配在地日本酒的下酒菜，肉類料理也十分豐富，半生村上牛更是日本酒的良伴。最後就來份石臼磨粉的十割蕎麥麵或片木蕎麥麵收尾吧。

✆025-248-6101
MAP附錄②P.12 F-5
🕒11:30～13:30(L.O.)、17:00～22:15(23:00打烊)，週日、假日為～21:00(21:30打烊)
休無休 所新潟市中央区弁天1-2-4 ラマダホテル1F
交JR新潟站即到 P使用合作停車場

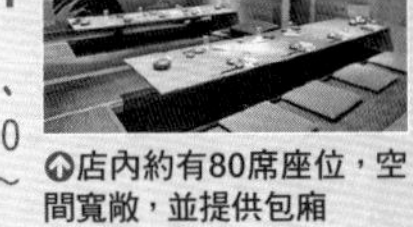
↑店內約有80席座位，空間寬敞，並提供包廂

新潟站周邊

富來屋

DATA→P.27

★ときや

所有座位皆為包廂座的日本料理餐廳。越後糯米豬建議以能吃到食材鮮味的涮涮鍋品嘗。

越後糯米豬

於新潟縣內飼育的品牌豬，口感彈性恰到好處，富含膠原蛋白，不論瘦肉或油脂都吃得到微微甜味。

這也是推薦美食！
和豚糯米豬串烤拼盤6支組1382円

越後糯米豬涮涮鍋
1350円
以2種特製醬料搭配帶有甜味的豬肉享用更是美味。吃到最後別忘了來碗雜炊

簡單清爽的涮涮鍋呈現出餘韻不絕的美味

麵衣完美鎖住鮮味 每口吃起來都多汁味美！

從早到晚提供各式各樣的料理給顧客

店長
板場優兒先生

和豚糯米豬厚切里肌豬排
1706円
厚實的豬排讓人明確感受到糯米豬的多汁口感與油脂的甘甜，值得品嘗！

新潟站

ぽんしゅ館 魚沼釜蔵 新潟店

★ぽんしゅかんうおぬまかまくらにいがたてん

位於ぽんしゅ館 新潟駅店的1樓，從早餐時段就開始營業。提供使用魚沼產越光米、越後糯米豬等魚沼產食材製作的各式料理。此外還網羅了來自縣內所有酒藏，超過100款的在地日本酒。

✆025-240-7092
MAP附錄②P.12 F-5
🕒6:30～10:00、11:00～22:00(23:00打烊) 休不定休
所新潟市中央区花園1-96-47 CoCoLo新潟 西館1F
交JR新潟站內
P826輛

↑店面位在車站內，3樓還有販售伴手禮

新潟拉麵5大+α隱藏版

走訪各大名店徹底剖析人氣新美食！

新潟是全國知名的拉麵一級戰區，以下就來看看最具特色的5大代表性湯頭吧！

背脂系

濃郁滋味讓全身上下都暖了起來

背脂具有為湯頭保溫的效果，搭配不易糊掉的粗麵剛剛好。高湯的鮮味在口中留下的美妙餘韻也是一絕。

新潟市郊外

関屋福来亭

★せきやふくらいてい

拉麵700円
帶有明顯小魚乾風味的個性派拉麵。麵條為容易讓湯頭吸附的扁捲麵

小魚乾高湯風味的湯頭與醬油、背脂以完美比例搭配，巧妙融合在一起。吃起來超乎想像地清爽，讓人回味無窮。

☎025-233-5938
MAP 附錄②P.15 B-6
L 10:00～15:00(L.O.)
休 週二、第3週一（逢假日則營業），有不定休
所 新潟市西区小新1546-2
JR小針站車程5分
P 20輛

店面靠近小針站，認明紫色的商標就對了

濃厚味噌系

味噌與蔬菜的鮮味堪稱極品！

發源於西蒲區的口味，特色是超粗麵與濃郁的味噌味。一般會加高湯稀釋湯頭，調整為自己喜歡的味道享用。

新潟市郊外

こまどり

味噌拉麵 760円
吃到一半可以加入小魚乾高湯調整湯頭的口味。麵裡放了滿滿的蔬菜

新潟濃厚味噌拉麵的始祖。沾附在自製麵條上、口味濃郁豐富的湯頭十分迷人。加些辣椒味噌變化出不一樣的滋味也不錯◎。

☎0256-72-2827
MAP 附錄②P.9 A-5
L 11:00～14:30、16:30～21:30(L.O.)、週六為11:00～21:00(L.O.)、週日為11:00～19:00(L.O.)
休 週四 所 新潟市西蒲区竹野町2454-1 JR巻站搭巴士往角田浜20分，竹野町郵便局前下車即到
P 60輛

假日時要排隊才吃得到的人氣名店，建議早點過來

新潟站

麺屋しゃがら 新潟駅店

★めんやしゃがらにいがたえきてん

湯頭除了豚骨與海鮮外，還加了號稱是商業機密的素材，打造出複雜的滋味。早上就開始供應的小魚乾拉麵及沾麵也很受歡迎。

☎025-241-1634
MAP 附錄②P.12 G-5
L 9:00～21:30(L.O.)
休 無休
所 新潟市中央区花園1-1-1 CoCoLo新潟東2F
JR新潟站內
P 826輛

從新潟站東口的剪票口出來就到了

醬油拉麵 680円
麵條有180g之多，11時以後供應。背脂與湯頭的香醇滋味棒極了◎

新潟站周邊

ラーメン東横 笹口店

★らーめんとうよこささぐちてん

豚骨味噌湯頭中添加了背脂，喝起來更為鮮美與香醇。自製的Q彈超粗麵與湯頭搭起來也沒話說。

☎025-243-2460
MAP 附錄②P.12 G-6
L 11:00～22:00（週二為～14:30、週日為～21:00）
休 無休 所 新潟市中央区南笹口1-1-38 コープオリンピア笹口1F JR新潟站步行10分 P 5輛

店面靠近新潟站，要搭車前可順道過來吃一碗

味噌拉麵 680円
爽脆的蔬菜與濃郁的湯頭超對味，而且分量十足！

這些也是在地拉麵！

豬雜拉麵 @新發田
食堂みやむら（→P.113）首創的新發田著名美食，使用的是豬臉頰肉

豬肉味噌湯拉麵 @上越
とん汁の店たちばな（→P.104）所推出的罕見在地拉麵

番茄拉麵 @妙高
在あらきんラーメン（→P.105）等店家可以吃到這款上越妙高的新著名美食

咖哩系

不斷有獨特的新口味誕生

有70年歷史的三條市在地拉麵，並有湯麵系、沾麵等各式各樣的類型。

新潟市郊外

ぱるむ食堂
★ぱるむしょくどう

咖哩拉麵 756円
蔬菜泥與自製香料攜手帶來好味道。使用東京開化樓製作的麵條

餐點以漢堡排與咖哩為主的餐廳。湯頭中有大量使用了18種香料的自製咖哩粉、蔬菜泥，可說是極品美味。

☎025-277-1075
MAP附錄②P.15 D-5
🕒11:30～14:30、18:00～21:00 休週三（逢假日則翌日休）
所新潟市東区粟山1-22-1
🚌JR越後石山站步行10分
P20輛

店內感覺有如咖啡廳般。牛肉使用的是日本國產牛

新潟站周邊

食堂いちばん
★しょくどういちばん

創業超過50年，走平民路線的食堂。菜色豐富多樣，咖哩拉麵使用的是清爽的雞骨醬油湯頭。

☎025-245-4060
MAP附錄②P.12 G-6
🕒11:00～15:00、17:00～21:00 休週日（逢假日則營業） 所新潟市中央区笹口2-9-9
🚌JR新潟站即到
P3輛

距離新潟站南口很近，交通相當便利

咖哩拉麵 700円
湯頭與麵條上淋了放有洋蔥、豬肉的自製咖哩

長岡生薑醬油系

生薑的香氣餘韻不絕

生薑原本是為了消除湯頭中的豬肉腥臭味而放的，後來漸漸成為不可或缺的要角，造就了這款在地特色拉麵。

古町

青島食堂 東堀店
★あおしましょくどうひがしぼりてん

青島叉燒拉麵 900円
生薑風味與豚骨、豬油的鮮味融合在一起，美味極了！

只提供「青島拉麵」與「青島叉燒拉麵」2款，由此可見店家十分有原則。在湯頭中釋放出高雅香氣的生薑讓味道更有深度。

☎025-222-5030
MAP附錄②P.13 C-4
🕒11:00～20:00（L.O.）
休週四 所新潟市中央区東堀通1番町495
🚌JR新潟站搭巴士往古町方向8分，古町下車，步行10分 P無

在店外的售票機購買餐券點餐

新潟站周邊

オレたちのラーメン ちょび吉
★おれたちのらーめんちょびきち

使用了大量生薑與自製生薑粉，薑的味道十分強烈。此外並選用當地釀造的醬油，對素材很用心。

☎025-384-0361
MAP附錄②P.12 F-5
🕒11:30～14:00、18:00～21:00，週日為11:00～15:00 休週一 所新潟市中央区春日町3-4 🚌JR新潟站步行8分 P無

店門口也傳來陣陣生薑的芳香氣味

超生薑醬油拉麵 720円
生薑滋味大膽衝擊味蕾的個性派拉麵。圖中加了滷蛋100円

清爽醬油系

溫和順口令人懷念的古早味

源自於屋台系拉麵，澄澈的醬油口味湯頭與超細捲麵重現了早年的中華拉麵。

新潟市郊外

太陽
★たいよう

拉麵 580円
小魚乾高湯中加入了蔬菜等材料，造就透明澄澈的極致湯頭！

堅持僅採購嚴選的小魚乾，並根據其狀態以不同方式進行事前處理。湯頭中還加了豬肉與蔬菜高湯，呈現富含深度的滋味。

☎025-378-1359
MAP附錄②P.15 A-6
🕒11:00～15:00（L.O.）、17:30～20:30（湯頭用完打烊） 休週日、假日 所新潟市西区寺尾東2-15-22
🚌JR寺尾站步行11分
P10輛

店內座位共19席，有吧檯座與和式座位

古町

三吉屋
★さんきちや

60年來深受在地人喜愛，清爽醬油拉麵的老店。爽口的湯頭中喝得到香醇滋味，帶嚼勁的叉燒也棒極了。

☎025-222-8227
MAP附錄②P.13 D-3
🕒11:00～16:00（L.O.）、17:00～19:00（L.O.）
休週二 所新潟市中央区西堀通5番町829 🚌JR新潟站搭巴士往古町方向8分，古町下車，步行3分
P無

店內洋溢著懷舊的昭和時代風情

中華拉麵 600円
小魚乾高湯風味的湯頭與細捲麵很對味。麵裡放的皆是經典配料

便宜又好吃！新潟人熱愛的親切好味道！平民美食

新潟有許多當地人從小就吃習慣，但沒有什麼全國知名度的在地平民美食，以下選出了7種讓你認識！

今年的注目No.1美食！

普通咖哩飯470円
以豚骨湯頭調開用烤箱烤過的咖哩塊與麵粉，味道香辣帶勁

外觀雖然平凡不起眼 吃起來香辣富含深度

萬代城 名物万代そば
★めいぶつばんだいそば

曾 上過電視節目，要排隊才吃得到的立食蕎麥麵&烏龍麵店。除了咖哩飯，還有咖哩蕎麥麵、咖哩烏龍麵，豚骨湯頭讓咖哩吃起來香醇可口。

☎025-246-6432 MAP 附錄② P.12 F-4
🕒8:00～19:00
休無休 所新潟市中央区万代1-6-1 バスセンター ビル1F
交JR新潟站步行10分 P無

↑早上便會出現排隊人潮。也有賣調理包

古町 とんかつ太郎
★とんかつたろう

提 供炸豬排定食、炸豬排咖哩等多樣餐點，其中最受歡迎的便是在此誕生的醬汁豬排蓋飯。酥脆炸豬排與甜鹹醬油醬汁、白飯搭配在一起的味道令人欲罷不能。

☎025-222-0097 MAP 附錄② P.13 D-3
🕒11:30～14:30、17:00～20:00(材料用完打烊) 休週四、第3週三
所新潟市中央区古町通6番町973
交JR新潟站搭巴士往古町方向8分，古町下車，步行5分 P無

←1樓為吧檯座，2樓有榻榻米座

醬汁豬排蓋飯 1050円
第一代老闆在昭和時代初期想出來的美食。浸了醬油醬汁的豬排吃起來香酥爽口！

秘傳醬汁讓人胃口大開 不愧是正宗始祖！

漢堡排咖哩肉醬炒麵880円
咖哩肉醬炒麵是源自まき鯛車商店街的在地美食，炒麵淋上咖哩肉醬，打造出獨特風味

炒麵搭配咖哩交織出 令人難以忘懷的滋味

新潟市郊外 カフェバー 風待
★かふぇばーかぜまち

在 巻站前經營超過40年的咖啡餐廳。餐點以洋食為主，咖哩肉醬炒麵用的麵條是義大利麵，還搭配了漢堡排。香辣口味讓人回味再三。

☎0256-73-3995 MAP 附錄② P.9 B-5
🕒11:30～13:45、17:00～23:00 休週日
所新潟市西蒲区巻甲2530-21 交JR巻站即到 P5輛

↑店內裝潢很有時尚感，閣樓有榻榻米座

(平民美食還可以這樣吃！)

新潟市郊外 新潟かつ丼 政家 新潟松崎店
★にいがたかつどんまつりや にいがたまつざきてん

とんかつ政ちゃん的關係企業，將人氣美食醬汁豬排夾進漢堡裡，打造出全新吃法。

☎025-288-6700
MAP 附錄② P.15 D-4
🕒11:00～23:00
休無休 所新潟市東区松崎863-1 交JR大形站車程8分 P18輛

雙倍醬汁豬排漢堡529円
高麗菜與自製美乃滋讓味道更有變化，吃起來很順口

萬代城
みかづき万代店
★みかづきばんだいてん

招牌美食義式炒麵除了原始的番茄醬汁，還有白醬、咖哩醬等，常態性提供7種口味。不僅可以外帶，還能冷凍宅配至外縣市。

感覺就像速食店，氣氛輕鬆自在

025-241-5928
MAP 附錄②P.12 F-4
10:00～19:50(20:00打烊)
休無休 所新潟市中央区万代1-6-1 バスセンタービル2F 交JR巻站步行10分 P無

長岡版請見P.90

爽口的番茄醬汁與日式炒麵竟然這麼搭

義式炒麵340円
使用粗麵的日式炒麵淋上特製番茄醬汁，成了這道國籍不明的獨特麵類料理

白醬440円
加了蘑菇等食材的白醬打造出西式口味

麻婆豆腐440円
10月下旬至12月下旬限定登場的口味，辛辣帶勁

和風蕈菇440円
菇類的勾芡醬汁口味溫和，很有健康概念的創意口味

新潟市郊外
わくわくファーム豊栄店
★わくわくふぁーむとよさかてん

創立於大正時代的「清水商店」可以買到蒸氣麵包這款在地美食。位在販售在地蔬菜等商品的直售所入口處。

025-388-1231 MAP 附錄②P.8 E-2
7:00～19:00 休無休 所新潟市北区かぶとやま2-3-4 交JR豐榮站車程5分 P70輛 ※清水商店為9:30～17:00 休週四，第1、3週三(有臨時休)

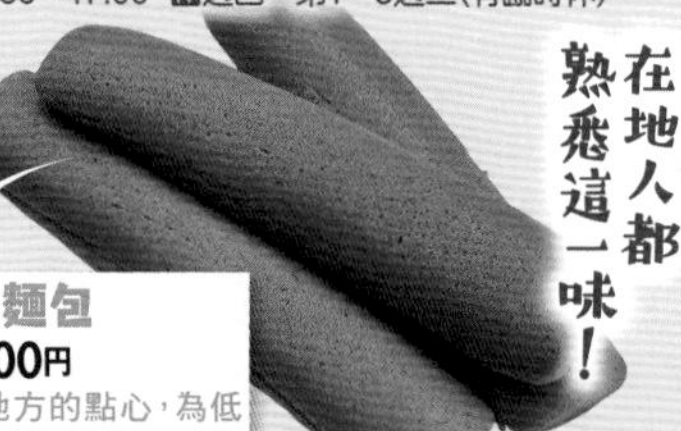

在地人都熟悉這一味！

蒸氣麵包
1條100円
下越地方的點心，為低筋麵粉加黑砂糖燒烤而成，口感Q彈

香氣誘人 口感Q彈的醬油口味糯米飯

醬油糯米飯220円
中越地區及周邊地方在婚喪喜慶等各種場合都會吃醬油糯米飯

本町
角田屋
★かくだや

以豆大福、櫻花麻糬等麻糬類點心聞名的和菓子店。100%糯米的醬油糯米飯Q彈帶勁的口感十分迷人。

025-223-0754 MAP 附錄②P.13 D-3
8:30～18:30 休週日 所新潟市中央区本町通7番町1093-3 交JR新潟站搭巴士往古町方向6分，本町下車即到 P無

(平民美食還可以這樣吃！)

烤雞肉串(紅)1支162円
可同時吃到雞肉、雞肝、雞心、洋蔥

蒸半雞約972円
用蒸的而非油炸，溫和的口味為一大特色。價格為時價

炸半雞
時價(約972円)
將抹上咖哩粉的半雞炸得多汁味美的一道料理。外皮酥脆，肉質濕潤可口！

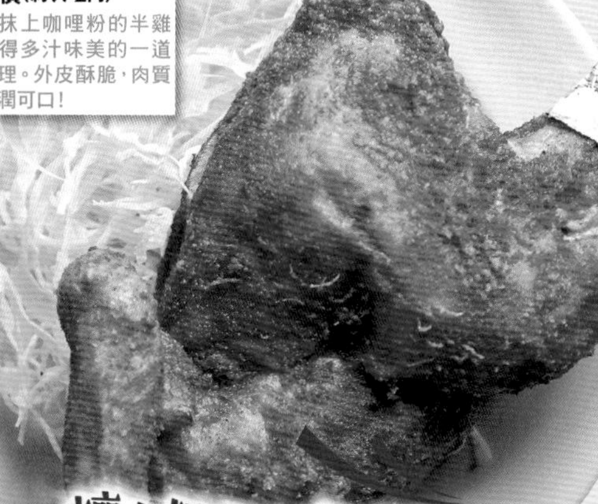

讓人想大口咬下的咖哩風味炸雞！

新潟市郊外
新潟平民美食橫町
★にいがたびーきゅうぐるめよこちょう

位在公路休息站 新潟ふるさと村（→附錄②P.20）的美食街，集結了新潟縣內各地的在地美食，許多餐點都可以外帶。

025-230-3000（集市館）
MAP 附錄②P.15 B-6
11:00～16:00(週六、日、假日為10:30～16:30、12～3月為11:00～15:30、12～3月之週六、日、假日為11:00～16:00) 休無休 所新潟市西区山田2307 交JR新潟站車程15分 P400輛

在這裡可以一次吃遍縣內各種平民美食

新潟最愛的家鄉味大集合

新潟醬汁豬排蓋飯
870円
這種不打蛋花的醬汁豬排蓋飯據說已經發展出全國性的人氣及知名度!?

這就是傳說中的金屬碗公

燕背脂系拉麵(小)500円
新潟5大拉麵之一，口味濃郁

柏崎鯛魚茶泡飯760円
曾在全國在地蓋飯大賽獲獎

糸魚川BLACK炒麵650円
加了烏賊墨醬汁拌炒的個性派炒麵

新潟市郊外
せきとり本店
★せきとりほんてん

昭和34（1959）年創業的雞肉專賣店。不論是雞肉、雞皮的串烤，或咖哩口味炸半雞、蒸半雞，都能品嘗到多汁的雞肉鮮味。

以上3道料理都可打電話預約外帶

025-223-5934 MAP 附錄②P.9 C-2
16:30～20:30(22:00打烊)
休週一 所新潟市中央区窪田町3-199 交JR新潟站搭巴士往附船町15分，寿小路下車，步行5分 P12輛

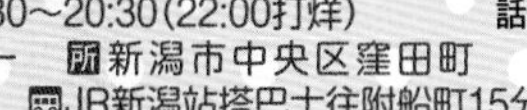

實力派洋食

料理人的巧手將頂級食材化作一道道佳餚

由於新潟出產眾多優質食材，因此有許多著名洋食餐廳，甚至吸引了遠在東京的饕客關注。以在地食材呈現的極致美味絕對不容錯過！

↑用地內種植了玫瑰、櫻花等季節花卉

↑店內裝潢統一設計成時尚風格

古町
ネルソンの庭
★ねるそんのにわ

這棟大正時代的建築物過去為舊新潟縣副知事官邸，重新整修後成為了餐廳。在這裡可以一面沉浸於懷舊氣氛中，一面享用新潟當令食材調理成的義式料理。

☎025-224-7851 MAP附錄②P.13 C-3
L11:30～17:00(18:00打烊)，週五、週六、假日前日為～22:00(23:00打烊) 休週二 所新潟市中央区営所通2番町692-6 交JR新潟站搭巴士往信濃町10分，西大畑下車即到 P12輛

將在地食材打造為極致美味義式料理的名店

午餐全餐2808円
除了可選擇海鮮類或肉類的義大利麵與主菜，還附湯、麵包、咖啡

欣賞明媚風光的同時一面享用正統法國料理

新潟市郊外
Fermier
★ふぇるみえ

法式全餐午餐之旅
5400円(需預約)
午餐為正統法式全餐的葡萄酒莊參觀行程。週五～週一的10:30起舉辦

家族經營的葡萄酒莊附設的餐廳。最推薦的是酒莊參觀搭配午餐的組合，另外也有單點的菜色。以嚴選素材製作的法國料理與葡萄酒非常對味。

☎0256-70-2646
MAP附錄②P.9 A-4
L11:00～17:00(L.O.16:00，建議預約)
休週二(不定休，有冬季公休)
所新潟市西蒲区越前浜4501
交JR新潟站前搭CAVE D'OCCI直通巴士 P20輛

↑參觀葡萄酒窖、葡萄園也很有意思

↑挑高的天花板讓人感覺彷彿置身歐洲的別墅

岩室溫泉
灯りの食邸KOKAJIYA
★あかりのしょくていこかじや

位於岩室溫泉街的老宅餐廳。蔬菜為當地產，海鮮則選用來自寺泊或出雲崎與在地的食材。熊倉主廚根據不同食材所呈現的獨家料理連東京的老饕也十分關注。

☎0256-78-8781 MAP附錄②P.16 H-4
L11:30～13:30(14:30打烊)、18:00～20:00(21:00打烊) 休週二、三 所新潟市西蒲区岩室温泉666
交JR岩室站車程10分 P6輛

→在鋪著榻榻米的和室享用義式料理別有一番韻味

→品味不凡的和風摩登空間與餐具十分有質感

附前菜及甜點的套餐也很推薦

老闆兼主廚
熊倉誠之助先生

在新潟市區的復古風建築中品嘗正統義式料理

每一口都充滿了新潟甜蝦的香醇濃郁滋味

濃郁甜蝦粉紅醬寬扁麵
1728円
入口瞬間便能感受到滿滿的甜蝦芳醇香氣。麵裡也吃得到甘甜的甜蝦

店裡還準備了各種適合搭配料理的葡萄酒

老闆兼主廚 伊藤健之先生

義大利麵料理
菜單於2019年4月全面換新，午餐也能吃到堅持使用在地產食材製作的義大利麵等餐點，價格約1000～2000円

新潟站周邊

IJIRUSHI insieme

★イジルシ インシエーメ

位在新潟站附近的義式料理餐廳。提供各式各樣適合搭配葡萄酒的料理，其中又以使用大量甜蝦熬出濃郁高湯，堪稱極品美味的濃郁甜蝦粉紅醬義大利麵最為出名。

025-255-1464
MAP附錄②P.12 F-4
11:00～13:30(L.O.)、18:00～21:00(L.O.、飲料L.O. 21:30) 休週二(逢假日則翌日休) 所新潟市中央区東万代町1-5 JR新潟站步行5分 P無

↑剛於2019年2月遷至現址重新開幕

每間都超想去

新潟市區還有好多值得造訪的質感咖啡廳！

新潟市區從以前就有深厚的咖啡文化，以下介紹的3間都是休息放鬆、品嘗咖啡的絕佳所在。

新潟市郊外

KONA SNOW Coffee Roasters 江南区本店

★こなすのーこーひーろーすたーず こうなんくほんてん

選用不論香氣或味道都屬最上級的咖啡豆自行烘焙，並在新鮮狀態下一杯杯沖泡給顧客。也有販賣咖啡豆。

025-277-0254
MAP附錄②P.9 D-3
10:00～18:00 休週三、第3週四 所新潟市江南区西山520 JR龜田站車程10分 P9輛

←店面為獨棟建築，空間寬敞，不用擔心桌距太近

在充滿味道的老房子品嘗美味咖啡與甜點

自製戚風蛋糕
650円(有季節性變動)
搭配了滿滿的水果，是這裡最推薦的甜點。阿芙佳朵也很受歡迎

可在店裡的內用區享用咖啡

→現美新幹線的車內飲品是由總店監修，這裡也喝得到相同滋味

↓還有販售印上了可愛商標的獨家商品

能輕易品嘗到使用自家烘焙咖啡豆咖啡的話題咖啡廳

手沖咖啡
500円
包括了中焙豆、深焙豆與無咖啡因咖啡，裝在印有商標圖案的紙杯內

咖啡師用心呈現出好看又好喝的拿鐵

↑除了吧檯座，店內還設有沙發座

BAROQUE拿鐵440円
濃厚的濃縮咖啡與牛奶、奶泡堪稱絕配，奶泡上的拉花也十分可愛

萬代島

NIIGATA COFFEE DONYA THE BAROQUE

★にいがたこーひーどんやざばろっく

引領新潟咖啡業界潮流的「新潟珈琲問屋」旗下的拿鐵專賣店。甘甜牛奶與香醇咖啡的完美組合值得細細品味。

025-385-7010 MAP附錄②P.12 G-3
10:00～18:30(1～3月為～18:00) 休不定休 所新潟市中央区万代島2-8 ピアBandai內 JR新潟站搭巴士往松濱10分，宮浦中学前下車，步行3分 P141輛

新潟站周邊

ツバメコーヒーSTAND

★つばめこーひーすたんど

總店位於燕市的知名咖啡廳開在髮廊裡的小鋪。僅提供咖啡及數種甜點，外帶一杯邊散步邊喝也不錯◎！

非公開
MAP附錄②P.12 F-5
13:00～18:00(週六、日、假日為11:00～) 休週一、二 新潟市中央区万代1-2-12 コスモビル2F JR新潟站步行7分 P無

蔬菜&肉的新鮮與美味看得到也吃得到！

農園餐廳

剛摘下的蔬菜吃起來每一口都充滿感動，農園閒適自在的環境也能療癒身心。來新潟別錯過這些優質的農家餐廳！

★重點食材看過來★
獲得新潟縣特別栽培農產品認定的稻米製成的麵

吃得到豐富時令蔬菜的米粉義大利麵不可錯過

時令蔬菜自製米粉義大利麵1000円
使用自家栽培米磨粉製成獨家的義大利麵，而且還放了滿滿的蔬菜◎

★重點食材看過來★
大量使用風味十足的當季盛產蔬菜

新潟市郊外

和FOODレストラン トコワカ

★わふーれすとらんとこわか

堅持維護食安的太田農園經營的餐廳，理念為發揮蔬菜本身滋味製作料理。午餐有飯或麵的套餐可挑選，附自助式沙拉吧。

↑店面為老宅裝修而成，要脫鞋入內

↑位在離新潟市區有一段距離的佐潟公園附近

☎090-5444-5366（井浦先生） MAP附錄②P.9 B-4
🕒11:00～14:00(L.O.)、18:00～21:00(L.O.，預約制)
休週一（逢假日則翌日休） 所新潟市西区赤塚4426
交JR越後赤塚站車程6分 P8輛

★重點食材看過來★
堅持減農藥&減化學肥料栽培的各種蔬菜

高儀番茄與滿滿農場蔬菜沙拉324円
使用當天早上採收的番茄與葉菜製作的沙拉，是搭配義大利麵的最佳選擇

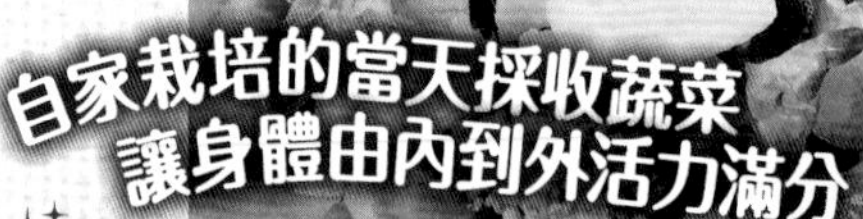

自家栽培的當天採收蔬菜讓身體由內到外活力滿分

新潟市郊外

農家レストラン La Trattoria Estorto

★のうかれすとらんらとらっとりあえすとると

獲得新潟縣環保農民認定的高儀農場直營的餐廳。不惜成本大量使用自家栽培的番茄、葉菜、自製培根等，餐點分量十足。

↑出自興建神社佛寺的工匠之手，充滿特色的建築外觀非常吸睛

↑挑高的天花板及明亮空間營造出開闊感

☎025-259-8000 MAP附錄②P.9 D-2
🕒11:00～14:30(15:00打烊)
休週二（逢假日則翌日休）
所新潟市北区新崎2575
交JR新崎站步行20分 P80輛

米粉戚風蛋糕450円
可搭配自製果醬一同享用，鬆軟&Q彈的口感很有人氣

別具特色的米粉甜點值得一試♪

★重點食材看過來★
有肉或魚的主菜加上大量蔬菜

新潟市郊外

農園のカフェ厨房 TONERIKO

★のうえんのかふぇちゅうぼうとねりこ

提供蔬菜品嘗師運用當令在地蔬菜製作的料理。附了各式各樣小菜的午餐、飯糰、米粉甜點等，都吃得到滿滿在地產蔬菜與稻米的美味。

TONERIKO午餐1000円～
主菜為肉或魚，並有以蔬菜為主的小菜、湯品等適合配飯的菜餚

↑可以邊欣賞田園風光邊用餐

☎0256-78-7515 MAP附錄②P.9 B-4
🕒10:00～16:00(17:00打烊) 休週二 所新潟市西蒲区下山1320-1 そら野テラス内 交JR越後曾根站車程5分 P30輛

★重點食材看過來★
選用各種當下最美味的蔬菜

★重點食材看過來★
使用自家栽培米，可無限加飯！

當令在地蔬菜與稻米帶來簡單樸實好滋味

新潟市郊外

やさい工房 あぐりDining

★やさいこうぼうあぐりだいにんぐ

理念為「肉是襯托蔬菜美味的角色」

2018年4月開幕，位在Agri Park（農業公園）內

在日本第一座公立教育農場的吃到飽餐廳。提供主要使用早晨或傍晚於園內採收的蔬菜製作的料理。

025-362-5858　MAP 附錄②P.9 C-4

11:00～15:00(L.O.14:00) 休週三
所新潟市南区東笠巻新田3044 新潟市Argi Park 🚗JR新潟站車程30分 P136輛

吃到飽 70分成人1080円，小學生648円，3歲～學齡前兒童324円，2歲以下免費，年長者972円
提供各式各樣口味溫和的餐點，沙拉醬、味噌、奶油也都是自製

健康美味的新鮮蔬菜 想吃多少都沒問題

＊重點食材看過來＊
主要使用於園內栽培，標示了生產者的蔬菜

＊重點食材看過來＊
也有各種與蔬菜一同享用更顯美味的肉類

自家飼育的牛肉與蔬菜 一起享用加倍滿足

新潟岩室牛赤身牛排午餐
100g2100円～
牛肉在三分熟狀態下濃郁的滋味與多汁口感令人驚艷，值得推薦

新潟市郊外

La Bistecca

★らびすてっか

＊重點食材看過來＊
以新潟米及稻稈飼養的牛肉帶有強烈鮮味！

這間農家餐廳可以吃到使用自家飼育牛肉的牛排、100%純牛肉的漢堡排等餐點。減農藥、減化學肥料栽培的岩室產越光米及在地蔬菜也十分美味。

0256-77-8677　MAP 附錄②P.16 H-5

11:00～14:30(L.O.14:00)、17:30～22:00(L.O.20:45) 休週二晚間、週三
所新潟市西蒲区橋本259 🚗JR岩室站車程7分 P46輛

周圍是看得到彌彥山、多寶山的田園地帶

這些也不容錯過！新潟在地農園餐廳 6大人氣新星

農園餐廳是新潟現在的熱門關鍵字!? 來看看縣內各地有哪些當紅的人氣餐廳吧。

十日町市

そばの郷 Abuzaka

★そばのさとあぶざか

提供片木蕎麥麵及加了米粉製作的烏龍麵，並可以盡情享用在地產山菜及蔬菜做的配菜。

025-755-5234　MAP 附錄②P.3 C-2

11:00～15:00(咖啡廳為11:00～17:00)
休週四 所十日町市南鐙坂2132
🚗JR十日町站車程10分 P30輛

使用自家栽培蕎麥，以石臼磨粉製成的片木蕎麥麵與各種配菜

長岡市

すがばたけ

蔬菜直售所附設的餐廳。使用大量當令蔬菜的定食很受歡迎，白飯可無限享用。

0258-86-8344　MAP 附錄②P.6 G-4

9:00～16:00(午餐為11:00～L.O.14:00)
休無休 所長岡市大川戸上ノ原1481-2
🚗JR長岡站車程30分 P20輛

除了米飯使用在地栽培稻米的定食外，也有蕎麥麵

最推薦的是鄉土款待午餐1296円

新發田市

ぶどう畑

★ぶどうばたけ

使用向周邊契作農家採購的蔬菜、水果，製作成美味的單盤午餐。

0254-21-6111　MAP 附錄②P.15 C-2

11:00～16:00(L.O.15:00，週六、日、假日為10:00～17:00、L.O.16:00) 休無休 所新発田市月岡408 月岡わくわくファーム內 🚗JR月岡站車程10分 P120輛

提供6種選擇的義大利麵全餐1500円，附前菜、麵包、飲料、甜點

胎內市

農家レストラン Gorashe

★のうかれすとらん ごらっしぇ

由於是農家經營，自家栽培的蔬菜自然是最大賣點。從定食、義大利麵到甜點，在這裡都吃得到。

0254-20-8444　MAP 附錄②P.8 G-1

11:30～17:00(L.O.16:30) 休週一，第2、4週二(有不定休) 所胎內市中条2614 🚗JR中條站步行15分 P20輛

見附市

農家レストラン もみの樹

★のうかれすとらんもみのき

午餐成人1512円，兒童756円，3歲以下免費

主要使用出貨給公路休息站 パティオにいがた（→附錄②P.21）的蔬菜製作餐點，以吃到飽的形式提供給顧客。

0258-94-6211(公路休息站 パティオにいがた)
MAP 附錄②P.6 F-2

11:00～15:30(L.O.14:30)、17:30～21:00(L.O.20:00) 休無休
所見附市今町1-3358 🚗JR見附站車程7分 P111輛

三條市

農家レストラン 庭月庵悟空

★のうかれすとらんていげつあんごくう

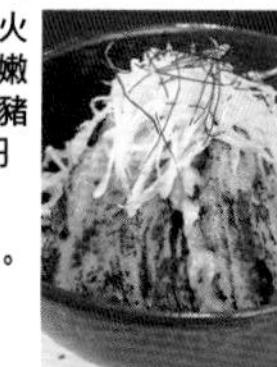

經過慢火燉煮的柔嫩炙烤三條豬蓋飯1080円

公路休息站 漢学の里 しただ（→附錄②P.23）內的餐廳。平日為單點，週六、日、假日則以吃到飽形式提供餐點。

0256-47-2230(公路休息站 漢学の里 しただ)
MAP 附錄②P.6 H-3

10:30～16:00(用餐為～15:00) 休第3週一(逢假日則翌日休)
所三条市庭月451-1 🚗JR東三條站車程25分 P150輛

稻米的甘甜更加提升 造就極品米飯料理

本町
ビストロ椿
★びすとろつばき

提供新潟和牛等各種品質經過嚴格把關的肉類。炭火燒烤過的肉搭配葡萄酒的滋味美妙極了。

DATA見→P.28

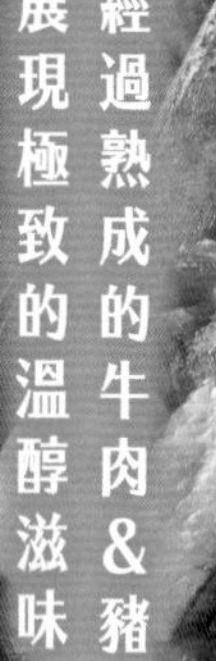

經過熟成的牛肉&豬肉 展現極致的溫醇滋味！

✳美味的秘密✳
牛肉與黃金豬都是在雪室中熟成

Meat Grill Mist 1980円
能同時吃到雪室熟成牛、黃金豬及幼雞的推薦料理

鹽引鮭與鮭魚卵爐灶炊煮銅鍋飯 1980円
集結了佐渡產稻米與鮭魚、鮭魚卵等特產食材的米飯料理

新潟站周邊
えびす鯛
★えびすだい

✳美味的秘密✳
在溫度不同的2座貯藏庫中熟成的米

可在此享用以日本海的海鮮為主的各式鄉土料理與在地酒。以佐渡產稻米製作的餐點，全都是使用保存於雪藏貯藏庫的米。

025-255-5522 MAP附錄②P.12 F-5
L 17:00～24:00 休無休
所新潟市中央区弁天1-3-3
JR新潟站即到 P無

⬆店內空間寬敞，共有以包廂為主的116席座位

雪國的智慧孕育出獨特美味食材！

雪室美食

雪室食材因貯藏在天然的冰箱中，鮮味大幅提升。以下將介紹5款在新潟市內就能吃到的雪室美食！

什麼是「雪室」？

「雪室」是在建築物內堆放大量的雪所形成的天然冰箱，為多雪地帶自古以來流傳的智慧。維持了低溫&高濕度的環境有利於保存、熟成，因而用來貯藏各式各樣的食材。

在人氣公路休息站 品嘗美味雪室咖啡

✳美味的秘密✳
因貯藏於雪室而呈現了無雜味的清爽滋味

新潟市郊外
GATARIBA
★がたりば

新潟縣的特產直銷商店&咖啡廳，可在開闊的空間中品嘗雪室咖啡、雪國紅茶。也提供甜點及使用米粉製作的麵包。

025-230-3030
（新潟故鄉村魅力館）
MAP附錄②P.15 B-6
L 9:00～17:00 休無休
所新潟市西区山田2307-1 新潟故鄉村魅力館1F
JR新潟站車程15分
P 400輛

雪室咖啡 350円
使用雪室咖啡系列的「Chocolat」咖啡豆。也可外帶

➡位在高人氣的公路休息站內，還可欣賞日本庭園景觀

萬代島
新潟日航酒店
★ほてるにっこうにいがた

在這間儼然是萬代島地標的飯店內，可以買到經過雪室熟成，鮮味更上一層樓的豬肉與牛肉咖哩調理包。販售地點為飯店內的商店。

025-240-1888
MAP附錄②P.12 F-2
L 7:30～23:00
休無休
所新潟市中央区万代島5-1
JR新潟站車程10分
P 180輛(付費)

⬆也有賣牛肉咖哩590円

✳美味的秘密✳
豬肉的肉質變得更為軟嫩，且富含胺基酸

新潟雪室熟成豬肉咖哩 1盒550円
未將蔬菜過濾製作而成的獨創咖哩，吃起來溫和順口

使用雪室熟成肉的咖哩調理包

新潟站
SUZUVEL
★すずべる

✳美味的秘密✳
使用甜度提升了約2倍的雪室馬鈴薯

位在CoCoLo新潟 西館1樓，宣揚在地食材之美味的咖啡廳。店內空間充滿時尚感，有可口的午餐等各種餐點。

025-282-7613
MAP附錄②P.12 F-5
L 11:00～22:00(午餐為～17:00，晚餐為17:00～)
休無休 所新潟市中央区花園1丁目96-47 CoCoLo新潟西館1F JR新潟站內
P 826輛

➡天氣好時可以在露臺座悠閒地放鬆

甜味大幅提升的馬鈴薯 美味程度令人驚豔！

YUKIMURO FRENCH FRIES 540円
雪室馬鈴薯油炸而成的副餐，並使用產自笹川流的鹽

新潟市區

にいがたたうん

懷舊風情與時尚氣息和諧共存
日本海沿岸數一數二的美食之都

本區不可錯過的亮點
新潟美食圖鑑
→P.16

本區不可錯過的亮點
復古&時尚並存的城市風情
→P.44

本區不可錯過的亮點
車站&周邊必買的新潟特色伴手禮
→P.42・附錄正面

新潟市區位在信濃川河口，是新潟縣的精華要地，從車站到古町一帶聚集了眾多餐飲店。上古町商店街及沼垂地區則有各種個性商店值得探索。

交通方式

開車	鐵道
練馬IC	東京站
↓ 關越自動車道・北陸自動車道	↓ JR上越新幹線
新潟中央IC	
↓ 縣道16號等	
新潟站前	新潟站
所需時間：3小時30分	所需時間：1小時35分～2小時25分
費用：7220円	費用：10570円

詢問處

新潟觀光會議協會 ☎025-223-8181

依自己的喜好選擇住宿地點

只玩新潟市區的話，建議選擇車站周邊的飯店住宿。若是想住溫泉旅館，搭乘JR越後線與計程車約1小時可抵達岩室溫泉，搭乘JR白新線與接駁巴士約40分可抵達月岡溫泉（→P.108）。

事先查好路線巴士的路線圖

打算在新潟市區大範圍移動的話，路線巴士是不可或缺的交通工具。從新潟站前出發的巴士不僅班次多，路線也複雜。行駛於車站周邊的「新潟交通巴士」的網站上有路線圖可查詢，別忘了事先確認。

善用交通工具，省時又省力！

新潟市區最熱鬧的新潟站前到古町這一帶，直線距離約有2km，範圍相當大。如果是搭電車&巴士旅行的話，建議以觀光循環巴士（→P.40）為主要交通工具安排行程。逛上古町商店街周邊，則是騎出租自行車較方便。

有效利用不同交通工具玩遍各大景點！

新潟市區這樣玩就對了

新潟市區最熱鬧的地方分布在車站周邊、古町等地，範圍相當大。以下先來認識旅途中用得到的交通工具，以及各個人氣地區吧！

➲信濃川流經歷史博物館前，市區橫跨兩岸
➲歷史悠久的萬代橋是市區著名地標

市區觀光的最佳選擇 新潟市觀光循環巴士

※2019年7月25日起部分修改路線、時刻表。詳情請由此確認→

可以讓人輕鬆玩遍市中心的路線巴士。一日券還提供觀光景點門票折扣等優惠，十分便利。車內有Wi-Fi可使用。搭乘一次210円，一日券500円。

025-246-6333（新潟交通巴士中心服務處）

➲1日券可在新潟交通的各服務處等地買到

水族館前、西大畑坂上、北方文化博物館新潟分館前(入口)、古町通八番町、五菜堀、歴史博物館前、ピアBandai、新潟日報メディアシップ、新潟駅前、万代シテイ、礎町、本町、東堀通六番町、白山公園前、新津記念館前、護国神社前

→先往白山公園
→先往朱鷺展覽館

天氣好的時候當然就選這個！ 騎上出租自行車Go!

利用出租自行車，便可以隨心所欲前往自己想去的地方。租車需要製作會員證（200円），費用為3小時100円。新潟站前及萬代城等20處設有租賃站。

025-311-1209（本町自行車租賃站）

9:30～19:00 休 視租賃站而異

➲有這個招牌的便是租、還車的站點

1日行程參考範例

於新潟站前租借自行車 ← 自行車10分 ← 逛沼垂露臺商店街 ➡P.44 ← 自行車15分 ← 於アルモにしぼり還車 ※位在古町附近的停車場 MAP 附錄②P.13 C-4 ← 步行3分 ← 逛上古町商店街 ➡P.46 ← 觀光循環巴士11分 ← 參觀新潟市動漫情報館 ➡P.52 ← 觀光循環巴士3分 ← 搭信濃川水上巴士欣賞夜景 ← 觀光循環巴士11分 ← 於新潟站選購伴手禮 ➡P.50

=trip data=
- 所需時間:約4小時
- 交通工具費用:出租自行車100円／觀光循環巴士一日券500円／水上巴士1100円
- 推薦時期:5月（新綠）～9月（紅葉）

※以上行程是根據2019年7月24日以前之觀光循環巴士路線所編排。

邊欣賞水上風光邊在市區移動 信濃川水上巴士也很方便

行駛在信濃川上的水上巴士，市內有朱鷺展覽館等6處搭船地點。單次搭乘300円～，一日券1800円，周遊班次1100円。

025-227-5200 MAP 附錄②P.12 F-2

9:00～18:00（預約受理時間，航班有季節性變動） 休 無休（冬季有停駛） 所 新潟市中央区万代島6-1（朱鷺メッセ乗り場） JR新潟搭巴士往佐渡汽船10分，朱鷺メッセ下車即到 P 無

➲夕陽西下時分有從朱鷺展覽館出發的夕陽遊船
➲自行車也可以上船，十分便利

先做好功課，玩起來更有樂趣

新潟市中心快速導覽MAP

西海岸

●にしかいがん

水族館「瑪淋匹亞日本海」所在的區域，擁有開闊的海岸。西大畑有建於昭和時代初期的官舍與天主教堂等值得一看的景點。

古町·本町

●ふるまち·ほんちょう

新潟市內最大的鬧區，江戶時代曾有日本數一數二的遊廓，相當有歷史。古町通及本町通皆與好幾條小路相交。

萬代島

●ばんだいじま

過去信濃川的河中島所在地靠右岸處填河而成的水岸地區。佇立於萬代島中央，高140m的朱鷺展覽館為該區地標。

日和山

●ひよりやま

這處約12m高的小丘在江戶時代是引水人工作的地方。周邊有許多值得造訪的景點。

從車站到水族館約有4.0㎞之遠！

佐渡島
日本海
西海岸
西海岸公園
水族館前
新潟市水族館 瑪淋匹亞日本海
砂丘館(舊日銀新潟分行長宅)
西大畑坂上
どっぺり坂
新潟天主教會
新潟市美術館
附属学校入口
北方文化博物館新潟分館前(入口)
北方文化博物館新潟分館
新潟市美術館入口
日和山展望台
日和山五合目
金刀比羅神社
北前船時代館(舊小澤家住宅)
湊稲荷神社(許願高麗犬)
北前船の時代館前
新潟市歷史博物館(MINATOPIA)
みなとぴあ
歷史博物館前
しょうこん坂
NEXT21
古町·本町
弘願寺
新津記念館前
新津紀念館
本町
東堀通六番町
本町市場
上古町商店街
金刀比羅神社(和船模型)
朱鷺展覽館(新潟縣立萬代島美術館)
朱鷺メッセ
萬代島
ピアBandai
白山市場
白山駅
白山神社
燕喜館
白山公園
白山公園前
新潟縣政紀念館
信濃川
萬代橋西詰
万代シテイ
新潟日報メディアシップ
萬代城
敦井美術館
新潟駅前
新潟駅
南口
万代口
越後線
上越新幹線
沼垂露臺商店街
先往白山公園
先往朱鷺展覽館

新潟市觀光循環巴士
先往白山公園
先往朱鷺展覽館

新潟会館

↑2019年7月25日部分修改路線、時刻表，地圖請確認

上古町商店街

●カミフル

古町通的1番町至13番町之中，1番至4番的這個區域被稱為カミフル。老店與新店共存於此，散發過去與現在交織出的獨特氛圍。

萬代城

●ばんだいしてい

LoveLa萬代等大型店鋪林立的逛街購物區。幾乎位在新潟站萬代口與古町·本町的中間點，巴士總站也在這裡。

車站周邊

●えきしゅうへん

前往古町·本町等市中心區域要走萬代口。站內的購物設施「CoCoLo新潟」可以買到新潟縣內各種主要的伴手禮。

沼垂露臺商店街

●ぬったりてらすしょうてんがい

由老舊的商店街改造，有一間間個性商店進駐的人氣區域。把手工製作的飾品及可愛雜貨帶回家吧。

附錄正面
也有介紹精選推薦
伴手禮&美食

好吃好逛的地方全都不錯過！

新潟站完全攻略

購物 美食

隨著新館西N＋開幕，讓新潟站變得更有意思了。來看看車站裡有哪些不可錯過的亮點吧！

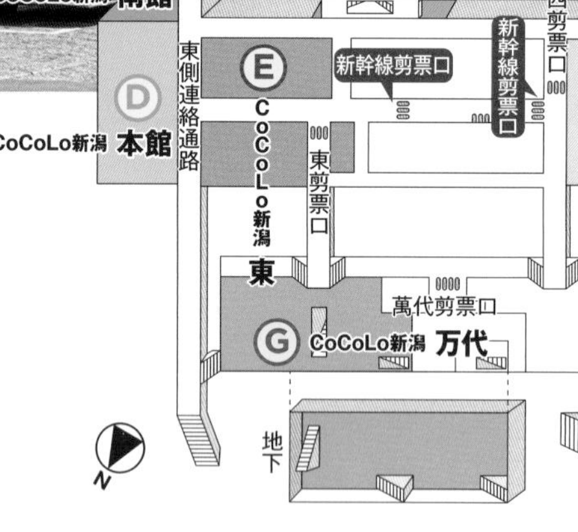

精選推薦SHOP

ぽんしゅ館 新潟駅店

●ぽんしゅかんにいがたえきてん

傳遞新潟飲食文化訊息的主題式商店&餐廳。提供縣內約90座酒藏的日本酒，所有酒藏的酒都能付費試喝。

☎025-240-7090 MAP 附錄②P.12 F-5
L9:00～21:00 休無休

A CoCoLo新潟 西館

●こころにいがたにしかん

除了JR東日本新潟METS飯店1樓的2間餐廳外，剪票口所在的3樓還有提供日本酒試喝體驗的高人氣ぽんしゅ館。也有便利商店。

How to 試喝?

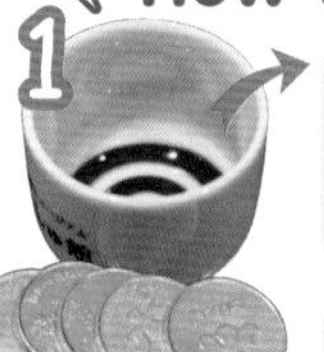

1 先取得代幣&酒杯

在櫃檯支付500円費用，換取5枚代幣。

2 投入代幣，試喝自己感興趣的酒

共有111個品牌，可以邊看每款酒的介紹邊做決定

3 還有各式各樣的鹽可以配酒

準備了多達90種來自世界各地的鹽供顧客配酒。

4 冬天還可以熱過再喝!

備有專門的機器加溫適合熱來喝的酒。

CoCoLo新潟 ●こころにいがた

共有7個區域，集結了伴手禮店、餐飲店的車站大樓。各式各樣不可錯過的新潟知名美食、伴手禮在這裡都找得到，建議多預留些時間好好逛個夠。

☎025-243-7306
MAP 附錄②P.12 G-5
L9:00～20:30（視店鋪而異） 休無休 所新潟市中央区花園 交直通JR新潟站 P826輛
※公休日與地址、交通方式、停車場為全館共通

看看哪款新潟在地酒最適合你！

濃郁 / 淡雅 / 甘口 / 辛口

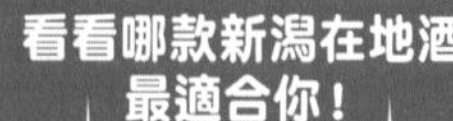

恩田酒造 舞鶴 鼓
720mℓ995円
碾米過程保留了大部分的米粒，充分展現出米的鮮味

鮎正宗酒造 鮎正宗
720mℓ1372円
溫順高雅滋味香醇。適合常溫或熱至微溫飲用

青木酒造 鶴齢 純米吟釀
720mℓ1620円
口感輕盈柔順，百喝不厭的純米酒

松乃井酒造 特別純米 松乃井
720mℓ1339円
100%使用十日町產的酒米「高嶺錦」釀成的酒

石本酒造 越乃寒梅 別撰 吟釀酒
720mℓ1393円
越乃寒梅中最為淡雅的辛口酒，喝起來清爽舒暢

麒麟山酒造 きりんざん グリーンボトル 純米
720mℓ1253円
口味豐潤，入喉口感暢快帶勁

竹田酒造 かたふね 純米酒
720mℓ1380円
由小酒藏所釀造，口味富含深度的純米酒

玉川酒造 玉風味 本釀造
720mℓ929円
擁有超過300年歷史的日本酒，散發清新冷冽的香氣

歡迎大家多加嘗試，選出自己喜歡的酒帶回家。
店長
能田拓也先生

這一區集結了縣內所有品牌的日本酒

↑結合日式手拭巾與現代元素所設計的手帕各1080円
→鎚起銅器的老店──玉川堂的片口酒壺34560円與小酒杯12960円

精選推薦SHOP

ぽんしゅ館(クラフトマンシップ)

●ぽんしゅかんくらふとまんしっぷ

因集結了縣內各地手工製作的工藝雜貨而備受矚目。可以買到各式各樣極具設計感、外型時尚的傳統工藝品。

☎025-290-7552 MAP 附錄②P.12 F-5
L9:00～20:00 休無休

精選推薦SHOP

ぽんしゅ館(爆弾おにぎり家)

●ぽんしゅかんばくだんおにぎりや

使用分量多達1合的縣內產越光米，現場製作的飯糰。裡面包的料有12種選擇，全都是新潟在地的好味道。

☎025-290-7332 MAP 附錄②P.12 F-5
L10:00～19:00 休無休

餡料共有12種！
佐渡黑豬肉末700円／銀鮭650円／藤五郎梅干540円／辣明太子700円／烤鱈魚子600円／醃高菜500円／辣椒味噌550円／紫蘇味噌500円／柔肌蔥味噌500円／昆布佃煮450円／鹽味飯糰300円／海苔飯糰350円

直徑約10cm(1合)!

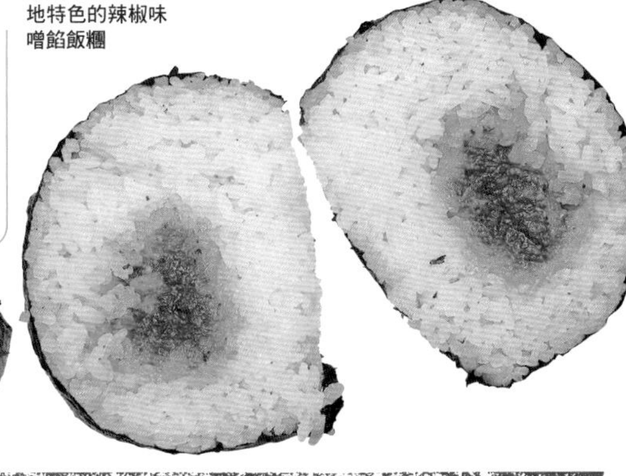

↓圖中是充滿在地特色的辣椒味噌餡飯糰

B CoCoLo新潟 西N+

●こころにいがたにしえぬぷらす

西N＋是2018年4月開幕的新館，除了ぽんしゅ館的伴手禮區，還有大尺寸飯糰的專賣店，以及販賣縣內工藝雜貨的商店。

精選推薦SHOP

越後長岡小嶋屋

●えちごながおかこじまや

位在東剪票口前，使用海藻增加黏性的片木蕎麥麵的名店。還提供與新潟著名的醬汁豬排蓋飯搭配的套餐等各種選擇，因此深受歡迎。

☎025-243-7707 MAP 附錄②P.12 G-5
L9:00～22:00(早餐～11:00) 休無休

↑片木蕎麥麵與醬汁豬排蓋飯套餐1586円（小）

E CoCoLo新潟 東

●こころにいがたひがし

位於通往新幹線東剪票口的通道旁，讓旅客在搭車前也能吃到新潟知名美食。許多排隊名店在這裡也吃得到。

←排隊名店─麺屋しゃがら 新潟駅店（→P.30）的醬油拉麵680円
→健康壽司 海鮮家（→P.23）的壽司

→魚沼產越光米的飯糰與蔬菜雜煮湯777円

↑淋上了獨家焦糖醬的焦糖霜淇淋 330円
→草莓優格冰淇淋220円

C CoCoLo新潟 南館

●こころにいがたみなみかん

家電量販店及車站租車中心所在的區域。在各式餐飲及外帶店鋪中，尤其推薦下&左方介紹的這兩家。

精選推薦SHOP

YASUDA YOGURT CoCoLo南館店

●やすだよーぐるとこころみなみかんてん

新潟代表性品牌YASUDA YOGURT的直營店，有各種使用新鮮生乳製成的優格產品。

☎025-384-0290 MAP 附錄②P.12 G-5
L10:00～20:00 休無休

精選推薦SHOP

天地豊作

●てんちほうさく

這間鄉土料理餐廳提供了眾多使用新潟食材製作的餐點，還吃得到以越後糯米豬等新潟的品牌肉烹調的料理。

☎025-248-8808 MAP 附錄②P.12 G-5
L11:00～15:00、17:00～21:00 休無休

G CoCoLo新潟 万代

●こころにいがたばんだい

1樓有以「CoCoLo新潟 本館」的和菓子為主的伴手禮店，地下1樓則有餐飲店等各種店鋪。新潟人最愛的家鄉味（見下方）不可錯過！

精選推薦SHOP

パンのかぶと

使用西班牙的石窯烤出道地麵包的老店。夾了自製奶油，味道簡單樸實的三明治麵包為著名美食。

☎025-248-1138 MAP 附錄②P.12 G-5
L9:00～21:00 休無休

←↓超人氣的三明治麵包194円經常銷售一空

F CoCoLo新潟 中央

●こころにいがたちゅうおう

面對著南口1樓的圓環的區域。有便利商店、速食店、二手書店等各類型商店聚集在此，其中還有在地啤酒專賣店，別錯過了。

←罕見品牌及縣內釀造的啤酒值得一試

精選推薦SHOP

新潟駅クラフトビール館

●にいがたえきくらふとびーるかん

以購買餐券的方式點酒，可以只點1杯，讓人感覺輕鬆自在的精釀啤酒店。有來日本國內外多達40種的桶裝精釀生啤酒，1杯500円起。

☎025-278-7622 MAP 附錄②P.12 G-5
L12:00～22:30 休無休

D CoCoLo新潟 本館

●こころにいがたほんかん

新潟市內的老店都有在這裡的伴手禮賣場設櫃。除了和菓子之外，也有販售縣內各地在地酒、水產品、佐渡名品的商店。

←加島屋的人氣商品茶泡飯用鮭魚碎肉1350円

→大阪屋的萬代太鼓是經典人氣商品，6個裝740円

↑佐渡水雲與海膽海苔864円是配飯良伴
←外觀賞心悅目的和菓子，新潟琥珀864円

↓造型逗趣的ゆったりどら丸銅鑼燒1個185円

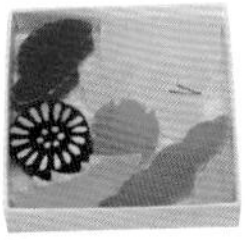

←中川雅之先生（右）與妻子渚小姐
↓藍色外牆十分醒目。有時還會舉辦織布或DIY教室

日文唸作「Nuttari」

匯集最新時尚潮流的高人氣熱門地段 沼垂露臺商店街

有著一棟棟長屋，古色古香的舊沼垂市場通現在搖身一變成了個性商店、工作室、咖啡廳林立的當紅景點。一起認識這裡的迷人之處吧。

是這樣的地方！

大約從2010年開始，閒置的店面陸續被商店、工作室所取代，讓這裡重新受到注意。每月第1個星期日的早市也很有人氣。

025-384-4010（商店街辦公室）
MAP 附錄②P.12 H-3
JR新潟站搭巴士往新潟交通臨港病院前7分，沼垂四ツ角下車即到 P使用附近收費停車場

→各式小店綿延約250m的商店街

←每間店看起來都充滿質感

↑可以刻字的飯店風鑰匙圈1290円
→運用了染色的布做成的耳環3240円

可以邊喝咖啡邊與老闆閒話家常

B ISANA
●いさな

由身為家具職人的老闆與從事布品藝術創作的妻子經營的咖啡廳&展示間。店內使用的家具、桌巾都是兩人的作品，讓人想把家裡也打造成一樣的風格。也有販售雜貨。

080-5029-2941 MAP 附錄②P.12 H-1
10:00～18:00 休週二、三
所新潟市中央区沼垂東3-5-22

邂逅讓你一見鍾情的好東西

A 青人窯
●あおとがま

新潟出身的老闆所經營的陶藝品店。兼工作室使用的店面展示了樸實而高雅的器皿、小物、飾品，使用以縣內產果實等天然植物灰做成的釉藥為一大特色。

↑週五～週日可進行陶藝體驗（3500円～，需預約）

090-2246-1687
MAP 附錄②P.12 H-1
10:00～17:00
休週一～三
所新潟市中央区沼垂東3-5-24

老闆 大山育男先生

由於是手工製作，每件商品都是獨一無二的

↑色彩柔和的杯&碟5184円

不論大人小孩都喜愛的好味道

C Ruruck Kitchen
●るるっくきっちん

販售在對面的鄉土料理餐廳「大佐渡たむら」製作、每天菜色不同的熟食。使用新潟縣產越光米粉做的甜點「沼貓燒」也很受歡迎。商店街辦公室也買得到。

025-384-4010（商店街辦公室）
MAP 附錄②P.12 H-1
10:30～14:00、15:00～18:30（11～2月～18:00、第1、3週六為10:30～17:00）
休週日、假日，第2、4、5週六，第3週日之翌週一
所新潟市中央区沼垂東3-5-22

↑沼貓燒200円～。餡料有超過8種口味

↑夏天還有賣霜淇淋等

沼貓燒還會推出季節限定商品

工作人員 新澤明美小姐

琳瑯滿目的北歐風雜貨讓人愛不釋手

D Kippis7265
●きっぴすななにろくご

使用自北歐採購的舊布料製作成各種獨家雜貨販售。有許多包包、化妝包之類的實用商品，將生活妝點得更多采多姿。

老闆 猪股美保小姐

店裡也有許多適合媽媽用的商品

050-3598-7265
MAP 附錄②P.12 H-1
11:00～16:00
休週二、三、日（第1週日有營業） 所新潟市中央区沼垂東3-5-18

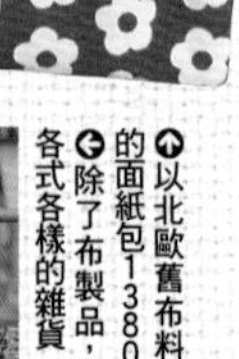

←會隨季節推出不同品項的商品

↑以北歐舊布料做成的面紙包1380円
←除了布製品，還有各式各樣的雜貨

周邊店家也不容錯過！

商店街周邊也陸續出現了許多新店家，來看看有哪些優質好店吧。

附設啤酒鋪的修鞋店

KADO shoe repair & beer stop

●かどしゅーりぺああんどびあすとっぷ

2018年2月於沼垂四ツ角十字路口開幕的店鋪。店裡不僅提供修鞋服務，還能在此享用精釀啤酒、喝咖啡。

025-256-8014
MAP 附錄②P.12 G-1
10:30～20:00
休週二、不定休
所新潟市中央區沼垂東3-1-16

↑也可以只來喝啤酒 ←店面為老宅改裝而成，2樓也會舉辦企畫展等

以攝影集為主的特色書店

BOOKS f3

●ぶっくすえふさん

這間書店主要販售藝術類型的攝影集，新書及二手書都有。店裡也有賣飲料。

025-288-5375
MAP 附錄②P.12 H-4
13:00～20:00
休週二、三 所新潟市中央區沼垂東2-1-17

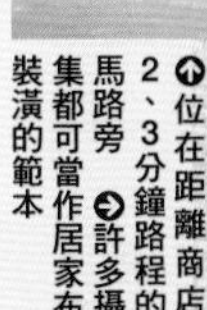

↑位在距離商店街2、3分鐘路程的大馬路旁 →許多攝影集都可當作居家布置裝潢的範本

老宅改裝成的青年旅館

なり-nuttari NARI-

●なりぬったりなり

有宿舍房、個人房等房型的純住宿型住宿設施，內部空間洋溢著老房子的韻味。附設非住宿旅客也可消費的酒吧。

025-369-4126
MAP 附錄②P.12 H-4
無休(有冬季、夏季公休) ¥1人1晚4500円～
所新潟市中央區沼垂東2-11-31

↑位在靠近BOOKS f3的巷弄裡，為屋齡約90年的老宅改裝而成 ←住宿在沼垂與在地人交流也很不錯

可以自己動手做玻璃珠的玻璃藝品店

G taruhi glass works

●たるひぐらすわーくす

店名的「taruhi」為冰柱之意。出自老闆之手的玻璃飾品及器皿，在設計上融入了雪的意象。也有玻璃珠製作體驗可參加。

080-3389-0375 MAP 附錄②P.12 H-1
10:00～18:00 休週二(週三可能會因進行製作而公休) 所新潟市中央區沼垂東3-5-17

↑玻璃珠製作全程約15分，可臨時報名

↓色彩鮮豔的項鍊2000円～

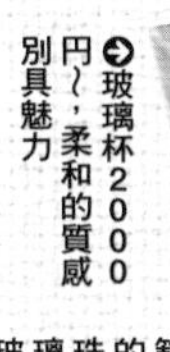

→玻璃杯2000円～，柔和的質感別具魅力

↓玻璃珠的範本。初學者也能輕鬆上手◎

老闆伊東宏晃先生

歡迎大家透過觀賞、體驗，認識玻璃的魅力

為獨立自主的女性打造的飾品

E nemon

●ねもん

販售過去是服裝設計師的老闆親手製作的日常用飾品。使用了天然石的作品等各種商品，不僅設計細膩，並將甜美風格拿捏得恰到好處。

070-5027-3923 MAP 附錄②P.12 H-1
10:00～16:00 休週三、不定休
所新潟市中央區沼垂東3-5-18

↑造型可愛的包布鈕扣耳環1100円～

↑作品也是在店內製作出來的
←包布鈕扣耳環1100円～

老闆長谷部理惠子小姐

也提供方便搭配穿著的半訂做商品

完美發揮食材滋味的療癒系溫馨午餐

F DILL

●でぃる

在這間咖啡廳可以吃到使用在地食材製作的料理。每道餐點都呈現了越後糯米豬、當令在地蔬菜等食材原有的美味，令人回味無窮，分量也沒話說。

025-383-8305 MAP 附錄②P.12 H-1
11:30～17:30(18:00打烊) 休週二
所新潟市中央區沼垂東3-5-17

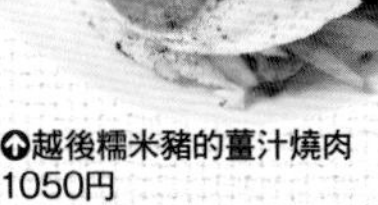

↑越後糯米豬的薑汁燒肉1050円
↓小蝦鮮蔬香蒜辣椒義大利麵1100円

→可在店內悠閒自在地享用午餐

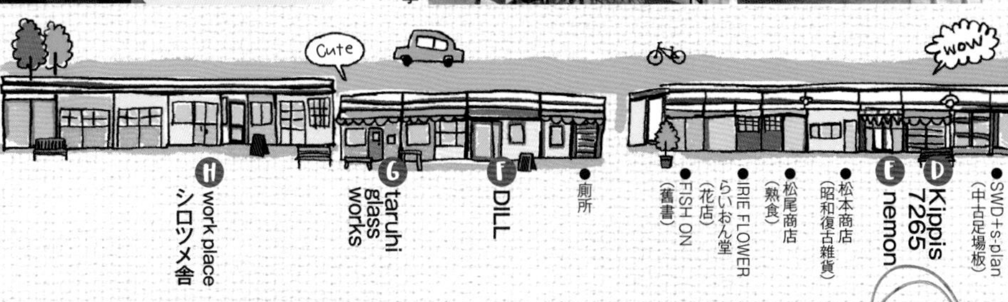

結合傳統花紋打造各種精巧小物

H work place シロツメ舎

●わーくぷれいすしろつめしゃ

主要創作小巾刺繡的布品藝術家的工作室。小巧的店面裡有時還會舉行企畫展。獨家的化妝包、飾品、小物等商品全都只有這裡買得到。

090-4921-3388
MAP 附錄②P.12 H-1
12:00～17:00
休週一～三 所新潟市中央區沼垂東3-5-16

←散發自然氣息，品味不凡的店面

↑珠珠口金包4536円
→小鳥薰衣草香包1個1944円

是這樣的地方!

上古町商店街位在新潟市區的鬧區──古町通1～4番町，當地人暱稱為「カミフル」。經營多年的老店，以及整修之後改頭換面展現時尚新風貌的店鋪共存於此，讓這裡成了現在最熱門的逛街地點。

➲街道兩旁有騎樓，下雨天也能安心逛街

➲街道上的各種老東西營造出濃濃懷舊氣氛

市區魅力探索 2

集結了新潟的設計能量，為老街注入活力

上古町商店街相當於新潟的總鎮守白山神社的表參道，街道上洋溢著懷舊復古的氣氛，並有許多完美融入在地景觀的當紅店家，值得一探究竟。

上古町商店街

●カミフル

把和服布料做的和風雜貨帶回家

A Wa's Style

●わずすたいる

主要販售搭配和服用的髮飾及和風小物，摩登風格深受當地關注流行時尚趨勢的人喜愛。以老闆喜愛的巴哥犬為靈感設計的獨家商品也很有人氣。

➲也有各種適合搭配休閒穿著的包包

☎025-228-0841
MAP 附錄②P.13 C-4
營11:00～18:00 休週二，第1、3週三 所新潟市中央区古町通4番町645 交JR新潟站搭巴士往古町方向8分，古町下車，步行10分 P無

老闆 山田陽一先生

許多商品都是獨一無二

➲以古早時代傳統技法製作的獨家巴哥犬手拭巾各1080円

➲摩登的和風圖案口金包是人氣商品，有各種花色可挑選

五彩繽紛的和風甜甜圈

B 金巻屋

●かねまきや

明治4（1871）年創業的和菓子店。招牌商品「米萬代」70円是當地知名的代表性和菓子。店家也以傳統技術為基礎，積極融入西點的元素推出新作。

➲混入白豆沙餡蒸熟製作而成的「茶屋ド」各162円，口感濕潤軟綿

➲包了奶油等各種餡料的カミフルぽっぽ各130円（7、8月停售）

☎025-222-0202
MAP 附錄②P.13 C-4
營9:00～17:45 休無休 所新潟市中央区古町通3番町650 交JR新潟站搭巴士往入船營業所10分，西堀通四番町下車，步行4分 P無

真浄寺小路 超願寺小路 café dandelionのおやつ工房 E ②@foodelic B金巻屋 新川小路 focaccia e vino TETTO ① A Wa's Style 法音寺小路 鍛冶小路 2番町 3番町 4番町 權現小路 むすびや百（→P.55） 丁持小路 C hickory03 travelers D ③KEN's BURGER QUON CHOCOLATE 新潟

➲新潟のお結び1944円是以手拭巾包住的3合裝新潟米

結合在地素材與巧克力的好滋味

D QUON CHOCOLATE 新潟

●くおんちょこれーとにいがた

由巧克力師野口和男擔任主廚，商品為日本各地的育兒女性與身障人士等超過200人手工製作而成的巧克力品牌。使用了村上茶的在地商品是伴手禮的好選擇◎！

➲位在カミフル的中心地帶

➲久遠法式凍248円可單片購買，也有村上茶口味

☎025-201-8302
MAP 附錄②P.13 C-4
營10:30～18:00 休週二 所新潟市中央区古町通3番町557-3 交JR新潟站搭巴士往入船營業所10分，西堀通四番町下車，步行4分 P無

各種時尚商品讓人愛不釋手

C hickory03 travelers

●ひっこりーすりーとらべらーず

從專屬設計師打造的獨家雜貨，到不為人知的古早名品等，各種充滿新潟特色的商品在這都找得到。也有與在地老店等聯名合作的商品。

➲別忘了上2樓的藝廊看看

☎025-228-5739 MAP 附錄②P.13 C-4
營11:00～18:00(週日～17:00)
休週一（逢假日則翌日休） 所新潟市中央区古町通3番町556 交JR新潟站搭巴士往入船營業所10分，西堀通四番町下車，步行4分 P無

店裡有新潟縣內各式各樣的新創意商品

店長 野中春花小姐

➲在出雲崎町製作的新潟紙氣球270円～

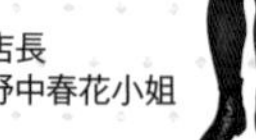

➲➲將傳統糕點裝在可愛罐子裡的浮星各648円

和風圖案口金包送禮自用兩相宜

H きものリサイクル蔵や

●きものりさいくるくらや

以昭和時代初期為主，販售各式各樣古董和服的商店，價格也只要3000円～，相當實惠。另外還有眾多搭配和服用的小物，讓穿搭和服更有樂趣。

↑色彩鮮豔的和服也符合現代的時尚品味

↑口金包有各式各樣的設計及大小

↑色彩繽紛的和風圖案口金包，小1296円、大3450円

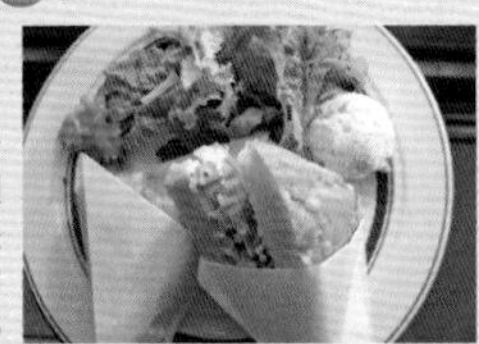
↑摺疊成和服形狀的手帕972円

☎025-224-1007
MAP 附錄②P.13 C-4
營11:00～18:00 休週二 所新潟市中央区古町通1番町676 交JR新潟搭巴士等經縣廳前往曽野木ニュータウン15分，白山公園前下車，步行3分 P無

別的地方吃不到的獨家甜點

E café dandelionのおやつ工房

●かふぇだんでらいおんのおやつこうぼう

馬斯卡彭起司慕斯是老闆過去經營咖啡廳時的人氣美食，店面現在轉型為專營外帶，則做成可麗餅提供給顧客。

↑也有賣供外帶的咖哩等

☎025-225-9222
MAP 附錄②P.13 C-4
營11:30～18:00 休週四、不定休 所新潟市中央区古町通3番町655-1 交JR新潟站搭巴士往入船営業所10分，西堀通四番町下車，步行4分 P無

除了可麗餅，也有賣西點及麵包
工作人員 谷內田步美小姐

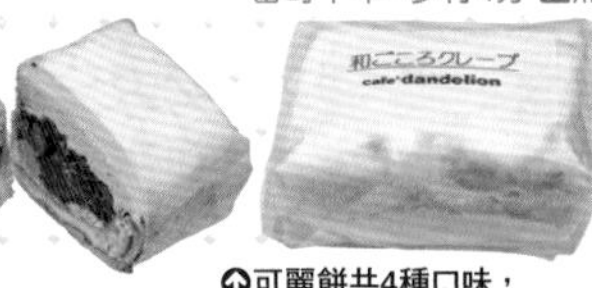

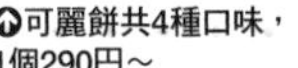
↑可麗餅共4種口味，1個290円～

小歇片刻就來這裡

1 focaccia e vino TETTO

●ふぉかっちゃえびのてっと

店內大量使用木質裝潢，共12席座位的義大利餐廳。使用每天早上出爐的佛卡夏做的三明治是午餐的好選擇。晚上則能吃到正統義大利料理。

MAP 附錄②P.13 C-4

☎025-378-1320
營11:00～21:00(午餐～15:00，週日～15:00) 休週四、第3週五 所新潟市中央区古町通4番町647 交JR新潟站搭巴士往古町方向8分，古町下車，步行3分 P無

↑午餐有供應本日佛卡夏三明治800円及甜點

2 @foodelic

●あっとふーでりっく

不論白天、晚上都能滿足各種需求的餐廳酒吧。下酒菜相當受好評，啤酒還可以外帶。

MAP 附錄②P.13 C-4

☎025-226-4141
營11:30～15:00、18:00～翌6:00(L.O.，週六、日、假日為11:30～翌6:00L.O.) 休無休 所新潟市中央区古町通3番町653 交JR新潟站搭巴士往古町方向8分，古町下車，步行3分 P無

↑有種類豐富的下酒菜可搭配各式各樣的酒

3 KEN's BURGER

●けんずばーがー

分量十足的火烤漢堡為最大賣點。使用嚴選的高級牛肉，充滿鮮味，麵包則是使用天然酵母製作。

MAP 附錄②P.13 C-4

☎025-222-5500
營11:00～19:00 休週二（逢假日則翌日休） 所新潟市中央区古町通3番町557-1 交JR新潟站搭巴士往古町方向8分，古町下車，步行8分 P無

↑有古町特製巨無霸漢堡1250円等，選擇豐富

4 Auberge Furumachi

●おーべるじゅふるまち

曾在法國學藝的主廚，使用新潟的海鮮製作出發揮食材本身美味的可口料理。

MAP 附錄②P.13 C-4

☎025-228-5242
營11:00～13:30(14:30打烊)、17:30～20:30(22:00打烊) 休週二、第1週一（逢假日則翌日休） 所新潟市中央区古町通2番町669-2 交JR新潟站搭巴士往古町方向8分，古町下車，步行8分 P2輛

↑午餐2000円～、晚餐5000円～

來杯花草茶消除身體的疲憊

F hana*kiku

●はなきく

所有花草茶皆為獨家調配的茶葉專賣店。也有做成茶包販售，不用擔心買太多喝不完，方便想嘗鮮的人。

↓獨家特調花草茶390円～

↓店面散發溫暖氛圍，不會讓人不敢走進去

☎025-223-7777
MAP 附錄②P.13 C-4
營11:00～19:00(週日、假日～18:00) 休週二 所新潟市中央区古町通2番町532 交JR新潟站搭巴士等經県庁前往曽野木ニュータウン15分，白山公園前下車，步行3分 P無

老闆 菊池展世小姐

可依喜好從約30種茶葉中挑選出適合的加以調配

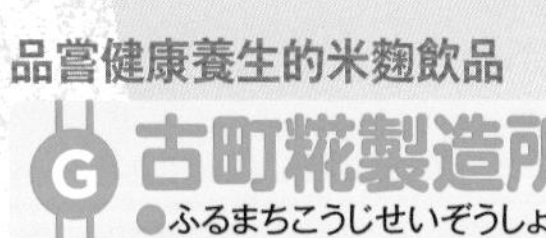
↑新潟土產324円內有2款新潟特調花草茶

品嘗健康養生的米麴飲品

G 古町糀製造所

●ふるまちこうじせいぞうしょ

以現代手法讓日本的傳統食品米麴展現新風貌，並向大眾推廣的米麴專賣店。除了外帶用的米麴飲品，還有販售季節限定的米麴甘酒、化妝品等。

↑米麴飲品 糀(左)350円～為無酒精的米麴甘酒

☎025-228-6570 MAP 附錄②P.13 C-4
營10:00～17:00 休週二 所新潟市中央区古町通2番町533 交JR新潟站搭巴士等經県庁前往曽野木ニュータウン15分，白山公園前下車，步行3分 P無

米麴是養顏美容又健康的日本傳統食品。也有季節限定的口味

工作人員 清野育子小姐

↑經典口味的米麴甘酒864円

↑加了生薑的神社エール1080円

景點 購物

市區魅力探索 3

漫步於古色古香的街道與典雅藝術空間

日和山～白壁通周邊

引人入勝的歷史建築及咖啡廳、藝術景點是日和山、西大畑周邊最大的亮點。若想悠閒地散個步，來這邊準沒錯♪

挑高的店內空間寬敞明亮

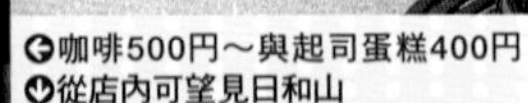

咖啡500円～與起司蛋糕400円
從店內可望見日和山

日和山 MINATOPIA 朱鷺展覽館 萬代橋 新潟站

是這樣的地方！

日和山是一座小山丘，西大畑及旭町則座落著許多日式老宅及古典洋房，隨處都能感受到濃厚的歷史氣息。

白壁通的石板路保留了江戶時代的風情

標高12.3m的日和山視野極佳

START

北前船の時代館前巴士站

搭JR新潟站前出發之新潟市觀光循環巴士28分

步行1分

憑藉北前船致富的港都富商

1 舊小澤家住宅

●きゅうおざわけじゅうたく

江戶時代後期開始從事稻米生意，明治時代靠著船運及石油事業致富的富商小澤家的店鋪兼住宅。透過被指定為新潟市文化財的主屋、倉庫、會客室、廣大的用地等，可一窺昔日的榮景。

025-222-0300 MAP 附錄②P.13 D-1
9:30～17:00 休週一（逢假日則翌日休，有保養維護休館等）¥200円 所新潟市中央区上大川前通12-2733 JR新潟站搭新潟市觀光循環巴士28分，北前船の時代館前下車即到 P3輛

面積達約1600㎡的庭園也值得一看
古典的建築樣式與街景融為一體

步行1分

散步途中來份豆腐甜點吧

2 小森豆腐店

●こもりとうふてん

豆乳霜淇淋小支100円～

位於下本町商店街的豆腐店。買支使用大量豆乳製作、不會過甜的霜淇淋邊散步邊吃，可說是一大享受，而且能確實品嘗到豆腐的風味，千萬別錯過。

025-210-2113 MAP 附錄②P.13 D-1
10:00～18:00 休週日 所新潟市中央区本町通12番町2746-1 JR新潟站搭新潟市觀光循環巴士28分，北前船の時代館前下車即到 P無

步行6分

可享受日和山樂趣的時尚咖啡廳

3 日和山五合目 hiyoriyama coffee

●ひよりやまごごうめひよりやまこーひー

獲得日本遺產的構成文化財之認定，位在日和山山腰的咖啡廳。店內也有提供周邊的觀光資訊，邊享用手沖咖啡及甜點，邊規劃接下來的行程也是不錯的選擇。

非公開 MAP 附錄②P.13 D-1
週五、六、日之11:00～17:00(L.O.16:00) 休週一～四 所新潟市中央区東堀通13番町2962-1 JR新潟站搭新潟市觀光循環巴士28分，北前船の時代館前下車，步行5分 P8輛

步行9分

除了藝術還可體驗眾多樂趣

4 新潟市美術館

●にいがたしびじゅつかん

收藏了從畢卡索、草間彌生等巨匠到新潟市出身的藝術家等，近現代的傑出作品。建築本身出自建築師前川國男之手，在裡面逛起來很舒服。

025-223-1622 MAP 附錄②P.13 C-1
9:30～18:00（2、3月為～17:00，售票至閉館30分前）休週一、布展撤展期間 ¥館藏展200円，企畫展視各展覽而異 所新潟市中央区西大畑町5191-9 JR新潟站搭巴士往古町方向8分，古町下車，步行12分 P46輛

美術館商店獨家手拭巾1080円

獨家設計的紙膠帶各410円
會舉辦各種館藏展及企畫展

小歇片刻就來這裡

こかげカフェ L'ombrage

●こかげかふぇろんぶらーじゅ

這間咖啡廳位在美術館內，使用新潟縣產麵粉與天然酵母製作的貝果是人氣美食。

麥粉＋無花果356円及麵粉＋核桃280円

吧檯座可欣賞公園景色。也可外帶

050-3590-4402
休準同美術館(L.O.為閉館前1小時)

8 買伴手禮來這裡準沒錯
Cafe Konditorei Hiro Kranz
●カフェ コンディトライ ヒロクランツ

步行1分

⊙店面位在以前異人池所在之地

販售曾在德國、奧地利習藝的老闆親手製作的傳統歐式糕點，以及使用當令水果做的甜點。也有許多融合了在地食材的商品。

☎025-225-1692 MAP 附錄②P.13 C-2

營10:00～19:00 休週二 所新潟市中央区西大畑町615-17 交JR新潟站搭巴士往信濃町10分，西大畑下車即到 P1輛

⊙どっぺり坂餅乾129円很適合當作伴手禮◎

⊙越後姬草莓蛋糕432円為冬～春的限定商品

⊙使用生Le Lectier西洋梨製作的蛋糕432円為秋～冬限定

步行1分

9 寧靜典雅的氣氛別具魅力
新潟天主教會
●かとりっくにいがたきょうかい

⊙教會創立於明治時代初期，相當有歷史

這棟昭和2（1927）年落成的木造建築，由瑞士建築師所設計，融合了日本與西洋元素，造型相當迷人，還有精美的花窗玻璃。

☎025-222-5024 MAP 附錄②P.13 C-2

⊙超過80年歷史，目前仍在使用的管風琴也很有看頭

營9:00～18:00(彌撒時間除外) 休無休 ¥免費 所新潟市中央区東大畑通1番町656 交JR新潟站搭新潟市觀光循環巴士30分，北方文化博物館新潟分館前（入口）下車即到 P30輛(費用為捐獻)

步行12分

10 極盡奢華的外國人迎賓館
新津紀念館
●にいつきねんかん

⊙被指定為國家登錄有形文化財

這棟富麗堂皇的洋房建於昭和13（1938）年，是新津恒吉在自宅內所打造，用來招待外國賓客的迎賓館，可入內參觀。

☎025-228-5050 MAP 附錄②P.13 B-4

營4月上旬～11月下旬、10:00～15:40(16:00閉館) 休週一(逢假日則翌日休)、布展撤展期間、8月13日 ¥全票800円，中小學生400円 所新潟市中央区旭町通1番町754-34 交JR新潟站搭新潟市觀光循環巴士10分，新津記念館前下車即到 P4輛

⊙「英國廳」為17世紀的雅各賓樣式

步行1分

GOAL 新津記念館前巴士站

⊙舊制高中的及格分數為階梯數再加1的60分以上

7 散發異國風情的都會角落
どっぺり坂
●どっぺりざか

步行6分

「どっぺり坂」這個地名是從德文的「doppeln」（兩次之意）一字而來。這個有59級階梯的坡道上方為學生宿舍，據說是為了告誡學生不要貪玩，以免考試不及格而留級（得念兩次），所以取了這個名稱。

MAP 附錄②P.13 B-2

營自由參觀 所新潟市中央区西大畑町591-1 交JR新潟站搭巴士往信濃町10分，西大畑下車即到 P無

6 造訪著名庭園沉澱心靈
國家指定名勝
舊齋藤家別邸
●くにしていめいしょうきゅうさいとうけべってい

舊齋藤家別邸為富商第4代齋藤喜十郎於大正7（1918）年所興建的別墅，是近代和風建築的傑作。利用沙丘地形打造的迴遊式庭園，有瀑布、流水等精心設計的景觀，四季各有不同之美。

☎025-210-8350 MAP 附錄②P.13 C-2

營9:30～18:00(10～3月為～17:00) 休週一(逢假日則翌日休) ¥300円 所新潟市中央区西大畑町576 交JR新潟站搭新潟市觀光循環巴士30分，北方文化博物館新潟分館前（入口）下車即到 P無

⊙各處皆使用高級木材建造，非常氣派 ⊙訴說了新潟往日榮華的國家指定名勝。內部也可參觀

步行1分

⊙被選為國家登錄有形文化財的行形亭
⊙白牆、黑圍籬與青翠樹木相映成趣

5 鋪成了石板路更添古典雅致韻味
白壁通
●しらかべどおり

步行5分

白壁通為舊齋藤家別邸與懷石料理餐廳行形亭所在的道路。江戶時代這裡是宅邸及監獄聚集之地，一路綿延的白牆與石板路讓人感覺像是回到了當時。

MAP 附錄②P.13 C-2

營自由參觀 所新潟市中央区西大畑町 交JR新潟站搭新潟市觀光循環巴士30分，北方文化博物館新潟分館前（入口）下車即到 P無

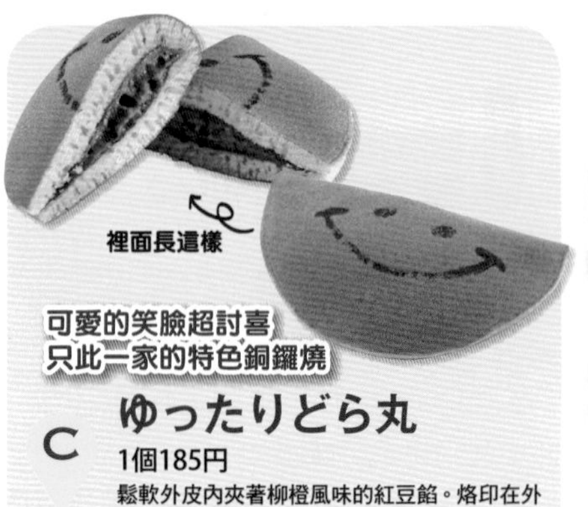

C **ゆったりどら丸**
1個185円
鬆軟外皮內夾著柳橙風味的紅豆餡。烙印在外皮上的笑臉很可愛

把新潟的好味道全都帶回家！
精選伴手禮看過來 in 新潟市區

有美食寶庫之稱的新潟市區，有五花八門的美味伴手禮。以下就精心選出了人氣歷久不衰的在地和菓子、現在當紅的新商品等14款最強伴手禮！

其他地區的伴手禮資訊

越後湯澤·魚沼·十日町 ▶ P.67
燕三條·彌彥·寺泊 ▶ P.78
長岡·柏崎 ▶ P.92
上越·妙高·糸魚川 ▶ P.103
月岡溫泉·阿賀野川 ▶ P.112
村上·瀨波溫泉·笹川流 ▶ P.122
佐渡 ▶ P.139

B **新潟果樹園**
各345円
果凍中放了新潟特產Le Lectier西洋梨及番茄、水蜜桃等果實，美味又爽口

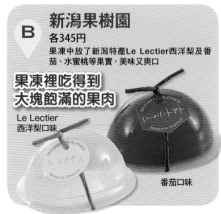

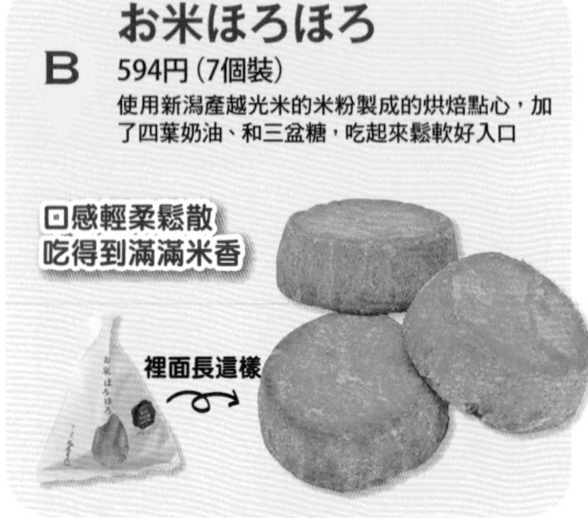

B **お米ほろほろ**
594円（7個裝）
使用新潟產越光米的米粉製成的烘焙點心，加了四葉奶油、和三盆糖，吃起來鬆軟好入口

A **Sweets布丁**
各356円
使用新鮮雞蛋製成，還加了膠原蛋白。有芒果、雪下紅蘿蔔等8～9種口味

D **飯糰造型禮盒餅乾5片組**
1080円（5片裝）
使用新潟產越光米做成的餅乾，有芝麻鹽、梅子紫蘇、生薑香草等5種口味

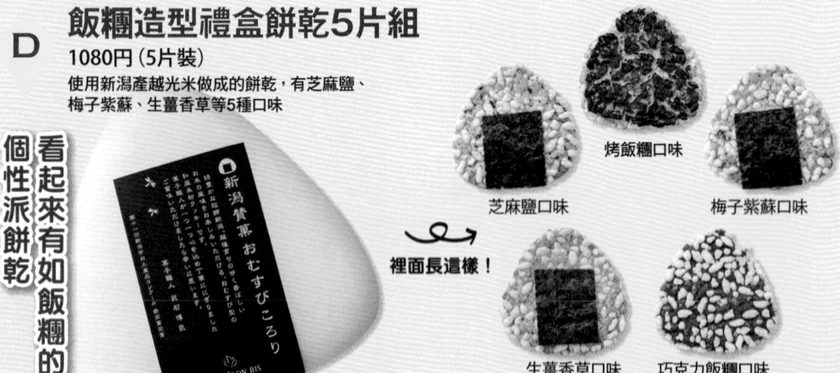
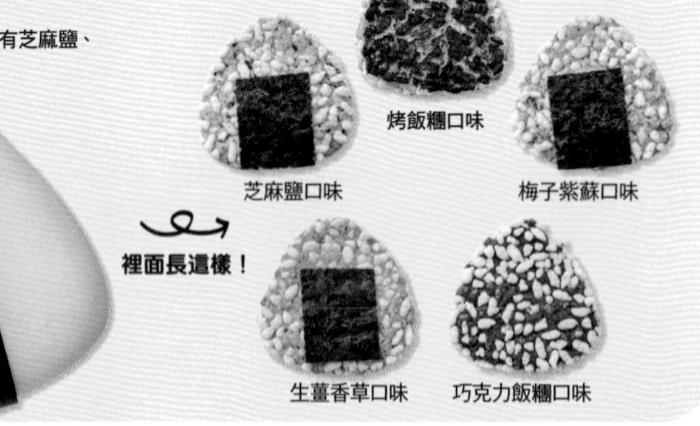

C 越後獅子のさかたや CoCoLo本館店
新潟站
●えちごじしのさかたやこころほんかんてん

販售竹葉糰子等各種越後在地和菓子的店鋪。季節限定的和菓子及糯米飯也深受好評。

☎025-243-7251（CoCoLo新潟 本館）
MAP 附錄②P.12 G-5
🕘9:00～20:30 休無休 所新潟市中央區花園1-1-1 CoCoLo新潟 本館 交直通JR新潟站 P826輛

B 丸屋本店 CoCoLo本館店
新潟站
●まるやほんてんこころほんかんてん

販售與新潟農家合作推出的「農人甜點」等，運用新潟豐沛的物產製作出的糕點。

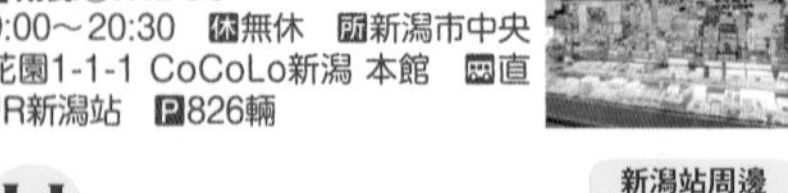

☎025-243-7251（CoCoLo新潟 本館）
MAP 附錄②P.12 G-5
🕘9:00～20:30 休無休 所新潟市中央區花園1-1-1 CoCoLo新潟 本館 交直通JR新潟站 P826輛

A たまごスイーツカフェ 中条たまご直売店
新潟市郊外
●たまごすい一つかふぇなかじょうたまごちょくばいてん

養雞場所經營的甜點店，提供使用剛產下的葉酸蛋製成的布丁及蛋糕等。

☎025-257-1105
MAP 附錄②P.15 C-6
🕘10:00～18:00 休無休 所新潟市中央區長潟新田前1205-2 交JR新潟站車程12分 P25輛

I 河川蒸気本舗
新潟站
●かせんじょうきほんぽ

販售以明治至昭和時代初期，活躍於河道上的蒸氣船為靈感製作的糕點，並堅持使用北海道產紅豆。

☎025-243-7250（CoCoLo新潟 本館）
MAP 附錄②P.12 G-5
🕘9:00～20:30 休無休 所新潟市中央區花園1-1-1 CoCoLo新潟 本館 交直通JR新潟站 P826輛

H NIIGATA COFFEE DONYA BAY STANDARD
新潟站周邊
●にいがたこ一ひ一どんやべいすたんだ一ど

從事咖啡豆批發50餘年的鈴木コーヒー的直營店。店內隨時準備了約60種咖啡豆供顧客選購。

☎025-244-7500 MAP 附錄②P.12 G-3
🕘10:00～18:30（1～3月之平日為～18:00）休不定休 所新潟市中央区万代島2-8 ピアBandai內 交JR新潟站搭巴士往松濱10分，宮浦中学前下車，步行3分 P141輛

G Un Lemieux 駅南店
新潟站周邊
●あんれみゅ一えきみなみてん

車站南側一出來就到的蛋糕店。可以買到各種使用縣內產水果做的甜點。

☎025-290-5656
MAP 附錄②P.12 G-6
🕘10:00～19:30 休無休 所新潟市中央区米山1-6-1 交JR新潟站即到 P7輛

長岡藩主也愛吃的日本三大和菓子之一

裡面長這樣！

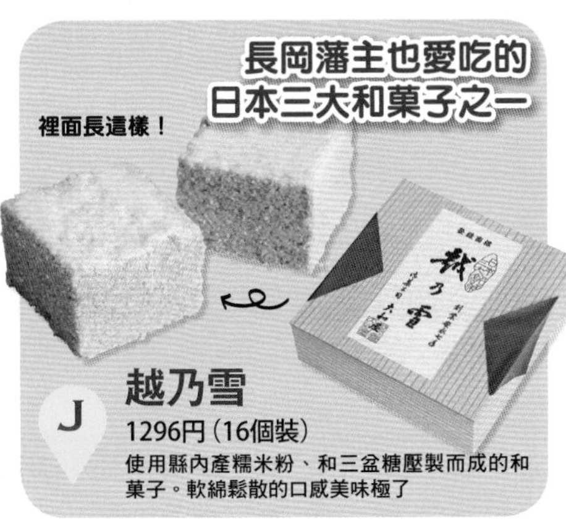

J

越乃雪

1296円（16個裝）

使用縣內產糯米粉、和三盆糖壓製而成的和菓子。軟綿鬆散的口感美味極了

G

新潟迷你瑞士捲

各238円

除了米粉，連抹茶、奶油也是縣內產的人氣商品。有芝麻、草莓、抹茶、咖啡、巧克力等5種口味

堅持使用縣內產食材 外型可愛的米粉點心

灑上了芳香黃豆粉 樸實可口的點心

E

貴福餅

1個170円

以麻糬包住紅豆餡，再灑上黃豆粉的和菓子。畫有山茶花圖案的外包裝也很受好評

堪稱白飯最佳拍檔的老店極品美食

K

茶泡飯用鮭魚碎肉

1350円（100g）

最適合用來做茶泡飯或飯糰的鮭魚碎肉。100g一袋的分量不用擔心吃不完

H

雪室咖啡

648円（共5杯分）

在天然雪做成的雪室中熟成，減少了雜味及苦味的咖啡。共有4款

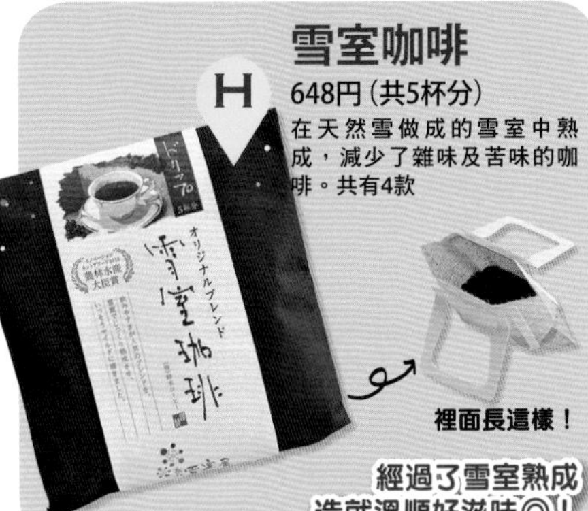

裡面長這樣！

經過了雪室熟成 造就溫順好滋味◎！

F

復刻釀造 越後味噌

300g486円

遵循越後味噌傳統製法做成的紅味噌。使用蒸過的黃豆釀製，因而帶有濃郁的大豆鮮味

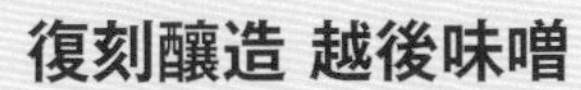

大豆滋味香醇濃郁 越後味噌的原點！

L

桃太郎長崎蛋糕

864円

新潟故鄉村限定＆人氣第一的商品！

在長崎蛋糕上重現了在地冰棒「桃太郎」的口味。放在冷凍庫冰過再吃也很棒

鬆軟可口的外皮與獨家特製奶油超對味！

I

河川蒸氣

918円（5個裝）

長年以來深受喜愛的經典伴手禮。黑糖口味的長崎蛋糕外皮中間夾著紅豆奶油

有多種口味可挑選 超人氣的豆菓子

F

豆菓子

388円

以獨家創意為傳統的豆菓子增添變化。除了自製味噌，還有Le Lectier西洋梨、新潟醬汁豬排等各種口味

新潟站周邊

F 峰村釀造

● みねむらじょうぞう

明治38（1905）年創業的味噌釀造所，販售運用發酵技術製作出的各種商品。味噌冰淇淋430円也很受歡迎。

025-250-5280 MAP 附錄② P.12 H-4

10:00～17:00（週六、日、假日為～18:00） 休無休（咖啡廳週二休） 所新潟市中央区明石2-3-44 JR新潟站步行10分 P8輛

新潟市郊外

E 御菓子司 貴餅

● おかしつかさきへい

店裡賣的和菓子全是由職人手工製作。使用北海道十勝產大納言紅豆、新潟產糯米等嚴選素材。

025-260-0240

MAP 附錄② P.15 A-6

9:30～19:00 休週一（逢假日則翌日休） 所新潟市西区坂井東2-13-18 JR寺尾站步行10分 P13輛

新潟市郊外

D LE POELON BIS

● ル・ポワロン・ビス

曾在法國學藝的第3代老闆所經營的西點店，販售完全不使用防腐劑、添加物，安全又安心的商品。

025-372-2674

MAP 附錄② P.9 C-5

9:30～19:30 休週三、週二不定休 所新潟市南区白根1245-1 JR新津站搭巴士往潟東營業所30分，古川宮前下車，步行5分 P10輛

新潟市郊外

L 公路休息站 新潟ふるさと村

● みちのえきにいがたふるさとむら

人氣、規模在縣內皆是數一數二的公路休息站。「集市館」的賣場空間寬敞，販售新潟特產的海鮮等商品。

025-230-3000（集市館）

MAP 附錄② P.15 B-6

集市館9:30～17:30（夏季會延長） 休無休 所新潟市西区山田2307 JR新潟站車程15分 P400輛

新潟站周邊

K 加島屋

● かしまや

全國各地都有分店的瓶裝製品老店。能買到醬油醃鮭魚卵、茶泡飯用鮭魚碎肉等五花八門的鮭魚商品。

0120-00-5050

MAP 附錄② P.13 D-3

9:30～19:00 休週日不定休 所新潟市中央区東堀前通8番町1367 JR新潟站搭巴士往古町方面8分，古町下車，步行3分 P12輛

新潟站

J 大和屋 CoCoLo本館店

● やまとやこころほんかんてん

總店位於長岡的老店，江戶時代獻給長岡藩主，獲賜「越乃雪」之名的和菓子為招牌商品。

025-243-7250（CoCoLo新潟 本館）

MAP 附錄② P.12 G-5

9:00～20:30 休無休 所新潟市中央区花園1-1-1 CoCoLo新潟 本館 直通JR新潟站 P826輛

這些地方也別錯過！

吃喝玩樂各種需求都能滿足

新潟站・萬代城

●にいがたえき・ばんだいしてぃ

MAP 附錄②P.12

區域導覽

ACCESS

巴士：新潟站 —新潟交通巴士— 萬代城　所需時間／5分

開車：新潟中央IC —16—1— 新潟站　所需時間／10分

詢問處 ☎025-223-8181（新潟觀光會議協會）

萬代島　MAP附錄②P.12 G-3

旅行 PICK UP

ピアBandai

●ぴあばんだい

☎025-249-2560（万代にぎわい創造）　購物

來自新潟各地的特產、美食齊聚一堂

集結了米、酒、肉、鮮魚、產地直銷蔬菜等新潟特產的巨大設施，不僅可以選購伴手禮，還有許多餐廳進駐在此。距離萬代橋、朱鷺展覽館也不遠，適合觀光途中順道造訪。

↓由於可以買到新潟各地美食，因此也吸引許多在地人造訪

↑越乃黃金豚 粗絞肉維也納香腸各180g460円

→年份純米酒ゆきびじん2013年釀造純正純米酒720mℓ1728円

↑日曬鹽花枝一夜干2片裝(大)1242円

營休視店鋪而異　所新潟市中央区万代島2　交JR新潟站搭巴士往松浜10分，宮浦中学前下車即到　P141輛

萬代城　MAP附錄②P.12 E-4

新潟市動漫情報館

●にいがたしまんがあにめじょうほうかん

☎025-240-4311　景點

沉浸在流行漫畫的世界裡

新潟是一座與赤塚不二夫、高橋留美子等知名漫畫家都相當有淵源的城市。館內除了有眾多漫畫家筆下人氣角色的體驗型展示，也介紹了漫畫的迷人之處、製作過程。

營11:00～18:30（19:00閉館）、週六、日、假日為10:00～　休無休（布展期間休館）　¥常設展參觀費一般200円　所新潟市中央区八千代2-5-7 萬代城BP2 1F　交JR新潟站步行15分　P無

←拉姆、ウナギイヌ等大家耳熟能詳的動漫角色在此迎接遊客到來

萬代島　MAP附錄②P.12 F-2

Befco ばかうけ展望室

●べふこばかうけてんぼうしつ

☎025-240-1511　景點

360度欣賞市區景色的絕佳地點

可以從約125m的高度，以超廣角視野眺望新潟市區景觀的展望景點。往北可遠眺新潟西港及粟島，東有五頭連峰，往西則能望見佐渡島等。這裡也是超人氣的夜景勝地。

營8:00～21:30（週五會有變動）　休無休　¥免費　所新潟市中央区万代島5-1 万代島ビル（新潟日航酒店）31F　交JR新潟站搭巴士往佐渡汽船10分，朱鷺メッセ下車即到　P1500輛

←位在新潟市的地標—朱鷺展覽館的31樓

萬代城　MAP附錄②P.12 E-4

萬代橋

●ばんだいばし

☎025-244-2159（新潟国道事務所）　景點

橫跨信濃川的新潟著名地標

建於昭和4（1929）年，以優美的花崗岩與6道圓拱著稱。現在的橋是第3代，為在地民眾日常交通往來的要道。夜晚點亮燈光後可以看到有別於白天的美景。

營自由參觀　所新潟市中央区万代～下大川前通　交JR新潟站步行15分　P無

←被指定為國家重要文化財的歷史建築

新潟站周邊　MAP附錄②P.12 G-5

Teapresso&Slowfood Cafe Audrey

●てぃーぷれっそあんどすろうふーどかふぇおーどりー

☎025-240-0421　美食

提供兼顧健康與美味的料理

氣氛輕鬆無壓力，一個人來也不會感覺不自在的咖啡廳。可在此品嘗以有機栽培及無農藥食材為主，健康養生的料理。此外還有紅茶拿鐵等種類豐富的飲品。

營10:00～18:30（19:00打烊）、週四為10:00～17:30（18:00打烊）　休無休　所新潟市中央区笹口1-1 プラーカ1 2F　交JR新潟站步行5分　P無

←藥膳風烤咖哩900円（飲料套餐1200円～）

新潟站周邊　MAP附錄②P.12 G-5

丸十

●まるじゅう

☎025-243-4561　美食

走進老宅品嘗新潟的鄉土料理

將500年前興建的富豪農家宅邸遷建至此，別具韻味的餐廳，能吃到天然岩牡蠣、花枝、螃蟹、鰻魚、赤鯥等新潟當令美食。另外也提供種類豐富的在地酒，可搭配餐點一同享用。

營11:30～13:30、17:00～22:00（週日只有晚餐時段營業）　休不定休　所新潟市中央区花園1-5-8　交JR新潟站即到　P無

←由於是知名人氣餐廳，建議事先訂位

萬代島　MAP附錄②P.12 F-2

新潟縣立萬代島美術館

●にいがたけんりつばんだいじまびじゅつかん

☎025-290-6655　景點

展示日本國內外的經典藝術作品

這座美術館位在朱鷺展覽館內，是長岡市的新潟縣立近代美術館的分館。每年會舉辦以各種不同領域作品為主題的企畫展，以及館藏展等合計5～6次的展覽。

營10:00～18:00（售票為～17:30）　休¥視展覽會而異　所新潟市中央区万代島5-1 朱鷺メッセ内 万代島ビル5F　交JR新潟站搭巴士往佐渡汽船15分，朱鷺メッセ下車即到　P1800輛

←與本館共有的美術品約有6000件之多

萬代城 MAP附錄②P.12 F-4

caffèitalia

●かふぇいたりあ
✆025-243-5885 美食

華麗的玫瑰狀冰淇淋不可錯過

使用講究的橄欖油及嚴選食材製作義大利料理的餐廳。玫瑰造型的義式冰淇淋也很有名，還曾在全國義式冰淇淋大賽獲獎。吃起來口味柔順，並帶有高雅香氣。

L 11:00～20:00（週日為～18:00） 休 週一（逢假日則翌日休） 所 新潟市中央区万代1-1-25 ヴェルドミール万代1F 交 JR新潟站步行8分 P 無

⬆店內裝潢以白色為基調，別忘了欣賞店員裝冰淇淋的高超技巧

➡Le Lectier西洋梨（小）360円～吃得到來自農家果實的美味～

新潟站周邊 MAP附錄②P.12 G-6

foods bar sasaki music+

●ふーずばーささきみゅーじっくぷらす
✆025-248-8455 美食

可以用餐的成熟路線酒吧

沉穩寧靜風格的酒吧，能在此享用以在地食材製作的創意料理。使用每天進貨的新鮮蔬菜、海鮮烹調的各式餐點，深受女性顧客好評。

L 11:30～14:00（14:30打烊）、18:00～21:00、酒吧時段21:00～23:30（24:00打烊） 休 週日 所 新潟市中央区笹口1-2 プラーカ2 1F 交 JR新潟站步行5分 P 無

⬅宴會方案4000円的參考範例

萬代城 MAP附錄②P.12 F-4

SUN Set Café Dining

●さんせっとかふぇだいにんぐ
✆025-249-6533 美食

軟綿可口的鬆餅超誘人

位在萬代的購物區域的咖啡廳。放了大量水果、吃起來鬆軟綿柔的水果鬆餅為招牌美食。可以吃到滿滿蔬菜的義大利麵盤也很受歡迎。

L 11:00～23:00（23:30打烊、午餐為～17:30） 休 第2、3週三 所 新潟市中央区万代1-1-22 交 JR新潟站步行7分 P 無

⬅水果鬆餅780円，與朋友分著吃也不錯

萬代城 MAP附錄②P.12 F-4

Quatre-Vingts

●きゃとるゔぁん
✆025-255-0080 美食

在輕鬆氣氛中享用正統法國料理

可以輕鬆自在地品嘗使用嚴選食材精心製作的法國料理，因此深受好評，也有許多來自外縣市的顧客回訪。價格實惠的午餐也值得一試。

L 11:30～14:00（L.O.）、18:00～21:00（L.O.） 休 週三 所 新潟市中央区万代1-2-21 ロンドベル万代1F 交 JR新潟站步行7分 P 無

⬅主菜有魚料理與肉類料理的午餐全餐3888円

新潟站周邊 MAP附錄②P.12 E-6

ロシアチョコレートのマツヤ

✆025-244-0255 購物

試試看來自俄羅斯的好滋味

日本少有的俄羅斯巧克力專賣店。販售以巧克力包著俄羅斯人愛用的俄羅斯風奶油、堅果類、果乾等各種內餡製作而成，平常難得一見的點心，買來當伴手禮也不錯。

L 9:00～18:00 休 週日、一（週一為假日時營業） 所 新潟市中央区幸西1-2-6 交 JR新潟站步行15分 P 3輛

➡俄羅斯娃娃糖果盒1382円

⬇門口的俄文招牌很吸睛

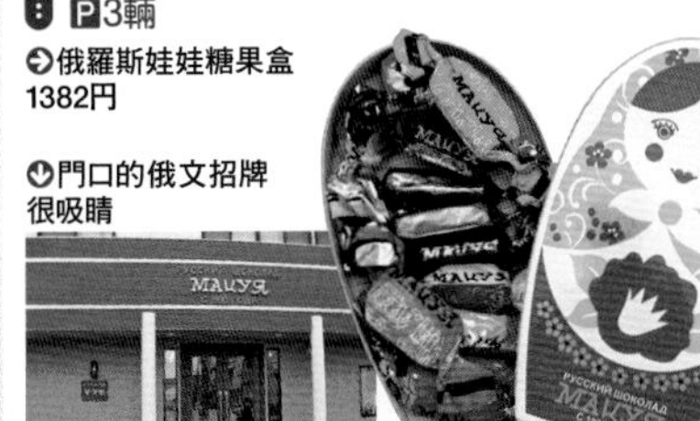

萬代城 MAP附錄②P.12 F-4

GIVE ME CHOCOLATE

●ぎぶみーちょこれーと
✆025-385-6303 美食

可以吃甜點也可以喝酒的咖啡廳

寧靜舒適、散發時尚氣息的咖啡廳&餐廳。口感濕潤鬆軟的鬆餅是招牌美食。除了甜點，還有各種可以吃正餐的料理，晚上還能喝酒。

L 11:00～22:00（餐點L.O.21:00、飲料L.O.21:30） 休 週一（逢假日則翌日休） 所 新潟市中央区万代1-2-3 交 JR新潟站步行7分 P 無

⬅楓糖奶油鬆餅850円
⬇店面使用了大量木質元素，充滿時尚感

採訪memo LoveLa萬代等大型商業設施林立的「萬代城」自2019年4月起進行整修至2021年度，其間將一步步展現出有別過去的新面貌。

西海岸 MAP附錄②P.13 A-3

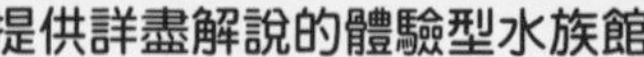

新潟市水族館 瑪淋匹亞日本海

●にいがたしすいぞくかんまりんぴあにほんかい

✆025-222-7500 玩樂

提供詳盡解說的體驗型水族館

日本海沿岸規模數一數二的水族館。館內規劃了表演、解說等可以開心學習知識的活動，每天都有深受遊客喜愛的「海豚表演」。戶外還有重現了里山風景的「新潟原野」。

🅛9:00～16:30（17:00閉館，夏季有延長）
休3月的第1週四、五 ¥1500円 所新潟市中央區西船見町5932-445 交JR新潟站搭巴士往水族館前20分，終點站下車即到 P750輛

還可以觀察企鵝的住處

企鵝海岸

遊客可在此認識漢波德企鵝的生態、身體構造、棲息環境等，冬～春季還規劃了企鵝散步道。

解說時間
🅛11:30、13:30

超人氣的海豚表演

海豚表演館

每次表演最多有5名觀眾有機會從舞台上觀察海豚。冬天在海豚室內池進行表演。

表演時間
平日、週六／🅛11:00、12:30、14:00、15:30
週日、假日／🅛10:30、11:30、13:00、14:00、15:30

日本海大水槽

打造了可由下方觀察魚群的海中隧道。

解說時間
平日、週六／🅛13:45
週日、假日／🅛10:00、13:45

感覺就像走入了海底世界

近距離觀察巨大北海獅的生態

海洋探險

可以邊看動物進食的模樣，邊聽取解說。

解說時間
平日、週六／🅛10:30、14:30
週日、假日／🅛11:00、14:30

昔日的銀行建築 搖身一變成為餐廳

CLOSE UP

由葡萄酒莊直營，將昭和時代初期的西式建築遷建至此經營的餐廳。座落於信濃川畔，位置絕佳，可在充滿古典氣氛的店內邊欣賞出航的渡輪，邊享用餐廳自家的葡萄酒搭配料理。

◎從這裡可以看見港口，晚上的夜景也很壯觀 ◎除了午餐、晚餐的全餐料理，也提供宴會方案

Porto Cave d' Occi MAP附錄②P.12 F-1
✆025-227-7070 🅛11:30～21:00
休週一 所新潟市中央区柳島町2-10 交JR新潟站車程10分 P73輛

古町 MAP附錄②P.13 D-3

新潟市漫畫之家

●にいがたしまんがのいえ

✆025-201-8923 景點

與波多利郎、奇面組在此相會

館內有赤塚不二夫、魔夜峰央、新澤基榮、遠藤幸一等漫畫家的專區，展示了人氣角色的公仔、原稿等。並有漫畫製作體驗，隨時都可參加。

🅛11:00～19:00 休週三（逢假日時則翌平日休）
¥免費 所新潟市中央区古町通6番町971-7
交JR新潟站搭巴士往古町方面8分，古町下車即到
P無

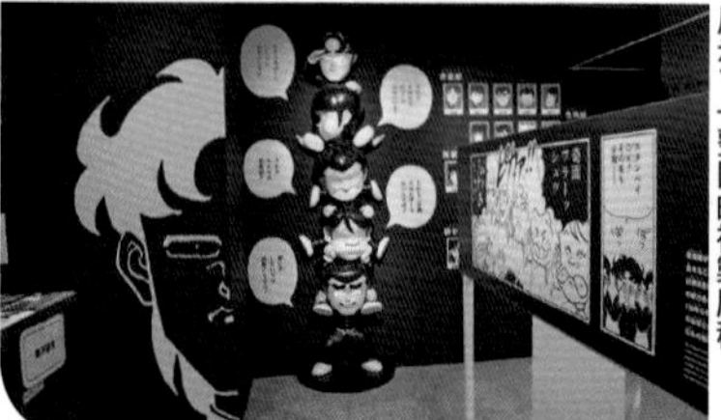

◎奇面組以疊羅漢的方式迎接遊客來到新澤基榮專區。這裡展示了一整回的複製原稿

這些地方也別錯過！

往昔魅力在今日仍風韻猶存

古町・本町・西海岸

●ふるまち・ほんちょう・にしかいがん

MAP 附錄②P.12・13

區域導覽

ACCESS

巴士
新潟站
新潟交通巴士
古町
所需時間／8分
開車
新潟中央IC
16
116
古町
所需時間／15分

詢問處 ✆025-223-8181（新潟觀光會議協會）

古町 MAP附錄②P.13 C-5

新潟縣政紀念館

●にいがたけんせいきねんかん

✆025-228-3607 景點

新潟代表性的西洋風建築

這棟木造、灰泥牆的洋風建築，是唯一現存的明治時代初期的縣議會議事堂，明治16（1883）年至昭和7（1932）年都是在此審議縣政。目前已被指定為國家重要文化財。

🅛9:00～16:30 休週一、1、2月的週二 ¥免費
所新潟市中央区一番堀通町3-3 交JR新潟站搭巴士經由県庁前往曽野木ニュータウン等12分，白山公園前下車即到 P5輛

◎重現當時場景的議場為交織了日本傳統與西洋風格的建築樣式

湊町通周邊 MAP附錄②P.12 F-1

新潟市歷史博物館（MINATOPIA）

●にいがたしれきしはくぶつかんみなとぴあ

✆025-225-6111 景點

認識水都新潟的歷史與文化

位於信濃川畔，仿照第2代市政府興建的本館不僅收藏了珍貴的資料，也透過影像、模型，以淺顯易懂的方式介紹新潟的歷史及文化。

🅛9:30～17:30（10～3月為～16:30，30分後閉館）
休週一（逢假日則翌日休）、假日翌日（週六、日為假日時週二休） ¥常設展300円 所新潟市中央区柳島町2-10 交JR新潟站搭新潟市觀光循環巴士25分，歷史博物館前下車即到 P73輛

◎雍容典雅的本館建築也值得一看

本町 MAP附錄②P.13 D-3

シャモニー本店

●しゃもにーほんてん

025-222-0730 美食

自家烘豆用心帶來好咖啡

使用每天早上自家烘焙的咖啡豆，以虹吸式咖啡壺煮出來的咖啡喝得到獨特的香醇與深邃滋味。生豆是向國外的契作農園採購。店裡也有賣咖啡豆。

營7:00～19:00（假日為10:00～） 休週日 所新潟市中央區上大川前7-1235 交JR新潟站搭巴士往古町方面6分，本町下車即到 P無

糖漿、冰滴咖啡與鮮奶油層層分明的黃金萃取招牌咖啡500円

本町 MAP附錄②P.13 D-3

丼や いし井

●どんやいしい

025-224-0920 美食

將新鮮食材化作美味餐點

位在本町市場內的購物中心的餐廳，提供使用在地食材製作的定食、醬汁豬排蓋飯等餐點。也可以自行在購物中心購買熟食或生魚片，請店家幫忙做成定食（+500円）。

營11:00～17:30（L.O.） 休週四 所新潟市中央區本町通6番町1114-1 青海ショッピングセンター內 交JR新潟站搭巴士往古町方面6分，本町下車，步行5分 P無

著名美食炙烤親子蓋飯750円，有3種口味可選擇

看過來！

在「新潟花街茶屋」欣賞古町藝妓的舞蹈

新潟古町的藝妓文化素負盛名，可與京都的祇園、東京的新橋比肩。新潟在江戶時代是日本海沿岸最大的北前船停靠港口，十分繁榮，當時便是由古町的藝妓款待造訪新潟的外地人。在國家指定名勝 舊齋藤家別邸（→P. 49）可以觀賞傳統的「古町藝妓之舞」。

舉手投足皆美的舞蹈獲得了高度藝術評價

025-223-8181（新潟觀光會議協會）※申請網站（https://www.nvcb.or.jp） 營4～7月、9～12月、14:00～14:50（舉辦日需洽詢） ¥3000円

MAP附錄②P.13 C-2

本町 MAP附錄②P.13 D-3

本町市場

●ほんちょういちば

025-222-7818（露店市場管理事務所） 購物

走進市場感受在地人的日常生活

融合了商店街與露天攤販，帶有古早味的市場，長年來有如新潟市民的廚房般，深受在地人喜愛。市場內無時無刻充滿活力，從新鮮海產、剛採收的農產品到日用品都有，十分好逛。

營8:00～17:00 休無休 所新潟市中央區本町通6 交JR新潟站搭巴士往古町方面6分，本町下車即到 P無

價格相當划算，讓人想大買特買

本町 MAP附錄②P.13 D-3

鈴木鮮魚店

●すずきせんぎょてん

025-228-9675 美食

鮮度一流的海鮮料理備受好評

主要提供佐渡海域捕獲的在地魚的鮮魚專賣店。使用新鮮魚料做成的海鮮蓋飯及生魚片定食為人氣美食，而且價格相當實惠。想大啖新鮮海產的話來這裡準沒錯。

營9:00～16:00 休週一、四 所新潟市中央區本町通6番町1114 青海ショッピングセンター內 交JR白山站車程5分 P無

海鮮蓋飯1080円（午餐），可以一次吃到各種不同的食材

古町 MAP附錄②P.13 D-3

鍋茶屋 光琳

●なべぢゃやこうりん

025-223-2015 美食

品嘗老字號料亭的傳統好滋味

位在老字號料亭「鍋茶屋」的一隅。在這裡能以全餐的形式享用以新鮮的海鮮、當令食材做的鄉土料理。中午6000円～，晚餐則有8000円、10000円、12000円的全餐可選擇。完全預約制。

營12:00～13:00（14:00打烊）、18:00～21:00（22:00打烊），預約制 休週一 所新潟市中央區東堀通8番町1420 交JR新潟站搭巴士往古町方面8分，古町下車，步行3分 P10輛

能吃到使用在地食材製作的鄉土料理全餐

古町 MAP附錄②P.13 D-3

香り小町

●かおりこまち

025-226-7676 購物

用自己喜歡的香氣為旅行留下回憶

新潟市唯一的薰香專賣店，販售各種香、香爐、香碟、線香、香木等約1000款商品。以等待春天來臨的清純花朵為意象的「雪椿」系列獨家商品也很受歡迎。

營10:00～17:30 休不定休 所新潟市中央區古町通6番町974-1 交JR新潟站搭巴士往古町方面8分，古町下車，步行3分 P無

店面給人寧靜典雅的感覺

獨家香包製作組4104円

西海岸 MAP附錄②P.13 A-3

ジェラテリア Popolo

●じぇらてりあぽぽろ

025-223-6676 美食

遠近馳名的義式冰淇淋專賣店

位在瑪淋匹亞日本海旁的義式冰淇淋專賣店，使用北海道直送牛乳、當令食材手工製作的義式冰淇淋十分受歡迎。除了常態供應的12種口味外，還有每日替換及季節限定的口味。

營10:00～天黑 休無休 所新潟市中央區水道町1-5939-37 交JR新潟站搭巴士往水族館前20分，終點站下車即到 P40輛

義式冰淇淋單一口味各330円

上古町商店街 MAP附錄②P.13 C-4

むすびや百

●むすびやもも

070-5567-7870 美食

提供芳香又健康的糙米佳餚

這家飯糰專賣店使用的是在土鍋上放重石，加壓炊煮出來的米飯。除了一般常見的口味，還有河豚卵巢拌飯等特殊的配料。

營12:00～17:00 休週一、二 所新潟市中央區古町通3番町556 交JR新潟站搭巴士往古町方面8分，古町下車，步行5分 P無

有2個飯糰、4種配菜或醃漬物、味噌湯的終日定食850円

採訪memo 「明治時代創業的餐廳搖身一變成為飯店」老字號飯店「義大利軒飯店」（→P.149）的前身是明治7（1874）年創業的餐廳，據說為日本現存最古老的西餐廳。飯店內充滿了優雅的古典風情。在餐廳則能品嘗到自創業之初傳承至今的西餐。

這些地方也別錯過！

探索大自然之美與新潟歷史

新潟市郊外

●にいがたしこうがい

MAP 附錄②P.8・9・15

區域導覽

ACCESS

巴士：新潟站 — 新潟交通巴士 — 新潟故鄉村（所需時間／36分）

開車：新潟西IC — 116 — 8 — 新潟故鄉村（所需時間／5分）

詢問處 ☎025-223-8181（新潟觀光會議協會）

旅行 PICK UP

豐榮 MAP附錄②P.8 E-3

水之公園 福島潟

●みずのこうえんふくしまがた

☎025-387-1491（水の駅「ビュー福島潟」）

景點

新潟美麗的自然風光盡收眼底

福島潟是最能代表新潟自然之美的一座潟湖。除了有冬季的候鳥寒林豆雁、天鵝、鴨子棲息，還可看到芡等稀有植物的蹤跡。人與自然一同孕育的文化在此展現了生命力。

從隔壁的View福島潟可以眺望湖沼與越後平原

被選為「日本百大自然景觀」的風景名勝

這裡是日本最大的寒林豆雁越冬之地

水の駅「ビュー福島潟」9:00～16:30（17:00閉館） 休週一（逢假日則翌日休） ¥成人400円、小學、國、高中200円 所新潟市北区前新田乙493 JR豊栄站步行30分 P120輛

新津 MAP附錄②P.9 D-5

新潟市新津美術館

●にいがたしにいつびじゅつかん

☎0250-25-1300

景點

主題多元的企畫展為一大特色

位在花と遺跡のふるさと公園內的美術館，可在此看到近現代繪畫、工藝、當代美術、攝影、繪本原稿到動漫畫等，各種不同主題的展覽。

10:00～16:30（17:00閉館） 休週一（逢假日則翌日休）、布展撤期間 ¥視展覽不同而異 所新潟市秋葉区蒲ヶ沢109-1 JR新津站搭經由矢代田的巴士往白根・潟東12分，新津美術館入口下車，步行5分 P250輛

除了企畫展，還會舉辦音樂會、美術講座等活動

新津 MAP附錄②P.9 D-5

新潟縣立植物園

●にいがたけんりつしょくぶつえん

☎0250-24-6465

景點

一年四季都有看頭的植物園

熱帶植物園頂溫室種植了約550種、4000株植物，此外還有日本最大規模的石楠花園、杜鵑花園、香草園等，可以邊散步邊觀賞四季花卉。

9:30～16:00（16:30閉館） 休週一（逢假日則翌日休） ¥免費入園（溫室收費600円） 所新潟市秋葉区金津186 JR古津站步行25分 P310輛

位在花と遺跡のふるさと公園內

女池 MAP附錄②P.15 C-6

新潟縣立自然科學館

●にいがたけんりつしぜんかがくかん

☎025-283-3331

景點

可以看、觸摸、體驗的科學館

分為自然科學、生活科學等4個領域，並有許多體驗型展示，可以在遊戲中學習科學知識，天象儀及恐龍劇場也很有人氣。全年會舉辦各式各樣的活動。

9:30～16:30（週六、日、假日、夏季為～17:00） 休週一 ¥570円（天文館設施780円） 所新潟市中央区女池南3-1-1 JR新潟站車程15分 P250輛

館內展示了1尺寸的太陽系模型5000萬分之

景點

走訪昔日富豪的宅邸

以紅葉聞名的庭園也美不勝收

中野邸紀念館

●なかのていきねんかん

☎0250-25-1000

MAP附錄②P.9 D-5

後人捐獻石油王中野貫一、忠太郎父子建造的宅邸、庭園與美術品打造而成的紀念館。蒐集了各種稀有樹木及名石的泉惠園也不可錯過。

除了館內的展示品，美麗的庭園也很有看頭

9月為9:30～16:30（17:00閉館）、10、11月為9:00～ 休期間中週三（10月最後週三和11月無休） ¥1000円 所新潟市秋葉区金津598 JR新津站搭巴士往金津25分，金津下車即到 P35輛

重要文化財的宅邸

舊笹川家住宅

●きゅうささがわけじゅうたく

☎025-372-3006

MAP附錄②P.9 C-4

當地人暱稱為「笹川邸」，是延續了14代、超過300年的名門的舊宅邸。過去曾全力投入治水事業等達9代之久，對當地貢獻良多。

可一窺名門往昔的奢華生活

9:00～16:10（17:00閉館） 休週一（逢假日則翌日休）、假日的隔天 ¥500円 所新潟市南区味方216 JR新潟站搭巴士往青山25分，在青山轉搭往味方・月潟40分，笹川邸入口下車，步行3分 P20輛

見識極盡奢華的舊時豪宅

豪農之館 北方文化博物館(伊藤邸)

●ごうのうのやかたほっぽうぶんかはくぶつかんいとうてい

☎025-385-2001

MAP附錄②P.9 D-4

這座博物館介紹了過去新潟數一數二的富農，也是大地主的伊藤家的歷史與地方文化。宴會廳有50坪之大，從這裡望出去的庭園景色令人讚嘆。

和室南側的景色更是一絕

9:00～17:00（12～3月為～16:30） 休無休 ¥800円 所新潟市江南区沢海2-15-25 JR新潟站搭經由沢海的巴士往新潟15分，上沢海博物館下車，步行3分 P200輛

CLOSE UP

把握難得機會 接觸各種鐵道資料

新津地區因位於鐵路交通的要衝，而有「鐵道之都」的稱號。館內展示了200系、E4系的新幹線及SLC57形機、485系電車等7輛列車的實物。4～10月的週六、日、假日會行駛D51形的迷你蒸汽火車。也有鐵道模擬器。

館內實際展示了新幹線與蒸汽火車

新潟市新津鐵道資料館

●にいがたしにいつてつどうしりょうかん

MAP附錄②P.9 D-4

☎0250-24-5700 9:30～16:30（17:00閉館） 休週二（逢假日則翌日休） ¥300円（週六、日、假日國中以下免費） 所新潟市秋葉区新津東町2-5-6 JR新津站搭經由沢海的巴士往新潟站前・萬代城5分，新津工業高校前下車即到 P100輛

古津 MAP附錄②P.9 D-5

酒井商店

さかいしょうてん

0250-22-7675 購物

還有別的地方買不到的酒

提供品項琳瑯滿目的日本酒，從新潟在地酒到各種獨家商品都有，選擇非常豐富。「酒酒ポポ酒ポポ」3100円為特別訂製的蒸汽火車造型酒瓶，受到全日本的鐵道迷喜愛。

L7:00～21:00 休無休 所新潟市秋葉區朝日121-1 JR古津站步行5分 P12輛

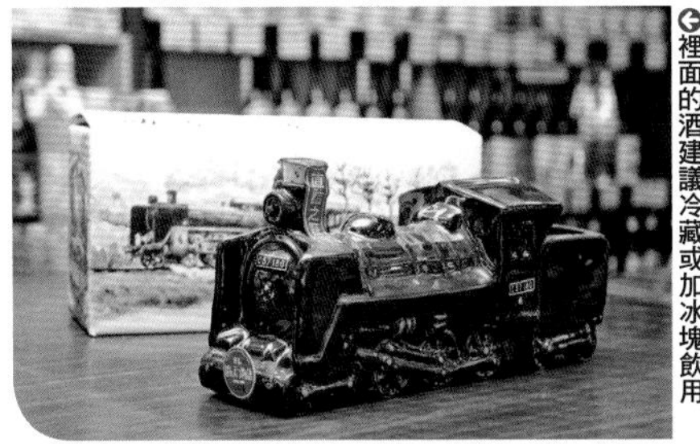

裡面的酒建議冷藏或加冰塊飲用

卷 MAP附錄②P.9 A-4

上堰潟公園

うわせきがたこうえん

0256-72-8454（西蒲区産業観光課） 玩樂

能自由自在悠閒放鬆的好所在

位於角田山的山腳，佔地遼闊的公園。園內有湖泊、草坪、步道等，可以輕鬆自在地散步。每年秋天這裡還是「稻草藝術節」的會場，在此製作、展示各種稻草藝術作品。

L自由入園 所新潟市西蒲區松野尾1 JR巻站車程15分 P212輛

用稻草做成的大猩猩，栩栩如生，震撼力十足（2017年）

看過來！

在日本第一座公立教育農場參加農業體驗

新潟市Agri Park（農業公園）是一座可以接觸、親近、體驗農業的設施。除了蔬菜及水果的採收體驗，還有山羊及綿羊的餵食體驗、擠牛乳體驗、以專用石窯燒烤的披薩或印度烤餅製作體驗等，任何人都可以參加。園內還附設住宿設施，以及販售在地蔬菜、水果的直銷所。

提供各式各樣的體驗課程

025-378-3109 L9:00～17:00（各種體驗為週六、日、假日、春假、暑假、寒假的10:00～16:00） 休無休 ¥視體驗課程而異 所新潟市南區東笠巻新田3044 JR新潟站車程30分 P136輛 MAP附錄②P.9 C-4

內野 MAP附錄②P.9 B-3

塩川酒造

しおかわしゅぞう

025-262-2039 購物

在傳統中求新求變的酒藏

大正元（1912）年開始從事釀造，承襲傳統釀酒工藝的同時，也積極開發以出口為目標，適合搭配西餐的日本酒。5～9月的週六開放參觀（需預約）。

L10:00～14:00（參觀為5～9月的週六10:00～11:00、13:00～14:00） 休週六、日、假日 所新潟市西區內野町662 JR內野站步行6分 P5輛

釀酒車房為古色古香的倉庫建築

白山 MAP附錄②P.15 B-6

だるまや 女池店

だるまやめいけてん

025-283-7803 美食

旺季時排隊才吃得到的名店

加了海鮮高湯的豚骨湯頭中，加了滿滿豆芽菜、背脂、徹底入味的薄切叉燒，讓人食指大動。調味醬汁是以乾貨、帶香氣的蔬菜等材料熬煮，並熟成約2個月，十分講究。

L11:00～21:30（週日、假日為～21:00，湯頭售完打烊） 休無休 所新潟市中央區女池神明1-1611-1 JR白山站步行15分 P60輛

帶有明顯海鮮風味的達摩拉麵680円

新潟市郊外 MAP附錄②P.9 C-5

白根大風箏歷史館

しろねおおだこと れきしのやかた

025-372-0314 景點

體驗「大風箏會戰」的獨特魅力

展示了約800件來自日本國內外，造型、圖案五花八門的風箏。館內還有3D影像室，能看到充滿臨場感的大風箏會戰立體影像。

L9:00～17:00（最後入場時間為16:30） 休第2、4週三（逢假日則翌日休） ¥400円 所新潟市南區上下諏訪木1770-1 JR新潟站車程35分 P45輛

把握難得機會，近距離觀賞壯觀的大風箏吧

新津 MAP附錄②P.9 D-4

神尾弁当

かみおべんとう

0250-22-5511 購物

品嘗著名的古早味火車便當

明治30（1897）年創業的老牌火車便當店。為紀念蒸汽火車復活而推出的「SL磐越物語便當」1000円，以及「鰆邊肉押壽司」等壽司類都很受歡迎。新津站前、新潟站等車站內的商店都買得到。

L8:00～17:00 休無休 所新潟市秋葉區新津本町1-1-1 JR新津站即到 P無

集結了山珍海味的SL磐越物語便當
鰆邊肉押壽司可以品嘗到鰆邊肉的濃郁鮮味與竹葉香氣

新潟市郊外 MAP附錄②P.15 B-5

炭火・かまど料理 竃

すみびかまどりょうり かまど

025-278-3777 美食

米、水、炊煮方式都講究的名店

不辭辛勞持續提供美好的古早時代手作滋味的和食餐廳。越光米是向岩室的契作農家直接採購的特別栽培米，水則是使用天然湧泉。

L11:00～13:30（14:00打烊）、17:00～21:00（22:00打烊） 休週一、第3週日 所新潟市中央區出来島2-7-18 JR關屋站車程5分 P9輛

烤味噌醃帝王鮭御膳1188円（午餐）的主菜為帶有油脂的味噌醃帝王鮭

鳥屋野潟 MAP附錄②P.15 C-6

いくとぴあ食花

いくとぴあしょくはな

025-282-4181（視設施而異） 玩樂

可愛的動物及花卉超療癒

在動物互動中心可以體驗餵食羊駝等動物，此外還有種植了各種花卉的花園、使用在地食材製作成料理的餐廳，以及販售農產品等商品的市場。

L9:00～17:00（視設施而異） 休不定休 ¥免費（部分收費） 所新潟市中央區清五郎401 JR新潟站搭巴士往新潟市民病院25分，いくとぴあ食花前下車即到 P420輛

動物互動中心的羊駝
在花園可以看到盛開的四季花卉

採訪memo 「新潟的J聯盟職業足球隊一新潟天鵝」 新潟天鵝是在1999年加入J聯盟，主場「Denka大天鵝球場」的造型以天鵝收起翅膀的模樣為意象，十分有特色，可容納超過4萬名觀眾。MAP附錄②P.15 C-6

JR新潟站車程20分

動手做出獨一無三的個人專屬仙貝♪

新潟 仙貝王國

郊外也好玩

新潟仙貝王國為旗下擁有暢銷商品「ばかうけ」的栗山米菓所經營，是能享受「動手做&吃&買」等各種樂趣的仙貝主題樂園。做好個人專屬的仙貝後，再去買些限定商品當伴手禮吧！

是怎樣的地方？ 可以「看」專業的仙貝製作過程，「體驗」自己烤仙貝、為仙貝調味，「品嘗」這裡獨有的美食，在集結了眾多限定商品的商店「買」伴手禮，深入認識仙貝迷人之處的人氣景點。

☎025-259-0161
MAP 附錄②P.9 D-2
L 9:30～17:00(體驗受理為～16:30)
休 不定休（有時會有週二休館）¥免費入場（體驗需付費）所 新潟市北區新崎2661
JR新崎站步行20分 P 100輛

可以看到仙貝職人工作的情景

可以做出這麼大的仙貝！

目標是做成這樣

長度達25㎝！

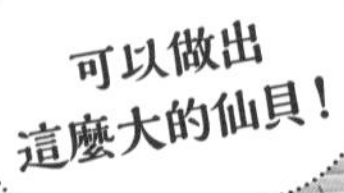

體驗 Data
實施日:每日隨時
所需時間:30分
費用:1片1500円
預約:不需

還有更多好吃好逛的！

館內設有可免費使用的休息區，可以小歇片刻、吃點美食之後，再去選購伴手禮。

把限定口味全部買回家吧♪

這裡才有的限定商品與新潟伴手禮全部到齊！

館內附設的商店有各種新潟仙貝王國限定的商品，除了仙貝之外，還有獨家推出的米、日本酒等眾多商品。

別錯過不可不吃的獨家美食！

想吃點東西填個肚子的話，只有這裡吃得到的新潟仙貝王國獨家美食剛剛好。甜鹹滋味的仙貝霜淇淋是人氣No.1。

2大人氣美食

仙貝霜淇淋 420円
淋上特製醬油的霜淇淋下面還放了仙貝

ばかうけ可樂餅 170円
做成ばかうけ造型，微辣口味的可樂餅

體驗① 超特大仙貝 自己動手畫&烤

最受歡迎的體驗就是這一項。可以在直徑25㎝的圓形或心形仙貝上畫出自己喜歡的圖案，做出全世界獨一無二的仙貝。

1 在櫃檯選擇體驗方案、尺寸及形狀

2 烘烤兩面使仙貝膨脹。表面的小突起要壓平

3 趁熱用筆沾醬油畫上自己喜歡的圖案

可以多利用表面的凹凸來作畫

4 放在烤網上，讓仙貝逐漸烤出顏色

5 由外側往內側，整面塗上薄薄一層醬油

6 等待步驟5塗上的醬油完全乾燥

7 吹冷風約5分鐘，讓仙貝確實冷卻

8 裝入超特大仙貝用的盒子便完成了！

還有更多體驗內容！

還可以嘗試烤小尺寸&ばかうけ造型的仙貝，甚至是打造原創的獨家口味！

體驗② 小尺寸仙貝 自己動手畫&烤

在雖說是「小」，不過直徑也有18㎝的仙貝上作畫，再自己動手烤，完成之後用特製的氣球包裝起來。

體驗 Data
與超特大仙貝自己動手畫&烤相同

體驗③ ばかうけ烘烤體驗

自己動手烘烤長約25㎝的大尺寸ばかうけ造型仙貝，兩種口味各有一片。

體驗 Data
實施日:每日隨時 所需時間:20分
費用:1人2片組1200円
預約:不需

體驗④ ばかうけ&炸仙貝調味組

可從10種調味料中選出自己喜歡的種類，調配出原創口味。1袋最多可選3種

體驗 Data
實施日:每日隨時
所需時間:10～15分
費用:ばかうけ5片裝3杯+炸仙貝1袋(80g) 1500円
預約:不需

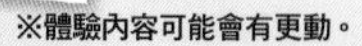

※體驗內容可能會有更動。

就算
你不是鐵道迷也
心動！
豐富精采圖片讓你已置身在列車之旅中。
以地圖方式呈現周邊景點，為列車之旅量身打造專屬兩天一夜小旅行。
介紹多達67款的觀光列車，列出詳細乘車資訊，一目了然讓你輕鬆上手，選擇喜歡的列車去搭乘吧！
世界鐵道系列
日本
觀光列車之旅
新鮮又好玩！坐火車去吧！
系列姊妹作：
《日本絕景之旅》
《日本神社與寺院之旅》
定價450元
YR-2001

▶ 行程範例、票務資訊、延伸旅遊、乘務員才知道的職人推薦…超完備的日本觀光列車搭乘指南

JR新潟站 車程40分

結合了葡萄酒莊、美食餐廳、SPA設施的度假勝地

CAVE D'OCCI WINERY

這座葡萄酒莊位在角田山的山麓，四周圍繞著葡萄園，是葡萄酒愛好者絕對不可錯過的熱門景點。

是怎樣的地方? 角田山山麓的海岸地帶是葡萄酒產地中的後起之秀，受到了各方矚目。CAVE D'OCCI WINERY於1992年率先在此設立酒莊，現在更有商店、餐廳、不住宿溫泉等設施，可以在這裡玩上一整天。

0256-77-2288
MAP 附錄②P.9 A-4
視設施而異 休無休
所新潟市西蒲区角田浜1661 JR越後曾根站車程15分
P200輛

一邊享受這片土地的空氣一邊選購葡萄酒吧

如詩如畫的風景讓人感覺彷彿置身歐洲

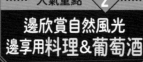

人氣重點 1 報名參加葡萄酒莊旅行團!

可以參觀葡萄園、釀造室、木桶熟成庫房等，並有工作人員隨行解說，還提供葡萄酒的試飲。需最晚於2天前電話預約。

❶酒窖內擺放著裝瓶好的葡萄酒 ❷葡萄酒進行熟成的庫房 ❸喝喝看你最喜歡哪一款

還可以試喝喔!

體驗 Data
實施日:每日
開始時間:11:00
所需時間:1小時～1小時30分
費用:1620円(含試飲)
預約:需預約(未成年不可參加)

剖析新潟葡萄酒美味的秘密

這一帶是海岸地帶所特有，排水良好、養分少的土地。離海近、空氣流動性佳的地形等土壤及氣候條件十分適合釀造葡萄酒。

全心全意照顧葡萄釀出美酒

面積廣達8公頃的葡萄園

人氣重點 2 邊欣賞自然風光 邊享用料理&葡萄酒

這裡的餐廳位在酒莊正中央，從窗戶望出去可看見葡萄園及角田山。使用新潟的山珍海味製作的法國料理很受歡迎。

0256-77-2811
11:30～14:30(15:30打烊)、18:00～19:30(21:00打烊) ※還未入學的兒童不可入店

午間套餐2400円～，讓人想搭配葡萄酒一同享用
餐廳環境寬敞舒適

人氣重點 3 買瓶葡萄酒帶回去當紀念吧!

這間位在酒莊正中央的商店不僅能買到CAVE D'OCCI WINERY所有款式的酒，也有賣葡萄酒杯及生活雜貨。

0256-77-2288
10:00～17:00

❶葡萄酒杯864円 ❷氣泡葡萄酒4104円 ❸卡本內蘇維翁4536円

泡個溫泉放鬆一下吧! VINESPA

有露天浴池及室內浴池，並可享受來自2處源泉，不同泉質的溫泉。此外還附設餐廳及休息區，也可住宿。

0256-77-2226
10:00～22:00(週六、日、假日為7:00～)
¥1000円(平日17:00～22:00為600円)

參觀完酒莊後不妨來泡個溫泉

えちごゆざわ・うおぬま・とおかまち

越後湯澤 魚沼・十日町

絕美山岳風景連綿不斷 雪國美食&戶外活動的寶庫

這一區是位在內陸的山岳地帶，可以看到大自然與在地人日常生活一同打造出的梯田等美景。夏天在高原上還可以從事各種親近大自然的活動，讓人玩得充實又開心。

本區不可錯過的亮點
大自然的夏日魅力
→P.62

本區不可錯過的亮點
魚沼之里
→P.64

本區不可錯過的亮點
雪國美食
→P.66

前往越後湯澤的交通方式

開車
練馬IC
↓ 關越自動車道
湯沢IC
↓ 國道17號等
越後湯澤站前
所需時間:1小時55分 費用:4720円

鐵道
東京站
↓ JR上越新幹線
越後湯澤站
所需時間:1小時10～30分 費用:6670円

前往十日町的交通方式

開車
湯沢IC
↓ 關越自動車道
六日町IC
↓ 國道253・117號等
十日町站前
所需時間:30分 費用:690円

鐵道
越後湯澤站
↓ JR上越線・北越急行（北北線）直通
十日町站
所需時間:25～35分 費用:650円

詢問處

湯澤町觀光協會	025-785-5505
魚沼市觀光協會	025-792-7300
十日町市觀光協會	025-757-3345

這一區的玩樂方式

各大溫泉是住宿的好選擇

這一區除了有交通極為便利的越後湯澤溫泉外，還有六日町溫泉、松之山溫泉、大澤山溫泉等眾多溫泉勝地。也有度假飯店、溫泉旅館等不同類型的住宿選擇，可以依自己的需求及喜好進行安排。

以新幹線停車站做為行程起點

上越新幹線停靠的越後湯澤站及浦佐站是轉乘其他鐵道路線&巴士的起點。若要前往十日町、松代一帶，可在這兩個站轉乘JR上越線至六日町站，改搭北越急行北北線至十日町站；前往津南一帶則在十日町站轉乘JR飯山線。

感受越後湯澤 大自然的夏日魅力

冬天以外的季節原來也那麼好玩!

各種戶外活動、戲水等，可以盡情擁抱大自然、精彩豐富的玩法這裡全都有！

在群山美景盡收眼底的絕景咖啡廳小歇片刻

遊玩重點

雲の上のカフェ

MAP 附錄② P.3 D-5

●くものうえのかふぇ

在空中纜車山頂站的絕景咖啡廳。在設置了沙發及足湯的露臺可欣賞谷川連峰等美景。

L預計為6～11月、9:00～17:00（餐點L.O～16:00、飲料L.O～16:30，有時期性變動） 休期間中無休

↑使用魚沼產米粉做的可麗餅450円～為人氣美食

遊玩重點

夏季雪橇706

●サマーボブスレー706

可以用附煞車的雪橇在架設於滑雪場，由706m長的軌道上一路奔馳而下。

L6月～10月下旬的9:00～16:30（雨天不營業） 休期間中無休 ¥成人800円、小孩400円 ※小學3年級以上才可駕駛（小學2年級以下需與大人2人共乘）

遊玩重點

Alp之里

●あるぷのさと

大小岩石間生長著超過200種稀有高山植物，濕地花園、水池周圍也可以行走，很適合散步。

L5月上旬～11月上旬的9:00～17:00 休期間中無休 ¥免費

遊玩重點

空中纜車

●ロープウェイ

連接山麓與山頂，全程約7分鐘的大型空中纜車。移動之餘還可以看到越後湯澤壯麗的景色呈現在眼前。

L4月下旬～11月下旬的8:40～17:00 休期間中無休 ¥來回成人2000円、小孩1000円

遊玩重點

滑索探險

●ジップラインアドベンチャー

藉由鋼索在森林中快速滑降，刺激度破表的遊樂設施，可以像飛鼠一樣在枝頭間飛躍。

L6月～10月下旬的9:30～16:30（最後開始時間為15:00） 休期間中無休 ¥成人、小孩3000円（空中纜車另外付費）※身高120cm以上、體重25kg以上120kg以下才可使用，需穿著運動用鞋，包含手套費用

遊玩重點

Gorone原野

●ごろねのはら

位於Alp之里，在大自然之中以木材及繩索打造的戶外活動設施很受小朋友喜愛。還有山羊牧場。

L5月下旬～11月上旬的9:00～16:30（山羊牧場6月中旬～10月中旬到16:00，雨天不營業） 休期間中無休 ¥免費

湯澤高原PANORAMA PARK

●ゆざわこうげんぱのらまぱーく

從新幹線停靠的越後湯澤站走路就能到的人氣景點。湯澤高原不僅是健行的好所在，這裡更有長距離的夏季雪橇等各種遊樂設施。

☎025-784-3326 MAP 附錄② P.3 D-5

L4月下旬～11月下旬，時間視各設施而異 休期間中無休 ¥免費入園（各設施的入場費用另外付費） 所湯沢町湯沢490 交JR越後湯澤站步行10分 P1000輛

餐廳 溫泉設施 商店 住宿設施

大源太峽谷露營場

●だいげんたきゃにおんきゃんぷじょう

這座露營場位在大源太川的源流注入大源太湖的溪流沿岸，四周樹木圍繞，可以在綠意盎然的日本山毛櫸樹林中，從事各種戶外活動。也可以不過夜露營。

☎025-787-3536 MAP 附錄② P.2 E-5

L4月27日～11月4日開放／入場12:00、出場11:00（常設帳篷出場10:00） 休期間中無休 ¥入場成人600円、小孩400円 所湯沢町土樽3064-17 交關越自動車道湯沢IC從縣道268號往湯沢パークリゾート，經縣道457號抵達。從湯沢IC距離9km P100輛

餐廳 溫泉設施 商店 住宿設施

遊玩重點

獨木舟之旅

●カヤックツアー

可以自由自在徜徉於水面的體驗活動。有教練指導，初學者也可以放心參加。

L4月下旬～10月下旬（需預約，中午前） 休期間中無休 ¥半天體驗行程7800円

遊玩重點

露營

不僅有89個營位，炊煮區、寵物用設備等也一應俱全。

¥場地使用費帳篷專用1區1500円，住宿設施帳篷常設區6人用3000円、10人用5000円 ※營業時間與公休日準同設施DATA

遊玩重點

立式划槳(SUP)

●スタンドアップパドル(SUP)

一面維持平衡，一面悠閒地漫步於大源太湖的水上活動。

L6～9月（需預約，中午前） 休期間中無休 ¥半天體驗行程7800円

有各種初學者也可以嘗試的活動!

稍微去遠一點

Snow Peak Headquarters

●すのーぴーくへっどくぉーたーず

位於三條市郊外，可欣賞到四季不同美景，佔地遼闊的露營場。可以在此使用人氣戶外品牌的產品，享受舒適露營體驗。

☎0256-41-2222 MAP 附錄②P.6 G-2
入場9:00～、出場～12:00（預約制）
休週三 所三条市中野原456 交關越自動車道三条燕IC車程約18km P70輛

餐廳　溫泉設施　商店　住宿設施

在人氣品牌的總公司
享受極致露營體驗！

遊玩重點

露營

周圍沒有人為光源，晚上可以看見滿天星斗。也有提供不需自備露營用具的方案。

¥住宿4～10月成人1500円、小孩500円，11～3月成人1000円、小孩300円。不住宿4～10月成人500円、小孩300円，11～3月成人300円、小孩免費　※營業時間、定休日準同設施DATA

推薦玩法

兩手空空露營

可以租借全套設備，搭帳、收帳時工作人員還會提供建議。

入場13:00、出場12:00
¥1組48600円（最多5人）、多住1晚22500円（需預約）

MOBILE HOUSE「住箱」

獨棟的住宿設施，食物是在室外烹煮。提供用具租借。

住宿入場12:00、出場10:00，不住宿入場12:00、出場17:00
¥1～2人10000円、3～4人15000円（需預約）

在遊戲中讓小朋友
學習獨立的人氣活動

↑挑戰沿著繩索在樹木間移動的冒險體驗 ←即使一開始會害怕，習慣了之後也能樂在其中

遊玩重點

森林冒險

●フォレストアドベンチャー

共有2條路線，分別是身高110cm以上可參加的林冠路線，以及參加對象為身高140cm以上的冒險路線。

冒險路線成人3800円、小孩2800円、林冠路線1人2800円
※營業時間、定休日準同設施DATA

FOREST ADVENTURE 湯澤中里

●ふぉれすとあどべんちゃーゆざわなかさと

從法國引進了穿戴專用的安全裝置、安全帶，在森林中穿梭於樹木間的戶外活動，規劃有身高110cm以上便可參加的路線。

☎025-787-3301 MAP 附錄②P.3 D-5
4月29日～10月下旬的9:00～17:00（最後受理15:00）　休期間中的週六～日、假日營業（黃金週、暑假期間每天營業）　所湯沢町土樽5044-1　交JR越後中里站步行10分　P50輛

餐廳　溫泉設施　商店　住宿設施

GALA夏季公園

●がーらさまーぱーく

這是一座在夏季滑雪場打造的戶外遊樂設施，另外也有室內的體驗工房、充氣遊戲屋、休閒泳池等，夏天也很有人氣！

☎025-785-6543 MAP 附錄②P.3 D-5
7月27日～9月1日的週六、日、假日，8月13～16日（時間視設施而異）　休期間中無休
¥免費入園（各設施的入場費用另外付費）
所湯沢町湯沢茅平1039-2　交JR越後湯澤站搭免費接駁車6分　P200輛

餐廳　溫泉設施　商店　住宿設施

遊玩重點

夏季滑雪場

在夏天也可以滑雪、玩滑雪板，滑行性極佳的滑雪場。不論資深玩家或初學者都可以盡情享受滑雪樂趣。

夏天也能清涼舒暢地
體驗滑雪的快感

期間中的10:00～16:00　休期間中無休　¥滑雪3件組合、滑雪板2件組合 成人2700円、小孩1400円（1天）；初學者課程1500円（1小時30分）、初中級課程3000円（1小時30分）～　※可能會有變動

遊玩重點

健行

搭纜車上到這一區，可以漫步在樹齡數百年的日本山毛櫸間來個森林浴。也有適合全家人走的路線。

期間中的10:00～16:00
休期間中無休　¥免費
※可能會有變動

遊玩重點

戶外遊戲區

●あそびのふぃーるど

可以在此從事球類運動等，好好活動身體、開心遊玩。室內也有各種遊具。

期間中的10:00～16:00（到8月底）　休期間中無休
¥免費（ふあふあガーラ號300円）　※可能會有變動

可以待上一整天的知名酒藏主題園區 魚沼之里

八海山麓優美的自然景緻也令人感動不已！

這座新潟代表性的日本酒品牌——八海釀造所經營的複合設施，值得花上一整天好好探索！

第二浩和藏 運用大吟釀的釀造工藝進行釀酒的工房。不開放參觀。

↑位在山麓地帶，可眺望南魚沼地區的景色

店經理 戶田誠先生

魚沼之里 ●うおぬまのさと

位在八海山的山麓，佔地遼闊，共有釀造庫房、商店、餐廳等13處設施，還可以參觀雪中貯藏庫。除了日本酒，也有販售在地啤酒、伴手禮等五花八門的商品。

☎0800-800-3865 MAP 附錄②P.2 E-3 ⏰10:00～17:00（餐廳視店鋪而異） 休無休（little M.週二休） 所南魚沼市長森426-1 交JR五日町站車程10分 P90輛

↓也有販售獨家水引繩結各108円

以傳統贈答文化為概念的商店

SPOT 1 つつみや八蔵

●つつみやはちくら

販售日本自古以來所傳承的折紙包裝及色彩鮮豔的水引繩結等各種送禮時會用到的物品，也可以作為送禮、回禮用的包裝。

☎025-775-2975 ⏰10:00～17:00 休無休

→也有賣充滿設計感的禮金袋等

←還可以製作小卡片、小紅包袋

→這裡也買得到日本酒、點心、雜貨等

在古色古香的店內享用手擀蕎麥麵

SPOT 3 そば屋 長森

●そばやながもり

↑店內空間展現出純正日式風情

將老房子的一部分遷建至此，打造成別具韻味的蕎麥麵店。以嚴選蕎麥粉製成的江戶前二八蕎麥麵，是週末時要排隊才吃得到的人氣美食。水使用的是八海山脈的伏流水。

☎025-775-3887 ⏰11:00～15:00（週六、日為11:00～17:00），蕎麥麵售完打烊 休無休

→蕎麥涼麵788円及玉子燒648円都很不錯

認識雪國的日常生活與文化

SPOT 2 八海山雪室

●はっかいさんゆきむろ

可容納多達1000噸的雪，用來貯藏日本酒、蔬菜等物品的「雪中貯藏庫」為最主要的部分，另外並附設商店、咖啡廳、廚房用品雜貨店，魚沼的特色伴手禮尤其豐富。

☎025-775-7707 ⏰10:00～17:00 休無休

↑位在與東側有段距離的停車場前

↓雪室千年こうじや可買到各種獨家商品

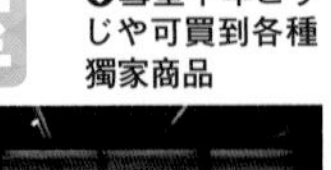

↑穿過商店便來到了空間開闊的咖啡廳

←買杯麴拿鐵咖啡390円，接著前往下個設施

→也有販售讓人愛不釋手的廚房用品

參觀路線是這樣的

↓工作人員會介紹每款酒的味道等特色

↑四周森林圍繞，建築造型相當新潮時尚

↑「雪中貯藏庫」裡的雪即使夏天也不會融化

新潟市區
越後湯澤 魚沼・十日町
魚沼之里
燕三條 彌彥・寺泊
長岡・柏崎
上越 妙高・糸魚川
月岡溫泉・阿賀野川
村上 瀨波溫泉・笹川流

離開前別忘了特色伴手禮

雪室熟成蛋糕
中2000円～
裡面有滿滿以洋酒醃漬的果乾及堅果 販售2

ぼたん雪
1袋550円
彷彿覆蓋了白雪般，以米粉、鹽麴做成，口感酥脆的餅乾 販售7

魚沼で候
720mℓ1134円～
魚沼地區限定的純米酒，能感受到米與麴的芳醇香氣 販售1 2

用淋的高湯 麴醬汁
200mℓ594円
加了麴的獨特醬料，可以像沙拉醬般淋在食物上使用
販售1 2

八海山 雪室貯藏三年
280mℓ1512円
貯藏於雪室中，口味圓潤溫和的限定商品
販售1 2

千年米菓子 天然蝦米菓
378円
雪國的傳統點心，有多種口味，最適合當作伴手禮◎ 販售1 2

豆渣餅乾300円
加了豆渣製作，畫有可愛笑臉的甜點
販售5

八海山 雪室咖啡
5包645円
經過雪室熟成之後，造就了溫順好滋味
販售1 2

okatte×信三郎帆布 獨家托特包小5292円
「八海山雪室」的廚房用品雜貨okatte的獨家商品
販售2

cotte 旅行用品組
2700円
八海釀造的護膚品牌cotte推出的旅行用組合
販售1 2

神樂南蠻辣椒香腸
648円
加入了越後的傳統蔬菜—神樂南蠻辣椒的人氣商品
販售4

↓八海山甘酒與新鮮葡萄柚500円

←在1樓取餐後，去2樓的露台座悠閒地享用也不錯◎

提供有機咖啡的可愛小店

SPOT 5 little M.

●りとるえむ

咖啡豆使用的是有機豆，而且每一杯都是手工沖泡。也有販售堅持使用國產素材及自然路線原料的糕點。

☎025-775-7115
營10:00～17:00 休週二

←用餐的同時也是與工作人員交流的好機會

↑提供的餐點為每天變換菜色的定食

遊客也可以吃到員工伙食

SPOT 8 みんなの社員食堂

●みんなのしゃいんしょくどう

八海釀造的員工食堂會在午餐時段開放，讓遊客前來一探究竟。工作人員也會在此用餐，有3種菜色供遊客選擇。

☎0800-800-3865(客戶服務室)
營11:00～15:00(數量限定，售完打烊) 休無休

可以盡情暢飲精釀啤酒的好所在

SPOT 4 猿倉山ビール釀造所

●さるくらやまびーるじょうぞうじょ

獨家啤酒「RYDEEN BEER」的釀酒廠。店內視野極佳，可將南魚沼地區盡收眼底，並提供在地啤酒及肉類加工品。另外還附設麵包店、酒類專賣店。

☎025-775-7666(店舖)、
025-775-7505(麵包店)
營10:00～17:00 休無休

↓除了在地啤酒，也有賣罕見的威士忌、琴酒等

↑店內使用了整面的落地窗
→RYDEEN BEER 200mℓ 300円～，下酒菜為肉類製品三拼820円
↓還有使用軟水做的麵包

剛釀好的啤酒與
香腸等肉製品都超美味
RYDEEN
BEER

販售充滿酒藏特色的甜點

SPOT 7 菓子処 さとや

●かしどころさとや

提供使用日本酒、酒糟等特色素材製作的糕點。2樓為咖啡廳，春天時可以在此稍作休息，順便欣賞油菜花田的美景。

☎025-775-3899
營10:00～17:00 休無休

→油菜花田會在5月中旬～下旬盛開

←1樓商店空間寬敞舒適。店員也會親切提供建議

←店內空間融合了雪國常見的雁木樣式，風格沉著穩重

↑餐點大量使用在地美味食材

品嘗雪國獨有的特色美食

SPOT 6 城内食堂 武火文火

●じょうないしょくどうぶかぶんか

能吃到醃漬物、發酵食品等展現雪國居民生活智慧的食材。春天的山菜、五彩繽紛的夏季蔬菜等當令美味都值得一試。

☎025-775-3500
營11:00～15:00 休無休

越後湯澤 むらんごっつぉ

MURANGOZZO

位在雪國A級美食認證旅館「越後湯澤HATAGO井仙」的2樓，可以吃到使用魚沼食材，並以突顯其自身美味的手法烹調而成的創意料理。非住宿的旅客也可消費。

025-784-3361 MAP 附錄②P.2 H-6
11:30～14:00（晚餐為18:00～、19:30～2回制） 休週三 所湯沢町湯沢2455 HATAGO井仙2F JR越後湯澤站即到 P16輛

座落於越後湯澤站前，位置極佳

精心調理的魚沼佳餚 讓在地食材美味更升級

午間全餐 2700円～
以和食為基礎，可以吃到釜鍋炊煮越光米與當令食材的全餐。

雪國A級美食是什麼？

為了守護自古以來因應在地氣候、風土而發展出的飲食文化，對於「想要永久守護的味道」進行認證的一項企畫。除了日本料理，也有各種不同類型的美食入選。

浦佐 ラ·グラッサ

La Grassa

位在浦佐站前的名店，完美運用在地素材製作成義大利料理。此外還使用八海山麓的湧泉、無添加調味料等，連細節處都非常講究。午餐與晚餐菜色不同。

025-777-4339 MAP 附錄②P.2 E-2
11:30～14:00、18:00～22:00（L.O.21:00）、週日為～21:00（L.O.20:00） 休週一、第3週日 所南魚沼市浦佐1622-4 JR浦佐站步行5分 P8輛

距離浦佐站很近，交通便利

用於千層麵的近郊產番茄及八色香菇

千層麵（午餐） 1300円
使用了八色香菇及番茄等在地食材，非常夠味！

工作人員 平賀力先生

魚沼義大利料理的主角 當然是時令在地蔬菜！

菜色會隨食材的進貨狀況而變

多雪地帶孕育出的豐富食材搖身一變成為 4大雪國美食

越後湯澤及魚沼地區周圍群山環繞，冬季的降雪量更是驚人。如果想品嘗最具在地特色的美食，絕不可錯過雪國A級美食與片木蕎麥麵。

十日町 こじまやそうほんてん

小嶋屋総本店

使用一種名為布海苔的海藻增加黏性的片木蕎麥麵老店。繼承了自第一代延續下來的技術與口味，堅持使用優質蕎麥、以石臼自行磨粉。剛煮好便上桌的蕎麥麵，可說是道地的傳統滋味。

025-768-3311 MAP 附錄②P.3 C-2
11:00～20:30（21:00打烊） 休無休 所十日町市中屋敷758-1 JR十日町站車程10分 P48輛

吃得到鴨肉鮮美滋味的鴨肉沾麵湯680円值得推薦

店面四周為農田，大水車為註冊商標

片木蕎麥麵 （4人份）3024円
可以1人份756円為單位點餐。附天麩羅的菜色也很受歡迎。

使用了布海苔的「片木蕎麥麵」老店

片木蕎麥麵5合 （2人份）1740円
麵條口感滑順，咬起來帶勁，搭配芥末一同享用更是美味。

片木蕎麥麵是什麼？

相傳片木蕎麥麵起源自魚沼，是新潟代表性的鄉土料理，特色是裝在名為「片木」的容器中，以及製作麵條時使用海藻增加了黏性。吃起來滑溜好入喉，口感一級棒。

假日時要排隊才吃得到 精心製作的蕎麥麵

十日町 じきしあんさがの

直志庵さがの

曾在京都習藝，具有職人氣質的老闆製作的片木蕎麥麵十分有嚼勁，沾麵的獨家醬汁使用了飛魚與本枯節柴魚高湯，氣味芳香。以米粉與石臼磨的麵粉製成的「手打御麵」也是著名美食。

025-758-4001 MAP 附錄②P.3 C-3
11:00～20:15（21:00打烊） 休無休 所十日町市伊達甲1047-11 JR十日町站車程10分 P30輛

位在國117號上，店內所有座位皆為包廂風

把新潟的好味道全都帶回家！

精選伴手禮看過來

in 越後湯沢・魚沼・十日町

其他地區的伴手禮資訊
新潟市區 ▶ P.50
燕三條・彌彥・寺泊 ▶ P.78
長岡・柏崎 ▶ P.92
上越・妙高・糸魚川 ▶ P.103
月岡溫泉・阿賀野川 ▶ P.112
村上・瀨波溫泉・笹川流 ▶ P.122
佐渡 ▶ P.139

位於多山地帶的這一區，最具特色的伴手禮當屬使用魚沼產越光米等新潟米製成的各式甜點。

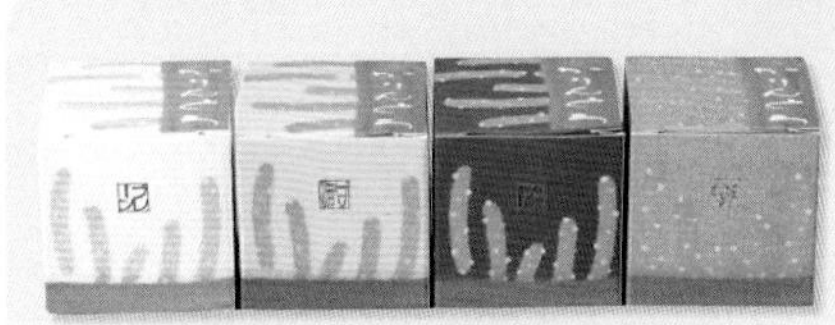

新奇獨特的滋味與健康概念別具特色

D **烤花林糖**

各324円

使用十日町產大豆的豆渣，很有健康概念的甜點。有甘酒、味噌等口味

集結各種優質在地食材 不計成本打造的美食！

B **越光米布丁**

388円

堅持使用魚沼產的紅雞蛋、牛奶等食材，並淋有加了越光米製作的奶油

加了黑糖吃起來更讚 外皮與內餡都美味

E **坂戶城 黑糖饅頭**

8個裝864円

以過去與直江兼續有淵源的坂戶城為名，越後地方的著名和菓子。紮實的黑糖風味餘韻不絕

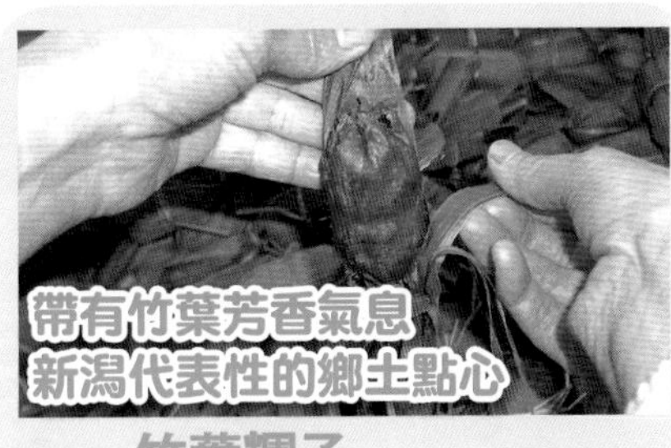

帶有竹葉芳香氣息 新潟代表性的鄉土點心

C **竹葉糰子**

5個裝702円～

竹葉香氣與Q彈口感為最大特色的越後在地和菓子。冷凍之後只要重新蒸熱，吃起來一樣美味

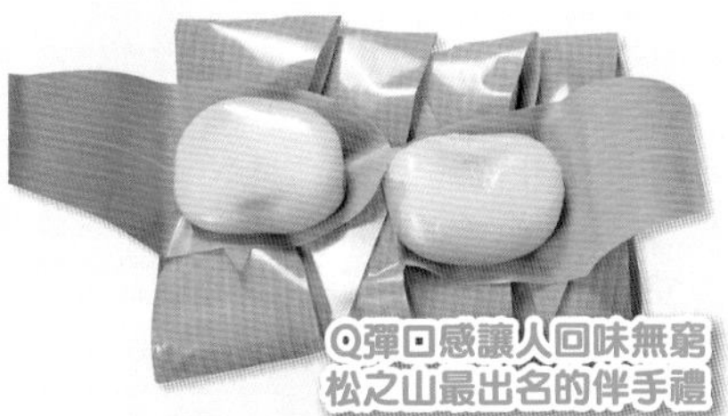

Q彈口感讓人回味無窮 松之山最出名的伴手禮

A **しんこ餅**

800円（10個裝）

這款鄉土點心是以米粉做成的麻糬包住甜而不膩的紅豆餡，麻糬的獨特口感十分美味

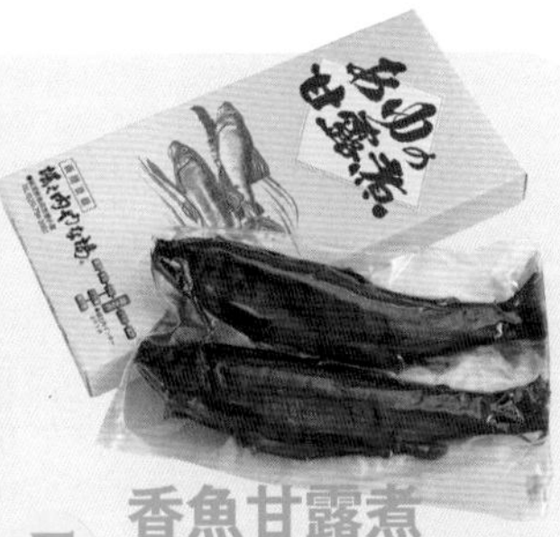

使用現場捕獲的香魚製作 從頭到尾整條都可以吃

F **香魚甘露煮**

2條裝900円

使用新鮮香魚直接做成甘露煮，熬煮得十分軟嫩，連頭、骨都可以吃。帶有甜味的醬汁不論配飯、配酒都適合

以《雪國》為主題的 越後湯澤著名和菓子

C **駒子餅**

8個裝572円～

名稱來自小說《雪國》的女主角之名，以求肥餅包住內餡，再灑上黃豆粉做成的和菓子

讓新潟米的美味更升級的人氣商品！

B **原味半熟長崎蛋糕**

整模1425円

使用魚沼產越光米的米粉、新潟縣內產紅雞蛋等嚴選食材製成的招牌商品

越後湯澤

C 駒子もち 億萬屋

こまこもちおくまんや

位在越後湯澤站前的人氣伴手禮店，有各式各樣只有這裡買得到的限定款和菓子。

025-784-2349

MAP 附錄②P.2 H-5

8:00～19:30 休無休 所湯沢町湯沢354-10 JR越後湯澤站步行7分 P無

南魚沼

B 菓子杜氏 喜太郎

かしとうじきたろう

雁木造樣式的店內呈現日式摩登風格，販售使用在地特產打造的極致甜點，十分受歡迎。

025-775-7405

MAP 附錄②P.3 D-3

10:00～16:00 休週三 所南魚沼市塩沢229-1 JR鹽澤站步行7分 P無

松之山溫泉

A 十一屋商店

じゅういちやしょうてん

販售在地和菓子、在地日本酒的伴手禮店。著名的しんこ餅及溫泉保養品為人氣商品。

025-596-3355

MAP 附錄②P.3 B-3

8:00～19:30 休不定休 所十日町市松之山湯本9-1 北陸急行まつだい站搭巴士往松之山溫泉25分，終點下車即到 P無

魚沼

F 堀之內やな場

ほりのうちやなば

店外設置了魚梁，可以進行捕魚體驗，或是在食堂享用香魚料理。香魚定食1300円～。

025-794-2001

MAP 附錄②P.2 E-1

4月1日～12月15日、9:00～16:00（17:00打烊） 休期間中無休 所魚沼市根小屋726-1 JR越後堀之內站車程5分 P100輛

南魚沼

E 大海屋みやげ店

たいかいやみやげてん

販售各式各樣在地和菓子、在地日本酒、民藝品的伴手禮店，位在六日町站前。

025-772-2280

MAP 附錄②P.2 E-3

9:00～18:00 休無休 所南魚沼市六日町140 JR六日町站即到 P無

十日町

D 越後妻有里山現代美術館［KINARE］美術館商店

えちごつまりさとやまげんだいびじゅつかんきなーれみゅーじあむしょっぷ

可以買到當地名產與藝術創作者聯名推出的大地藝術祭獨家商品。

025-761-7766

MAP 附錄②P.3 C-2

10:00～16:30 休週三 所十日町市本町6 キナーレ2F JR十日町站步行10分 P300輛

越後湯澤站徹底剖析

新潟美食&伴手禮齊聚一堂！

越後湯澤站內有各種店鋪進駐，提供五花八門的樂趣，車站本身儼然就是一個值得花時間好好逛的景點！

集結了縣內所有品牌 新潟在地酒的殿堂！

129個品牌的日本酒在試喝區一字排開

ぽんしゅ館 越後湯沢店

●ぽんしゅかんえちごゆざわてん

除了試喝區，還有販售縣內眾多品牌日本酒的專賣店、在地食品的商店、日本酒浴池等設施。另外也有許多獨家商品。

☎025-784-3758 MAP 附錄②P.2 H-6

🕘9:00～19:00（視店鋪而異） 休無休 所湯沢町湯沢2427-1 交JR越後湯澤站內 P182輛（2小時內免費）※以下「中央いちば」「たべあるき横丁」皆同

歡迎大家來探索新潟在地酒的美好滋味。

日本酒侍酒師 山田邦彥先生

車站原來有這個 選購日本酒

從著名越後在地酒，到不為人知的好酒、用日本酒釀的梅酒、在地啤酒等，品項非常豐富。

🕘9:00～19:00 休無休

←右起，越の寒中梅純米吟釀原酒720mℓ1650円／湊屋藤助醇米大吟釀630mℓ1480円。也可以請店員提供建議，找出自己喜歡的口味

↓酒有經過稀釋，小朋友也可以泡

車站原來有這個 日本酒浴池

在越後湯澤的天然溫泉中，加入新潟縣的酒藏開發的泡湯專用酒所打造的入浴設施。

🕘10:30～18:30 休無休

¥800円（包含租借大浴巾、大型置物櫃費用）

車站原來有這個 炸彈飯糰

選用南魚沼產越光米，並以大羽釜炊煮，捏成分量十足的飯糰。

🕘9:00～17:30（L.O.、30分後打烊） 休無休

↑多達18種口味可選擇

車站原來有這個 日本酒試喝

試喝區可以喝到新潟縣內所有酒藏的在地日本酒。費用為5枚代幣500円。

🕘9:00～19:00 休無休

↓代幣在櫃檯購買。許多品牌1杯酒只需1枚代幣

↓通道十分寬敞，商品陳列一目瞭然

たべあるき横丁

●たべあるきよこちょう

集結了甜點到日本料理、義大利料理等，8間不同類型餐廳的美食區。其中還有開店前就會湧現排隊人潮的人氣名店！

☎025-784-4499（トッキー越後湯沢支社）

MAP 附錄②P.2 H-6

🕘9:00～19:00（視各店鋪而異） 休無休

越後の味蔵 回転寿し 本陣DINING

●えちごのあじくらかいてんずしほんじんだいにんぐ

主要使用新潟海產的迴轉壽司店，還吃得到各式各樣豪華豐盛的拼盤。

☎025-785-2082

🕘11:00～19:00（冬天為～20:00）

超澎派三拼 994円

海膽、鮭魚卵、在地海鮮多到幾乎要滿出來

豪邁分量 松葉蟹994円

2個人一起吃也綽綽有餘

魚沼美雪鱒 454円

使用越後湯澤產的鱒魚

魚沼らーめん雁舎

●うおぬまらーめんがんや

著名的人氣拉麵店，麵條有使用了越光米的米粉麵與一般麵條可選擇。

☎025-784-3758（ぽんしゅ館）

🕘11:00～19:00

からいすけ味噌拉麵（米粉麵）880円

魚沼特產的辣椒調味料是美味關鍵

越後つけ麺維新

●えちごつけめんいしん

麵粉中加入越光米製成麵條的沾麵店。早晨數量限定的雜炊也很受歡迎。

☎025-788-0488

🕘10:00～19:00（冬天為～20:00）

濃厚雞豚 850円

有魚沼濃湯之稱的雞豚骨湯頭口味濃郁

越後湯澤んまや駅中店

●えちごゆざわんまやえきなかてん

販售各式各樣使用魚沼產越光米的米粉製成的甜點。

☎025-784-3361（HATAGO井仙）

🕘9:00～17:30（冬天為10:00～19:00）

雪球368円～

以魚沼產米粉重新詮釋德國點心

中央いちば

●ちゅうおういちば

位在剪票口前的伴手禮區。攤位依糯米糰子、米菓、和風雜貨等不同種類區分，方便遊客選購。每個攤位都能結帳。

☎025-784-4499（トッキー越後湯沢支社）

MAP 附錄②P.2 H-6

🕘9:00～19:00（延長營業時間為～20:00）

休無休

新之助2合590円

2017年登場的新品種米，推出了小包裝

笹雪 10個裝 760円

加了魚沼產越光米做的麻糬裡包著紅豆餡

竹葉糰子 1個140円～

著名的新潟在地美食，可單顆購買

這些地方也別錯過！

溫泉及稻米是大自然的禮讚

越後湯澤・南魚沼

●えちごゆざわ・みなみうおぬま

MAP 附錄②P.2・3

區域導覽

ACCESS

鐵道：新潟站 —JR上越新幹線— 越後湯澤站　所需時間/43分

開車：湯沢IC —17— 越後湯澤站　所需時間/5分

詢問處 ☎025-785-5505（湯澤町觀光協會）☎025-783-3377（南魚沼市觀光協會）

南魚沼　MAP附錄②P.3 D-3

旅行 PICK UP

三國街道鹽澤宿 牧之通

●みくにかいどうしおざわじゅくぼくしどおり

☎025-783-3377（南魚沼市觀光協會）　景點

完整重現豪雪地帶特有的街道景觀

鹽澤地區位在連接日本海與江戶的三國街道上，過去為驛站所在地，如今於牧之通重現了昔日風情。走在雁木連綿，充滿懷舊氣氛的街道上，不禁令人緬懷豪雪地帶古早時候的生活。

遮雪用的雁木是豪雪地帶特有的建築樣式

大街上的信用合作社也建造成了古典樣式

以「鶴齡」品牌聞名的青木酒造位在大街入口

自由散步　所南魚沼市塩沢　JR鹽澤站步行5分　P10輛（使用ふれあい廣場停車場）

南魚沼　MAP附錄②P.2 E-4

雲洞庵

●うんとうあん

☎025-782-0520　景點

走在參道的石板路上也能得到福報

寶永4（1707）年重建的本堂被視為傑出的寺廟建築，獲得了高度評價。據說赤門通往本堂的石板路下方埋著寫有法華經的小石頭，走在參道上就會得到福報。

9:00～17:00（冬天為10:00～15:30）　休週三（逢假日則營業）　¥300円　所南魚沼市雲洞660　JR六日町站車程10分　P40輛

赤門在過去被稱為「不開之門」

鹽澤　MAP附錄②P.3 D-3

お米の楽校

●おこめのがっこう

☎025-782-5105（NPO南魚沼もてなしの郷）　景點

了解新潟米美味的絕佳所在

透過圖板展示讓人學習稻米從生產到送上餐桌的各個環節，還能聽取導覽人員解說，參觀稻米的挑選作業及食味檢查。館內附設餐飲區，可在此享用使用稻米製作的料理。

10:00～16:00　休無休　¥免費參觀（體驗需付費、需預約）　所南魚沼市塩沢229-1　JR鹽澤站步行7分　P使用免費公共停車場

介紹了新潟米農家對於美味的獨到堅持

白飯膳1200円，主菜可選擇味噌醃美雪鱒或鹽麴醃越後糯米豬里肌。白飯無限供應

越後湯澤　MAP附錄②P.2 H-5

湯澤町歷史民俗資料館「雪國館」

●ゆざわまちれきしみんぞくしりょうかんゆきぐにかん

☎025-784-3965　景點

讓人從各種不同角度認識「雪國」

介紹「雪國」湯澤的生活與川端康成的小說《雪國》。1樓有描繪《雪國》書中場景的日本畫等，以《雪國》為主題的展示。2～3樓則展出日用品、農具、古錢等文物。

9:00～16:30（閉館為17:00）　休週三（逢假日則翌日休）　¥成人500円、國小、國中學生250円　所湯沢町湯沢354-1　JR越後湯澤站步行7分　P12輛

可在此感受小說《雪國》中的世界

南魚沼　MAP附錄②P.2 E-3

直江兼續公傳世館

●なおえかねつぐこうでんせいかん

☎025-772-2687　景點

以兼續出生地為原型打造的資料館

位於錢洲公園內，展示直江兼續與坂戶城相關主題的資料館。除了兼續的盔甲、寄給德川家康的「直江狀」的複製品外，還有坂戶城（山城）的立體模型等展示品。

4～11月開館，開館期間有時期性變動（需洽詢）　休期間中週四（逢假日則翌日休）　¥300円　所南魚沼市坂戸393-2　JR六日町站步行20分　P20輛

以兼續出生的舊居為概念，改裝老宅而成的設施

南魚沼　MAP附錄②P.2 E-2

普光寺・毘沙門堂

●ふこうじびしゃもんどう

☎025-777-2001　景點

開山超過1200年的古剎

相傳為大同2（807）年，坂上田村麻呂平定東國時所建立。壯麗的山門全以櫸木建造，可媲美日光東照宮的陽明門。3月第1個週六舉行的裸押合大祭也十分有名。

9:30～16:30　休無休　¥需洽詢　所南魚沼市浦佐2495　JR浦佐站步行5分　P7輛

山門天花板有出自畫師谷文晁之手的雙龍圖板繪

看過來！

買張超值的泡湯券一次泡遍湯澤溫泉的5座外湯

湯澤町有據說川端康成曾泡過的「山之湯」、以泉量豐富著稱的「街道之湯」等町營溫泉設施。如果想好好享受湯澤溫泉的5座外湯，外湯巡禮券是最佳選擇。5處的費用原本合計要2700円，使用外湯巡禮券的話僅需1500円。可於外湯巡禮的各溫泉、湯澤町觀光協會、雪國觀光舍購買。

以《雪國》的女主角為名的駒子之湯

☎025-784-1511（湯沢町総合管理公社）

南魚沼　MAP附錄②P.2 E-2

ファミリーダイニング小玉屋

●ふぁみりーだいにんぐこだまや　✆025-777-2072　美食

知名美食「炸毘沙門」不可錯過

位在上越新幹線停靠的浦佐站前，提供和食、洋食、麵類料理等豐富的餐點。以豆腐混合南魚沼產的蔬菜、山藥、海鮮等，再拿去油炸所做成的獨家料理「炸毘沙門」，是這裡的知名美食。

L11:00～22:00（L.O.21:30）　休第3週二　所南魚沼市浦佐1355-1　交JR浦佐站即到　P30輛

健康的炸毘沙門與蕎麥麵的套餐1318円

南魚沼　MAP附錄②P.2 E-3

レストラン雪国

●れすとらんゆきぐに　✆025-770-0818　美食

提供各種舞茹美食的人氣餐廳

全國知名的「雪國舞茹」直營的餐廳，提供各種大量使用自家產舞茹的餐點。隔壁還有販售舞茹及獨家商品的物產館。

L11:00～15:00（L.O.）　休週三　所南魚沼市余川2969-1　交JR六日町站車程5分　P50輛

放了大塊舞茹天麩羅的雪國舞茹蓋飯980円

南魚沼　MAP附錄②P.3 D-4

アウトドアカレッジ冒険舎

●あうとどあかれっじぼうけんしゃ　✆090-3145-0178　玩樂

暢快刺激的泛舟魅力無法擋

4月下旬至11月上旬可以參加沿著激流而下，全程約11km的泛舟。途中還有從岩石衝下水面、洞穴探險等各種精采有趣的場面。另外還有健行、溪降的方案。

L4月下旬～11月上旬、要預約　休期間中無休　¥一般泛舟1人9500円、2人8500円等（每人的費用皆含保險費、裝備費用，春秋有打折）　所南魚沼市宮野下1191　交JR越後湯澤站車程20分　P30輛

這裡有少見的長距離路線，還會從約5m的岩石躍下

南魚沼　MAP附錄②P.2 E-3

欅苑

●けやきえん　✆025-775-2419　美食

當令蔬菜等魚沼食材化作美味料理

店面位在茅草屋頂的傳統民家中，提供以當令蔬菜為主的料理。可透過鄉村風宴席料理的形式，品嘗八海山的伏流水孕育出的蔬菜、河魚等食材的美味。

L11:30～15:00、17:00～21:30（完全預約制）　休不定休　所南魚沼市長森24　交JR五日町站車程5分　P10輛

有日式大包廂及適合少人數的小房間

全餐1人5400円～（2人以上）

南魚沼　MAP附錄②P.3 D-3

うおぬま倉友農園おにぎりや

●うおぬまそうゆうのうえんおにぎりや　✆025-782-5151　美食

從飯糰最能吃得出米的美味

位於巻機山山腳的倉友農園直營的飯糰店。使用嚴選魚沼產越光米製作的飯糰吃得到米真正的美味，深受好評。醃鮪魚蓋飯及咖哩也可以外帶。

L9:00～18:00　休無休　所南魚沼市塩沢471-11　交JR鹽澤站車程5分　P10輛

店內也設有內用區

有鹽味飯糰100円，梅子、昆布140円等口味

南魚沼　MAP附錄②P.2 F-3

八海山空中纜車

●はっかいさんろーぷうぇー　✆025-775-3311　玩樂

前往視野極佳的山頂欣賞美景

連接標高376m的山麓站與1147m的山頂站，標高差771m，車程約5～7分的空中纜車。山頂有展望台及展望平台，可居高臨下飽覽壯麗美景。

L2019年4月20日～11月10日、8:20～16:20（週六、日、假日為8:00～17:00）　休期間中無休　¥來回1800円、單程1000円（10月1日之後來回2200円、單程1400円）　所南魚沼市山口1610　交JR六日町站車程25分　P1000輛

可容納81人搭乘，每秒前進7～10m

南魚沼　MAP附錄②P.3 D-4

魚沼の村 我が家の卵

●うおぬまのむらわがやのたまご　✆025-783-6681　美食

越光米搭配土雞蛋更是美味

雞蛋拌飯使用的是自家飼育、栽培的魚沼土雞蛋與鹽澤產越光米。混合了切碎的蔬菜與納豆做成的鄉土料理「切菜」深受好評。

L9:00～14:30（晚間預約營業）　休不定休　所南魚沼市南田中711　交JR大澤站步行15分　P10輛

據說常常早上就會客滿

南魚沼　MAP附錄②P.3 D-4

かま炊きめしや こめ太郎

●かまたきめしやこめたろう　✆025-783-3132　美食

享用晶瑩剔透、香甜飽滿的米飯

可以吃到以湧泉與木柴炊煮的越光米。提供山菜、炭火烤魚、炸豬排等各式各樣的定食供顧客選擇。

L11:00～15:00（L.O.）、17:00～21:30（22:00打烊）　休週四　所南魚沼市上一日市323-5　交JR石打站車程5分　P40輛

將屋齡超過300年的老宅改裝為店面

越後湯澤　MAP附錄②P.3 D-5

湯澤中里滑雪度假村

●ゆざわなかざとすの一りぞーと　✆025-787-3301　玩樂

成人小孩都能開心玩的滑雪場

不論攜家帶眷的遊客，或是初學者、老手都能玩得開心的滑雪場。而且位置極佳，能體驗湯澤數一數二的粉雪。除了總計16條路線的滑雪道之外，還有兒童遊戲區及免費的大浴場。

L12月中旬～4月上旬、8:30～16:30、週六、日、假日為8:00～17:00（夜間為17:00～20:30）　休期間中無休　¥一日券成人4200円　所湯沢町土樽5044-1　交JR越後湯澤站搭免費接駁巴士25分（關越自動車道湯沢IC距離約5km）　P950輛

距離關越道湯沢IC車程約10分鐘，交通超便利！

採訪memo　「捧起來的越光米都是你的!」購買「もてなし手形」觀光票券的話，牧之通逛起來更加歡樂、更划算。內容包括了觀光導覽及糕點、甘酒等贈品，還能免費捧一把魚沼產「鹽澤越光米」帶回家等，價格540円。最晚需於2天前預約。✆025-782-5105（NPO南魚沼もてなしの郷）

這些地方也別錯過！

探訪雕刻傑作與大自然之美

魚沼・奥只見

うおぬま・おくただみ

MAP 附錄②P.2・6

區域導覽

ACCESS

鐵道：越後湯澤站 —JR上越新幹線— 浦佐站　所需時間／12分

開車：六日町IC —253—17— 浦佐站　所需時間／20分

詢問處 ☎025-792-7300（魚沼市觀光協會）

越後雪藏館

魚沼　MAP附錄②P.6 G-5

えちごゆきくらかん

☎025-797-2777　景點

走進雪國特有的貯藏庫一探究竟

這座貯藏物品用的「雪藏」位在從江戶時代持續釀酒至今的玉川酒造，利用冰雪將庫內溫度維持在2～3度，藉以低溫熟成日本酒，可入內參觀。參觀完後還能試喝。

L9:00～15:45　休無休　¥免費　所魚沼市須原1643　交JR越後須原站步行5分　P12輛

↑也可以參觀放置了巨大貯藏槽的倉庫

奥只見湖遊覽船

奥只見　MAP附錄②P.2 H-2

おくただみこゆうらんせん

☎025-795-2242　玩樂

從遊覽船上欣賞秘境奥只見的群山

奥只見湖是一座因水壩而形成的湖泊，四周群山圍繞，為著名的紅葉勝地。新綠時節的景色也十分優美，讓人感覺像是置身北歐。共有湖周遊、銀山平、尾瀨口等3條遊覽路線。

L5月中旬～11月上旬、9:00～16:30（出航時間視行程而異）　休期間中無休　¥980円～（視行程而異）　所魚沼市湯之谷芋川大鳥1317-3　交JR浦佐站搭往奥只見ダム1小時20分，終點下車，步行10分　P700輛

↑大型外輪船「Fantasia」可乘坐300人

西福寺（開山堂）

魚沼　MAP附錄②P.2 E-1

さいふくじかいさんどう

☎025-792-3032　景點

別錯過出自石川雲蝶之手的雕刻作品

西福寺是創立於室町時代後期的古剎。安政4（1857）年完成的開山堂內外有幕末時期的巨匠—石川雲蝶創作的雕刻及繪畫妝點。堂內天花板上五彩繽紛的大雕刻是必看重點。

L9:00～15:40（16:00打烊）　休無休（根據儀式等有變更）　¥500円　所魚沼市大浦174　交JR浦佐站車程10分　P50輛

↑天花板上的巨幅雕刻「道元禪師猛虎降伏圖」

田舍食堂 いろりじねん

魚沼　MAP附錄②P.2 G-1

いなかしょくどう いろりじねん

☎025-795-2577　美食

別錯過當令山蔬等食材的好滋味

提供春天的山蔬到秋天的蕈菇等，當地摘採的天然食材烹調成的料理。味噌、醬油等調味料也是使用當地釀造的產品。可在此完整品嘗魚沼得天獨厚的自然美味。

L4月中旬～11月下旬、11:00～15:30（16:00打烊，售完打烊）　休週四（逢假日則翌日休，連續假日需洽詢）　所魚沼市上折立718　交JR浦佐站車程30分　P5輛

↑時令天麩羅定食1200円能吃到各種使用在地食材製作的料理

永林寺

魚沼　MAP附錄②P.2 E-1

えいりんじ

☎025-794-2266　景點

收藏了眾多石川雲蝶的作品

約500年前創建的曹洞宗名剎。幕末時期的巨匠石川雲蝶曾在此停留13年多，留下了超過100件的雕刻、繪畫等作品。參拜之餘值得花些時間細細品味。

L9:00～16:30（11～3月為～16:00）　休不定休　¥300円　所魚沼市根小屋1765　交JR越後堀之內站步行20分　P15輛

↑天女手持各式各樣樂器的欄間雕刻

這些地方也別錯過！

里山風景與藝術和諧共存

十日町・津南・松代・松之山

●とおかまち・つなん・まつだい・まつのやま

MAP 附錄②P.3・18

區域導覽

ACCESS

鐵道：越後湯澤站 —JR上越線・北越急行（北北線）直通— 十日町站
所需時間／25～35分

開車：六日町IC —253—117— 十日町站
所需時間／30分

詢問處 ✆025-757-3345（十日町市觀光協會）

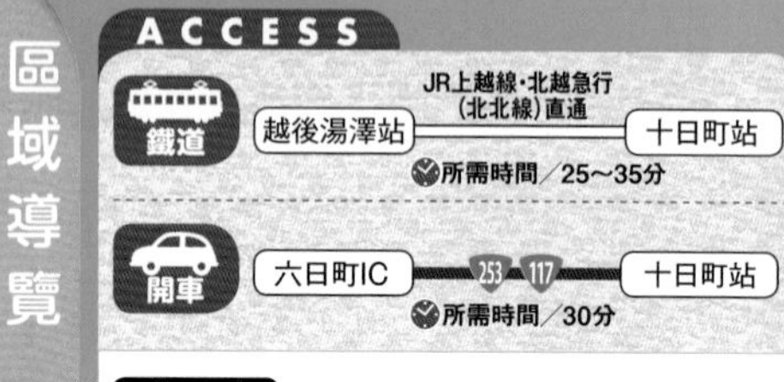

十日町　MAP附錄②P.3 C-3

繪本與樹木果實美術館

●えほんときのみのびじゅつかん　✆025-752-0066　景點

廢棄校舍與動感的藝術完美結合

繪本作家田島征三將廢校的小學打造為「空間繪本」，賦予了新生命的藝術景點。館內各處展示了以果實、漂流木、和紙等素材製作的裝置藝術。

L10:00～17:30 休無休 ¥800円 所十日町市真田甲2310-1 交JR十日町站車程20分 P40輛

⊙展示於體育館的田島征三的作品《鉢&田島征三繪本與樹木果實美術館》

津南　MAP附錄②P.3 B-4

津南向日葵廣場

●つなんひまわりひろば　✆025-765-5585（津南町観光協会）　景點

向日葵花海描繪出夏日風情畫

佔地有4公頃之大，最高峰時約有50萬株向日葵在此一齊綻放。花期中還會舉辦向日葵大迷宮等活動，很受攜家帶眷的遊客歡迎。從觀景台可欣賞到整片的向日葵花海。

L7月下旬～8月中旬、自由參觀 所津南町沖ノ原台地 交JR津南站車程15分 P200輛

⊙有3座向日葵花田，拉長了能欣賞到向日葵美景的時間

松代　MAP附錄②P.3 A-2

星峠梯田

●ほしとうげのたなだ　✆025-597-3442（十日町市観光協会 松代・松之山温泉観光案内所）　景點

在地居民打造出的夢幻絕美景色

在梯田四處散布的松代・松之山地區，人氣最高的便是這裡的梯田。從山丘上可欣賞到梯田與周圍群山交織出的美景，令人讚嘆不已。

L自由參觀 所十日町市峠（松代） 交北越急行まつだい站車程20分 P10輛

⊙景色如詩如畫，新潟代表性的風景名勝

十日町　MAP附錄②P.3 C-2

越後妻有里山現代美術館KINARE

●えちごつまりさとやまげんだいびじゅつかんきなーれ　✆025-761-7767（「大地の芸術祭の里」総合案内所）　景點

來到越後妻有地區必訪的景點

正方形的水池四周有迴廊圍繞，摩登風格的建築為一大特色。2樓的現代美術館及水池展示了藝術作品。另外還附設咖啡廳及溫泉設施。

L10:00～16:30（17:00閉館） 休週三 ¥800円（視展覽而異） 所十日町市本町6 交JR十日町站步行10分 P300輛

⊙建築物本身便是一件傑出的藝術作品

十日町　MAP附錄②P.3 C-2

十日町市博物館

●とおかまちしはくぶつかん　✆025-757-5531　景點

介紹繩文時代以來的悠久歷史

常設展以「雪與紡織品與信濃川」為主題，介紹了十日町地方的歷史。從繩文時代中期的聚落遺址─笹山遺跡出土的火焰型土器是必看重點。因新館將於2020年6月開幕，2019年12月2日起將閉館。2019年4月之後展示內容會有變更。

L9:00～16:30（17:00閉館） 休週一（逢假日則翌日休） ¥300円 所十日町市西本町1-382-1 交JR十日町站步行10分 P7輛

⊙造型優美的的繩文時代火焰型土器

感受大自然魅力的最佳去處

透明澄澈、水量豐富的湧泉

龍之窪

●りゅうがくぼ

✆025-765-5585（津南町観光協会）

MAP附錄②P.3 B-4

入選日本百大名水的清澈湧泉。每分鐘湧出的地下水有30噸之多，水量豐沛，1天就會全數替換掉池中的水。這裡目前仍是當地居民生活用水的來源，受到了妥善的保護。

L5月中旬～11月下旬、自由參觀 所津南町谷內 交JR越後湯澤站搭巴士往森宮野原50分，在津南轉搭巴士往中子方向14分，谷內公民館下車，步行10分 P10輛

⊙周圍的樹木倒映在如鏡子般的水面上

近距離觀賞震撼人心的溪谷之美

清津峽

●きよつきょう

✆025-763-4800（清津峡渓谷トンネル）

MAP附錄②P.3 C-4

V字形的峽谷景色極為壯麗，柱狀節理的岩石與清津川一同造就了大自然之美。步行專用的清津峽溪谷隧道全長750m，沿途有4處觀景點，可以近距離觀賞溪谷景色。

L4月～1月中旬、8:30～16:30（17:00閉坑） 休期間中無休 ¥600円 所十日町市小出 交JR越後湯澤站搭巴士往森宮野原30分，清津峽入口下車，步行20分 P120輛

Photo by マ・ヤンソン／MADアーキテクツ
「Tunnel of Light」photo Osamu Nakamura

⊙清津峽溪谷隧道步行來回約30～60分鐘

優雅佇立的姿態博得了美人之名

美人林

●びじんばやし

✆025-597-3442（十日町市観光協会 松代・松之山温泉観光案内所）

MAP附錄②P.18 F-6

生長在丘陵上茂密的日本山毛櫸林樹齡約100年。這裡曾一度是原野，在此孕育出的日本山毛櫸長得筆直而苗條，所以被稱為「美人林」。從剛冒出嫩葉的清新樣貌，到新綠、紅葉、雪景等，四季各有不同美景。

L自由散步 所十日町市松之山松口 交北越急行まつだい站搭巴士往松之山溫泉20分，境松巴士站下車，步行30分 P30輛

⊙攝影愛好者也會造訪的人氣景點

看過來！

農田成了藝術家的畫布！松之山地區的「梯田藝術創作」

「農田藝術」是在田中種植不同顏色的稻株創作而成，十日町市松之山地區也自2015年起，每年都推出運用特殊地形呈現的「梯田藝術創作」。為了讓小朋友對自己的故鄉感到自豪，每年都會以「飯糰」為主題，向當地中小學生等募集設計提案。

↑2018年的作品

MAP附錄②P.3 B-3

HP http://tanbo.co.jp（おひつ膳 田んぼ）

十日町 MAP附錄②P.3 C-2

IKOTE

●いこて

☎025-755-5595 美食

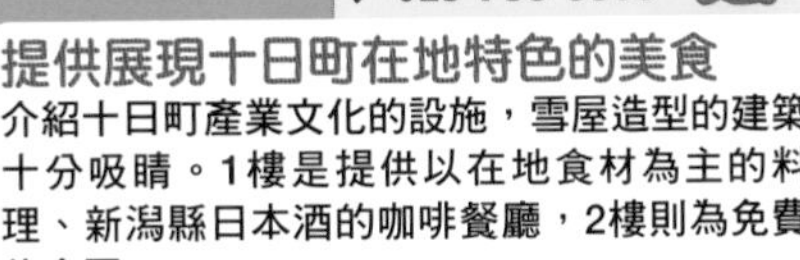

提供展現十日町在地特色的美食

介紹十日町產業文化的設施，雪屋造型的建築十分吸睛。1樓是提供以在地食材為主的料理、新潟縣日本酒的咖啡餐廳，2樓則為免費休息區。

L 11:00～22:00 休 週一
所 十日町市本町5-39-6 十日町産業文化発信館いこて1F 交 JR十日町站步行5分 P 20輛

←軟嫩烤妻有豬肉蓋飯1000円

松代 MAP附錄②P.18 F-5

松代「農舞台」

●まつだいのうぶたい

☎025-595-6180 景點

展現農耕文化與藝術的融合

傳遞雪國農耕文化的綜合文化設施。建築物及房間本身即是藝術家創作的藝術品。此外還附設藝廊及餐廳，想蒐集藝術相關資訊也很方便。

L 10:00～16:30（17:00閉館） 休 週三（逢假日則翌日休） ¥ 免費 所 十日町市松代3743-1
交 北越急行まつだい站即到 P 40輛

←後方戶外區展示了伊利亞&艾蜜莉亞・卡巴科夫製作的藝術作品《梯田》

Photo by Osamu Nakamura

十日町 MAP附錄②P.3 C-2

千年の市 じろばた 畑のレストラン

●せんねんのいちじろばた はたけのれすとらん

☎025-768-4341 美食

大啖當地媽媽們拿手的家常菜

一開始是在小帳篷販售當地媽媽們拿來的蔬菜，後來發展為現在的餐廳。可以吃到鄉土美食「あんぶ」，以及在豆皮中塞入十日町特產—蕎麥麵做成的「蕎麥麵豆皮壽司」等特色料理。

L 11:00～14:00（L.O.） 休 無休，1、2月週二休
所 十日町市水口沢76-20 交 JR十日町站搭北越後觀光巴士往小千谷15分，川西支所前下車即到
P 30輛

←じろばた套餐900円吃的到新鮮蔬菜

十日町 MAP附錄②P.3 D-1

うぶすなの家

●うぶすなのいえ

☎025-761-7767 （大地の芸術祭の里 総合案内所） 美食

利用老宅打造的農家餐廳

屋齡將滿100年的茅草屋頂老宅重獲新生，搖身一變成為陶瓷美術館，並開設了農家餐廳。可以吃到當地自古以來習慣吃的家常料理。

L 10:00～17:30（午餐11:00～14:00） 休 週三（8月15日營業） 所 十日町市東下組3110 交 JR飯山線下條站搭計程車15分 P 20輛 ※以上時間為大地藝術季期間的資訊。期間外有變動

←定食有山、川、畑3種，皆為2000円

津南 MAP附錄②P.3 C-3

農業與繩文體驗實習館「Najomon」

●のうとじょうもんのたいけんじっしゅうかんなじょもん

☎025-765-5511 玩樂

每個季節都有不同的快樂體驗實習

可以學習津南町的繩文文化、農業、飲食、民俗、自然的體驗實習設施。每個季節會舉辦不同企畫展，並有土器、石器的展示及復原了7棟豎穴住居的繩文村等，是認識津南町文化的好機會。

L 9:00～17:00 休 週一（逢假日則翌日休）
¥ 免費入館（體驗需付費） 所 津南町下船渡乙835
交 JR越後湯澤站搭巴士往森宮野原50分，十二ノ木下車，步行20分 P 200輛

←戶外的繩文村會舉辦生火體驗等活動

津南 MAP附錄②P.3 B-4

手打そば処とみざわ

●てうちそばどころとみざわ

☎025-765-2535 美食

100%使用在地蕎麥粉的帶勁手擀麵

使用向契作農家採購的蕎麥粉，製麵、高湯用的都是天然水等，原料皆經過老闆嚴格把關，做出來的蕎麥麵味道不同凡響。除了口感Q彈的手擀蕎麥麵，也有細切蕎麥麵。

L 11:00～蕎麥麵售完打烊
休 週四、五不定休 所 津南町下船渡丁7842-1
交 JR津南站車程5分 P 15輛

←1日限定70份的手擀蕎麥麵930円

十日町 MAP附錄②P.3 C-3

Hachi Café

●はちかふぇ

☎025-752-0066 美食

位在美術館內的舒適咖啡廳

位於過去的小學校舍打造成的「繪本與樹木果實美術館」內。店內充滿暖意，過去實際使用過的桌椅也展現了新面貌。可在此享用當令蔬菜製作的料理及飲料。

L 4月下旬～11月、11:00～16:00
休 期間中週三、四（逢假日則翌日休）
所 十日町市真田甲2310-1
交 JR十日町站車程20分 P 40輛

←店內仍留有小學校舍的樣貌，氣氛溫馨

CLOSE UP

冰天雪地中處處有驚喜 十日町的冬季一大盛事

十日町雪祭是一項炒熱冬季氣氛，歷史悠久的活動。市區各地會展示藝術性的雪雕作品，並舉辦能享用美食、集結了各種企畫的「祭典廣場」。整座城市化作精心打造的冰雪世界，充滿樂趣。

←規模盛大的「雪之藝術作品」

©十日町雪まつり実行委員会

十日町雪祭

MAP附錄②P.3 D-2

●とおかまちゆきまつり

☎025-757-3100（十日町雪まつり実行委員会）
L 2月（日期未定） 所 十日町市內一円

採訪memo 「在木造校舍過夜」已廢校的舊三省小學在重新裝修之後，成了住宿設施「三省屋」，共有5間教室改裝而成，男女分開的宿舍房。食堂則提供了當地媽媽們製作的松之山在地家常料理。提供免費專車接送至北越急行まつだい站。MAP附錄②P.18 E-6

人人出版‧旅遊書的專家

讓我們用小小的篇幅告訴你為什麼日本這麼好玩
因為日本有好棒的吃喝玩樂、百樣豐富
總讓人想要一去再去呀

- 東京百年老舖 -
定價 300 元

- 東京職人 -
定價 300 元

- 東京運將 -
定價 320 元

- 東京農業人 -
定價 320 元

日本觀光列車之旅 -
定價 450 元

- 日本神社與寺院之旅 -
定價 450 元

- 日本絕景之旅 -
定價 450 元

- 風日本自行車 -
定價 320 元

- 日本絕美祕境 -
定價 320 元

- 日本市集巡禮 -
定價 300 元

還有更多好書，帶你探索世界之美……

燕三條・彌彥・寺泊

つばめさんじょう・やひこ・てらどまり

享譽全球的金屬加工製品與新潟最具代表性的神社人氣超夯

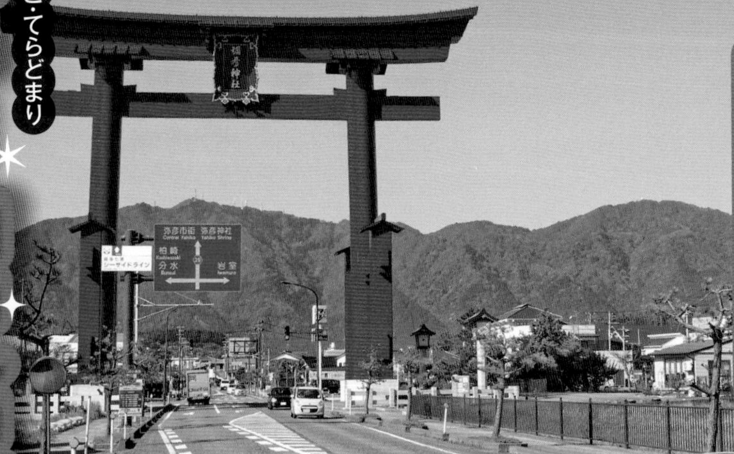

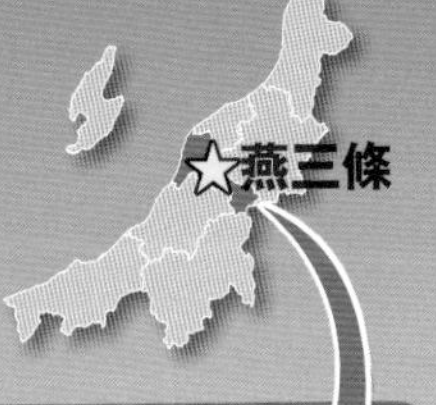

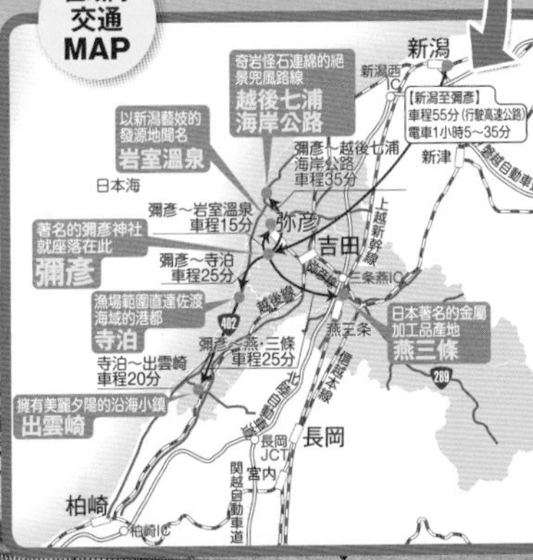

在上越新幹線停靠的燕三條，有琳瑯滿目的金屬加工製品，絕對能逛個過癮。彌彥神社所在的彌彥，以及海鮮寶庫寺泊也有滿滿的樂趣等你來發掘。

本區不可錯過的亮點
彌彥神社周邊散步
➔P.80

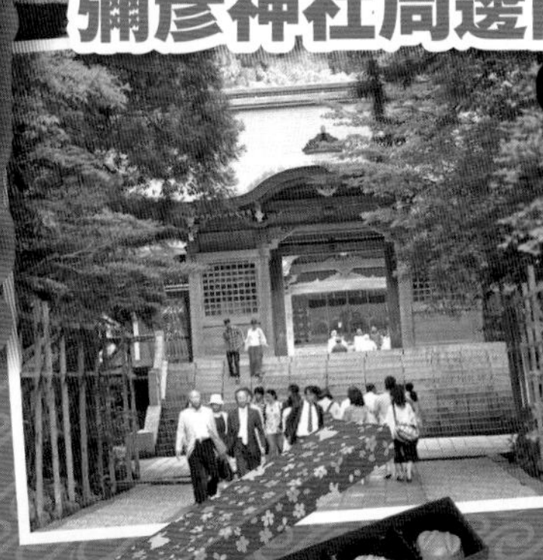

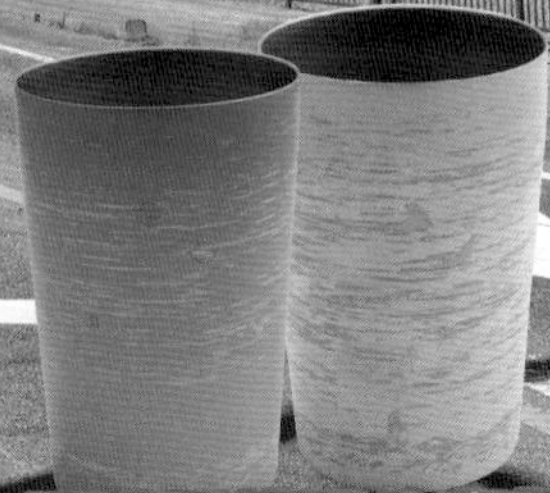

本區不可錯過的亮點
燕三條的金屬加工製品
➔P.76

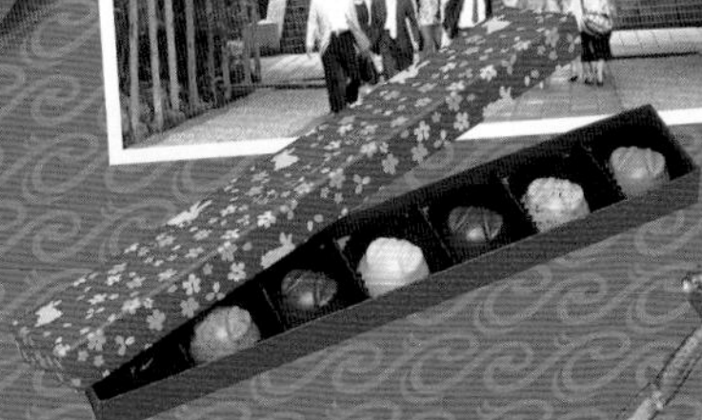

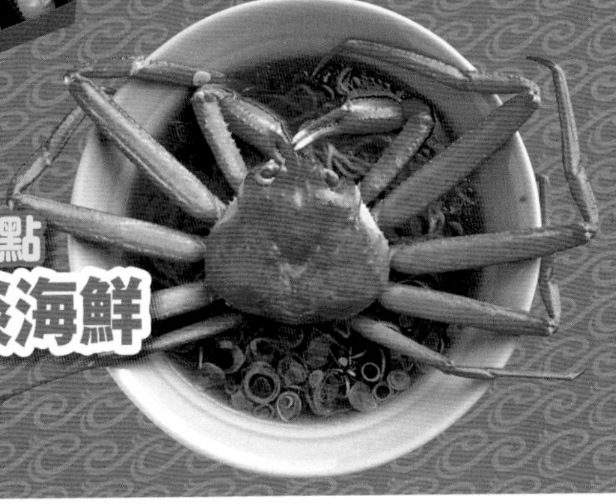

本區不可錯過的亮點
前進寺泊大啖海鮮
➔P.83

區域內交通MAP

新潟
奇岩怪石連綿的絕景兜風路線 越後七浦海岸公路
以新潟藝妓的發道地聞名 岩室溫泉
【新潟至彌彥】車程55分（行駛高速公路）電車1小時5〜35分
彌彥〜越後七浦海岸公路 車程35分
彌彥〜岩室溫泉 車程15分
著名的彌彥神社就座落在此 彌彥
彌彥〜寺泊 車程25分
漁場範圍直達佐渡海域的港都 寺泊
寺泊〜出雲崎 車程20分
擁有美麗夕陽的沿海小鎮 出雲崎
彌彥〜燕・三條 車程25分
日本著名的金屬加工品產地 燕三條
日本海 新津 吉田 長岡 柏崎

交通方式

開車	鐵道
練馬IC	東京站
↓關越自動車道・北陸自動車道	↓JR上越新幹線
三条燕IC	燕三條站
↓國道289號・縣道29號	↓JR彌彥線
彌彥站前	吉田站
	↓JR彌彥線
	彌彥站
所需時間:3小時30分 費用:6670円	所需時間:2小時25分〜3小時55分 費用:9600円

詢問處

彌彥觀光協會 ☎0256-94-3154
岩室溫泉觀光協會 ☎0256-82-5715
寺泊觀光協會 ☎0258-75-3363

順道玩新潟市區也是不錯的選擇◎

燕三條與新潟市區雖然相距約40km，搭乘上越新幹線的話只要13分鐘。如果以玩新潟市區為主的話，也可以安排當天來回的行程造訪本區。若是開車自駕，行駛北陸自動車道也只要約1小時車程。

住宿地點建議選在岩室溫泉

要在這一區住宿的話，不妨考慮新潟市區的後花園—岩室溫泉。若是從東京一帶出發，可搭乘新宿高速巴士總站發車的WILLER TRAVEL高速巴士，於「新潟岩室溫泉ゆもとや」下車。隔天可以順便在附近觀光。

搭乘鐵道&路線巴士移動

燕三條及彌彥都可藉由鐵道與步行方式抵達。前往岩室溫泉與寺泊，一般多為搭乘JR越後線至岩室站及寺泊站，再從車站轉乘路線巴士。別忘了事先查好巴士的班次及時間。

景點 購物

走訪燕三條 見識世界級的卓越工藝技術

出自職人之手 質感非凡的珍品

燕三條以高超的金屬加工技術著稱，蘋果推出的「iPod」背面令世人驚嘆的鏡面處理便是燕三條的代表作之一，也因此吸引了絡繹不絕的遊客前來，尋找值得珍藏一生的好物！

WHAT'S 燕三條?

燕三條指的是燕三條站周邊的燕市與三條市2個地方。前者在江戶時代發展成了職人之都，後者建立了商人之都的地位；燕三條現在則是以金屬加工為主，舉世聞名的造物工藝重鎮。許多日常生活中用得到的時尚商品也是來自這裡。

可以近距離觀賞職人手藝「世界的SUWADA」

諏訪田製作所

●すわだせいさくしょ

大正15（1926）年創業，起初是生產剪斷鐵絲用的對口剪鉗。後來發揮從中累積的經驗與知識，投入生產指甲剪、園藝剪刀等商品。因具備好剪、耐用等出色的特性，深受各領域的專家愛用。

↑工廠四周是農田，感覺十分閒適。一件件世界級珍品便是在此誕生

✆0256-45-6111 MAP附錄②P.6 F-2
營商店為10:00～18:00（4月1日休）
所三条市高安寺1332 交JR燕三條站車程20分 P20輛

小細節大學問！
刀刃的曲線設計，可將指甲修剪得圓滑平整。即使用久了也一樣好剪，耐用度極佳！

不僅用起來得心應手 優美的造型也是一絕

指甲剪 CLASSIC(L) 7020円～

↖標準款的SUWADA指甲剪。不容易顯髒的表面處理也是一大特色

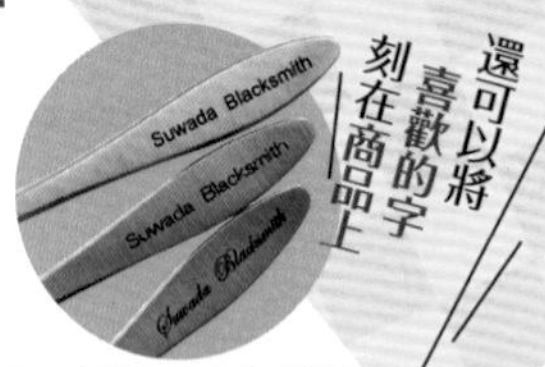

還可以將喜歡的字刻在商品上

↑工廠附設的商店還提供為商品刻字的服務

還能喝到專業水準的濃縮咖啡

↑工廠還附設咖啡廳，來杯卡布奇諾也不錯

工廠參觀information

看過了介紹SUWADA製品歷史的資料室後，接著來到的總公司工廠、第2工廠，都是可以自由參觀的透明工廠。禁止使用閃光燈攝影。

營10:10～12:00、13:00～17:00
休週一、日、假日 ¥免費

←首先參觀依年代展示製品的資料室 ↓可以隔著玻璃近距離觀看職人工作

工廠參觀information

工房開放參觀銅器的製作過程，所需時間約20分鐘。參觀完畢後可在商店購買這裡的製品。5人以上參觀需預約。

營10:00、11:00、13:00、14:00、15:10
休週日、假日 ¥免費

←記得把握機會，好好觀賞被國家及新潟縣指定為無形文化財的職人手藝

打造有如藝術作品的鎚起銅器

玉川堂

●ぎょくせんどう

擁有200年傳統的老字號鎚起銅器製造商。以金屬鎚敲打銅板製作而成的茶具、酒器等各種器皿，越用越能感受到箇中韻味。

✆0256-62-2015 MAP附錄②P.16 F-4
所燕市中央通2-2-21 交JR燕三條站車程5分 P20輛

小細節大學問！
職人以金屬鎚敲打所留下的痕跡「鎚目」排列得極為整齊美觀

兼具造型美與機能性 用過就知道有多厲害

→喜歡喝日本酒的人不妨試試銅製酒器

片口酒壺 卵形 圓點 34560円

小酒杯 圓點（60mℓ） 12960円

帶來讓人耳目一新的創意商品

◆購買地點Shop2

よこやま

俐落簡潔的圖樣 讓你在商務場合更顯不凡

運用雷射雕刻技術，在金屬加工之都—燕市的職人打造的不鏽鋼名片盒上，描繪出日本傳統的和風圖樣。

小細節大學問！
表面的傳統麻葉幾何圖案摸起來驚人地平滑，展現了高超的工藝水準。

⊙WAGARA系列的傳統圖樣營造出俐落幹練的氣息

WAGARA 名片盒 麻葉
2500円

出色工藝打破你對鈦製品的既有想像

HORIE
●ほりえ

位在燕市，專門企畫、製造鈦製品的企業，帶來流線外型、色彩鮮豔的設計等，各種完美融入現代生活的製品。

各18000円

極致工藝打造的隨行杯上 有著朱鷺飛舞的美麗風景

小細節大學問！
內側杯壁經過特殊處理，倒入啤酒時會產生細緻的泡沫。

⊙杯身上描繪著在越後平原優雅飛舞的朱鷺

◆購買地點Shop1·2

製造各種附加價值高的餐廚具

山崎金属工業
●やまざききんぞくこうぎょう

⊙參考了咖哩愛好者的意見所打造的湯匙，十分順暢好用

換一支湯匙來用 咖哩也會變得更加美味！

生產獲得世界知名的飯店採用，具有高度設計感的金屬餐具、刀具等。以魚為靈感所設計的「GONE FISHIN'」系列是推出已超過20年的暢銷商品。

◆購買地點Shop1·2

1080円

小細節大學問！
形狀經過精心設計，能以絕佳比例輕鬆舀起米飯、咖哩醬汁、食材，而且方便將食材切成小塊。

提供各式傑出的銀器、不鏽鋼製品

三宝産業
●さんぼうさんぎょう

以「YUKIWA」的品牌名稱生產供飯店、餐廳使用的銀器、不鏽鋼製品。展現了名匠精湛技藝的Migaki Meister系列為人氣商品，優美的外型十分吸睛。

小細節大學問！
內側經過獨家的24K鍍金處理，能使啤酒泡沫更為細緻綿密。

讓啤酒喝起來 更加美味的傑作

⊙杯口打磨得十分薄，而且沒有金屬異味

獨家特製啤酒杯 附桐木盒
8400円
◆購買地點Shop3

金屬表面加工專家展現傲人技術

中野科学
●なかのかがく

不會掉色也不會剝落 豔麗色彩歷久彌新

專門研究金屬表面處理的企業。也有製造完全不使用染料、塗料等著色成分的彩色湯匙、杯墊等一般家庭用品。杯墊充滿時尚感的設計相當受歡迎。

小細節大學問！
不使用著色劑，僅憑藉金屬的表面加工便呈現出鮮豔色彩，非常厲害！

⊙有各式各樣的圖案，色彩會隨光線強弱及角度而有微妙差異

1片860円

Shop 3 STOCK BUSTERS 燕店
●すとっくばすたーずつばめてん

以半價等超值又划算的價格販售來自附近批發商、製造商的暢貨商品。種類包括廚房用品、生活雜貨等，琳瑯滿目的品項也是一大賣點。

☎0256-63-2511
MAP 附錄②P.6 F-1
營10:00～18:00
休無休 所燕市物流センター2-16 交JR燕三條站車程10分
P200輛

⊙高品質的金屬製品也能便宜入手

Shop 2 公路休息站 燕三条地場産センター
●みちのえきつばめさんじょうじばさんせんたー

店面十分寬敞，集結了超過8000項燕三條的製品。其中約9成為金屬製品，廚具、菜刀等鍛造類製品種類豐富。

☎0256-32-2311
MAP 附錄②P.16 G-5
營9:30～17:30 休第1週三 所三条市須頃1-17 交JR燕三條站步行5分 P119輛

⊙燕三條製品來這裡找就對了！

Shop 1 燕三條站觀光物產中心「燕三条Wing」
●つばめさんじょうえきかんこうぶっさんせんたーつばめさんじょううぃんぐ

這座觀光物產中心位在燕三條站內，是傳遞觀光、產業情報的據點。中心內除了展示、銷售燕三條的金屬製品，還設有觀光服務處。

☎0256-34-7310
MAP 附錄②P.16 G-5
營10:00～18:30
休無休 所三条市下須頃502-3 交JR燕三條站內 P使用燕三條站高架下停車場

⊙空間寬敞，逛起來很舒適

把新潟的好東西全都帶回家！

精選伴手禮看過來

in 燕三條・彌彥・寺泊

除了燕三條世界知名的金屬製品外，彌彥、岩室溫泉及街道充滿古典風情的出雲崎，也都有不容錯過的優質伴手禮！

A B 金屬碗公
6480円

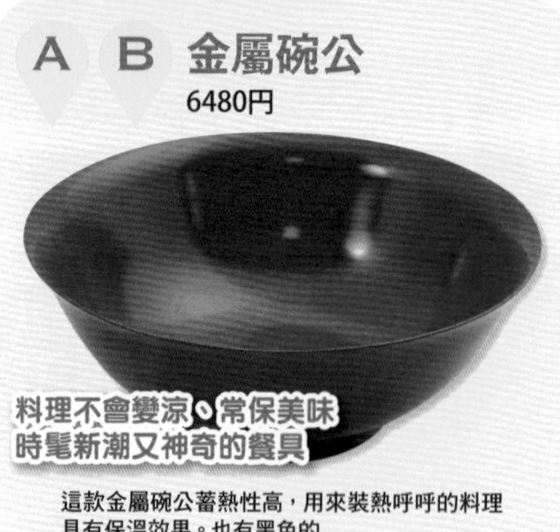

料理不會變涼、常保美味
時髦新潮又神奇的餐具

這款金屬碗公蓄熱性高，用來裝熱呼呼的料理具有保溫效果。也有黑色的

A B 三德刀 鍛冶兵衛
5330円

鋒利好用的手感
非其他刀具可以比擬！

越後刀具鍛造職人發揮精湛手藝製作的日式菜刀。刀身是以白紙鋼製成，用起來的感覺無與倫比

不僅增添俏皮可愛風格
機能性也沒話說的湯匙

A B 咖啡匙 CAT
各430円

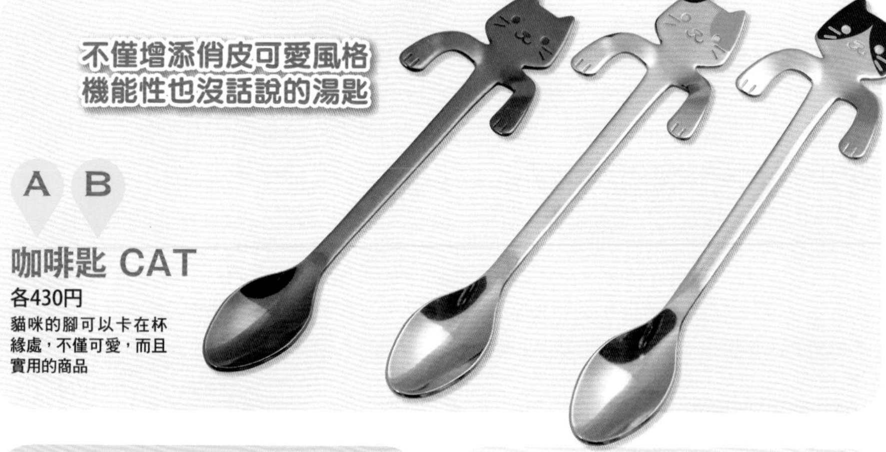

貓咪的腳可以卡在杯緣處，不僅可愛，而且實用的商品

以天空中的明月為意象
風雅又有氣質的越後名菓

C 雲がくれ
1270円（12個裝）

以蛋白中加入寒天與冰糖做成的白色外皮表現雲朵，裡面包著蛋黃餡的和菓子

A B 用起來就是不一樣！
專家也愛用的指甲剪

Nail Pro 彩色指甲剪
3260円

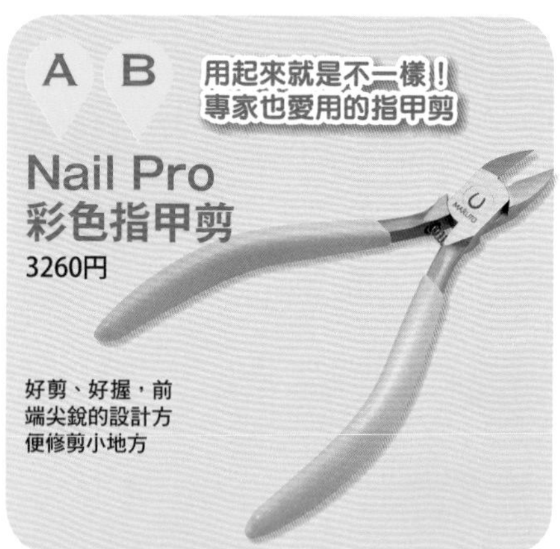

好剪、好握，前端尖銳的設計方便修剪小地方

A B 讓磨指甲變成一樁樂事
用過的人都說讚

磨甲刀 Shiny
3240円
（附外殼）

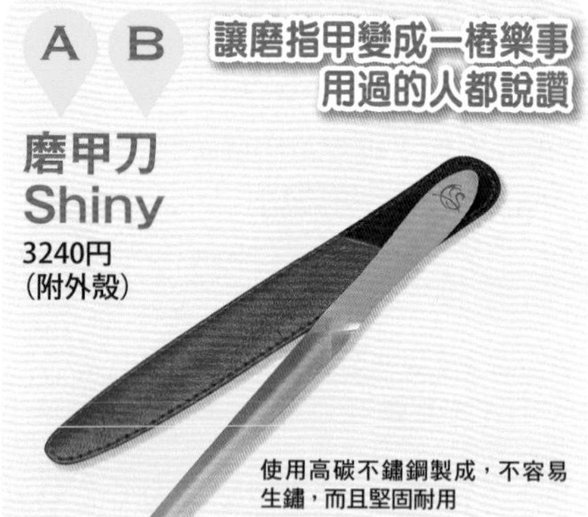

使用高碳不鏽鋼製成，不容易生鏽，而且堅固耐用

彌彥神社周邊

E ひらしお

老宅改裝而成的店鋪中附設咖啡廳「社彩庵」（→P.82）。商店則販賣糕點及和風雜貨。

✆0256-94-2162
MAP 附錄②P.16 G-2
L10:00～18:30（19:00打烊） 休週四（逢假日則翌日休） 所弥彦村弥彦1240-1 交JR彌彥站步行10分 P4輛

彌彥神社周邊

D 越後みそ西 弥彦笹屋店

● えちごみそにしやひこささやてん

總公司位在柏崎的味噌釀造商。販售木桶釀造的味噌、味噌醬菜，以及笹屋菓子舖的的玉兔等彌彥知名伴手禮。

✆0256-77-8562
MAP 附錄②P.16 G-2
L9:00～17:00 休不定休 所弥彦村弥彦1239 交JR彌彥站步行10分
P無

燕市郊外

C 米納津屋 国道店

● よのうづやこくどうてん

提供曾在全國菓子博覽會獲得最高榮譽的「雲がくれ」等，各種以手工悉心製作的和菓子。

✆0256-93-6898
MAP 附錄②P.6 F-1
L9:00～18:30 休不定休 所燕市吉田日の出町15-13 交JR吉田站步行5分
P11輛

燕三條站周邊

A 公路休息站 燕三条地場産センター

● みちのえきつばめさんじょうじばさんせんたー

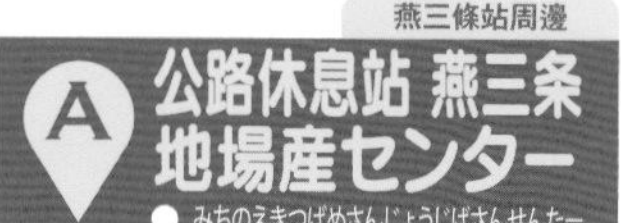

位在燕三條站前的公路休息站，販售以金屬製品、餐具聞名的燕三條的特產。有許多價格實惠的商品。
店家資訊→P.77

燕三條站周邊

B 燕三條站觀光物產中心「燕三条Wing」

● つばめさんじょうえきかんこうぶっさんせんたーつばめさんじょうういんぐ

位在上越新幹線停靠的燕三條車站內，位置絕佳。除了展示、販售以金屬製品為主的商品，也提供觀光諮詢服務。
店家資訊→P.77

朱鷺、貓咪、草莓等主題五花八門，復古又可愛的紙氣球皆是出自日本唯一的紙氣球工房「磯野紙風船製造所」。在公路休息站可以買到

F
朱鷺紙氣球310円（下）
紙氣球「煙火」組310円（左）

紙氣球是造訪出雲崎必買的伴手禮！

源自當地流傳的神話故事 造型討喜的和菓子◎！

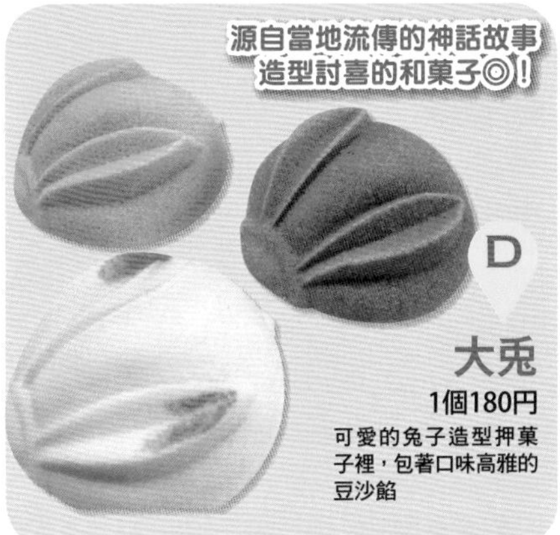

D
大兎
1個180円

可愛的兔子造型押菓子裡，包著口味高雅的豆沙餡

H
白雪羔
680円（11條裝）

白雪羔是江戶時代的高僧良寬在信中也曾提到的傳統干菓子，在昭和時代初期重新問世

重現了高僧良寬所喜愛的風味高雅和菓子

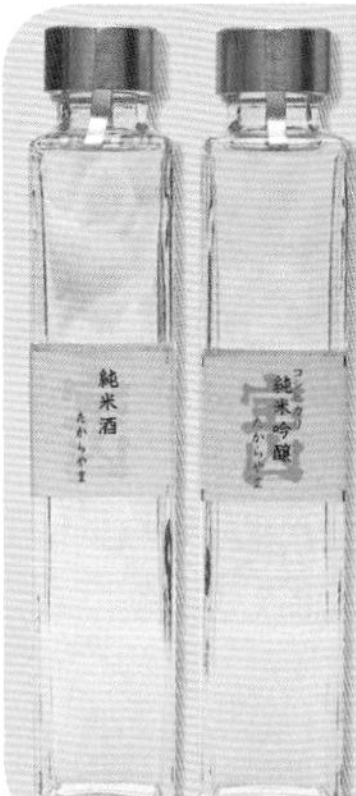

瓶身設計充滿時尚感 當成化妝水使用也很不錯

G
ひと飲み酒
純米酒200mℓ 620円～

做成小瓶裝的在地日本酒，展現時尚感的外觀設計十分吸睛。老闆娘表示，將純米酒當作化妝水使用，有美肌效果

造型可愛又好吃 分送親朋好友的最佳選擇

E
福兎っと
420円（3個裝）～

外皮使用了糯米，吃起來口感Q彈，並包有甜而不膩的豆沙餡與栗子

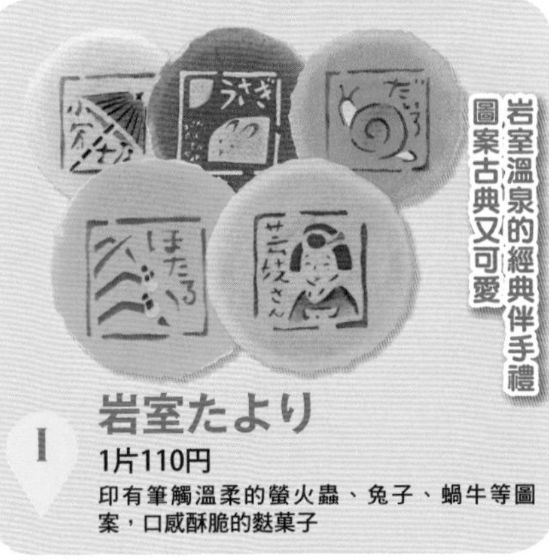

岩室溫泉的經典伴手禮 圖案古典又可愛

I
岩室たより
1片110円

印有筆觸溫柔的螢火蟲、兔子、蝸牛等圖案，口感酥脆的麩菓子

可用來代替手帕 適合日常生活隨身攜帶

E
ひらしお 獨家手拭巾
1條1100円

玉兔圖案等設計展現了彌彥在地特色的獨家商品。有豐富的花色可挑選

岩室溫泉
I 小冨士屋
こふじや

除了岩室溫泉的名產「溫泉仙貝」，從雁鳥憑藉溫泉療傷的傳說而來的和菓子「雁の子」也是人氣商品。

✆0256-82-2053
MAP 附錄② P.16 H-5
L 8:00～19:00 休 週三（逢假日則營業）
所 新潟市西蒲区岩室温泉576 交 JR岩室站車程10分 P 10輛

出雲崎
H 良寛さまお菓子本舗 大黒屋
りょうかんさまおかしほんぽだいこくや

位在出雲崎的和菓子店，保留了明治13（1880）年創業之初的妻入樣式建築。販售與江戶時代高僧良寬相關的和菓子。

✆0258-78-2101
MAP 附錄② P.16 E-2
L 9:00～18:00 休 不定休 所 出雲崎町尼瀬293-1 交 JR出雲崎站車程8分
P 無

岩室溫泉

G 宝山酒造
たからやましゅぞう

明治時代創業的老字號酒藏，「宝山」為旗下的代表性品牌。可參觀釀酒（需預約）及試喝剛釀好的酒。

✆0256-82-2003
MAP 附錄② P.9 A-5
L 9:00～11:30、13:00～16:30 休 不定休 所 新潟市西蒲区石瀬2953 交 JR岩室站車程10分 P 5輛

出雲崎
F 公路休息站 越後出雲崎天領の里
みちのえきえちごいずもざきてんりょうのさと

位在紙氣球市佔率全日本第一的出雲崎，提供紙氣球製作體驗。另外也有販售各種獨家商品。

✆0258-78-4000
MAP 附錄② P.16 E-2
L 9:00～17:00（物產館） 休 第1週三（5、8月無休） 所 出雲崎町尼瀬6-57
交 JR出雲崎站車程8分 P 160輛

玩樂

彌彥神社周邊散步

好看、好玩、好吃、好逛的最強行程♪

被暱稱為「おやひこさま」的彌彥神社，自古以來便受當地人虔誠信仰。跟著以下的散步行程走，絕對給你充實的一整天！

新潟數一數二的代表性神社！

拜殿

歇山頂式設計、向拜屋簷的拜殿與幣殿、祝詞舍相連，展現恢弘雄偉的氣勢。

START JR彌彥站

➲新潟站搭越後線1小時，於吉田站轉乘彌彥線8分

步行3分

御神體為彌彥山的古老神社

彌彥神社

●やひこじんじゃ

參拜信眾絡繹不絕的「越後第一宮」，供奉的是相當於天照大神曾孫的天香山命，相傳祂曾在越後地方進行開拓時，傳授農耕及產業的基礎知識。參拜方式為鞠躬兩次、拍手四下，再鞠躬一次。

✆0256-94-3154（彌彥觀光協會）
MAP 附錄②P.16 F-1
自由參觀（寶物殿為9:00～16:00）
休無休 所弥彥村弥彥2887-2 交JR彌彥站步行15分 P3000輛

把神明的保佑帶回家！

➲戀愛御守各500円相當受歡迎

➲伴手禮店可以買到象徵將災厄掃掉的迷你掃帚御守540円

➲醒目的大鳥居位在距離神社車程約7分鐘處

步行7分

串烤
350円～
鹽烤牛肉、海鮮、香魚等都可單支購買

➲落地窗讓店內空間更顯開闊

美食街

有烏龍麵店與串烤店2家餐廳。將燕三條的在地拉麵改為烏龍麵的背脂烏龍麵十分獨特，引發了熱烈討論。

10:00～16:00
休無休

背脂烏龍麵680円
重現了背脂拉麵口味的原創美食

飛魚飯280円
以飛魚高湯炊煮的飯上還灑了烤飛魚粉

位在車站前往神社途中
提供各種服務的觀光據點

おもてなし広場

●おもてなしひろば

位於觀光服務處斜對面，2018年3月開幕的複合觀光設施。集結了農產品直銷所、美食街、按摩沙龍等，還設置了可免費使用的足湯&手湯。

✆0256-94-3154（彌彥觀光協會）
MAP 附錄②P.16 G-3
10:00～18:00（視店鋪而異） 休無休（視店鋪而異） 所弥彥村弥彥 交JR彌彥站步行5分 P100輛

步行2分

帶幾個可愛的貓熊燒邊散步邊吃吧

分水堂菓子舖

●ぶんすいどうかしほ

曾在「日本全國在地點心排行榜」得到第1名的貓熊燒是著名美食。常態提供紅豆餡、毛豆餡等5～6種口味。紅豆及毛豆餡為米粉做的白色外皮，其他口味的外皮為麵粉製成。

✆0256-94-2282 MAP 附錄②P.16 H-3
9:00～16:00（材料售完打烊）
休週三 所弥彥村弥彥1041-1 交JR彌彥站步行5分 P無

貓熊燒
各150円
還會推出炒牛蒡絲、咖哩等本日限定的口味

會360度旋轉的展望塔

パノラマタワー

佇立於標高634m的彌彥山山頂，高100m的展望塔。觀景室會一面旋轉一面上升，帶來360度的風景。從塔上望出去不僅看得到日本海，還能遠眺佐渡島。

✆0256-94-4141（彌彥山空中纜車）

MAP 附錄②P.9 A-5
L4月上旬～11月下旬、9:00～16:30 休天候不佳時 ¥650円 所弥彦村弥彦2898 交從彌彥山空中纜車站搭登山車（來回380円）1分，下車即到 P180輛（山頂停車場）

↑可隨著旋轉看到各種角度的風景 ↓好天氣時日本海蔚藍的海水讓人印象深刻

步行15分

←搭乘可乘坐32人的空中纜車前往山頂

步行20分

↑可居高臨下欣賞山下的田園景色 ←山頂有設置了遊具的遊樂園等，以及寬廣的停車場

登上御神體的山頂欣賞明媚風光

彌彥山空中纜車

●やひこやまろーぷうぇい

往來於山麓站與彌彥山9合目的山頂站，全長1000m、車程約5分鐘的空中纜車。登上山頂可擁有360度的全方位視野，將日本海與越後平原景色盡收眼底。

✆0256-94-4141 MAP 附錄②P.9 A-5
L8:45～17:00 休無休 ¥來回1600円 所弥彦村弥彦2898 交JR彌彥站步行20分（彌彥神社旁有免費接駁巴士） P1500輛(彌彥神社周邊)

步行即到

以求取姻緣著稱的山頂名勝

御神廟

●ごしんびょう

位於彌彥山山頂的奧之宮。由於同時供奉了彌彥神社的祭神「天香山命」及其妻「熟穗屋姬命」，因此吸引了各地信眾前來求取良緣。

✆0256-94-2001（彌彥神社）
MAP 附錄②P.9 A-5
L境內自由參觀 休天候不佳時 所弥彦村弥彦山山頂 交彌彥山空中纜車站步行15分 P180輛（山頂停車場）

←↓建有石鳥居與小神社的奧之宮。周圍可欣賞到壯麗的日本海景色

← P.82 往社彩庵

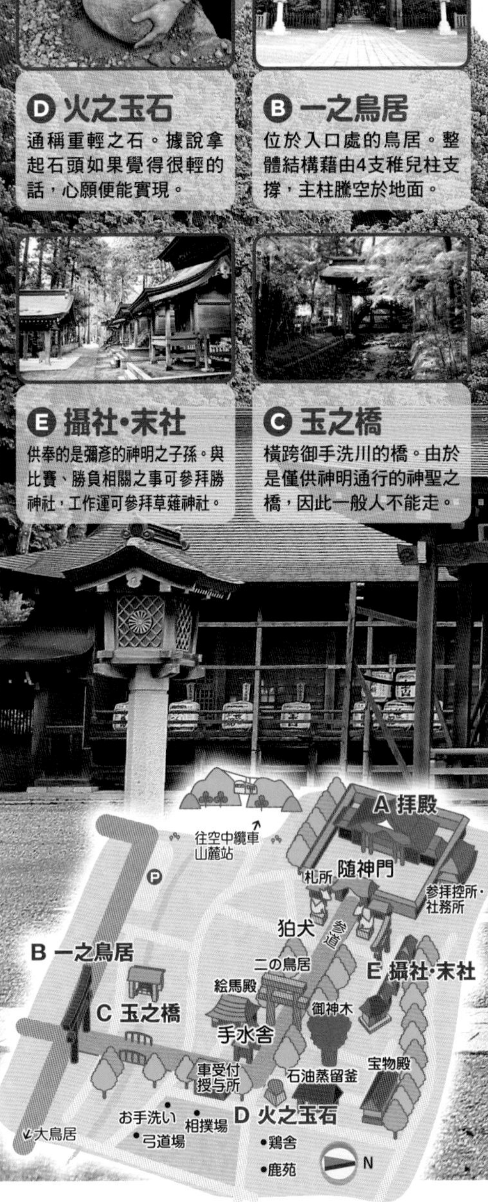

D 火之玉石
通稱重輕之石。據說拿起石頭如果覺得很輕的話，心願便能實現。

B 一之鳥居
位於入口處的鳥居。整體結構藉由4支稚兒柱支撐，主柱騰空於地面。

E 攝社・末社
供奉的是彌彥的神明之子孫。與比賽、勝負相關之事可參拜勝神社，工作運可參拜草薙神社。

C 玉之橋
橫跨御手洗川的橋。由於是僅供神明通行的神聖之橋，因此一般人不能走。

花うさぎ

●はなうさぎ

彌彥溫泉街的藝妓經營的咖啡廳。除了可外帶的咖啡，也提供三明治等輕食。

L10:00～16:00 休無休

↑入口處會公告當天是由哪位藝妓顧店 ←能喝到虹吸式咖啡壺煮出來的咖啡

農産物直売所 やひこ

●のうさんぶつちょくばいじょやひこ

販賣熟食及伴手禮的直銷所，農產品主要是向當地契作農家採購。也設有內用區。

L10:00～18:00 休無休

↑蔬菜經常銷售一空，建議早點來

葵陶窯的茶杯
各1650円
也有賣當地陶窯所製作，柔和風格的陶瓷作品

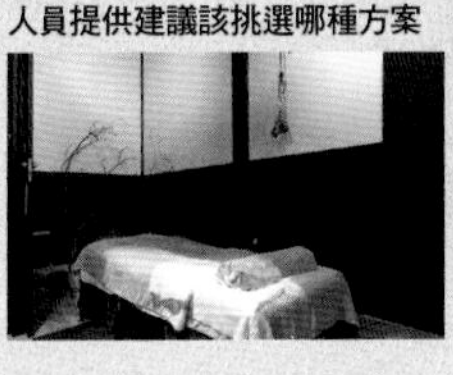

鹽（綠）飯糰
2個180円
只用鹽調味，可以吃到在地米的美味

湯もみ足もみsubako

●ゆもみあしもみすばこ

可以按摩放鬆身體的舒壓沙龍。推薦體驗邊泡足湯，邊享受肩膀按摩的方案。

L10:00～16:00 休週三、第2週二

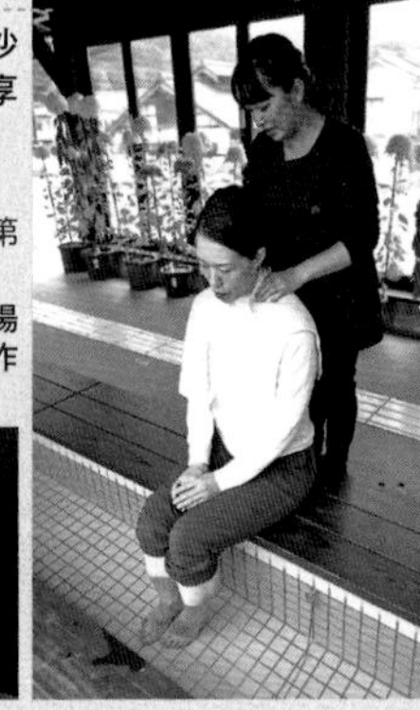

→邊泡足湯邊按摩肩膀的足湯按摩10分1000円 ↓可請工作人員提供建議該挑選哪種方案

新推出在地日本酒品酒方案

酒屋やよい

●さかややよい

這間酒類專賣店販售的是從眾多新潟酒藏中，精心選出的在地酒及縣內產葡萄酒等。還可以在週六、週日、假日開放的2樓品酒區（時間需洽詢）比較各款酒的滋味有何不同。

0256-94-5841

MAP 附錄②P.16 G-2

營8:30～18:30 休不定休（1月下旬～3月週三休、逢假日則翌日休）所弥彦村弥彦1239 -4 交JR彌彥站步行10分 P2輛

↑店面為老宅改裝而成
↓聽了老闆的解說，會更容易選到自己喜歡的酒

→以所謂的「夢幻之米」釀造的彌彥愛國純米吟釀2700円

品酒套餐3杯500円

告知自己喜歡的口味後，店家會提供3款推薦的酒。價格非常划算。

步行即到

接續P.81 御神廟 25分

品嘗自製甜點小歇片刻

社彩庵

●しゃさいあん

這間和風咖啡廳位在屋齡150年的老屋改裝成的建築物2樓，可以吃到老闆娘親手製作的紅豆麻糬湯、蜜豆等甜點。1樓為「ひらしお」（→P.78）。

0256-94-2162

MAP 附錄②P.16 G-2

營10:00～18:30(19:00打烊） 休週四（逢假日則營業） 所弥彦村弥彦1240-1 交JR彌彥站步行10分 P4輛

↑店內可以感受到老宅特有的暖意，讓人很放鬆

這道甜點也很不錯

和風聖代 730円～

湯圓冰淇淋及黑糖蜜黃豆粉等口味最受歡迎

抹茶栗子紅豆麻糬湯 730円

抹茶中有煮得鬆軟可口的紅豆及栗子、麻糬

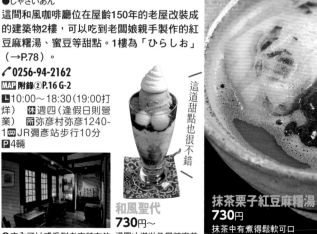

步行3分

←店面在裝修之後呈現日式摩登風格

以彌彥當地傳說為靈感製作各式兔子造型伴手禮

糸屋菓子舖

●いとやかしほ

根據彌彥當地所流傳，「兔子受到神明告誡」的故事，製作、販售兔子造型的和菓子。除了落雁、和三盆糖的干菓子等，外型可愛、有7種口味的巧克力也值得推薦。

兔子巧克力 7顆裝800円

抹茶、黑芝麻等日式口味也十分可口

0256-94-2072 MAP 附錄②P.16 G-2

營9:00～17:00 休不定休 所弥彦村弥彦1281 交JR彌彥站步行7分 P無

步行8分

秋天染成一片火紅的美景非常壯觀

彌彥公園紅葉谷

●やひここうえんもみじだに

位在JR彌彥站旁的彌彥公園也是著名的紅葉勝地。朱紅色的觀月橋與染成通紅的樹葉相互映襯，使紅葉谷的景色更為優美。紅葉時期還有夜間點燈。

0256-94-3154（彌彥觀光協會）MAP 附錄②P.16 G-3

營自由參觀 所弥彦村弥彦 交JR彌彥站即到 P2000輛

↑入口有免費的足湯
↓白天與夜晚各能欣賞到不同的紅葉美景

→春天還有染井吉野等櫻花在此綻放

步行即到

GOAL JR彌彥站

再多走幾步路體驗不同樂趣＋@

各種設施一應俱全的不住宿溫泉

弥彦桜井郷温泉 さくらの湯

●やひこさくらいごうおんせんさくらのゆ

以豐沛的泉量著稱，據說具有美肌效果的溫泉。除了露天浴池、室內浴池外，還有餐廳、按摩室等提供各項服務的設施。

0256-94-1126 MAP 附錄②P.9 A-6

營10:00～21:15，餐廳為～21:00（閉館為22:00） 休不定休 ¥1000円（平日晚上600円） 所弥彦村麓1970 交JR彌彥站車程5分 P250輛

↓在開闊的露天浴池泡個湯放鬆一下吧

造訪山丘上的美術館感受藝術氣氛

彌彥之丘美術館

●やひこのおかびじゅつかん

這座美術館位在城山森林公園的彌彥之丘，每年會舉辦6次企畫展。還能順道探索周遭豐富的大自然之美。

0256-94-4875 MAP 附錄②P.16 H-1

營9:00～16:30 休無休（布展期間休館） ¥300円 所弥彦村弥彦2502-1 交JR彌彥站步行15分 P40輛

→可在此悠閒地欣賞藝術作品與自然美景

蟹膏、蟹肉無比飽滿！

寺泊必吃美食①

螃蟹

寺泊的名產首推螃蟹。除了這裡特產的紅松葉蟹，還能吃到各式各樣於日本海捕撈、寺泊港上岸的螃蟹！

剛抓到的♪

挑選美味螃蟹絕不失敗的秘訣

一、螃蟹越是新鮮，煮過之後蟹殼呈現的紅色越為鮮豔。
二、帶有藤壺的螃蟹肉質較緊實，蟹膏也比較多。
三、肉多、飽滿的螃蟹拿在手上會感覺沉甸甸的。

螃蟹拉麵　1350円
將蟹肉與蟹膏泡進湯頭中享用的拉麵。湯頭中也有滿滿的螃蟹精華！僅在非禁止捕撈期間提供

眾多豪邁的螃蟹料理讓你吃個過癮

汐の華
●しおのはな

位在角上魚類本店2樓的人氣餐廳。將整隻螃蟹放進碗公做成的拉麵、螃蟹蓋飯等螃蟹料理深受好評。以鮮度著稱的海鮮蓋飯、鮭魚親子蓋飯等蓋飯也是推薦美食。

☎0258-75-3155　MAP附錄②P.16 F-4
L11:00～15:00(15:30打烊)、夏季為11:00～16:30(17:00打烊)　休1、2月的週三　所長岡市寺泊下荒町9772-27 角上魚類本店2F

螃蟹、海鮮燒烤…新鮮海產吃不完

前進寺泊大啖海鮮

自古以來漁業興盛的寺泊，有一條街道因為能用實惠的價格買到新鮮海產而遠近馳名。一起去看看在地人引以為傲的海鮮吧！

在鮮魚店直營的餐廳盡情享用海鮮

寺泊中央水産まるなか
●てらどまりちゅうおうすいさんまるなか

位於寺泊中央水產2樓的餐廳。能以直營店才有辦法提供的實惠價格，吃到使用新鮮海產的海鮮蓋飯、定食。

☎0258-75-3266　MAP附錄②P.16 F-4
L11:00～15:00(L.O.視季節、天候而異)
休無休(冬季不定休)　所長岡市寺泊下荒町9772-23 2F

まるなか定食　1945円
能吃到一整隻近海捕獲的紅松葉蟹，極為奢侈的套餐

寺泊魚市場
●てらどまりさかなのいちばどおり　MAP附錄②P.16 F-4

寺泊港附近的國道402號沿線，聚集了一家接一家的鮮魚店，因而聲名遠播，有「魚的阿美橫丁」之稱。由於鮮度一流、價格實惠，隨時都有絡繹不絕的人潮。

☎0258-75-3363(寺泊觀光協會)　L休所視店鋪而異　交JR寺泊站搭巴士往寺泊坂井町15分，魚の市場通り下車即到　P800輛

↑四處走走逛逛，看看有沒有你中意的海鮮吧

香氣撲鼻!現烤現吃!

寺泊必吃美食②

海鮮燒烤

將店門口賣的海鮮串起來烤，便成了市場通最著名的美食。剛烤好的花枝、赤魚鯛、蝦子等，每種都讓人食指大動！

絕對新鮮!漁港美味!

海鮮燒烤 1串 300円～
一開始將海鮮做成燒烤，目的是為了保存。剛烤好的海鮮吃起來尤其美味，食材種類會隨季節而不同

人氣No.2 **帆立貝 400円**
有4顆連著肝的大粒帆立貝。鮮味會隨著咀嚼在口中擴散

人氣No.3 **鯖魚 650円～**
將一整尾鯖魚串起來烤，吃起來肥美多汁

人氣No.1 **花枝 400円～**
雖然每串大小不盡相同，但全都分量十足

將各式各樣海鮮做成誘人的美味燒烤

寺泊浜焼センター・金八
●てらどまりはまやきせんたーきんぱち

陳列在店門口的花枝、蝦、帆立貝，都可以用竹籤串起來做成燒烤。食材的鮮美滋味全部凝聚在一起，造就了漁港的專屬美食。不論買來當伴手禮或現場享用都是好選擇。

☎0258-75-2552　MAP附錄②P.16 F-4
L8:30～17:00(視季節而異)　休無休
所長岡市寺泊下荒町9772-32

螃蟹湯
100円
螃蟹熬出的高湯滋味讓人無法抗拒。

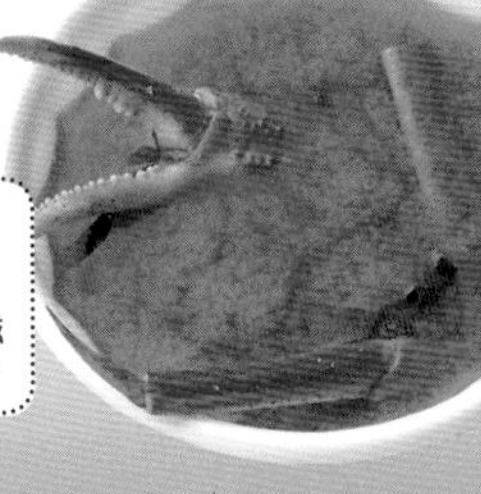

這些地方也別錯過！

走訪彌彥神社周邊的魅力景點

彌彥・岩室溫泉
●やひこ・いわむろおんせん

MAP 附錄②P.9・16

區域導覽

ACCESS

鐵道：燕三條站 —JR彌彥線→ 吉田站 —JR弥彦線→ 彌彥站
所需時間／13分　所需時間／8分

開車：三条燕IC —289—29→ 彌彥站
所需時間／25分

詢問處 ☎0256-94-3154（彌彥觀光協會）
☎0256-82-5715（岩室溫泉觀光協會）

旅行 PICK UP

寺泊　MAP附錄②P.9 A-4

越後七浦海岸公路
●えちごななうらしーさいどらいん

☎0256-72-8736（巻観光協会）　景點

夕陽及自然景觀美不勝收的濱海公路

日本海沿岸的公路「日本海夕日ライン」從長岡市寺泊的野積濱至新潟市角田濱，這段約14km的區間被稱為越後七浦海岸公路。可欣賞到連續的斷崖、突出於日本海的奇岩、夕陽等美景。

↓大自然的鬼斧神工令人印象深刻

↑被指定為天然紀念物的著名奇岩—立岩
←籠罩在夕陽下的「戀愛燈塔」角田岬燈塔也美極了

自由參觀　所新潟市西蒲区角田浜～長岡市寺泊　JR巻站車程20分（角田濱）

彌彥　MAP附錄②P.16 G-2

わっぱ飯と割烹の吉田屋
●わっぱめしとかっぽうのよしだや

☎0256-94-2020　美食

使用彌彥產稻米與食材的知名美食

使用寺泊、出雲崎、佐渡捕撈上岸的海鮮製作的料理為一大賣點。在米飯上鋪滿鮭魚、鮭魚卵、雞蛋絲，連著容器一起蒸的杉木圓筒飯為販售超過30年的著名美食。

10:00～14:30、17:00～19:30左右（20:30左右打烊）
休不定休
所弥彦村弥彦941-2
JR彌彥站步行10分　P10輛

←附燉煮料理、醬菜、蝦頭味噌湯的特製杉木圓筒飯膳1620円

彌彥　MAP附錄②P.16 G-2

清水屋
●しみずや

☎0256-94-2015　美食

在雅致的空間中享用滑順烏龍麵

位在彌彥神社一之鳥居對面的老牌旅館。附設的餐廳非住宿旅客也可以消費，使用口感滑順的特製細麵的烏龍麵、蕎麥麵、現炸的天麩羅定食等都深受好評。

11:00～15:00（有季節性變動）
休不定休
所弥彦村弥彦2921-1　JR彌彥站步行10分
P8輛

←梅子烏龍麵650円，關西風的清爽高湯烏龍麵與梅肉風味堪稱絕配

彌彥　MAP附錄②P.16 G-3

湯神社
●ゆじんじゃ

☎0256-94-3154（彌彥觀光協會）　景點

與彌彥溫泉有深厚淵源的神社

湯神社為彌彥神社的末社之一，供奉大穴牟遲命、小彥名命。這裡也是彌彥溫泉的發源地，湧出的泉水還供每年4月中旬舉行的祭典「弥彥湯かけまつり」使用。

境內自由參觀　所弥彦村弥彦 弥彦公園内
JR彌彥站步行20分　P2000輛

←湯神社被當地人暱稱為「石藥師大明神」

彌彥　MAP附錄②P.16 G-2

中村屋
●なかむらや

☎0256-94-2422　購物

外皮與內餡的比例拿捏得超棒！

古早味的溫泉饅頭自古以來就是彌彥的招牌伴手禮。稍厚的自製外皮內，包有滿滿甜度適中的豆沙餡。1個80円，可單顆購買。

8:30～18:00　休不定休　所弥彦村弥彦957
JR彌彥站步行4分　P無

←溫泉饅頭20個裝1600円，外皮風味一流

岩室溫泉　MAP附錄②P.16 H-5

Gelateria Regaro
●ジェラテリア・レガーロ

☎0256-82-0455　美食

使用自家牧場的新鮮牛乳製作冰淇淋

可以吃到曾在義大利學藝的老闆帶來的正統義式冰淇淋。原料為自家的新鮮牛乳，不使用任何添加物。常態提供約15種口味，其中還有少見的蔬菜等口味。

10:00～17:30
休無休（11、12、3月週二休，1、2月週二、三休）
所新潟市西蒲区橋本240-7
JR岩室站車程10分
P40輛

←以當令蔬菜、水果製作的義式冰淇淋 雙球400円

岩室溫泉　MAP附錄②P.16 H-4

新潟市岩室観光施設いわむろや
●にいがたしいわむろかんこうしせついわむろや

☎0256-82-1066　玩樂

有免費足湯可泡的觀光服務處

提供新潟的後花園—岩室溫泉及其周邊地區的觀光、歷史、傳統文化等資訊的綜合服務處，也有販售農產品等特產。去餐廳或免費的足湯放鬆一下也不錯。

9:00～19:00（視設施而異）　休第1、3週三（逢假日則翌日休）　所新潟市西蒲区岩室溫泉96-1　JR岩室站車程10分　P47輛

←足湯有建屋頂，下雨天也可以泡
↓商店有賣新鮮蔬菜及充滿在地特色的伴手禮

採訪memo　「開湯300年的岩室溫泉」岩室溫泉有新潟的後花園之稱，自江戶時代起即為熱鬧的溫泉地，也是以泉質優良著稱的名湯。相傳曾有受傷的雁在此泡溫泉療傷，因此又被稱為「靈雁之湯」。有江戶時代經營至今的老字號旅館，以及吃得到美味海鮮的旅館等各種住宿選擇。

這些地方也別錯過！

高超的造物工藝令人讚嘆

燕三條

つばめさんじょう

MAP 附錄②P.9・16

區域導覽

ACCESS

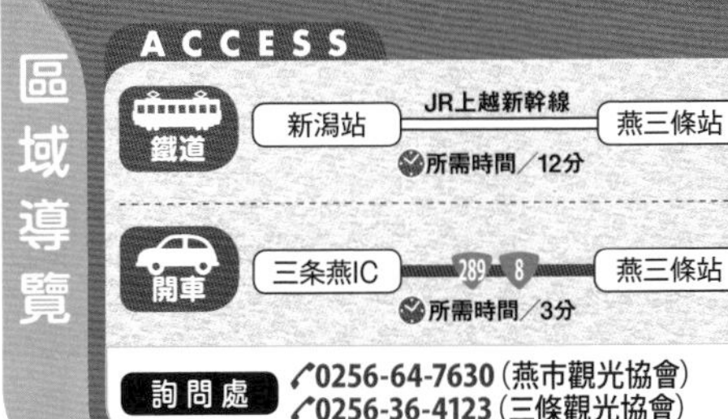

詢問處 0256-64-7630（燕市觀光協會）
0256-36-4123（三條觀光協會）

看過來！

農園搖身一變成為咖啡廳！品嘗各種令人感動的當令美味

燕三條出產稻米、梨、葡萄、高麗菜、蔥、番茄等五花八門的農產品。為讓更多人認識這些農產品，每年會在蔬菜或水果農園舉辦數次燕三條「農田晨間咖啡廳」。每次的主題、地點都不一樣，可享用以當令蔬菜、水果製作的料理，並進行務農等體驗。會場的桌椅、餐具等，使用的也都是燕三條的傑出製品。

還可以和耕種者交流，擁有不一樣的用餐體驗

0256-36-4123（燕三条地場産センター 燕三条ブランド推進課）

三條 MAP附錄②P.16 G-5

Vege Table

べじてーぶる

0256-33-6549 美食

展現季節氣息的午餐任你享用

午餐時段是以吃到飽的形式，推出由營養師監修，大量使用燕三條產蔬菜的餐點。每月的上旬、中旬、下旬會變換菜色，並且皆為家常料理風的溫和口味。

午餐11:00～13:30（L.O.）、咖啡廳13:30～16:00、晚餐18:00～21:30（晚餐只有週五、六，需預約） 休週四、日、假日 所三条市本町1-3-17 JR北三條站步行7分 P20輛

吃到飽形式的午餐有各種健康的自然概念美食

燕 MAP附錄②P.9 B-6

燕市磨屋一番館

つばめしみがきやいちばんかん

0256-61-6701 景點

認識水都新潟的歷史與文化

以傳承金屬研磨技術為目的的設施。參觀完研磨的作業現場後，還可以進行不鏽鋼製啤酒杯（限高中生以上，1500円）或湯匙（300円）的研磨體驗。參觀、體驗需預約。也有販售獨家啤酒杯等商品。

9:00～12:00、13:00～16:00 休週六、日、假日 ¥免費參觀 所燕市小池3633-7 JR燕三條站車程15分 P3輛

可在體驗中學習傲視全球的研磨技術，機會難得

美食 燕三條的2大拉麵正面對決

燕拉麵的始祖

杭州飯店

こうしゅうはんてん

0256-64-3770

MAP附錄②P.16 F-4

在不容易糊掉的粗麵上灑下背脂的背脂系拉麵創始店。有如烏龍麵的自製超粗麵與大量背脂打造出強烈風格。可以搭配切碎的洋蔥穿為口味增添變化。

11：00～14:30、17:00～20:00（售完打烊） 休週一（逢假日則翌日休）、每月1次週二 所燕市燕49-4 JR西燕站步行10分 P50輛

背脂能維持整碗麵的熱度。中華拉麵800円

香醇的咖哩湯頭為最大賣點

正広

まさひろ

0256-31-4103

MAP附錄②P.16 G-5

這家人氣拉麵店可以吃到據說有超過70年歷史的燕三條咖哩拉麵。中粗麵上沾附了使用20種香料製作的香醇湯頭，美味極了。將白飯加進剩下的湯裡享用也是一絕。

11:00～14:30(L.O.)、17:00～21:00(L.O.)、週日、假日中午為11:00～15:00(L.O.) 休週一（逢假日則翌日休） 所三条市石上2-13-38 JR北三條站步行15分 P16輛

放有各種配料的咖哩拉麵800円

採訪memo 「公路休息站 燕三条地場産センター」館內的餐廳在裝修之後於2019年3月重新開幕，提供使用在地食材製作的餐點。

寺泊・出雲崎

歷史悠久的港都與良寬出生地

●てらどまり・いずもざき

MAP 附錄②P.16

區域導覽 ACCESS

鐵道：燕三條站 —JR彌彥線（所需時間／13分）→ 吉田站 —JR越後線（所需時間／15分）→ 寺泊站

開車：三条燕IC —289・8・260・18・116・22（所需時間／30分）→ 寺泊站

詢問處 ☎0258-75-3363（寺泊觀光協會）☎0258-78-2291（出雲崎町觀光協會）

寺泊　MAP附錄②P.16 E-6

寺泊 きんぱちの湯
●てらどまりきんぱちのゆ　☎0258-75-5888　溫泉

徹底感受佐渡深層水的特別之處

提供佐渡海洋深層水露天浴池、按摩池、礦物質三溫暖等不同體驗的入浴設施。靠海的露天浴池空間十分開闊，可以泡在池中悠閒自在地聽海浪聲。

營10:00～21:00（閉館） 休不定休 ¥成人700円，小孩400円 所長岡市寺泊松沢町9353-621 交JR長岡站車程45分 P80輛

↑還有使用高濃度礦物質深層水的寢湯

出雲崎　MAP附錄②P.16 E-2

良寬堂
●りょうかんどう　☎0258-78-2291（出雲崎町観光協会）　景點

樸實的建築造型呼應了良寬的人品

建於良寬老家—橘屋的宅邸遺址，背後即為日本海，堂內的多寶塔嵌著良寬生前隨身攜帶、寸步不離的枕地藏，並刻有良寬創作的和歌。

營自由參觀 所出雲崎町石井町60-乙 交JR出雲崎站搭巴士往出雲崎車庫6分，良寬堂前下車，步行3分 P15輛

↑良寬堂於大正11（1922）年竣工，後方佇立著良寬像

出雲崎　MAP附錄②P.16 F-2

割烹御宿 みよや
●かっぽうおんやど みよや　☎0258-78-3181　美食

邊感受大正浪漫氣氛邊享用海鮮

位在港口附近，提供使用新鮮海產製作的料理。用餐為完全預約制，建議告知店家自己的喜好及預算，更能充分品嘗當令海鮮的美味。明治至大正時期興建的洋風建築也很有看頭。

營11:30～22:30（需預約） 休不定休 所出雲崎町羽黑町101-1 交JR出雲崎站搭巴士往出雲崎車庫10分，終點下車即到 P3輛

↑午餐2160円～，宴席料理4320円～

出雲崎　MAP附錄②P.16 E-2

夕凪の橋
●ゆうなぎのはし　☎0258-78-4000　景點

讓日本海的夕陽見證愛情

位在公路休息站 越後出雲崎天領の里（→附錄②P.22），往海上延伸102m的橋是欣賞夕陽的名勝。據說在橋的欄杆鎖上鎖頭，戀情便能順利圓滿。

營自由參觀 所出雲崎町尼瀬6-57 交JR出雲崎站車程10分 P160輛

↑年輕人也將這座橋稱作「戀人們的橋」

寺泊　MAP附錄②P.16 E-6

長岡市寺泊水族博物館
●ながおかしてらどまりすいぞくはくぶつかん　☎0258-75-4936　景點

緊鄰日本海而建的水族館

展示了約400種、1萬隻棲息於世界各地海域的生物。潛水員在1樓大水槽進行的餵食表演相當有人氣。天氣好的時候還能從3樓的展望室遠眺佐渡島。

營9:00～17:00 休無休 ¥700円 所長岡市寺泊花立9353-158 交JR寺泊站搭巴士往大町10分，水族館前下車即到 P150輛

↑餵食表演1次約5分鐘，1天有4次

出雲崎　MAP附錄②P.16 F-2

石井鮮魚店
●いしいせんぎょてん　☎0258-78-2025　購物

新潟的傳統海鮮燒烤讓人食指大動

以炭火燒烤用竹籤串起的切塊及整尾海鮮。燒烤過程中去除了多餘的水分及油脂，使鮮味更為濃縮。一早便能吃到新鮮現烤的美味。買好之後就去附近的海邊等地大快朵頤吧。

營8:00～17:00 休不定休 所出雲崎町羽黑町475 交JR出雲崎站搭巴士往出雲崎車庫10分，終點下車即到 P無

↑一早便開始在沙子做成的烤爐上燒烤海鮮

出雲崎　MAP附錄②P.16 E-2

北国街道妻入り会館
●ほっこくかいどうつまいりかいかん　☎0258-78-3700　景點

重現傳統町屋的「妻入」樣式

這座觀光交流設施重現了正面寬度窄、縱深長的妻入樣式民家。除了有專人解說周圍保留的妻入樣式建築，也可以在觀光途中來此休息。

營9:00～18:00（10～3月為～17:00） 休無休 ¥免費入館 所出雲崎町尼瀬166 交JR出雲崎站搭巴士往出雲崎車庫6分，良寬堂前下車，步行7分 P18輛

↑從入口看不出來內部如此寬廣。可免費參觀
↓位在過去的北國街道上

寺泊　MAP附錄②P.16 E-5

白山媛神社
●しらやまひめじんじゃ　☎0258-75-3412　景點

信眾進獻的珍貴船繪馬不可錯過

位在山丘上的白山媛神社是寺泊的總鎮守，供奉的神明為保佑國家安泰、航海安全的伊弉冉尊與菊理媛命。也可欣賞珍藏於收藏庫的52片船繪馬。

營9:00～16:00（需預約） 休無休 ¥免費（參觀繪馬收藏庫300円） 所長岡市寺泊二ノ関2768 交JR寺泊站搭巴士往寺泊15分，大町下車即到 P4輛

↑為祈求航海平安所進獻的繪馬

採訪memo 「處處有亮點的出雲崎」海港小鎮出雲崎在江戶時代是所謂的「天領」（幕府直轄地），現在仍保留了許多「妻入」樣式的傳統民宅。這裡也是良寬的出生地，芭蕉也曾行經此地，留下俳句作品。除了以沒入日本海的夕陽美景及生產紙氣球聞名，出雲崎過去還曾有開採石油的歷史，值得細細探索。

長岡・柏崎

ながおか・かしわざき

前進日本數一數二的煙火大會！吃遍在地美食更是必解任務

這一區是位居新潟縣中央的廣大地帶，包括了新潟第二大都市長岡、從內陸延伸到日本海的柏崎、小千谷等地，各有不同魅力及特色。

本區不可錯過的亮點

3大煙火大會

→P.88

本區不可錯過的亮點

知名美食吃不停

→P.90

本區不可錯過的亮點

精選優值伴手禮

→P.92

前往長岡的交通方式

開車

練馬IC
↓ 關越自動車道
長岡IC
↓ 國道8號・351號
長岡站前

所需時間:2小時55分
費用:6160円

鐵道

東京站
↓ JR上越新幹線
長岡站

所需時間:1小時30～55分　**費用:**8950円

前往柏崎的交通方式

開車

長岡IC
↓ 關越自動車道・北陸自動車道
柏崎IC
↓ 國道252號等
柏崎站前

所需時間:30分
費用:850円

鐵道

長岡站
↓ JR信越本線特急
柏崎站

所需時間:25分
費用:1940円

詢問處

長岡觀光會議協會 ☎0258-32-1187
柏崎觀光協會 ☎0257-22-3163

這一區的玩樂方式

住宿的主要選擇為市區的飯店

本區3座主要城市的周邊都沒有較大的溫泉地。想在這一區多玩些地方的話，不妨選擇長岡市區的都會型飯店。若想住溫泉旅館，建議往越後湯澤、十日町、松之山一帶尋找。

開車自駕記得要多預留時間

往返長岡與柏崎間，行駛北陸自動車道最為順暢。若是行駛國道8號等一般道路，由於是走山路，在移動上會比較花時間。若需要長距離移動，安排行程時建議多預留些時間。

鐵道是最方便的交通工具！

不論長岡、柏崎、小千谷，都有鐵道路線經過。前往郊區雖然得搭路線巴士，但交通基本上相當便利，對於觀光不會造成困難。可將上越新幹線停靠的長岡當作在這一區旅行的主要停留地。

景點

越後3大煙火看個夠!!

2天施放 約2萬發! 上屆來場數人數104萬人

新潟最著名的三項煙火大會，依其舉辦地點，分別有「海之柏崎」、「川之長岡」、「山之片貝」之稱。施放的數量、煙火的尺寸在日本皆是數一數二。有機會的話，一定要親眼見識這夏季夜空中最燦爛的美景。

河面也被照得耀眼璀璨 無比壯觀的煙火大會

門票要如何購買？

觀眾席分為免費席與付費席。付費席門票的購買方式包括了每年5月開始受理登記的抽籤販售，以及售完為止的便利商店機台販售。

晚上該在哪裡過夜？

長岡市內的旅館幾乎在煙火大會1年前就會被預訂一空，要在當地過夜非常困難。建議將越後湯澤、小千谷、燕三條、新潟等地的行程安排在靠近的時間，並確保近郊的住宿地點。最好盡早預約。

必看 復興祈願煙火「不死鳥」

長岡煙火最具代表性的煙火，是為中越大震災的災後重建祈福而開始的。寬度達2km，規模令人為之震懾的超大號Wide Starmine煙火之中，蘊含著市民的祝福與意念。許多人看了甚至會感動落淚。

色彩鮮豔的5色Starmine煙火同時施放，效果既華麗又震撼。

必看 Wide Starmine煙火

其他地方的煙火也很有看頭！

新潟各地的煙火行事曆

發數未定　上屆來場數57萬5000人

新潟市區　8月11日(若天候不良則翌日)

新潟祭煙火大會
にいがたまつりはなびたいかい

壯觀的煙火照亮信濃川

點亮了新潟夜空的大型Starmine煙火在祭典尾聲將氣氛帶到最高潮。夜空中璀璨的煙火倒映在河面上的景象夢幻極了。

☎025-290-4411（新潟まつり実行委員会）
MAP附錄②P.13 C-5
所新潟市中央区（主會場為萬代橋～昭和大橋西詰上游）交JR新潟站步行15分

上越　7月26日

上越祭大花火大會
じょうえつまつりおおはなびたいかい

五光十色的煙火在關川河口登場

煙火會配合神轎遊行施放，神轎抵達荒川橋的瞬間為最高潮的時刻。

☎025-525-1185（直江津祇園祭協賛會事務局）
MAP附錄②P.18 H-1
所上越市関川河口河川敷、船見公園
交越後心動鐵道直江津站步行10分

5000發　上屆來場數10萬人

燕三條　8月3日(預定)

三條夏祭大花火大會
さんじょうなつまつりだいはなびたいかい

感受近距離施放的超強震撼力

可以近距離感受煙火撼動人心的炸裂聲。最後的煙火瀑布倒映在信濃川河面也美不勝收。

☎0256-32-1311（三条夏まつり協賛会）
MAP附錄②P.16 G-5
所三条市本町6 河川緑地　交JR北三條站步行10分

4000發　上屆來場數10萬人

200發　上屆來場數2200人

咲花溫泉　6月14日

咲花溫泉水中花火大會
さきはなおんせんすいちゅうはなびたいかい

罕見的水中煙火令人感動

於美肌之湯—咲花溫泉舉辦。在水面呈半圓形綻放開的煙火，將夜晚的阿賀野川妝點得如夢似幻。最後會施放Starmine煙火結尾。

☎0250-43-3911（咲花溫泉觀光協會事務局）
MAP附錄②P.15 A-3
所五泉市佐取地内阿賀野川河畔
交JR咲花站步行5分

世界最大的四尺玉煙火 聲光效果無比震撼

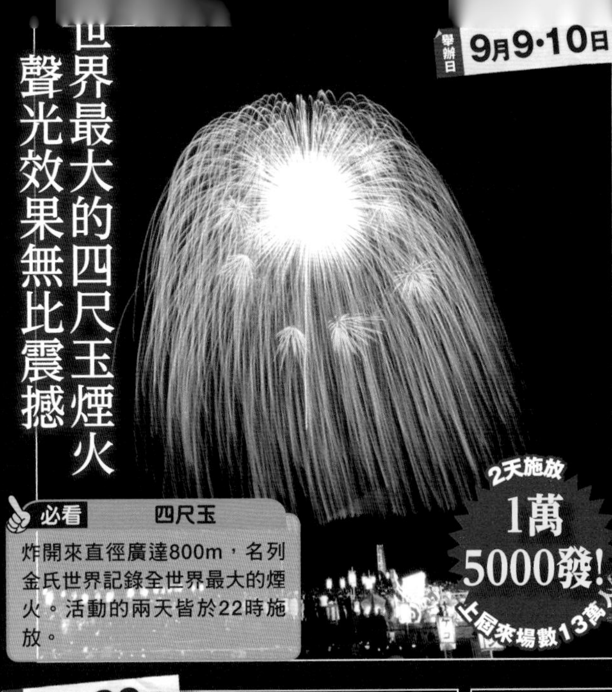

舉辦日 9月9・10日

●かたかいまつりあさはらじんじゃしゅうきれいたいさいほうのうだいえんか

片貝祭淺原神社秋季例大祭奉納大煙火 小千谷

將心意寄託在煙火中進獻給淺原神社，是從江戶時代持續至今的傳統活動。全世界最大的四尺玉等，以尺玉為主的豪邁煙火非常有看頭。

☎0258-84-3900（片貝町煙火協會）
MAP 附錄②P.6 E-5
所小千谷市片貝町淺原神社裏手 交JR長岡站搭經由片貝的巴士往小千古30分，五之町臨時巴士站下車，步行20分

交通方式	若是搭乘電車，JR小千谷站、長岡站皆有行經片貝的巴士。自行開車的話，行駛關越自動車道，下小千谷IC，車輛停放於小千谷市的臨時停車場（小千谷市綜合體育館等）後，搭乘付費接駁巴士。
門票 平台座位	一面30000円（2日票，最多可供8人使用），4月1日起販售

必看 四尺玉

炸開來直徑廣達800m，名列金氏世界記錄全世界最大的煙火。活動的兩天皆於22時施放。

2天施放 1萬5000發！ 上屆來場數13萬人

必看 天空之花

繽紛絢爛的煙火在夜空中綻放，紀念以長岡煙火為題材拍攝的電影上映。

舉辦日 8月2・3日

●ながおかまつりおおはなびたいかい

長岡祭大煙火大會 長岡

起源可追溯到戰後重建時期具有重要象徵意義的「長岡復興祭」，再加上中越大震災的復興祈願煙火「不死鳥」，眾多市民都將心中意念託付在這場煙火大會上。煙火規模之盛大以及場面之美，讓長岡祭大煙火大會名列日本三大煙火大會。施放數未定。

☎0258-39-0823（長岡花火財団）
MAP 附錄②P.17 B-6
所長岡市信濃川河川敷 長生橋下游
交JR長岡站步行30分

交通方式	若搭乘電車，於JR長岡站下車步行至會場。自行開車的話，則建議將車輛停放在國營越後丘陵公園等地，再搭乘付費接駁巴士至會場附近。

※門票等資訊息詳情請於長岡煙火官網（http://nagaokamatsuri.com）確認。

長岡祭Q&A

為什麼是在8月2、3日舉辦？

長岡祭的起源是紀念昭和20（1945）年8月1日發生之長岡空襲。每年1日會施放白色的「慰靈煙火」，2、3日則舉辦為民眾帶來勇氣的花火大會。

可以在哪些地方看到煙火？

長生橋上游至大手大橋下游間的信濃川兩岸設有觀眾席。正三尺玉及不死鳥煙火的最佳觀賞地點分別是長生橋上游與大手大橋下游。

舉辦日 7月26日

必看 100發尺玉煙火齊放

只有在柏崎看得到的煙火。伴隨著氣勢驚人的炸裂聲，於夜空中形成1500m的煙火屏幕。

1萬5000發！ 上屆來場數21萬人

以海面為舞台 氣勢不同凡響的煙火大會

●ぎおんかしわざきまつりうみのおおはなびたいかい

祇園柏崎祭海之大煙火大會 柏崎

壯麗的海中空Starmine 及Wide Starmine等煙火照亮了整個海面。尺玉煙火也相當有看頭，300連發及100發齊放的場面都美得難以言喻。

☎0257-21-2334（柏崎市商業觀光課）
MAP 附錄②P.17 D-1
所柏崎市中央海岸周辺 交JR柏崎站步行20分（使用公共交通工具或接駁巴士）

交通方式	若搭乘電車，於JR柏崎站下車，步行至會場。開車的話則行駛北陸自動車道，下柏崎IC，車輛停放於佐藤池球場的臨時停車場後，搭乘付費接駁巴士。
門票 觀眾席	有付費席

必看 海中空Starmine

從堤防往海面與空中施放，柏崎祭最具代表性的煙火。五彩繽紛的煙火也倒映在海面上。

十日町 3月上旬

中里雪原嘉年華

せつげんかーにばるなかさと

於雪原上空綻放的夢幻煙火

滑雪場的滑雪道上排列著約2萬支蠟燭，打造出夢幻白雪世界。在浪漫氣氛與柔和燭光的圍繞下，夜空中的美麗煙火更加令人感動。

☎025-763-2511
（雪原カーニバルなかさと実行委員会）
MAP 附錄②P.3 C-4
所十日町市市之越卯1077（中里清津滑雪場） 交JR越後田澤站步行7分，搭十日町市中里支所的免費接駁巴士

發數未定 上屆來場數7000人

小千谷 8月24日

小千谷祭大花火大會

おぢやまつりだいはなびたいかい

最後的Starmine煙火震撼力十足

最高潮的超大型Starmine煙火規模在縣內數一數二。建議在信濃川畔觀賞。

☎0258-83-3512（小千谷觀光協會）
所小千谷市旭橋下流信濃川河畔 交JR小千谷站步行15分

7000發 上屆來場數18萬人
MAP 附錄②P.6 E-6

津南 10月26日(預定)

GEO河岸段丘花火2019

じおかがんだんきゅうはなびにせんじゅうきゅう

夜空中串連出美麗的煙火帶

於日本最壯觀的河階地形，串連起約30km的帶狀煙火。在60秒的時間中於50個地點施放。

☎025-765-5585（津南町觀光協會）
所津南町上郷上田甲1745-1（マウンテンパーク津南） 交JR津南站車程20分

發數未定 上屆來場數1000人
MAP 附錄②P.3 B-4

※以上刊載的是2019年1月時資訊。活動有可能中止、變更，請務必事先確認。

美食

探索長岡～小千谷～柏崎 中越美食街道 知名美食吃不停

長岡、小千谷、柏崎約略位在新潟縣的正中央，是在地特色美食的寶庫。其中還有連新潟縣民也不見得知道的隱藏版美食。從長岡出發，展開這趟美食之旅吧！

旅行路線MAP：長岡、柏崎、小千谷

酥脆爽口的炸豬排與獨門醬汁無比對味！

洋風炸豬排蓋飯780円（平日中午620円），炸豬排裹滿了番茄醬口味的醬汁，非常下飯

長岡的推薦美食

洋風炸豬排蓋飯

將炸豬排放在白飯上，再淋滿酸甜洋風醬汁所做成的美食。誕生於昭和時代初期，可在市內約30家餐廳吃到。

レストランナカタ

☎0258-34-3305
MAP 附錄②P.17 C-6
營11:30～21:00（週四為～15:00）
休無休 所長岡市坂之上町2-3-6 交JR長岡站步行10分
P無

老闆曾在洋風炸豬排蓋飯創始店習藝，口味正宗

長岡的推薦美食

長岡生薑醬油拉麵

豚骨基底的香醇湯頭中帶有生薑風味為一大特色，入口之後餘韻清爽。

青島食堂 宮内駅前店
●あおしましょくどうみやうちえきまえてん

☎0258-34-1186 MAP 附錄②P.6 E-4
營11:00～20:00 休第3週三 所長岡市宮内3-5-3 交JR宮内站即到 P10輛

長岡生薑醬油拉麵的創始店。兼具香醇與爽口滋味的湯頭十分美味

獨特生薑風味絕對讓你食慾大開！

青島拉麵800円帶有溫和芳香的生薑味

農家直送的新鮮蔬菜美味程度絕對不同凡響

有各種蔬菜料理可選擇的自選DELI4品套餐1166円

長岡的推薦美食

長岡蔬菜料理

配合當地風土氣候種植的長岡蔬菜也是不可錯過的重點。來份洋食午餐，好好品嘗食材的好滋味吧。

SUZUDELI
●すずでり

☎0258-94-4960
MAP 附錄②P.17 A-5
營11:00～21:15（22:00打烊）
休無休 所長岡市千秋2-278 リバーサイド千秋1F 交JR長岡站車程10分 P使用Riverside千秋停車場

使用在地產新鮮蔬菜的咖啡廳

長岡在地人熱愛60年的好味道

除了義式炒麵330円，還有咖哩口味等

長岡的推薦美食

義式炒麵

炒麵淋上自製肉醬，便成了這道長岡市民最愛的家鄉味。義式炒麵搭配煎餃一起吃是內行人的吃法！

フレンド CoCoLo長岡店 ●ふれんどこころながおかてん

☎0258-36-7707
MAP 附錄②P.17 D-6
營10:00～20:00
休無休 所長岡市城内町1-611-1 CoCoLo長岡1F
交JR長岡站内
P468輛

深受當地學生喜愛，市內外共有9家分店

曾在全國在地蓋飯大賽 獲得最高榮譽的美食！

放了滿滿鮭魚卵的鯛魚鮭魚卵茶泡飯1080円

柏崎的推薦美食

鯛魚茶泡飯

柏崎的鯛魚漁獲量在縣內名列前茅，造就了這道能大口享用鯛魚的蓋飯。市內許多餐廳都吃得到，是著名的柏崎美食。

和風レストラン 漁り火

●わふうれすとらんいさりび

☎0257-24-5505
MAP 附錄②P.17 B-2
11:00～18:30（19:00打烊） 休無休 所柏崎市鯨波1828 メトロポリタン松島1F 交JR鯨波站步行5分 P100輛

可以對著日本海欣賞夕陽的浴池也是一大賣點

長岡的推薦美食

特製冷麵

3月中旬～10月下旬提供的長岡知名美食。自製美乃滋與醬汁、鳳梨搭在一起超對味。

MIMATSU CAFE 大手店

●みまつかふぇおおててん

☎0258-36-0852
MAP 附錄②P.17 C-6
10:00～18:00（19:00打烊）（商店為～19:00） 休無休 所長岡市大手通1-4-12 交JR長岡站步行4分 P無

創業近60年的糕點店提供的特色美食

配料幾乎蓋過麵條 誠意十足的限定美食

特製冷麵680円，多的時候一天可賣出200份

柏崎的推薦美食

米粉甜點

各地使用米粉做成的甜點都不斷推陳出新！造訪柏崎海邊的咖啡廳享用這裡最著名的鬆餅吧。

umicafe DONA

●うみかふぇどな

☎0257-35-2573
MAP 附錄②P.7 C-4
11:00～15:00（週六、假日～日落） 休週日、一（1、2月不營業） 所柏崎市宮川2359 交JR柏崎站車程20分 P10輛

可欣賞海景的咖啡廳。精心沖泡的咖啡也很可口

100%米粉製作的獨家鬆餅有原味594円等6種口味

海邊咖啡廳的鬆餅 兼具酥脆＆彈嫩口感

手工豆腐炸得金黃酥脆 分量、味道都沒話說

自製炸豆腐定食850円。米飯也堅持選用在地米

柏崎的推薦美食

各式在地豆腐料理

新潟盛產大豆，縣產大豆做的豆腐在精心調理之後更加美味，是午餐的好選擇。以自製豆腐做的飛龍頭也很受歡迎。

公路休息站 じょんのびの里高柳

●みちのえきじょんのびのさとたかやなぎ

☎0257-41-2222 MAP 附錄②P.3 B-1
10:00～20:30（12～3月為～19:30、餐廳為11:00～14:30、17:00～19:30、有季節性變動） 休不定休 所柏崎市高柳町高尾10-1 交JR柏崎站車程40分 P212輛

結合了不住宿溫泉、旅館等的複合設施

小千谷的推薦美食

片木蕎麥麵

小千谷最具代表性的美食。特色是麵條在製作時使用了海藻增加黏性，並會裝在一種名為「片木」的四方形容器內送上桌。

元祖 小千谷そば 角屋

●がんそおぢやそばかどや

☎0258-83-2234 MAP 附錄②P.6 E-6
11:00～14:30、16:30～20:00（L.O.19:30） 休不定休 所小千谷市桜町4992 交JR小千谷站搭巴士往小千古インター10分，油新田下車，步行5分 P30輛

小千谷的老店。使用了枕崎產的本枯節柴魚

嚼勁十足、風味絕佳的麵條讓人難以忘懷

片木蕎麥麵1人份750円。吃起來帶嚼勁、滑順好入喉。與沾麵醬汁也很對味

把新潟的好東西全都帶回家！

精選伴手禮看過來 in 長岡・柏崎

人口數僅次於新潟市區的長岡，也孕育出了眾多新潟知名的伴手禮。柏崎則有各種能感受到溫度的手作商品。

其他地區的伴手禮資訊
新潟市區 ▶ P.50
越後湯澤・魚沼・十日町 ▶ P.67
燕三條・彌彥・寺泊 ▶ P.78
上越・妙高・糸魚川 ▶ P.103
月岡溫泉・阿賀野川 ▶ P.112
村上・瀨波溫泉・笹川流 ▶ P.122
佐渡 ▶ P.139

帶有清新柚子香氣 溫順好入口的佳釀

E
吉乃川柚子酒
1080円（500mℓ）
散發柚子香氣、口感清涼，而且不會太甜，深受女性喜愛的一款酒

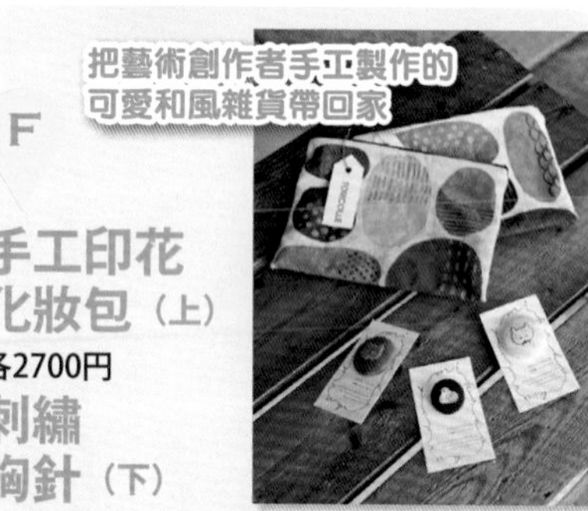

把藝術創作者手工製作的可愛和風雜貨帶回家

F
手工印花化妝包（上）
各2700円
刺繡胸針（下）
各2000円～

新潟市TORICOLLE的獨家化妝包與居住在新潟市的藝術創作者的刺繡作品

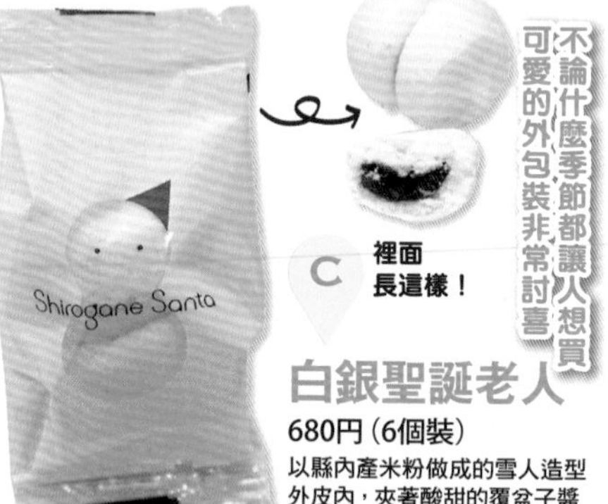

不論什麼季節都讓人想買 可愛的外包裝非常討喜

裡面長這樣！

C
白銀聖誕老人
680円（6個裝）
以縣內產米粉做成的雪人造型外皮內，夾著酸甜的覆盆子醬

帶有水果色彩與香氣的特色米菓

A
綜合水果米菓
300円
使用縣內產糯米做成的繭形米菓，色彩十分可愛，並帶有淡淡水果香

傳統和服布料化作五花八門的雜貨

G
小千谷縮格紋托特包等
9720円等
使用傳統工藝品─小千谷縮的和服布料製作出包包、扇子等生活用品

Q彈可口的糰子搭配甜蜜紅豆餡

D
あん衣
紅豆泥、紅豆粒各300円
在銅鍋中悉心熬煮北海道紅豆，與糰子一同直接密封裝罐所做成的和風甜點

口感輕盈爽脆 廣受歡迎的仙貝點心

B
薄炸仙貝
1袋389円～
薄脆仙貝在炸過之後吃起來香酥爽口，是新潟的人氣伴手禮。有5種口味

C GÂTEAU SENKA本店
長岡
がとうせんかほんてん

在長岡與新潟市區有14間店鋪的西點店。使用嚴選素材製造、販售各式各樣甜點。

0258-33-2637 MAP 附錄②P.17 C-6
L 8:00～20:30 休 無休 所 長岡市大手通2-4-1 交 JR長岡站步行5分 P 無

B 瑞花
長岡
ずいか

講究品質與鮮度，提供各種新鮮現做米菓類商品的專賣店。

0258-37-0811 MAP 附錄②P.17 C-6
L 9:00～19:00（1、2月為～18:00） 休 無休 所 長岡市東坂之上町1-6-11 交 JR長岡站步行5分 P 無

A 菓子道楽 新野屋
柏崎
かしどうらくあらのや

明治27（1894）年創業的老字號和菓子店。招牌商品網代燒與黑羊羹也是柏崎名產。

0257-22-2337 MAP 附錄②P.17 D-2
L 9:00～17:30（週五、六為～18:00） 休 週日不定休（12月無休） 所 柏崎市駅前1-5-14 交 JR柏崎站步行3分 P 5輛

G 布ギャラリー
小千谷
ぬのぎゃらりー

販售有1200年歷史的傳統紡織品─小千谷縮的家飾工藝紡織品店。也有許多麻、絲織品類的商品。

0258-82-3213 MAP 附錄②P.6 E-6
L 10:00～17:00 休 無休 所 小千谷市旭町11-4 交 JR小千谷站步行8分 P 20輛

F ことりと
柏崎

販售老闆精挑細選而來的新潟工藝品及日本各地的雜貨。店面是舊商店改裝而成，散發懷舊氣氛。

050-5899-3773 MAP 附錄②P.7 C-4
L 14:00～18:00 休 週二、不定休 所 柏崎市松波3-3-28 交 JR柏崎站車程15分 P 1輛

E 酒蔵資料館「瓢亭」
長岡
さかぐらしりょうかんひさごてい

位在老字號酒藏「吉乃川」用地內的資料館。伴手禮區提供試喝，可在此選購自己喜歡的酒。

090-2724-9751 MAP 附錄②P.6 E-4
L 10:00～15:00（參觀需預約） 休 不定休 所 長岡市摂田屋4-8-12 交 JR宮内站步行10分 P 4輛

D 甘味処 餡庵
柏崎
かんみどころあんあん

製餡工廠附設的甜點店。除了吃得到使用自製紅豆餡做的甜品，也有賣伴手禮。

0257-22-3090 MAP 附錄②P.17 D-1
L 10:00～18:30 休 週日 所 柏崎市東本町1-2-31 交 JR柏崎站步行7分 P 5輛

這些地方也別錯過！

認識城下町歷史、大啖美食

長岡・小千谷

●ながおか・おぢや

MAP 附錄②P.6・7・17

區域導覽

ACCESS

鐵道　新潟站 —JR上越新幹線— 長岡站　所需時間／22分

開車　長岡IC —8・351— 長岡站　所需時間／10分

詢問處 ☎0258-32-1187（長岡觀光會議協會）

長岡　MAP附錄②P.6 E-4

旅行 PICK UP

攝田屋

●せったや

☎0258-32-1187（長岡觀光會議協會）　景點

漫步過去因釀造而繁榮的攝田屋地區

位在舊三國街道上的攝田屋地區在江戶時代曾因釀造業而興盛。目前也仍然有從事味噌、醬油、日本酒的釀造。只要事先預約，便可進入吉乃川酒藏資料館「瓢亭」的內部參觀。

⬇機那サフラン酒本舗的倉庫外牆有色彩鮮豔的鏝繪

⬆從江戶時代釀造醬油至今的越のむらさき
⬅在吉乃川酒藏資料館「瓢亭」還可試喝日本酒

🕒自由參觀　所長岡市攝田屋　🚃JR宮內站步行10分　P無

小千谷　MAP附錄②P.6 E-6

小千谷市錦鯉之鄉

●おぢやし にしきごいのさと

☎0258-83-2233　景點

觀賞享譽國際的錦鯉

錦鯉的發源地—小千谷的獨家景點。不僅能在日本庭園、觀賞池看到有「會游泳的寶石」之稱的錦鯉，還有介紹了錦鯉的歷史、品種、飼養方法等知識的展示室。

🕒9:00～18:00（12～2月為～17:00）　休無休　¥510円　所小千谷市城内1-8-22　🚃JR小千谷站步行20分　P70輛

⬅打造了大小瀑布、橋梁的水池中飼養著許多錦鯉

長岡　MAP附錄②P.17 B-4

新潟縣立近代美術館

●にいがたけんりつきんだいびじゅつかん

☎0258-28-4111　景點

展示了羅丹、莫內、藤田嗣治的作品

館內有3間館藏展示室、企畫展示室、可租借的藝廊，透過企畫展傳達美術作品的迷人之處。館藏展示室會設定主題，從超過6000件館藏中挑選相關作品展示。

🕒9:00～16:30（17:00閉館）　休週一（逢假日則翌日休，檢查期間、布展期間休，有臨時休業）　¥成人430円，高中、大學生200円，國中生以下免費；企畫展另外收費　所長岡市千秋3-278-14　🚃JR長岡站搭越後交通循環巴士内環線15分，縣立近代美術館下車即到　P165輛

⬅因進行裝修工程，將休館至2019年9月14日

長岡　MAP附錄②P.6 E-4

新潟縣立歷史博物館

●にいがたけんりつれきし はくぶつかん

☎0258-47-6130　景點

認識新潟的悠久歷史與傳統文化

介紹新潟歷史、民俗的博物館。常設展示包括了雪國生活、稻米耕作等主題的歷史展示，以及繩文展示。透過等身大的立體模型等，能進一步了解當地歷史及文化。

🕒9:30～16:30（17:00閉館）　休週一（逢假日則翌日休）　¥510円（企畫展另外收費）　所長岡市関原町1-2247-2　🚃JR長岡站搭巴士往県立歴史博物館40分，終點下車即到　P184輛

⬅重現了昭和30年代初期的豪雪地帶高田的街道

認識與長岡相關的偉人生平

景點

聞名天下的智將—直江兼續

与板歷史民俗資料館(兼續阿船博物館)

●よいたれきしみんぞくしりょうかん(かねつぐおせんみゅーじあむ)

☎0258-72-2021

MAP附錄②P.6 E-3

展示了大河劇《天地人》的主角—直江兼續與其妻阿船的相關資料，以及兼續使用過的「愛之鎧甲」（複製品）。

⬅也介紹了日本首位啤酒釀造者中川清兵衛

🕒9:00～17:00　休週一　¥300円　所長岡市与板町与板乙4356　🚃JR長岡搭巴士往寺泊30分，仲町下車，步行7分　P20輛

活躍於幕末的風雲人物

河井繼之助紀念館

●かわいつぎのすけきねんかん

☎0258-30-1525

MAP附錄②P.17 D-5

河井繼之助在動盪的幕末時期重建了長岡藩的財政，並率領長岡藩與西軍抗戰到最後，可在此認識他的生前事蹟。

⬅長岡藩當時購買的格林機槍複製品

🕒10:00～16:30（17:00閉館）　休無休　¥200円　所長岡市長町1丁目甲1675-1　🚃JR長岡站步行8分　P7輛

生於動盪時代的軍人

山本五十六紀念館

●やまもといそろくきねんかん

☎0258-37-8001

MAP附錄②P.17 C-5

紀念在太平洋戰爭時擔任日本海軍司令，具有國際知名度的山本五十六，並透過許多遺物介紹其生平與為人。

⬅展示了書信、照片等珍貴資料

🕒10:00～17:00　休無休（布展期間休館）　¥500円　所長岡市呉服町1-4-1　🚃JR長岡站步行10分　P6輛

長岡　MAP附錄②P.6 F-4

悠久山公園

●ゆうきゅうざんこうえん

☎0258-39-2230（長岡市公園綠地課）　景點

不僅可賞櫻，還集結了各種設施

園內種植了約2500株櫻花，春天的開花時期還有夜間點燈。園內有日本庭園、小動物園及長岡市鄉土史料館，介紹長岡相關人物的資料，並有雪國的民俗展示。

🕒自由入園，鄉土史料館為9:00～16:30（17:00閉館）　休無休（鄉土史料館週一休，逢假日（六日除外）則翌日休）　¥免費入園，鄉土史料館入館費300円　所長岡市御山町80-5　🚃JR長岡站搭巴士往悠久山15分，悠久山下車即到　P810輛

⬅長岡市鄉土史料館的天守閣有展望台

長岡 MAP附錄②P.6 E-4

いち井
●いちい
0258-37-6521 美食

氣氛寧靜典雅的拉麵店
在新潟深受好評的名店。店內樑木交錯，氣氛非常穩重舒適。鹽味拉麵的湯頭使用了白湯及烤飛魚，呈現出講究又帶有深度的滋味。

11:30～14:15左右（週六、假日為11:00～14:30，湯頭售完打烊） 休週日 所長岡市曙1-1-5 交JR宮内站步行12分 P12輛

鹽味拉麵850円，湯頭富含深度的滋味很受歡迎

長岡 MAP附錄②P.7 D-4

國營越後丘陵公園
●こくえいえちごきゅうりょうこうえん
0258-47-8001（越後公園管理センター） 玩樂

有豐富自然美景，可以玩上一整天
佔地遼闊，北陸地方唯一的國營公園，有種植了鬱金香、波斯菊的花之丘、寬廣的草坪、戲水廣場、展望台、餐廳等。冬天則成為滑雪道，可以滑雪橇、玩雪。

9:30～17:00（有季節性變動） 休不定休 ¥450円 所長岡市宮本東方町三ツ又1950-1 交JR長岡站搭巴士往newtown･越後丘陵公園40分，終點下車即到 P2000輛

全世界少有，以香氣為主題的「芳香玫瑰園」

長岡 MAP附錄②P.6 F-5

山古志羊駝牧場
●やまこしあるぱかぼくじょう
0258-59-2062 玩樂

蓬鬆軟綿的可愛模樣療癒極了
中越地震後由於美國科羅拉多州贈送，長岡因而開始飼養羊駝，並隨著數量增加，成了當地的吉祥物。除了冬天以外，來這裡都能看到羊駝。種苧原地區也有牧場。

4月下旬～11月、8:30～18:00左右（下雪時不可入場） 休期間中無休 ¥免費 所長岡市山古志竹沢乙169 交JR長岡站車程30分 P10輛

也可以餵食羊駝。飼料1袋100円

長岡 MAP附錄②P.17 D-6

越後の蔵 和心づくし あさひ山
●えちごのくらわごころづくしあさひやま
0258-36-1377 美食

在車站大樓自在享用鄉土料理與美酒
釀造日本酒「朝日山」、「久保田」的朝日酒造直營的餐廳。提供芋頭燉雞肉等新潟家鄉味、栃尾的豆皮、日本海捕撈的海鮮等，搭配酒藏直送的日本酒更是一大享受。

11:00～21:00（22:00打烊） 休無休 所長岡市城内町1-611-1 長岡駅ビルCoCoLo長岡1F 交JR長岡站内 P468輛

色彩賞心悅目的鮭魚親子杉木圓筒飯1480円（午餐時段限定）

長岡 MAP附錄②P.17 C-6

割烹魚吉
●かっぽううおきち
0258-32-1428 美食

當令海鮮的極致美味讓人食指大動
隱身於住宅區的餐廳，以使用新鮮海產做成的料理著稱，可吃到當令海鮮的生魚片、燒烤等。在地日本酒「清泉」550円風味柔和，是搭配料理的好選擇。

17:00～23:00 休週日 所長岡市本町1-2-13 交JR長岡站車程4分 P2輛

想吃美味海鮮料理的話，來這裡就對了

長岡 MAP附錄②P.7 D-6

おぐに和紙の店
●おぐにわしのみせ
0258-41-9770 玩樂

可買到以傳統技法製作的和紙
小國自古以來就是和紙產地，從栽種造紙用的楮開始，對造紙的每個環節都很用心。在小國和紙生產協會的工房，不僅能買到價格實惠的和紙製品，只要事先預約，還能進行抄紙體驗。

10:00～16:00 休週六、日、假日（有預約的話營業） 所長岡市小国町小栗山145 交JR長岡站搭巴士往小國車庫1小時5分，終點下車，步行20分 P10輛

參加抄紙體驗也不錯
可以購買手抄和紙的明信片等當作伴手禮

長岡 MAP附錄②P.7 D-4

江口だんご本店
●えぐちだんごほんてん
0258-47-4105 美食

提供現做的糰子及長岡鄉土料理
明治35（1902）年創業的竹葉糰子與麻糬點心店。店面為老宅改裝而成，別具韻味，還附設甜點店，也能吃到長岡赤飯等鄉土料理。

9:00～18:00、喫茶為～17:00（17:30打烊） 休無休 所長岡市宮本東方町52-1 交JR長岡站搭巴士往越後交通柏崎30分，宮本東方下車，步行5分 P30輛

附芋頭燉雞肉的長岡赤飯御膳972円是最有人氣的美食

小千谷 MAP附錄②P.6 E-5

わたや 平沢店
●わたやひらさわてん
0258-83-0588 美食

在老店品嘗著名的小千谷片木蕎麥麵
片木蕎麥麵1人份777円，用了紡小千谷縮的紗時使用的布海苔增加麵條黏性。吃起來十分滑順，且口感Q彈有嚼勁。裝在大片木盒裡的蕎麥麵適合多人一同享用。

11:00～15:00（16:00打烊）、17:00～20:30（21:00打烊），週六、日、假日為11:00～20:30（21:00打烊） 休每月1次週四 所小千谷市平沢1-8-5 交JR小千谷站車程5分 P50輛

還能欣賞到片木蕎麥麵美麗的擺盤

擁有千年歷史的傳統鬥牛場面令人血脈賁張
CLOSE UP

被指定為國家重要無形民俗文化財的山古志鬥牛，是一項擁有1000年歷史的活動。沒有比賽時可自由參觀介紹了山古志與牛的歷史的藝廊。

體重超過1噸的牛勇猛地在場上激烈較量

鬥牛
●うしのつのつき
MAP附錄②P.6 F-5

0258-59-3933（山古志鬪牛會） 5～11月的限定日，開場10:00、開始13:00 ¥2000円（國中生以下免費） 所長岡市山古志南平地内 山古志鬪牛場 交JR長岡站車程30分 P450輛

採訪memo 「長岡是日本酒王國」長岡是新潟最多酒藏的地方。除了杜氏（釀造的最高負責人）堅守釀造技術外，長岡還有地下水湧出，並生產優質的釀酒用米。冬天的嚴寒氣候也相當適合釀酒，每間酒藏各有展現了獨自特色的日本酒。有機會的話不妨多嘗試、比較看看口味有何不同。

長岡　MAP附錄②P.17 C-6

TANITA CAFE

●たにたかふぇ　✆0258-86-7867　美食

提供各種健康餐點的咖啡廳

家庭用體重計製造商「TANITA」所打造，以「健康自在的空間」為概念的咖啡廳。可以吃到TANITA食堂的營養管理師設計的健康養生餐點。

營10:00～17:30(L.O.)
休週一(逢假日則翌日休，有臨時休)
所長岡市大手通2-2-6 ながおか市民センター1F
交JR長岡站步行6分　P無

店內也設有諮詢區

長岡　MAP附錄②P.6 F-5

多菜田

●たなだ　✆0258-41-1144　美食

使用大量蔬菜打造鄉土美食

由耕種者帶來新鮮蔬菜，並親手製作料理的農家餐廳。使用了山古志特產神樂南蠻辣椒的山古志咖哩，以及週五、週六限定的手擀蕎麥麵為人氣美食。附設農產品直銷所。

營11:00～14:00 (L.O.)　休週一、四(逢假日則翌日休)　所長岡市山古志虫亀947　交JR長岡站搭計程車30分　P5輛

加了神樂南蠻辣椒，呈現綠色的山古志咖哩920円

小千谷　MAP附錄②P.6 E-6

小千谷市総合産業会館サンプラザ

●おぢやしそうごうさんぎょうかいかんさんぷらざ　✆0258-83-4800　購物

小千谷的特產琳瑯滿目

位於複合設施內的逸品館可以買到布製品、綠色辣油等各種小千谷特產。還附設片木蕎麥麵餐廳、可進行體驗的紡織品工房。

營9:00～18:00 (12～2月為～17:00)　休無休
所小千谷市城内1-8-25　交JR小千谷站車程5分
P120輛

使用了小千谷產神樂南蠻辣椒的綠色辣油734円

位在小千谷市錦鯉之鄉(→P.93)前

長岡　MAP附錄②P.6 F-4

trattoria A alla Z 長岡店

●とらっとりああーあっらぜーたながおかてん　✆0258-33-6667　美食

吃得到滿滿在地蔬菜的義式美食餐廳

理念為「使用新潟的美味蔬菜製作義式料理」，能吃到大量使用向當地農園採購的新鮮蔬菜所做成的餐點。石窯燒烤的披薩及自製生義大利麵也深受好評。

營11:30～14:30 (15:30打烊)、17:30～20:30 (21:30打烊)、週六、日、假日為11:00～、17:00～　休週三、第2週二(逢假日則營業，擇日休)　所長岡市高畑町660 S.H.S長岡店3F
交JR長岡站車程10分　P80輛

AZ午餐1600円(不含稅)附甜點及咖啡

長岡　MAP附錄②P.6 G-3

栃尾豆庵

●とちおとうあん　✆0258-52-9004　購物

當地著名的豆皮約有230年歷史

厚約3cm、長20～22cm的豆皮是職人一片片細心油炸而成。據說最初是為了賣伴手禮給前來秋葉神社參拜的信眾所發想出來的。也設有可品嘗豆皮料理的餐飲區。

營8:00～18:00 (餐廳為11:00～14:00)
休無休　所長岡市吉水1631-1　交JR見附站車程30分　P25輛

豆皮造型的大招牌十分醒目

長岡　MAP附錄②P.6 E-2

Bague

●ばーぐ　✆0258-74-3004　美食

吃得到食材本身美味的創意法國料理

這間餐廳位在屋齡85年的舊小學校舍改裝成的複合設施內，提供使用當天進貨的時令蔬菜，以法國料理手法烹調的創意料理，吃得到自然食材的美味。

營11:30～14:00、18:00～20:30(21:30打烊)　休週三、四，第1週日　所長岡市和島中沢乙64-1 和島トゥール・モンド1F　交JR長岡站車程30分　P36輛

懷舊的木造校舍搖身一變，成了俐落簡約的餐廳

這些地方也別錯過！

飽覽沿海名勝、嘗遍海鮮美食

柏崎
●かしわざき

MAP 附錄②P.3・17

區域導覽

ACCESS

鐵道：長岡站 —JR信越本線特急— 柏崎站 所需時間／25分

開車：柏崎IC —252—8— 柏崎站 所需時間／10分

詢問處 ✆0257-22-3163（柏崎觀光協會）

旅行 PICK UP

柏崎　MAP附錄②P.17 A-2

戀人岬
●こいびとみさき

✆0257-23-6293（キーウエスト）　景點

在戀人的聖地祈求戀情順利圓滿

可欣賞福浦海岸的斷崖絕壁與海景的風景名勝。這裡也以祈求戀愛運著稱，據說將心形的牌子掛在欄杆上再敲鐘，未來便會幸福。夕陽西下時的氣氛更是浪漫。

戀人岬之名是由《佐渡情話》的故事而來

據說誠心敲鐘可讓願望實現

心形的牌子可在一旁的商店seagull買到

自由參觀　所柏崎市青海川133-1　JR柏崎站車程20分　P50輛

柏崎　MAP附錄②P.17 A-2

NIHONKAI FISHERMAN'S CAPE
●にほんかいふぃっしゃーまんずけーぷ

✆0257-22-4910（日本海鮮魚センター）　購物

可盡情品嘗海洋美味的複合設施

包括了提供海鮮料理的餐廳、能買到新鮮海產的鮮魚中心等各種設施，還有所有客房都可欣賞海景的飯店。往山丘上走，便可抵達戀人岬。來這裡好好感受日本海的迷人魅力吧。

9:00～18:00　休無休　所柏崎市青海川133-1　JR柏崎站車程20分　P450輛

位在國道8號上，集結商店、餐廳

刈羽　MAP附錄②P.7 C-4

至福の時間
●しふくのじかん

✆0257-31-8123　美食

視野極佳的南歐風咖啡廳

位在刈羽村的山丘上，田園風光近在眼前的絕景咖啡餐廳。提供使用柏崎的養生蛋、長岡的更賽牛乳等在地食材製作的各式甜點。也可外帶。

10:00～18:00（餐廳為11:00～20:00、週五、六為～21:00）　休週二　所刈羽村刈羽4278-3 ぴあパーク とうりんぼ內　JR刈羽站車程5分　P使用ぴあパークとうりんぼ停車場

天氣好時就在可欣賞風景的露臺座享用甜點吧

更賽牛乳義式冰淇淋350円

柏崎　MAP附錄②P.17 C-2

番神堂
●ばんじんどう

✆0257-22-2395　景點

與日蓮上人有淵源的佛堂

由日蓮宗妙行寺管理的古剎。曾在明治時代初期因大火燒毀，後來又歷經7年時間重建。本殿牆面上有精美的雕刻，據說能找到「蝴蝶」的話，便會得到幸福。

自由參拜　所柏崎市番神2-10-42　JR柏崎站搭巴士往鯨波10分，番神入口下車，步行3分　P20輛

位在山丘上，還可欣賞日本海的景色

CLOSE UP

在美麗的村落過夜 留下難忘的旅行回憶

荻ノ島聚落保留了許多茅草屋頂的民家，以包棟方式提供旅客過夜。許多攜家帶眷的旅客會選擇在此住宿，進行長期或深度旅遊，享受新潟各地的溫泉、美食，欣賞自然風光、參加體驗等。

在日本罕見的「環狀聚落」過夜吧

荻ノ島かやぶきの宿
●おぎのしまかやぶきのやど

MAP附錄②P.3 B-1

✆0257-41-3252　IN15:00、OUT10:00　休無休　¥荻の家38000円、島の家26000円（1棟、餐點可洽詢）　所柏崎市高柳町荻ノ島1090-2　北越急行まつだい站車程20分　P7輛

柏崎美食——鯛魚茶泡飯

柏崎的鯛魚漁獲量在新潟縣內名列前茅。將鯛魚肉大方地鋪在白飯或鯛魚飯上，再點綴岩海苔、鮭魚卵等配料做成的鯛魚茶泡飯，曾在「全國在地蓋飯大賽」獲得最高榮譽，是柏崎自豪的美食。

淋上魚湯品嘗的高雅茶泡飯

海鮮自慢の店 福浦
●かいせんじまんのみせふくうら

✆0257-23-6293（キーウエスト）

MAP附錄②P.17 A-2

位於NIHONKAI FISHERMAN'S CAPE，以海鮮自豪的餐廳。鯛魚茶泡飯放了厚切鯛魚肉，並淋上鯛魚骨熬煮的魚湯享用，讓鯛魚的鮮味更上一層樓。

11:00～15:00(L.O.)　休無休　所柏崎市青海川133-1 NIHONKAI FISHERMAN'S CAPE內　JR柏崎站車程20分　P30輛

搭配了鯛魚、鴨兒芹的鯛魚飯鯛魚茶泡飯1400円

淋上高湯可吃到另一種美味

レストラン日本海
●れすとらんにほんかい

✆0257-21-3371

MAP附錄②P.17 D-2

位在柏崎站前的Hotel Sunshine一樓的餐廳。提供可以吃到香炸真鯛、真鯛飯、涼拌真鯛碎肉等3種料理，並放了鮭魚卵、岩海苔的豪華版鯛魚茶泡飯。

6:00～9:30（預約制）、11:00～14:00(L.O.)、17:30～21:00(L.O.)　休週日晚、週一　所柏崎市駅前1-2-10　JR柏崎站即到　P80輛

能一次吃到3種鯛魚料理的三味一鯛 柏崎鯛魚茶泡飯1296円

採訪memo　「福浦八景之一──御野立公園」福浦八景是柏崎沿海地方以明媚風光著稱的8處風景名勝。其中之一便是位在鯨波山丘上的御野立公園，在此可欣賞日本海的絕景。御野立公園為戊辰戰爭的古戰場，明治天皇出巡至北陸時也曾行經此地。MAP附錄②P.17 B-2

上越 妙高・糸魚川

じょうえつ・みょうこう・いといがわ

上杉謙信留下無數事蹟 受到名山與溫泉眷顧之地

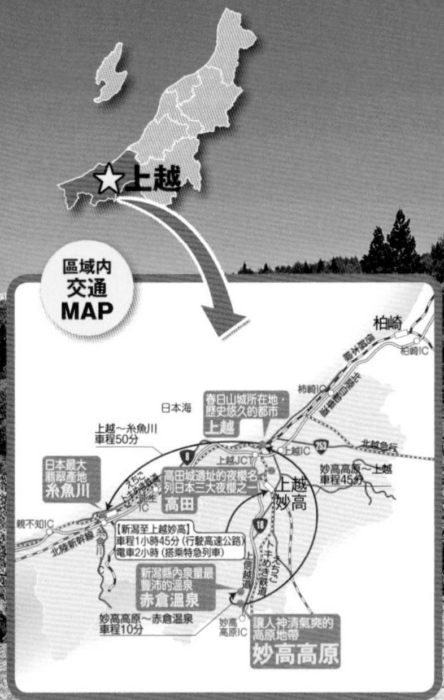

北陸新幹線通車之後，透過鐵道前往新潟南端的地區變得更方便了。細細探索與上杉謙信有深厚淵源的上越、擁有療癒的溫泉與自然美景的妙高高原等地吧。

本區不可錯過的亮點
知性歷史之旅
➔P.98

本區不可錯過的亮點
妙高高原的溫泉
➔P.100

本區不可錯過的亮點
高原健行&精選伴手禮
➔P.102

前往上越妙高的交通方式

開車	鐵道
練馬IC	東京站
↓ 關越自動車道・上信越自動車道	↓ JR北陸新幹線
上越高田IC	
↓ 縣道85號・362號等	
上越妙高站前	上越妙高站
所需時間:3小時25分 **費用:**6420円	**所需時間:**1小時50分～2小時10分 **費用:**9280円

前往糸魚川的交通方式

開車	鐵道
練馬IC	東京站
↓ 關越自動車道・上信越自動車道・北陸自動車道	↓ JR北陸新幹線
糸魚川IC	
↓ 國道148號等	
糸魚川站前	糸魚川站
所需時間:3小時55分 **費用:**7260円	**所需時間:**2小時5～25分 **費用:**11000円

詢問處

上越觀光會議協會 ☎025-543-2777
妙高市觀光協會 ☎0255-86-3911
糸魚川市觀光協會 ☎025-552-1742

這一區的玩樂方式

住宿可選擇市區飯店或溫泉旅館

直江津、高田有便利的都會型飯店，可列為住宿的選項。既然來到了這一區，住宿於妙高高原的溫泉也是不錯的選擇。不過，有些旅館冬季不營業，要多加注意。

逛上越市區景點要留意交通路線

上越市區分布在越後心動鐵道高田站與直江津站兩個站的周邊。春日山城要從直江津站過去。安排行程時記得先確認目的地靠近哪個車站，玩起來會更省時省力。

即使不開車也能輕鬆移動

上越、妙高、糸魚川都有鐵道路線設站，因此就算沒有開車，在移動上也不會不便。從車站轉乘路線巴士，便能前往各個景點。在這一區旅行的話，可將北陸新幹線停靠的上越妙高站當作起點。

景點

與名將上杉謙信有深厚淵源！

春日山地區

兩站間有越後心動鐵道連接，車程4分

➡與謙信公像一同位於入口處的春日山神社

知性的歷史之旅

透過鐵道&步行走訪兩大區域

⬇位於春日山城遺址山腰處的謙信公像

戰國時代的名將上杉謙信，以秉持「義」的信念著稱。以下將帶你前往他的居城─春日山城與周邊景點，以及保留了江戶時代風貌的高田，探索這座城市的歷史。

⬆天守台可眺望頸城平原及日本海 ➡相傳上杉謙信曾在這座毘沙門堂祈求作戰勝利

有難攻不落之稱號的山城

春日山城遺址

●かすがやまじょうあと

春日山城是一座運用自然地形打造的雄偉山城，修築了曲輪（城內的區塊劃分）、壕溝、土壘等。沿著散步路線前進，可親身感受到這座城的規模之雄大。最短路線來回約1小時。

✆025-545-9269（上越市文化行政課）
MAP 附錄②P.18 F-3
自由參觀 所上越市中屋敷ほか 交越後心動鐵道直江津站搭巴士往中央病院16分，春日山下下車，步行15分（至春日山神社） P30輛

守護春日山城，民眾虔誠信仰的鎮守神

春日神社

●かすがじんじゃ

⬆先爬完陡峭的石階才會來到神社

天德2（958）年建立於春日山的山頂，供奉自奈良縣春日大社迎來的分靈。修築春日山城時，為封堵鬼門的方位而搬遷至此。

✆025-525-2010 MAP 附錄②P.18 G-3
自由參拜 所上越市春日18 交越後心動鐵道直江津站搭巴士往中央病院14分，林泉寺入口下車，步行7分 P25輛

介紹春日山城與上杉謙信的生平

上越市埋藏文化財中心

●じょうえつしまいぞうぶんかざいせんたー

研究、保管上越市的埋藏文化財的設施。館內有能夠認識春日山城全貌的立體模型，以及介紹了這座城與上杉謙信生涯的展示。

✆025-545-9269（上越市文化行政課）
MAP 附錄②P.18 G-3
9:00～17:00（最後入館為16:30） 休週二（逢假日則翌日休） ¥免費 所上越市春日山町1-2-8 交越後心動鐵道直江津站搭巴士往中央病院16分，中屋敷下車即到 P50輛

⬆也展示了鎧甲的複製品等

謙信學習「義」之精神的名剎

林泉寺

●りんせんじ

歷史超過500年的古剎。上杉謙信7歲起便在此修習學問，住持天室光育給予的指導對於他往後的人生帶來了重大影響。

✆025-524-5846 MAP 附錄②P.18 F-3
9:00～17:00 休不定休 ¥500円 所上越市中門前1-1-1 交越後心動鐵道直江津站搭巴士往中央病院14分，林泉寺入口下車，步行12分 P30輛

⬆寺內的上杉謙信之墓

⬅⬇莊嚴氣派的山門十分壯觀。上方的匾額為謙信親筆所寫

春日山路線information

所需時間:約3小時
建議造訪時期:4月下旬(新綠)／11月下旬～12月上旬(紅葉)

春日山站 ← 步行35分 ← 春日山城遺址 ← 步行15分 ← 林泉寺 ← 步行9分 ← 春日神社 ← 步行20分 ← 上越市埋藏文化財中心 ← 步行20分 ← 春日山站

越後上越 上杉款待武將隊

於春日山城遺址及大本營上越市埋藏文化財中心等地迎接觀光客到來，並進行武藝表演、上越市的觀光宣傳活動。

表演行事曆請於官網確認
➡http://www.uesugi-busyotai.com

上杉謙信相關的 美食&商品

別忘了預約「勝関飯」

旬魚料理と地酒の店 大黒屋

●しゅんぎょりょうりとじざけのみせだいこくや

這間位在飯店內的餐廳，提供根據戰國時代文獻記載的調理方式所重現的「勝関飯」。除8月以外，「勝関飯」均需預約，僅午餐&晚餐時段供應。

025-523-5428 MAP 附錄②P.18 H-5

早餐7:00～10:00、午餐11:30～14:00、晚餐17:00～22:00(喫茶10:00～17:00) 休無休 所上越市仲町4-5-2 高田ターミナルホテル 交越後心動鐵道高田站即到 P40輛

➡不使用醬油及砂糖的「勝関飯」昆之膳2700円

提供在謙信軍陣中誕生的竹葉糰子

謙信笹だんご本舗 くさのや

●けんしんささだんごほんぽくさのや

明治18(1885)年創業的竹葉糰子製造商。也有販售竹葉麻糬、竹葉糖、三角粽等商品。

025-543-5351 MAP 附錄②P.18 H-2

8:30～18:00 休無休 所上越市中央1-4-1 交越後心動鐵道直江津站即到 P無

⬅謙信竹葉糰子可單顆購買（150円）

想買謙信周邊商品就來這兒！

上越観光物産センター ふるさとコーナー

●じょうえつかんこうぶっさんせんたーふるさとこーなー

集結了各種上越在地特產的伴手禮賣場。與上越科學館（→P.104）位在同一用地內。

025-545-0123 MAP 附錄②P.18 H-3

9:00～17:30 休週一、假日隔日(週一逢假日則翌日休，春假、寒暑假、賞花期間原則上營業) 所上越市藤野新田175-1 交越後心動鐵道春日山站搭循環巴士20分(週六、日、假日7分)，リージョンプラザ下車，步行3分 P70輛

けんけんず絨毛玩偶各972円

上越市吉祥物的迷你絨毛玩偶

謙信公 義之鹽 432円

源自上衫謙信的著名逸事，是伴手禮的好選擇

櫻花與蓮花美不勝收！ 高田地區

➚重新復原的三重櫓
➡這裡也以蓮花著稱
⬇櫻花綻放時節繪在夜晚點燈

見證江戶時代歷史的高田城所在地

高田公園

●たかだこうえん

高田城是德川家康的六男─松平忠輝的居城，遺址便位在這座公園。春天時包括公園周邊在內，約有4000株櫻花盛開，是以夜櫻著稱的賞櫻名勝。夏天在護城河綻放的蓮花也非常美。

025-526-5111（上越市都市整備課）
MAP 附錄②P.18 H-5

三重櫓9:00～17:00 休三重櫓週一、假日隔日、冬季休 ¥三重櫓入館費300円 所上越市本城町 交越後心動鐵道高田站搭巴士往牧方向10分，高田公園入口下車即到 P850輛

感受雪國風情與歷史氣息

高田雁木通

●たかだのがんぎどおり

多雪地帶為了確保冬天時的行走空間，因此建有將家家戶戶的屋頂連接起來的通道，名為雁木。高田地區保留了日本最長的雁木道路。

➡車站附近有町家打造成的高田小町

MAP 附錄②P.18 H-5

自由參觀 所上越市街地一帶

⬅高田小町附近還有日本最古老的電影院

➡可在此一窺昔日城下町的風貌

融合了日本與西洋風格的木造建築

舊師團長官舍

●きゅうしだんちょうかんしゃ

舊日本陸軍第3師團長於明治43（1910）年建造的建築物。1樓西式、2樓日式的日西合璧樣式相當值得一看。

➡館內忠實復原了當時的樣貌 ⬇上越地區珍貴的明治時代建築

025-526-5903 MAP 附錄②P.18 H-5

9:00～16:30 休週一（逢假日則翌日休）、假日隔日、1～2月的週二、三、四 ¥免費 所上越市大町2-3-30 交越後心動鐵道高田站車程5分 P10輛

詳細解說上越的歷史

上越市立歷史博物館

●じょうえつしりつれきしはくぶつかん

以「越後之都城」為主題，介紹春日山城、福島城、高田城3座城的變遷，以及當地的發展情形等。

025-524-3120 MAP 附錄②P.18 H-5

9:00～17:00（12～3月為10:00～16:00，最後入館時間為30分前） 休週一（逢假日則翌日休）、假日隔日 ¥成人500円，小學、國中生、高中生250円 所上越市本城町7-7 高田公園內 交越後心動鐵道高田站搭巴士往牧方向10分，高田公園入口下車即到 P39輛

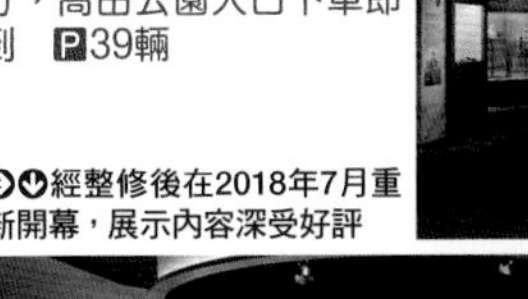

➡⬇經整修後在2018年7月重新開幕，展示內容深受好評

\ 位於大自然中的8處溫泉完全剖析! /

妙高高原 Let's 名湯巡禮

溫泉

妙高高原溫泉鄉位在風光明媚的山間，有許多各具特色的溫泉。每座溫泉的泉水顏色、泉質皆不相同，讓人每種都想泡泡看。以下精心選出了8處可以不住宿泡湯的設施介紹給你！

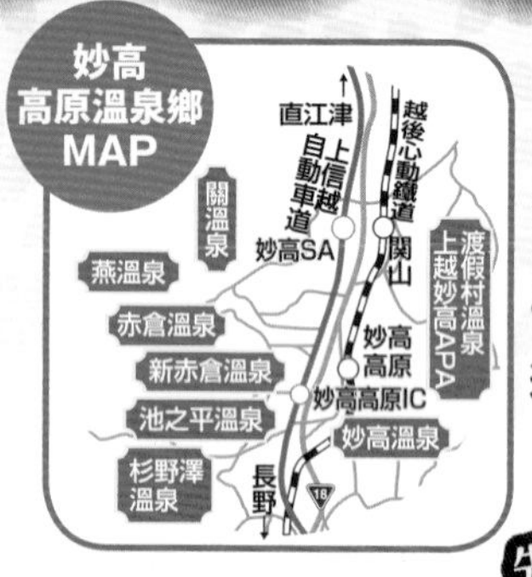

在「溫泉總選舉2017」榮獲2項大獎！

溫泉師協會負責人
遠間和廣先生（遠間旅館→P.149老闆）

出發泡湯前先把這個買起來！

若是想多體驗幾座不一樣的溫泉，不妨購買溫泉巡禮優惠票，可從超過20處設施中，任選3處去泡湯。可在妙高市內各觀光服務處購買，售價1200円。還會推出溫泉師認證旅行團。

可以穿泳裝男女一起泡的溫泉泳池也是一大亮點

↑有充滿野趣的露天浴池及男女共用的溫泉泳池

赤倉溫泉

泉質 鈣·鎂·鈉-硫酸鹽·碳酸氫鹽泉

特色 溫泉街的規模在溫泉鄉數一數二。泉水透明無色，是著名的美人湯。

野天風呂「滝の湯」 ●のてんぶろたきのゆ

這處純泡湯的入浴設施以一次能容納約50人的寬廣露天浴池著稱。可以穿泳衣下水的男女共用溫泉泳池（僅夏季）則十分受攜家帶眷的遊客喜愛。附近還有免費的足湯。

✆0255-87-2958（只限營業期間）
MAP 附錄②P.19 C-5
所妙高市赤倉 交越後心動鐵道妙高高原站搭市營巴士往赤倉20分，足湯公園下車，步行5分 P20輛

↑為紀念赤倉溫泉歷史屆滿170年而開設

泡湯DATA

費用:成人500円，小學生350円
營業:4月下旬~11月上旬9:00~16:00(17:00閉館)、週四為~16:00(閉館)
公休日:無休

關溫泉

泉質 鈉-氯化物碳酸氫鹽泉

特色 始於弘法大師，上杉謙信也曾在此舒緩征戰的疲勞，相當有傳統的溫泉。特色為紅色的湯花。

舒爽溫和的紅色泉水 讓身體與心靈徹底放鬆

↑只有夏天泡得到的戶外浴池「藥師之湯」

泡湯DATA

費用:500円
營業:9:00~17:00
公休日:無休

休 露 包

中村屋旅館 ●なかむらやりょかん

妙高唯一能泡到赤紅色泉水的溫泉旅館，戶外浴池四周有原生林圍繞。溫泉為100%源泉放流，泉水中含有鐵質。住宿的話，晚餐可品嘗使用了大量山蔬及菇類的鄉村料理。

✆0255-82-2308 MAP 附錄②P.19 B-1
所妙高市関温泉 交越後心動鐵道關山站搭巴士往燕溫泉15分，関温泉下車即到 P6輛

↑已傳承至第5代的老牌旅館。也有賣紅色的「湯花」入浴劑

新赤倉溫泉

泉質 硫酸鹽泉·碳酸氫鹽泉

特色 位在赤倉溫泉與池之平溫泉之間，白樺及日本落葉松樹林圍繞。泉水引自赤湯。

享受最新鮮的自噴溫泉之餘 還能欣賞妙高高原的群山美景

←露天浴池「白樺之湯」冬季不開放

岡山旅館 ●りょかんおかやま

坐擁美麗的妙高群山景色，以源泉放流溫泉自豪的旅館。除了露天浴池，還有室內浴池及檜木湯屋，可盡情享受泡湯樂趣。裝潢採日式摩登風格，充滿清潔感，打造出寧靜穩重的空間。

↓日式摩登風格的客房，設置了矮床與榻榻米

✆0255-87-2056 MAP 附錄②P.19 D-6
所妙高市田切218 交越後心動鐵道妙高高原站車程10分 P30輛

泡湯DATA

費用:600円
營業:15:00~20:00
公休日:無休

■…免費（設施提供或租借） ■…收費（租借或販售） ■…無 浴巾 毛巾 洗髮精 沐浴乳 吹風機 休…休息室 露…露天浴池 包…包租浴池

泡在乳白色溫泉中的同時，還能享受森林浴♪

黃金之湯 ●おうごんのゆ

從燕溫泉街爬上陡坡，走進大自然之中，便會來到這處可免費泡湯的露天溫泉。由於秋天會飄下金黃色的落葉，因而有了「黃金」之名。

☎0255-86-3911（妙高高原觀光服務處）
MAP 附錄②P.19 A-2
所 妙高市燕温泉
交 越後心動鐵道關山站搭巴士往燕溫泉20分，終點下車，步行15分 P 30輛

↑男女浴池分開，並有區分男女的更衣室

紅葉名勝湧出的露天溫泉，可免費泡湯

泡湯DATA
費用:免費
營業:5月左右～11月中旬，日出～日落
公休日:期間內之週一、週五上午

燕溫泉
泉質 含硫磺·鈣·鈉·鎂·碳酸氫鹽·硫酸鹽·氯化物泉
特色 位在妙高高原最高處的溫泉。泉水為乳白色，相傳是弘法大師所發現。

苗名の湯
●なえなのゆ

這座公營溫泉設施有明亮開闊的大浴場，泡完湯後還可以在有地爐的休息室放鬆。很適合爬完火打山或在笹峰高原散步之後來這裡將汗水洗去。

溫和不刺激的優質碳酸泉泡起來好舒服

↑室內浴池風格簡約，可眺望妙高山景色

←位在杉之原滑雪場的山腳，規劃有無障礙空間

☎0255-86-6565
MAP 附錄②P.19 B-4
所 妙高市杉野沢2030 交 越後心動鐵道妙高高原站搭巴士往杉野澤15分，温泉センター下車即到 P 50輛

泡湯DATA
費用:450円
營業:10:00～20:00
公休日:週三（12月中旬～3月下旬，7月下旬～8月底無休）

杉野澤溫泉
泉質 鈉·鈣·鎂-碳酸氫鹽泉
特色 靠近苗名瀑布，誕生於1997年的溫泉。爬火打山或前往笹峰高原時可順道造訪。

上越妙高APA渡假村
●あぱりぞーとじょうえつみょうこう

自在享受褐色的名湯 欣賞綠意盎然的景色

↑「金泉之湯」有天然溫泉露天浴池與壺浴槽

提供正統的高爾夫球道等各種運動設施，以及豐富的活動設施。非住宿旅客也可在大浴場與露天浴池泡湯。2018年新增添了壺浴槽。

上越妙高APA渡假村溫泉
泉質 低滲透壓·鹼性·單純硫磺冷礦
特色 可泡在褐色溫泉中飽覽妙高山美景，是非滑雪季節的度假好去處。

泡湯DATA
費用:700円
營業:4月上旬～11月中旬、8:00～10:00、12:00～17:00(最終入場為1小時前)
公休日:期間內無休

←大浴場附設三溫暖（人多時有可能僅供住宿旅客使用）

☎0570-004-111（ナビダイヤル）
MAP 附錄②P.4 F-5
所 妙高市桶海1090 交 越後心動鐵道關山站車程15分 P 1200輛

温泉+かふぇランドマーク妙高高原
●おんせんかふぇらんどまーくみょうこうこうげん

←還附設便利商店，開車途中也可以來此休息

☎0255-86-5130 MAP 附錄②P.19 B-5
所 妙高市関川2413-11 交 越後心動鐵道妙高高原站搭ぶらっと妙高山麓周遊巴士杉野澤線15分，ランドマーク下車即到 P 70輛

附設餐廳、伴手禮店、網咖的複合設施。除了引來黑泥溫泉的露天浴池及大浴場，還有女性專用的鍺溫浴等各式各樣的浴池。

池之平溫泉
泉質 單純硫磺泉
特色 いもり池的水面倒映著美麗的妙高山，周邊並有許多住宿設施及溫泉設施。溫泉引自地獄谷。

泡湯DATA
費用:1小時成人800円、小學生400円
營業:9:00～22:00(最終入館21:00)，冬季24小時
公休日:無休（4、11月有保養維修）

溫泉成分更豐富的黑泥湯為你帶來活力

→重現了混有溫泉地淤泥的源泉

妙高溫泉·共同浴場「大湯」
●みょうこうおんせんきょうどうよくじょうおおゆ

泡在古早氣息的浴池中 徹底吸收溫泉的精華

位在妙高高原出入門戶的傳統公共溫泉。明治43（1910）年開湯以來，深受當地民眾及遊客喜愛。溫泉引自妙高山山腰的南地獄谷。

↑小巧的浴池內裝滿了源泉放流的溫泉

←當地人管理公共溫泉。樸實的氣氛感覺很棒

☎0255-86-2906
MAP 附錄②P.19 C-3
所 妙高市関川680-12 交 越後心動鐵道妙高高原站步行15分 P 10輛

泡湯DATA
費用:250円
營業:13:00～20:30
公休日:週一

妙高溫泉
泉質 弱鹼性·單純溫泉
特色 靠近妙高高原站，歷史悠久的溫泉。可以把握等電車的空檔去公共溫泉泡個湯。

豐沛的水與綠一同打造天空樂園般的高原美景

妙高戸隠連山國立公園
みょうこうとがくしれんざんこくりつこうえん

這個橫跨新潟縣與長野縣的區域自上信越高原國立公園獨立出來，在2015年成為日本第32座國立公園「妙高戸隠連山國立公園」。公園面積約4萬公頃，在新潟縣的範圍包括了妙高市與糸魚川市。妙高火山群、戸隠連峰等山岳景色，以及高原、湖沼交織出的風景深受好評。

牛隻在高原牧場悠閒吃草的景象療癒極了

妙高高原出發健行去！

從新綠到紅葉時節，每個季節的妙高高原都有迷人的美景。大口呼吸新鮮空氣，走在大自然中欣賞壯麗景色，讓身、心都獲得了滿滿的能量。

至関山駅▸ 藤巻山 河原の湯 黄金の湯 高谷池 黒沢池 ワタスゲ 長助池 大倉池 惣滝 大倉谷 燕溫泉 妙高山(2454m) ハクサンコザクラ 黒沢 赤倉山 赤倉溫泉 笹ヶ峰 新赤倉溫泉 笹峰 ※詳細MAP見下圖 三ツ山 池之平溫泉 いもり池 妙高高原IC 乙見湖 笹ヶ峰牧場 清水ヶ池 池ノ峰 妙高高原遊客中心 妙高高原ゴルフ倶楽部 天狗山 仙人池 苗名瀑布 山野澤溫泉 苗名の湯 ミズナラの大木 神道と道祖 夢見平 リュウキンカ カタクリ 関川 ヤチダモの大木 地蔵カツラの大木 氷沢川 ミズナラの大木 至黒姫山▾

前往各景點的最佳選擇！
「觀光周遊巴士」「笹峰直行巴士」

觀光周遊巴士／從妙高高原站出發，周遊苗名瀑布、いもり池、妙高高原溫泉鄉等地。2019年預定4月下旬～11月上旬行駛。2日券1000円。

笹峰直行巴士／從妙高高原站出發，周遊笹峰高原，也會在いもり池停車。2019年預定7月1日～10月下旬行駛，1日往返3班。單程1000円。

✆0255-86-3911（妙高高原觀光服務處）
✆0255-72-3139（頸南巴士）

實用資訊

出發前記得先來這裡！

妙高高原遊客中心
●みょうこうこうげんびじたーせんたー

解說妙高高原自然的展示設施，週末還會舉辦野鳥觀察會、導覽健行、「夜間學堂」等活動。

✆0255-86-4599 Ⓛ9:00～17:00 休無休（12～3月為週三、四休） 所妙高市関川2248-4 交越後心動鐵道妙高高原站搭巴士往杉野澤10分，いもり池入口下車即到 P100輛
MAP附錄②P.19 A-6

笹峰 ●ささがみね

標高1330m的高原。走笹峰環遊步道路線的話，沿途會經過本州最大的歐洲雲杉林、放牧了牛隻的笹峰牧場等地。另外也有造訪以群生水芭蕉著稱的夢見平濕原的健行路線。

✆0255-86-3911（妙高高原觀光服務處） Ⓛ春～秋自由參觀 所妙高市笹ヶ峰 交越後心動鐵道妙高高原站搭巴士往笹峰50分，笹ヶ峰下車即到 P150輛
MAP附錄②P.4 E-6

最佳造訪時節6~7月

笹峰健行MAP

笹ヶ峰遊客中心 笹ヶ峰キャンプ場 笹峰環遊步道路線 全程約4小時 乙見湖 宇棚の清水 笹峰牧場 乙見湖休憩会 清水ヶ池 笹ヶ峰グリーンハウス 歐洲雲杉森林 しょうぶ池 夢見平濕原 夢見平步道路線 半日路線2小時 神道稲荷

優美景色讓人流連忘返妙高高原嚴選景點

水面倒映著妙高山的小池塘

いもり池 ●いもりいけ

位在妙高高原遊客中心旁，周長約500m的水池。周圍修築了步道，可在此欣賞水芭蕉等不同季節的花卉。

✆0255-86-4599（妙高高原遊客中心）
Ⓛ自由參觀 所妙高市池の平溫泉 交越後心動鐵道妙高高原站搭巴士往杉野澤10分，いもり池入口下車即到 P50輛
MAP附錄②P.19 A-6

➔過去有許多蠑螈棲息在此，所以命名為いもり（蠑螈）池

大地也為之撼動的壯麗瀑布

苗名瀑布 ●なえなたき

流經新潟縣與長野縣交界的關川形成的瀑布，從玄武岩間飛瀉而下，落差達55m。瀑布的水流沖激使得地面也發出聲響，因此別名「地震瀑布」。

✆0255-86-3911（妙高高原觀光服務處） Ⓛ春～秋自由參觀 所妙高市杉野沢 交越後心動鐵道妙高高原站搭巴士往杉野澤15分，いもり池入口下車，轉搭妙高山麓線巴士10分，苗名滝下車，步行15分（妙高山麓線4月下旬～11月上旬運行）
P100輛
MAP附錄②P.19 A-4

➔築有步道，可走至瀑布旁

把新潟的好東西全都帶回家！

精選伴手禮看過來

in 上越·妙高·糸魚川

其他地區的伴手禮資訊
新潟市區 ▶ P.50
越後湯澤·魚沼·十日町 ▶ P.67
燕三條·彌彥·寺泊 ▶ P.78
長岡·柏崎 ▶ P.92
月岡溫泉·阿賀野川 ▶ P.112
村上·瀨波溫泉·笹川流 ▶ P.122
佐渡 ▶ P.139

大量使用了在地特產的伴手禮琳瑯滿目！妙高地區自古以來傳承的辛辣調味料─かんずり吃得到傳統的鄉土滋味，值得一試。

上越、高田著名的蓮花搖身一變成為美味茶葉

裡面長這樣！

F

雪蓮茶

432円（30g）～

生長於高田城護城河的蓮花，與黑烏龍茶、茉莉花茶等調合而成，喝起來溫順可口◎

自家農場孕育出的雞蛋是造就美味的關鍵！

C

雞蛋瑞士捲

1條1300円

使用專為製作糕點所培育的「Pure Egg」做成海綿蛋糕，與鮮奶油激盪出絕妙滋味

搭配什麼料理都沒問題 傳統的辣椒發酵食品

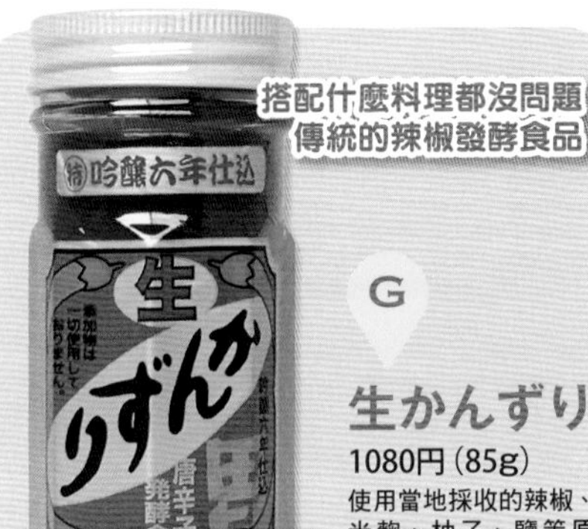

G

生かんずり

1080円（85g）

使用當地採收的辣椒、米麴、柚子、鹽等原料，不中斷發酵所製成的傳統食品

原料僅使用糯米與麥芽 甜味自然又溫和

D

粟飴

1080円（430g）

在蒸熟的糯米中加入麥芽，藉由酵素的作用帶來天然甘甜滋味的傳統麥芽糖

誕生於雪國的抹茶散發清新動人香氣

A

越後雪室屋的磅蛋糕

1條972円

使用在雪室中熟成的茶葉製作的甜點，雪室抹茶的清新風味十分誘人

F

貓熊圖案的包裝袋中有充滿新潟特色的麵包

竹葉糰子麵包

194円

麵包裡有竹葉糰子，是當地麵包店的知名美食。包裝袋上的貓熊圖案超可愛♪

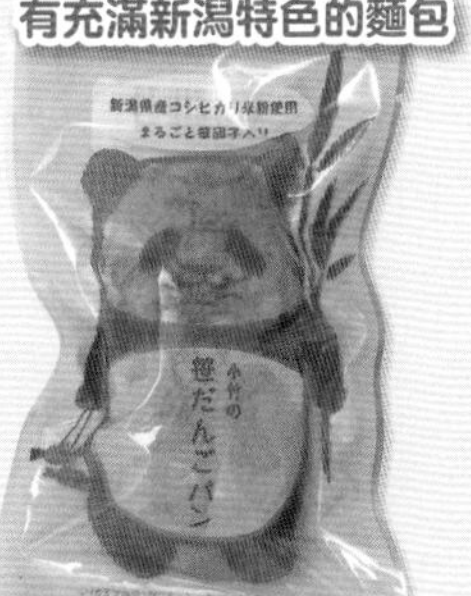

使用了滿滿在地食材並結合新潟的吉祥物！

E

勒奇先生咖哩

566円

添加了在地產葡萄酒、越光米的米粉、牛筋、味噌等。還有推出妙高及湯澤版本

吃得到香濃稻米與雞蛋滋味的布丁♪

B

新潟御米布丁

302円

使用了新潟產越光米、越息吹米，帶有濃郁奶香，有如白銀般潔白晶瑩的米布丁

C för ägg

糸魚川

● フェルエッグ

這間人氣西點店的店名為瑞典語的「為了雞蛋」之意。使用自家飼育雞蛋製作的蛋糕尤其受到好評。

025-550-6680 MAP 附錄②P.5 C-3

L 10:00～19:00（10～3月為～18:00）休 週四、第4週三 所 糸魚川市平牛2116 交 JR糸魚川站搭市區巡迴巴士5分，南押上二丁目下車，步行3分 P 12輛

B Patisserie Riz-Riz

上越

● ぱていすりーりり

店名的Riz為法文的「米」之意，秉持著使用新潟的米粉製作甜點的理念。摩登風格的外觀十分醒目。

025-522-2300 MAP 附錄②P.18 H-3

L 10:00～19:00 休 週二、另外每月2次不定休 所 上越市富岡3525 交 越後心動鐵道春日山站車程20分 P 10輛

A Heaven's Cafe

上越

● へぶんずかふぇ

位在上越ACORE內的咖啡廳。可在此品嘗於雪室低溫熟成的咖啡及咖啡廳餐點等。

025-521-2509 MAP 附錄②P.18 H-3

L 10:00～20:00 休 無休 所 上越市富岡3458 ACORE1F 交 越後心動鐵道春日山站車程10分 P 2350輛

G かんずり

妙高

製造、販售かんずり的廠商。工廠隔壁的商店有山蔬かんずり醬菜等，各種運用かんずり變化出的商品。

0255-72-3813 MAP 附錄②P.4 G-4

L 8:30～17:30 休 週日、假日、週六不定休 所 妙高市西条437-1 交 越後心動鐵道新井站步行20分 P 10輛

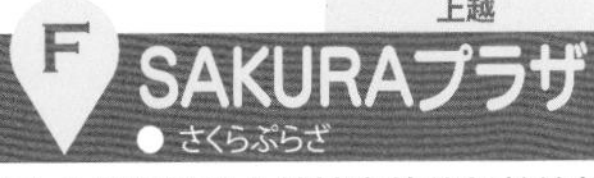

F SAKURAプラザ

上越

● さくらぷらざ

位在北陸新幹線上越妙高站的新幹線剪票口前。不僅販售當地特產，也設有觀光服務處。

025-512-6016 MAP 附錄②P.18 H-6

（上越妙高站觀光服務處）L 視店鋪而異 休 無休 所 上越市大和2丁目 交 JR上越妙高站內 P 298輛（市營停車場）

E 上越観光物産センター ふるさとコーナー

上越

● じょうえつかんこうぶっさんせんたーふるさとこーなー

除了為紀念日本滑雪發源100周年而誕生的「勒奇先生」商品，還能買到各式各樣上越的物產、特產（→P.99）。

025-545-0123 MAP 附錄②P.18 H-3

L 9:00～17:30 休 週一、休假隔日（週一逢假日則翌日休，春假、寒暑假、賞花期間原則上營業）所 上越市藤野新田175-1 交 越後心動鐵道春日山站搭循環巴士20分（週六、日、假日7分），リージョンプラザ下車，步行3分 P 70輛

D 大杉屋惣兵衛 本店

上越

● おおすぎやそうべえほんてん

位在高田站前，創業約400年的老字號和菓子店。從第一代老闆傳承下來的傳統麥芽糖為招牌商品。

025-525-2500 MAP 附錄②P.18 H-5

L 9:00～18:00 休 週四 所 上越市本町5-3-31 交 越後心動鐵道高田站步行3分 P 使用商店街停車場

上越 MAP附錄②P.18 G-1

上越市立水族博物館 UMIGATARI

旅行
PICK UP

●じょうえつしりつすいぞくはくぶつかんうみがたり

✆025-543-2449 景點

以日本海為主題的當紅人氣水族館

2018年6月開幕，有海中隧道、令人印象深刻的海豚表演、飼育數全世界第一的麥哲倫企鵝等，各式各樣的特別之處。別錯過了以日本海為主題的大水槽！

L視時期而異，詳細請上官網確認 休無休 ¥成人1800円、高中生1100円、國小、國中生900円、幼兒500円、年長者1500円 所上越市五智2-15-15 交越後心動鐵道直江津站步行15分 P580輛

近距離觀察
麥哲倫企鵝的
一舉一動♪

麥哲倫企鵝博物館

2樓重現了麥哲倫企鵝的一大棲息地—阿根廷的環境。沒有柵欄之類的阻隔，可以清楚看到企鵝的可愛模樣。

新潟縣首度引進白鯨
與你相見♪

友好池

在此飼育、展示屬於海生哺乳類的白鯨。這裡是日本第5座可以看到白鯨的設施，也是白鯨首度在新潟縣亮相。

日本海露台 大水槽的水面與遠方的日本海彷彿連成一片的景色非常迷人。日落時分夕陽在眼前沒入海中的畫面更是不可錯過！

大水槽彷彿與日本海融為一體

海豚的賣力表演精彩無比

海豚表演場

寬吻海豚在此以日本海為舞台，帶來與訓練員展現絕佳默契的表演。前往2樓的海豚大廳，可以近距離觀看海豚在水中游泳的姿態。

妙高高原 MAP附錄②P.4 G-3

とん汁の店たちばな

●とんじるのみせたちばな

✆0255-72-2450 美食

以簡單的食材烹調出傳統好滋味

昭和47（1972）年創業的豬肉味噌湯專賣店。湯裡的食材僅有豬肉、洋蔥、豆腐，藉由洋蔥自然的甜味與白味噌的風味呈現出傳統口味。搭配當地產的特別生產米「いのちの壱」一同享用，更是讓人欲罷不能。

L10:00～19:45 休週一（逢假日則翌日休） 所妙高市栗原2-3-10 交越後心動鐵道新井站搭巴士往高田站5分，稻塚下車即到 P20輛

來份豬肉味噌湯定食（中）950円暖和身體吧

糸魚川 MAP附錄②P.5 B-5

小瀧川翡翠峡

●こたきがわひすいきょう

✆025-553-1785（糸魚川市観光服務處） 景點

造訪日本最大的翡翠產地

日本最初發現翡翠的地方，便是姬川的支流小瀧川。這裡也是日本最大的翡翠產地，有翡翠的故鄉之稱。翡翠峽及周邊的石頭等不可隨意帶走，請多加注意。

L4月下旬～11月上旬，自由參觀 所糸魚川市小滝 交JR糸魚川站車程30分 P35輛

翡翠從這裡隨著河流而下，一路去到海岸

這些地方也別錯過！

城下町與高原度假勝地好好玩

上越・妙高・糸魚川

●じょうえつ・みょうこう・いといがわ

MAP 附錄②P.4・5・18・19

區域導覽

ACCESS

鐵道：長岡站 —JR信越本線・越後心動鐵道特急— 上越妙高站 所需時間／1小時10分

開車：上越高田IC —85・362— 上越妙高站 所需時間／5分

詢問處 ✆025-543-2777（上越觀光會議協會） ✆0255-86-3911（妙高市觀光協會）

上越 MAP附錄②P.18 H-3

上越科學館

●じょうえつかがくかん

✆025-544-3939 景點

在歡樂氣氛中認識深奧的科學世界

以「人類科學」與「雪的科學」為主題，介紹人類的進化、身體構造，以及雪的性質、降雪的機制等。此外還有會動的大型恐龍機器人、科學體驗遊戲區，可以全家同樂。

L9:00～17:00（夏季特別展展期間為～18:00） 休週一 ¥600円（夏季特別展另外收費） 所上越市下門前446-2 交越後心動鐵道春日山站車程7分 P500輛

「生命的進化與環境」區還有會動的恐龍

將雪應用在溫度管理 展現高田特色的葡萄酒

CLOSE UP

創業120餘年，保留了日本最古老葡萄酒窖的酒莊。可參觀進行溫度管理的雪室，以及介紹創辦人川上善兵衛的紀念館等。順便帶支越後・高田的風土孕育出的葡萄酒回去吧。

葡萄酒商店有販售約20種葡萄酒

岩之原葡萄園「深雪花（紅）」2179円（右），岩之原葡萄園「ROSE CHOTAT 2016」3240円（左）

岩之原葡萄園

●いわのはらぶどうえん

MAP附錄②P.4 G-3

✆025-528-4002 L9:30～16:30 休無休（1～2月為週日休、3月特定日休） 所上越市北方1223 交越後心動鐵道高田站搭巴士往上牧・宇津の俣30分，北方下車即到 P30輛

採訪memo 「和專家一同漫步於高原」前往妙高高原健行，要不要考慮請可靠的嚮導「妙高自然Sommelier」同行呢？得到認證的專家會根據行程，對於值得一看的自然景點、登山基礎知識等提供建議，並陪同行走。也可報名參加工藝品製作等體驗。✆0255-86-3911（妙高高原觀光服務處）

高田 MAP附錄②P.18 G-6

PÂTISSERIE AU RALENTI

●パティスリー オ ラランティ

025-526-6239 購物

細膩的美感與滋味讓人一吃就愛上

使用新潟等各地出產的優質食材，製作各式烘焙點心及果醬。「AU RALENTI」為緩慢之意。在內用區品嘗甜點，悠閒地放鬆一下也很不錯。

L10:00～18:00(19:00打烊) 休第1、3週二、三(不定休) 所上越市中田原153-14 交越後心動鐵道高田站步行12分 P30輛（使用共同停車場）

有多種使用當令水果製作的蛋糕

糸魚川 MAP附錄②P.18 E-1

寿司・割烹 志乃

●すしかっぽうしの

025-552-4085 美食

提供鮮美白肉魚捏成的極致握壽司

使用糸魚川近郊漁港上岸的在地魚製作料理，以白肉魚為主的握壽司尤其受到好評。品嘗比較之後便會知道，即使同為白肉魚，不同種類魚料的滋味及口感也各有特色，呈現豐富多變的美味。

L11:00～14:00、16:30～21:00 休週一 所糸魚川市大町1-1-30 交JR糸魚川站即到 P無

無菜單壽司3020円～。盡情品嘗當令美味吧

上越 MAP附錄②P.18 G-3

会心きざわ

●えしんきざわ

025-525-0987 美食

品嘗大量使用當令食材的宴席料理

堅持使用在地產當令食材，提供耗時費工、精心製作的日本料理。可在此享用擺盤、器皿也賞心悅目的會席料理。午餐時段限定的迷你會席2160円～就能吃到，非常划算。

L11:30～13:30、18:00～21:00 休週一（逢假日則翌日休） 所上越市大学前31 交越後心動鐵道高田站車程10分 P12輛

海鮮飯三吃1620円是午餐時段的人氣美食

妙高高原 MAP附錄②P.19 C-3

カネタみやげ店

●かねたみやげてん

0255-86-2307 購物

芳香樸實的竹葉粽是伴手禮的好選擇

以在地產的竹葉包住當地契作農家耕種的糯米，水煮之後做成的竹葉粽；以及艾草麻糬中包入紅豆餡做成的竹葉糰子都是當地的傳統美食，很適合作為伴手禮。另外也有販售在地特產。

L8:00～19:00 休不定休 所妙高市田口315 交越後心動鐵道妙高高原站即到 P5輛

竹葉粽5個裝650円。附黃豆粉

妙高高原 MAP附錄②P.19 A-6

妙高高原ビール工場 レストラン タトラ館

●みょうこうこうげんびーるこうじょうれすとらんたとらかん

0255-86-2600 美食

暢飲不同滋味的新鮮在地啤酒

釀造妙高高原啤酒的工廠附設的餐廳，可以喝到剛釀好的在地啤酒。晚間自助餐3000円再追加1620円便能暢飲3種妙高高原啤酒90分鐘。

L17:30～20:00(21:00打烊)、需預約 休無休（例行保養、包場休館） 所妙高市池の平2452 交越後心動鐵道妙高高原站搭巴士往杉野澤10分，エビスヤ前下車，步行10分 P100輛

店內有400席座位，可享用在地啤酒與自助式美食

池之平溫泉 MAP附錄②P.19 B-5

あらきんラーメン

0255-86-2150 美食

充滿居家氣氛的拉麵店

位在池之平滑雪場旁的拉麵店。除了越後味噌醬與真昆布湯頭營造出的清爽味噌口味，還有醬油、鹽味拉麵。最推薦的是在地拉麵「番茄拉麵」！

L9:00～22:30(23:00打烊) 休無休 所妙高市関川2417-15 交越後心動鐵道妙高高原站搭巴士往杉野澤上15分，ランドマーク下車即到 P10輛

使用了大量在地產高原番茄的番茄拉麵820円

美食 上越地區 三大炒麵美味大比拼

上越市的白、糸魚川市的黑、妙高市赤倉溫泉的紅，這3個地方分別以不同色彩的美味炒麵著稱。以下就來看看每種炒麵的創始店有什麼獨門絕活吧！

妙高赤倉溫泉紅炒麵

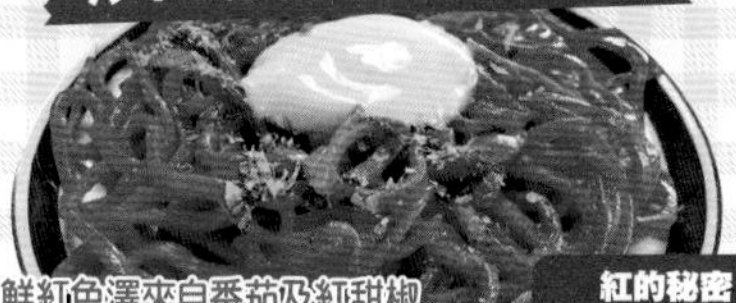

鮮紅色澤來自番茄及紅甜椒

お食事処 みよしや

●おしょくじどころみよしや

0255-87-2068

MAP附錄②P.19 C-5

美味的秘訣在於以鹽為基底的提味秘方與半熟蛋。元祖赤倉紅炒麵850円。

L11:00～13:30(14:00打烊)、18:00～20:30(21:00打烊) 休不定休 所妙高市赤倉476 交越後心動鐵道妙高高原站搭巴士往赤倉溫泉30分，赤倉公民館前下車即到 P無

紅的秘密

紅色是因妙高赤倉溫泉的「赤」字而來。混合米粉做成的白色麵條，裹滿了當地產番茄、紅甜椒做成的紅色醬汁。

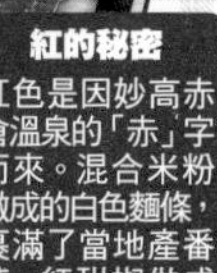

糸魚川黑炒麵

正統中餐廳帶來的元祖美味

月徳飯店

●つきとくはんてん

025-552-0496

MAP附錄②P.18 E-1

使用自製麵條與特製醬汁做成的糸魚川黑炒麵附湯800円。

L11:00～14:20(L.O.)、16:30～20:50(L.O.)，週日、假日為～20:20(L.O.) 休週一 所糸魚川市大町2-5-18 交JR糸魚川站步行5分 P25輛（冬天20輛）

黑的秘密

中式麵條裹上烏賊墨汁而成的新型態美食，選用的是日本海捕撈的烏賊。

上越白炒麵

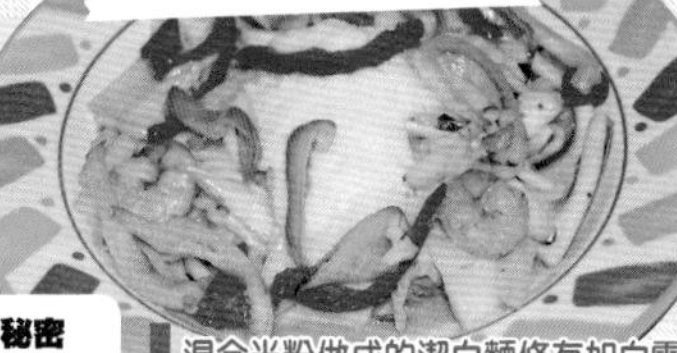

白的秘密

使用加了30%上越產越光米粉的麵條，以雪的潔白為意象做成的海鮮風味鹽味炒麵。

混合米粉做成的潔白麵條有如白雪

直江津を味わうお店 鳥まん

●なおえつをあじわうおみせとりまん

025-543-1515

MAP附錄②P.18 H-2

白炒麵中放了魚醬提味，並吃得到滿滿海鮮及蔬菜，800円。

L11:00～13:30(L.O.)、17:00～21:30(L.O.) 休週三 所上越市西本町4-1-5 交越後心動鐵道直江津站步行5分 P10輛

榮獲「鳥取漢堡嘉年華2018」第4名&MAPPLE獎！

新奇又特別的在地漢堡新登場

香菜翡翠漢堡超詳細剖析

以翡翠聞名的糸魚川，出現了大量使用當地特產─香菜做成的在地漢堡。趕快來看看這道引起熱烈討論的美食有什麼過人之處吧。

集結了各種糸魚川出產的美味食材♪

參與開發的市場工作人員及土雞業者、膳処くろひめ的老闆

爽脆麵條
為了讓口感更富變化，因此加進了炸得香噴噴的酥脆麵條

加了新鮮香菜的米粉麵包
特製的麵包在製作時添加了新鮮香菜，帶有香菜的香氣。此外還使用糸魚川產的米粉，因此好咬、易入口

香菜青醬
以新鮮香菜代替羅勒做成的自製醬料。大量的香菜青醬讓漢堡的味道更有層次

杏仁
烤過的杏仁增添了獨特口感，風味也更為提升

香菜愛好者難以抗拒的排毒料理!?
大量使用了軟嫩、好入口的糸魚川產香菜，並搭配當地土雞─翡雞肉排等食材，在2018年新推出的漢堡。香菜清爽的風味餘韻不絕。

1個600円

番茄
帶有清爽的酸味與甜味，可以串連起各種配料的最佳配角

糸魚川產香菜
以半水耕方式栽培，風味清新。一個漢堡使用的量達25g之多，吃得到滿滿香菜

美味關鍵！

清脆萵苣
除了香菜，漢堡裡還夾了大量不使用農藥、在無菌室中種植的糸魚川產萵苣，吃起來清脆爽口

香酥的厚雞肉排
使用只以鹽巴調味，鮮味濃郁的土雞肉排。裡面還加了雞胗、雞皮，彈牙的口感棒極了

美味關鍵！

醬料
以檸檬及鮭魚的魚醬提味，並能感受到大蒜風味，吃起來相當清爽

為什麼名字裡會有翡翠？
糸魚川是日本少數的翡翠產地之一，由於漢堡中使用了大量香菜，帶有翠綠色彩，因此命名時用到了翡翠這兩個字。

日本最大規模！什麼是「鳥取漢堡嘉年華」？
誕生於日本各地，使用當地食材做成的「在地漢堡」齊聚一堂的祭典。2018年共有17個來自日本全國的團體參加。除了做為一道料理的完成度之外，也會根據是否有表現出在地特色來評分，決定最高榮譽獎落誰家。

眾多漢堡愛好者聚集在此共襄盛舉。圖為2018年11月的活動現場

這些地方吃得到！

市場內的咖啡廳

市場かふぇ
●いちばかふぇ

位於糸魚川青果批發市場，提供各種使用蔬菜、水果製作的餐點。

✆025-556-8222

MAP 附錄②P.18 E-1

L11:00～15:00 休週三、日、假日 所糸魚川市横町5-2-14 糸魚川青果卸売市場内 交JR糸魚川站步行15分 P有

想嘗鮮的人別錯過能吃到各種香菜料理的套餐

膳処くろひめ
●ぜんどころくろひめ

位在糸魚川站前，曾參與漢堡開發的餐廳。也有豐富的海鮮料理。

✆025-552-0300

MAP 附錄②P.18 E-1

L11:00～14:00、17:00～22:00(只有午餐時段提供漢堡) 休無休 所糸魚川市大町1-4-23 アネックス黒姫ビル2F 交JR糸魚川站即到 P有

←除了單點的香菜翡翠漢堡，也提供附香菜梗天麩羅、香菜戚風蛋糕、土雞湯的套餐900円

月岡溫泉・阿賀野川

つきおかおんせん・あがのがわ

漫步於以美人之湯著稱的溫泉街
搭蒸氣火車及觀光船飽覽壯麗風景

☆月岡溫泉

區域內交通MAP

日本海
新潟～月岡溫泉 車程55分
中条IC
日本海東北自動車道
羽越本線
聖籠新発田IC
新潟
白新線
新発田
新潟西IC
新潟～五頭溫泉鄉 車程45分
被譽為美肌、美人之湯的著名溫泉地 月岡溫泉
北陸自動車道
新津
阿賀野川～月岡溫泉 車程55分
阿賀野川～五頭溫泉鄉 車程35分
磐越西線
坐擁豐富自然美景的溫泉勝地 五頭溫泉鄉
上越新幹線
信越本線
津川
新潟～阿賀野川 車程50分（行經磐越道）
開車自駕、搭觀光船探索溪谷之美 阿賀野川
磐越自動車道

本區不可錯過的亮點
溫泉街的優雅浴衣散步

➔P.108

本區不可錯過的亮點
觀光船&蒸氣火車

➔P.110

C57 180

本區不可錯過的亮點
精選伴手禮

➔P.112

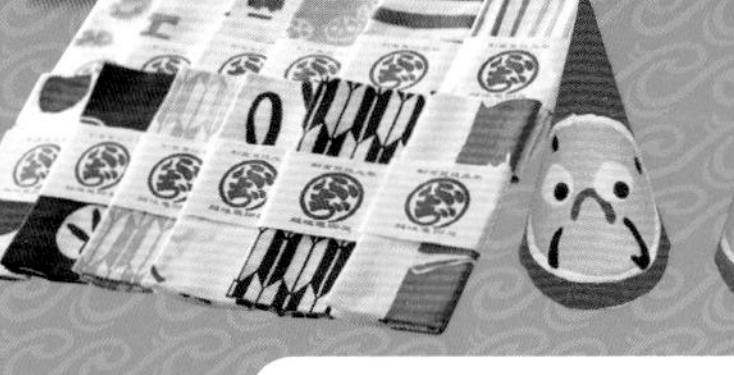

這一區主要造訪的是鐵道交通便利的月岡溫泉，以及具有悠久歷史的新發田。阿賀野川的清流與群山交織出的動人美景也同樣不可錯過。

交通方式

開車	鐵道
練馬IC	東京站
↓ 關越自動車道・北陸自動車道・日本海東北自動車道	↓ JR上越新幹線
聖籠新發田IC	新潟站
↓ 國道7號・縣道32號・國道290號等	↓ JR白新線
新發田站前	新發田站
所需時間:3小時50分 **費用:**7670円	**所需時間:**2小時45分～3小時40分 **費用:**11210円

詢問處

月岡溫泉觀光協會 ✆0254-32-3151
阿賀野市商工觀光課 ✆0250-62-2510
新發田市觀光振興課 ✆0254-28-9960

這一區的玩樂方式

自駕者也可考慮五頭溫泉鄉

位於深山的五頭溫泉鄉有3處溫泉湧出，開車來這邊並不困難，也可以考慮在此住宿。每座溫泉四周都有茂密的森林圍繞，環境十分療癒。要前往阿賀野川的話，這裡的位置也非常便利。

在月岡住宿是最標準的玩法

月岡溫泉與最靠近的車站間有接駁巴士行駛，從新潟市區等地點前來，交通也相當便利，是住宿地點的好選擇，規劃行程時，不妨以在月岡過夜為前提做安排。由於具有美肌效果，因此月岡溫泉被稱為美人之湯，一定要好好泡一泡喔！

各種意想不到的樂趣等你來發掘♪

月岡溫泉街的優雅浴衣散步

有「美人之湯」之稱的月岡溫泉是人氣觀光勝地。換好浴衣之後，前往古色古香的溫泉街，好好感受這裡的氣氛吧。

記得在旅館購買「入浴組」！

各旅館都可租借外出逛街用的浴衣。不住宿的遊客可以向各旅館購買「入浴組」，內容包括了束口袋、入浴費、手巾、湯結美手形。

⬆白玉之湯 泉慶(→P.148)的浴衣 ➡入浴組

提供烏龍麵體驗與可愛的和菓子

① premium POWDER 米

●ぷれみあむぱうだーべい

2018年4月開幕的店家，可自己煮麵、加高湯，透過體驗的形式現場品嘗加了縣內產米粉做的烏龍麵（1份300円）。兔子燒也是著名的美食。

可愛到讓人捨不得吃

➡以米粉製成，口感Q彈的兔子燒1個220円～，共7種口味

⬇復古風格的店內

✆0254-32-1101 MAP 附錄②P.15 D-2

🕒9:00～12:00、13:00～18:00 休 週一、三 所 新発田市月岡温泉242-1 🚌JR豐榮站搭接駁巴士往月岡溫泉20分，月岡旧湯前下車即到 P無

⬅500円可換到3顆試喝日本酒用的扁彈珠

⬅陳列在架上的日本酒看起來賞心悅目

銅板價就能試喝日本酒

④ premium SAKE 蔵

●ぷれみあむさけくら

提供從全新潟的酒蔵中嚴選出的90個品牌的日本酒。只需500円就能用小酒杯試喝3款酒，若有喜歡的也可以現場購買。

✆0254-32-1101 MAP 附錄②P.15 D-2

🕒9:00～12:00、13:00～18:00 休 無休 ¥ 免費入館，試喝500円 所 新発田市月岡温泉566-5 🚌JR豐榮站搭接駁巴士往月岡溫泉20分，月岡仲町下車即到 P無

古早味的零嘴讓人彷彿回到童年

③ 加賀田米穀店

●かがたべいこくてん

除了本業的米之外，還販售各式各樣的零嘴。邊吃零嘴邊逛古色古香的溫泉街感覺也很不錯。也有賣束口袋、化妝包等和風雜貨。

✆0254-32-2307 MAP 附錄②P.15 D-2

🕒8:00～18:00 休 無休 所 新発田市月岡温泉285-1 🚌JR豐榮站搭接駁巴士往月岡溫泉20分，月岡仲町下車即到 P無

⬅商品的擺設方式也很有古早氣息

➡也有沒有適合搭配浴衣的髮飾♪

有手湯及飲泉的源泉地

② 源泉之杜

●げんせんのもり

月岡溫泉的誕生之地，除了有淋上泉水祈求良緣的溫泉潑水像，還有手湯及日本罕見的硫磺飲泉。

✆0254-32-3151（月岡溫泉觀光協會） MAP 附錄②P.15 C-2

🕒8:00～22:00 休 無休 ¥ 免費 所 新発田市月岡温泉271-1 🚌JR豐榮站搭接駁巴士往月岡溫泉20分，月岡旧湯前下車即到 P無

號稱是日本最難喝!?

⬆要不要喝喝看味道難以想像的硫磺飲泉 ➡向表情可愛的溫泉潑水像祈求良緣吧

⬆可在入浴套餐附的湯結美手形寫下心願並掛在這裡

溫泉街周邊的好去處

適合情侶造訪的戀愛景點

月岡鐘琴公園

●つきおかかりおんぱーく

足湯湯足美 步行6分

有可以2個人一起敲的教堂鐘等，打卡、上傳到社群軟體絕對能引發熱烈討論。

0254-32-3151（月岡溫泉觀光協會）

MAP 附錄②P.15 C-1

自由入園 所新発田市月岡827 JR豐榮站搭接駁巴士往月岡溫泉25分，月岡新湯前下車，步行5分 P310輛

↑情侶拍攝合照的絕佳地點

打造見證愛情的玻璃作品吧

手造りガラス びいどろ

●てづくりがらすびいどろ

足湯湯足美 步行8分

在這間玻璃專賣店可以進行玻璃杯製作、玻璃串珠製作等玻璃體驗。

0254-32-2707 MAP 附錄②P.15 C-1

9:00～17:00（體驗最後受理時間為16:00） 休週三（黃金週、盂蘭盆節期間無休） 所新発田市月岡1109 JR豐榮站搭接駁巴士往月岡溫泉25分，月岡新湯前下車，步行7分 P310輛（使用月岡カリオンパーク停車場）

↑製作玻璃杯的玻璃吹製體驗1人2160円

在地氣氛別具魅力的入浴設施

美人の泉

●びじんのいずみ

足湯湯足美 步行7分

風格樸實無華的溫泉設施。泉水為碧綠色，泡起來十分舒適。

0254-32-1365 MAP 附錄②P.15 D-2

↓寬敞的室內浴池一次可以容納約10人

10:00～20:30（21:00閉館） 休週二（逢假日則翌日休） ¥520円 所新発田市月岡溫泉403-8 JR豐榮站搭接駁巴士往月岡溫泉25分，月岡仲町下車，步行8分 P40輛

→吃得到濃濃抹茶味
←有雪室咖啡、越後棒茶、雪國紅茶、雪國綠茶4種飲料可試喝

可以邊試喝邊感受新潟的芳香氣味

10 premium TASTE 香

●ぷれみあむていすとかおり

販售來自日本最北茶產地的村上茶、在雪室熟成的咖啡等，新潟特有的飲料。濃郁的抹茶霜淇淋300円也很受歡迎。

0254-32-1101 MAP 附錄②P.15 D-2

9:00～13:00、14:00～18:00 休週四 所新発田市月岡溫泉552-32 JR豐榮站搭接駁巴士往月岡溫泉20分，月岡新湯前下車即到 P無

特定期間還有藝妓舞蹈的表演

在風雅別緻的足湯小歇片刻

6 足湯湯足美

●あしゆゆたび

包括了可以免費使用的足湯，可以邊欣賞舞蹈、邊泡足湯的表演場地「月美台」、觀光情報館「ふらっと」等設施。

↑翡翠般碧綠色的溫泉據說有美肌效果

0254-32-3151（月岡溫泉觀光協會） MAP 附錄②P.15 D-2

8:00～22:00 休無休 ¥免費 所新発田市月岡溫泉522-22 JR豐榮站搭接駁巴士往月岡溫泉20分，月岡新湯前下車即到 P21輛

拍照打卡的絕佳地點！夢幻的絕美夜景引發討論

5 月光庭園

●つきあかりのにわ

設置了50盞各式各樣日式落地燈的庭園。此外還設計了水池，倒映在水面的景色夢幻又美麗。園內有長凳供遊客坐下來欣賞風景。

0254-32-3151（月岡溫泉觀光協會）

MAP 附錄②P.15 D-2

8:00～22:00 休無休 ¥免費 所新発田市月岡溫泉 JR豐榮站搭接駁巴士往月岡溫泉20分，月岡仲町下車即到 P無

→↓地面等間距排列著描繪了和風圖案的日式落地燈，會在傍晚時分點亮

↑也有賣在地創作者手工製作的雜貨 ←有陽光灑落的窗邊吧檯座及桌席

飄散著紅茶香的舒適空間

7 cotori cafe

●ことりかふぇ

位在溫泉街的主要大街上，時尚雅致的風格十分吸睛。店家著重香氣所精心挑選的紅茶值得品嘗，有cotori特調600円等各種選擇。

0254-20-7527 MAP 附錄②P.15 C-2

10:00～17:30（L.O.） 休不定休 所新発田市月岡溫泉552-60 JR豐榮站搭接駁巴士往月岡溫泉20分，月岡新湯前町下車即到 P4輛

使用以美味著稱的新潟米做成仙貝

9 premium SENBEI 田

●ぷれみあむせんべいでん

販售新潟自豪的米菓，而且還有稀少&超值的碎仙貝。還可以在大片的仙貝上畫出喜歡的圖案並自己動手烤，打造獨一無二的個人專屬仙貝。

0254-32-1101 MAP 附錄②P.15 D-2

9:00～13:00、14:00～18:00 休週一、三 所新発田市月岡溫泉562-1 JR豐榮站搭接駁巴士往月岡溫泉20分，月岡仲町下車即到 P無

→由於保存期限長，也可以擺在家裡當裝飾◎

↑←手烤體驗1200円需要約30分鐘，並附特製包裝袋

↑可認明藍色門簾做為辨識
→提供每人1碗試吃用的米飯

透過醬菜及乾貨認識新潟飲食文化

8 premium SELECTION 旨

●ぷれみあむせれくしょんうまみ

販售新潟產乾貨及發酵食品的商店。店內還有熱騰騰的米飯，可搭配店家提供顧客試吃的小菜享用。也有販售高人氣的古町糀製造所（→P.47）的飲料。

0254-32-1101 MAP 附錄②P.15 D-2

9:00～12:00、13:00～18:00 休週二 所新発田市月岡溫泉565-1 JR豐榮站搭接駁巴士往月岡溫泉20分，月岡仲町下車即到 P無

觀光船

搭乘人氣交通工具玩阿賀野川

緩緩行駛於寬闊壯麗的河面

1日航行7班(航程40分)
※視季節而異
9:00、10:00、11:00、12:00、13:00、14:00、15:00

搭船探索溪谷的四季之美

阿賀野川觀光船

●あがのがわらいんふなくだり

可從船上欣賞豐富自然景觀交織出的阿賀野川之美。遊覽航線2000円全程約40分，起、終點皆在公路休息站 阿賀の里，途中還能聆聽船長帶來的解說及船歌。秋天的紅葉、冬天的雪景等，四季展現出的風貌各有不同美感。船艙有屋頂，因此下雨天也不用擔心（可能會因天候不良停駛）。

✆0254-99-2121（公路休息站 阿賀の里乗船場） L9:00～15:00 休天候不佳時 所阿賀町石間4301 交JR東下條站車程5分 P300輛 MAP附錄②P.15 B-3

具說以前曾有河童在此遊玩的奇岩

有貝塚遺跡的岩礁地帶

山巒的綠意與紅色的橋形成美麗對比

觀光船船長 林真一郎先生

↑可從鋪了榻榻米的船內欣賞絕景

蒸氣火車

阿賀野川流域由於擁有優美的自然景觀，因此被稱為阿賀野川萊茵，並名列日本百大風景。不論搭乘觀光船或蒸氣火車，都能盡情觀賞沿途的秀麗風光，享受美景環繞的體驗。

跟著吐出白煙的蒸氣火車前進

以週六、週日、假日為主 1日來回各1班
※視季節而異／2019年預定夏季前後開始行駛
10:05新津發車→13:35抵會津若松
15:25會津若松發車→18:40抵新津

別忘了來份人氣火車便當

SL磐越物語便當1000円

放眼望去盡是療癒的風景

SL磐越物語

●えすえるばんえつものがたり

在特定日期行駛於JR磐越西線的新津～會津若松間的觀光列車。由昭和44（1969）年停駛後，歷經30年時間在1999年重新復活的蒸氣火車頭「C57-180」負責牽引專用客車。全車皆為指定席，需購買全票520円的指定席券與搭乘區間的車票。

050-2016-1600（JR東日本詢問中心）

MAP附錄②P.8 G-6

展望車廂有大片的窗戶方便賞景

與帥氣的蒸氣火車多拍些照吧

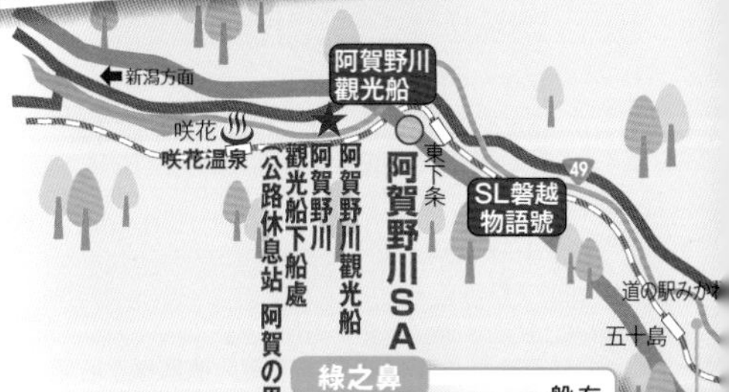

新潟方面
阿賀野川觀光船
咲花
咲花溫泉
阿賀野川觀光船下船處（公路休息站 阿賀の里）
阿賀野川SA
東下条
SL磐越物語號
49
道の駅みかわ
五十島
綠之鼻
有如人的鼻子般隆起的森林 

阿賀野川的這些地方也值得來走走

體驗採菇樂趣與用餐的好所在

三川観光きのこ園

JR三川站 車程3分

●みかわかんこうきのこえん

附設餐廳與烤肉區的觀光農園，1萬坪的用地內種植了約10種菇類。入場免費，營業期間內可進行採菇體驗，依採收量計費。

0254-99-3773 L4月～12月上旬、8:00～17:00 休期間中無休 ¥採菇100g100円～ 所阿賀町吉津3520 P250輛 MAP附錄②P.8 G-5

菇菇湯320円是餐廳的著名美食

烤肉套餐1200円

來這裡泡個湯再上路

津川温泉 清川高原保養センター

JR津川站 車程6分

●つがわおんせんきよかわこうげんほようせんたー

以豐沛泉量與優良的泉質自豪的入浴設施。將室內浴池的窗戶全部打開的話，可以欣賞壯麗的群山美景。附設餐廳。

0254-92-5530 L10:00～19:30（20:00打烊） 休週三、四 ¥500円（17:00後400円） 所阿賀町京ノ瀬4851 P120輛 MAP附錄②P.8 G-6

這裡的溫泉為無色透明的鹼性泉，泡了會讓肌膚更滑溜

沿河畔公路兜風自駕也不錯!

沿途會與阿賀野川交會好幾次

國道49號是絕佳的兜風路線，阿賀野川的壯麗景色非常療癒，每轉過一個彎道，都會有不同的驚喜。山區地帶有許多單向僅一線道及多彎道的路段，行駛時請多加留意。

名聲傳遍全日本！濃郁風味及口感有夠讚

D
優酪乳
118円（150mℓ）
保留了現擠牛乳的風味與營養，喝起來溫順又香醇的優酪乳

把新潟的好東西全都帶回家！

精選伴手禮看過來

in 月岡溫泉·阿賀野川

地處越後平原的這一區盛產稻米，並有各種運用當地豐饒物產打造的創意商品。

其他地區的伴手禮資訊

表情逗趣又有特色阿賀野的鄉土玩具

E
三角不倒翁
4號1對1100円
造型獨特的圓錐形不倒翁，放眼全日本也十分罕見。有紅、藍、白3種顏色

完美結合日本酒與巧克力打造出的夢幻逸品

A
麒麟山品酒巧克力雙口味組合
2268円
加了越後的在地日本酒─麒麟山，裝在酒杯裡的生巧克力。使用竹片刮杓品嘗也是很特別的設計。

巧克力、抹茶、柚子聯手帶來絕妙好滋味

A
抹茶巧克力凍派添加大洋盛柚子
2268円
嚴選抹茶與白巧克力中加入大洋盛日本酒醃漬的柚子，一同蒸烤而成的甜點

職人技藝與時尚設計在手拭巾上相遇

F
越後亀紺屋獨家注染手拭巾
各970円～
運用傳統的「注染」技法，全程由職人手工製作，品味不凡的手拭巾

以自家栽培的梅子釀造柔和口感十分迷人

C
かれんプラム（梅酒）
1404円（500mℓ）
使用從酒藏的本家─市島家宅邸的梅林手工採收的梅子，用心釀造而成

濃郁的在地生產牛乳與紅米麻糬堪稱絕配

B
生牛奶糖大福
7個裝×2盒1800円
混合了當地收割的紅米做的大福，包著在地鮮乳製成的生牛奶糖，融合了日式與西式口味

C 市島酒造
新發田
いちしましゅぞう

擁有200年歷史的老字號酒藏。酒藏內還展示了收藏品，敘述一路走來的歷史。

0254-22-5150
MAP 附錄②P.8 F-2
L 9:00～16:00 休 無休 所 新発田市諏訪町3-1-17 交 JR新發田站步行5分 P 20輛

B お菓子の龍宝堂
阿賀野
おかしのりゅうほうどう

使用當地產的品牌牛乳安田愛情牛乳及古代米等新潟食材製作糕點的人氣店。

0250-68-2234
MAP 附錄②P.8 E-5
L 9:00～19:00 休 不定休 所 阿賀野市保田4011 交 JR馬下站車程5分 P 3輛

A しょこら亭 瓢湖店
阿賀野
しょこらていひょうこてん

販售融合了新潟傳統日本元素與巧克力的極品甜點。加了日本酒的生巧克力也很受歡迎。

0250-62-7302
MAP 附錄②P.8 E-4
L 10:00～18:00 休 週一 所 阿賀野市外城町15-22 交 JR水原站車程5分 P 無

F premium SELECTION 旨
月岡溫泉
ぷれみあむせれくしょんうまみ

位在月岡溫泉街，可以搭配白飯試吃、選購新潟的乾貨、發酵食品。手拭巾也是人氣商品（→P.109）。

0254-32-1101
MAP 附錄②P.15 D-2
L 9:00～12:00、13:00～18:00 休 週二 所 新発田市月岡温泉565-1 交 JR豐榮站搭接駁巴士往月岡溫泉20分，月岡仲町下車即到 P 無

E ハリカ水原店
阿賀野
はりかすいばらてん

販售日本酒、醬油、手拭巾等，各種適合送禮的商品，也有許多在地特產。

0250-62-7799
MAP 附錄②P.8 E-4
L 9:00～19:00 休 不定休 所 阿賀野市市野山大野265-1 交 JR水原站步行25分 P 5輛

D Y&Y GARDEN
阿賀野
わいあんどわいがーでん

擁有全國性知名度的YASUDA YOGURT的直營店。獨家推出的霜淇淋也是人氣美食（→P.114）。

0250-68-5151
MAP 附錄②P.8 E-4
L 9:00～17:00 休 無休 所 阿賀野市保田733-1 交 JR水原站車程20分 P 30輛

享受美肌名湯、探索溪谷之美

月岡溫泉・阿賀野川

●つきおかおんせん・あがのがわ

MAP 附錄②P.8・15

區域導覽

ACCESS

鐵道：新潟站 —JR白新線— 新發田站 —JR羽越本線— 月岡站
所需時間／30～40分　所需時間／10分

開車：安田IC —41—49—460— 月岡站
所需時間／30分

詢問處
0254-32-3151（月岡溫泉觀光協會）
0250-62-2510（阿賀野市商工觀光課）

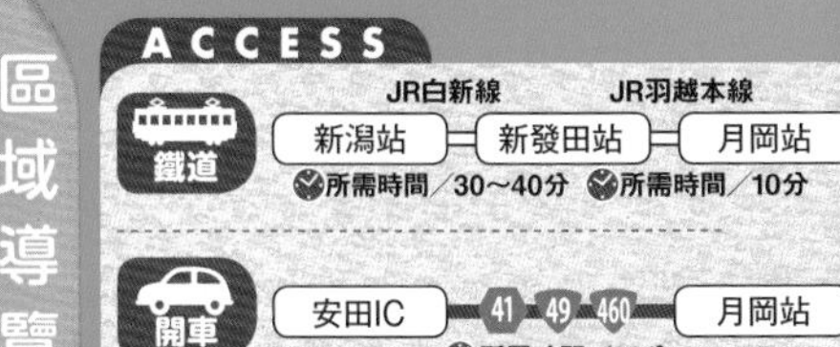

五泉　MAP 附錄②P.8 E-5

五泉市鬱金香節

●ごせんしちゅーりっぷまつり　0250-43-3911（五泉市農林課）　景點

五泉的春季風情畫

五泉是新潟縣內首屈一指的鬱金香產地。鬱金香節可欣賞到約150萬株鬱金香在花田中盛開的美景，活動期間內的週六、週日、假日還會販售特產。

4月中旬～下旬，自由參觀　五泉市一本杉629付近　JR五泉站車程10分　400輛（河岸臨時停車場）

各式各樣色彩繽紛的花朵非常壯觀

麒麟山溫泉　MAP 附錄②P.15 D-3

狐狸出嫁邸宅

●きつねのよめいりやしき　0254-92-0220　景點

接觸夢幻的狐火傳說

阿賀町津川有一項以「狐狸出嫁遊行」為主題的祭典，起源於成串狐狸鬼火出現的景象讓人聯想到女性出嫁的隊伍。除了有影像及立體模型的展示，還能欣賞麒麟山的絕景。

9:00～17:00　週四（逢假日則翌日休）　¥免費（狐狸化裝體驗成人600円、小孩300円）　阿賀町津川3501-1　JR津川站步行15分　15輛

位在阿賀野川畔。難得的狐狸化妝體驗也不妨嘗試看看（需預約，請事先洽詢）

新發田　MAP 附錄②P.8 F-2

食堂みやむら

●しょくどうみやむら　0254-26-1213　美食

品嘗新發田的在地拉麵

豬雜拉麵770円是新發田的知名美食之一。雖說是豬雜，其實是使用豬頭肉。沒有腥臭味、口感Q彈的肥肉與瘦肉帶來獨特的美味。

11:00～14:30（湯頭售完打烊）　週一（逢假日則翌日休）　新發田市大手町5-5-7　JR新發田站步行15分　8輛

位在新發田城等歷史景點附近

豬頭肉的鮮味融入湯頭中，造就絕佳風味

五頭溫泉鄉　MAP 附錄②P.15 B-3

五頭山麓 うららの森

●ごずさんろく うららのもり　0250-61-3511　玩樂

集結了各種阿賀野的在地好東西

這座複合設施是由販售剛採收的新鮮蔬菜、加工品的直銷所，以及提供觀光資訊的據點等所組成。也提供蕎麥麵擀製、豆腐製作、竹籃製作等體驗活動，需預約。

9:00～17:00（視時期而異，蔬菜直銷所為8:00～15:00，售完打烊）　週二　阿賀野市村杉溫泉入口　JR水原站搭巴士往五頭溫泉鄉28分，村杉溫泉下車即到　100輛

蕎麥麵擀製體驗1800円（時間約1小時）

新發田　MAP 附錄②P.8 F-2

清水園

●しみずえん　0254-22-2659　景點

圍繞書院打造的優美庭園

清水園過去是新發田藩的藩主溝口侯的宅邸之一。這座庭園採大名式迴遊設計，改變視線高度可欣賞到不同風情的景觀。

9:00～17:00（11～2月為～16:30）　1、2月週三（逢假日則翌日休）　¥700円（與足輕長屋共通）　新発田市大栄町7-9-32　JR新發田站步行8分　45輛

可以坐在簷廊欣賞庭園

阿賀野　MAP 附錄②P.8 E-4

瓦テラス

●かわらてらす　0250-47-8530　美食

安田地區的新觀光景點

位在江戶時代持續至今的安田瓦產地─安田地區的複合設施。餐廳提供了使用當地養殖鰻魚、新潟松露豬等在地食材烹調的料理，裝在安田瓦製成的器皿內送上桌。

11:00～15:00（咖啡廳、商店為10:00～17:00）　週四　阿賀野市保田7373-1　JR水原站車程15分　50輛

種安田瓦的裝飾也很吸睛

安田瓦屋頂的時尚單層建築，周圍群山的景色盡收眼底

月岡溫泉　MAP 附錄②P.15 C-2

月岡わくわくファーム

●つきおかわくわくふぁーむ　0254-32-0909　玩樂

集結了眾多大自然孕育的美味

除了以新鮮自豪的農產品直銷所「わくわくファーム」，還有義式料理餐廳、義式冰淇淋店、單盤料理餐廳等，能吃到使用新潟食材製作的餐點。

9:00～19:00（視店鋪、季節而異）　無休　¥免費入場　新発田市月岡408　JR月岡站車程10分　120輛

除了7間店鋪，還有寬53m，可乘坐50人的鞦韆等

CLOSE UP

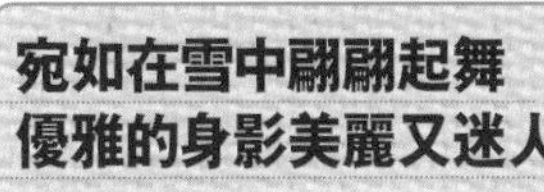

宛如在雪中翩翩起舞 優雅的身影美麗又迷人

瓢湖是國際級的重要濕地，並登錄在拉姆薩公約中，高峰期會有5000隻天鵝從西伯利亞一帶飛來。湖畔設有觀察站，可在此欣賞天鵝美麗的姿態。

10月上旬前後會有首批天鵝造訪

瓢湖

●ひょうこ　MAP 附錄②P.8 E-4

0250-62-2690（阿賀野市公園管理事務所）

自由參觀　阿賀野市水原313-1　JR水原站車程5分　300輛

新發田 MAP附錄②P.8 F-2

登喜和鮨

●ときわすし ☎0254-22-3358 美食

使用嚴選食材捏出美味壽司

昭和29（1954）年創業以來，一路堅持壽司之道的老闆，採購的都是全國各地當令的近海漁獲，並以細膩的手法將新鮮魚料捏成壽司。

12:00～13:30（打烊）、18:00～22:00（打烊） 休週一（有臨時休） 所新發田市中央町3-7-8 JR新發田站搭巴士往新潟交通古町（東堀五）3分，石川小路下車即到 P1輛

吧檯座的白木吧檯十分吸引目光

能吃到當令食材的新發田名店

阿賀野 MAP附錄②P.8 E-4

五十嵐邸ガーデン

●いからしていがーでん ☎0250-63-2100 美食

在氣派宅邸中品嘗會席料理

明治、大正時代興建的富豪農家宅邸改裝成的餐廳。可在古色古香的空間中，享用以湯葉豆腐為主的日式會席料理，以及法國料理、義式料理為基礎的西洋會席。預約制。

11:30～14:30（L.O.）、17:30～20:30（L.O.） 休週二（逢假日則營業） 所阿賀野市金屋340-5 JR水原站車程10分 P100輛

有午餐的迷你宴席2970円等選擇。還可欣賞優美的庭園

月岡溫泉 MAP附錄②P.15 C-2

TRATTORIA ORA HARACUCE

●トラットリア オラ ハラクチェ ☎0254-21-6000 美食

使用滿滿在地美味食材的義式料理

位在月岡わくわくファーム的義式餐廳，使用蔬菜直銷所送來的新鮮蔬菜製作成料理。以柴窯燒烤天然酵母自製餅皮做成的披薩，以及義大利麵、燉飯等都深受好評。

午餐11:00～14:30、下午茶14:30～16:00、晚餐17:00～20:00（全部L.O.） 休無休 所新發田市月岡408 月岡わくわくファーム內 JR月岡站車程10分 P120輛

柴窯披薩也可外帶

五頭溫泉鄉 MAP附錄②P.8 F-4

五頭の山茂登

●ごずのやまもと ☎0250-62-4266 美食

五頭也能吃到美味的釜飯

釜飯是使用在地嚴選的越後越光米，以講究的天然水一份一份炊煮而成。由於是現點現做，餐點需等待20分鐘以上。可事先預約。

11:00～14:00（15:00打烊）、17:00～20:00（21:00打烊） 休週一（逢假日則翌日休） 所阿賀野市勝屋1825-9 JR水原站搭計程車15分 P21輛

充滿新潟特色的人氣美食鮭魚卵釜飯1450円

五頭溫泉鄉 MAP附錄②P.15 B-4

茶処 和

●ちゃどころなごみ ☎0250-66-2248 美食

在溫泉街的和風咖啡廳享受悠閒時光

位在溫泉街，僅週一、週六、週日營業的和風咖啡廳。店內設有配置地爐的桌席，營造出舒適自在的空間。和風甜點及使用阿賀野市產越光米製作的餐點等深受好評。

10:00～16:00（L.O.） 休週二～五、假日 所阿賀野市村杉溫泉4529 JR水原站搭巴士往五頭溫泉鄉28分，村杉溫泉下車，步行3分 P8輛

蜜豆套餐750円附飲料

月岡溫泉 MAP附錄②P.15 C-2

きぶんー

●きぶんいち ☎0254-32-3350 美食

溫和美好的滋味傳遍五臟六腑

月岡溫泉的人氣拉麵店，拉麵僅有2種，十分簡單。蒲原拉麵600円的豚骨湯頭口味柔和溫醇，與細麵十分對味，而且還能免費加麵1次。

10:30～13:30（湯頭售完打烊） 休週四 所新發田市月岡溫泉669-1 JR月岡站車程5分 P13輛

放了滿滿叉燒的肉拉麵850円

阿賀野 MAP附錄②P.8 E-4

Y&Y GARDEN

●わいあんどわいがーでん ☎0250-68-5151 購物

優格製成的甜點為人氣美食

來自新潟的優格品牌YASUDA YOGURT的工廠直營商店，除了能購買優格製品，還能吃到鬆餅與優格搭配成的甜點等美食。

9:00～17:00 休無休 所阿賀野市保田733-1 JR水原站車程20分 P30輛

焦糖霜淇淋優格鬆餅390円

鬆餅皆是現點現做

阿賀野 MAP附錄②P.8 E-4

湖四季

●こしき ☎0250-62-2113 美食

邊欣賞瓢湖美景邊享用正統和食

坐擁瓢湖美景的老字號日本料理餐廳。提供色彩繽紛華麗的各式便當，以及運用當令食材製作、調味高雅清淡的單品料理。

11:30～13:00（L.O.）、18:00～20:30（L.O.） 休週三 所阿賀野市外城町5-12 JR水原站搭阿賀野市營巴士五頭溫泉鄉線4分，水原代官所前下車，步行5分 P8輛

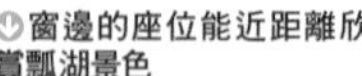

窗邊的座位能近距離欣賞瓢湖景色

三層葫蘆便當1650円，內容隨季節而異

看過來！ 藉由新發田品牌讓更多人認識充滿在地特色的和菓子等商品

新發田在江戶時代曾是繁榮的城下町，為了廣為宣傳充滿獨特在地魅力的優質商品，因此建立了新發田品牌認證制度。活躍於各領域的審查委員，精心選出了希望能讓更多人品嘗到、最能代表新發田的美食，給予「新發田品牌」的認證。新發田品牌目前已有以和菓子為主的30項商品。

新發田品牌商品綜合裝參考範例

採訪memo 「展現北陸特有風情的名城」新發田城可以看到雪國城堡最具代表性的特色—井然有序的海鼠壁，以及堆砌得毫無縫隙、整齊美觀的石牆。2004年復原了三階櫓、辰巳櫓，成為新發田市的地標。4月至11月對外開放。MAP附錄②P.8 F-2

村上 瀨波溫泉・笹川流

むらかみ・せなみおんせん・ささがわながれ

造訪擁有夕陽美景的濱海溫泉
享受愜意城下町散步&眾多美食

村上

本區不可錯過的亮點
村上鮭&牛
➔P.118

本區不可錯過的亮點
絕景海岸&溫泉
➔P.116・143

這一區位在新潟縣的最北部，最建議的玩法是以城下町—村上作為起點，邊品嘗知名美食邊探索當地風情，住宿地點就選在海邊的瀨波溫泉！

本區不可錯過的亮點
城下町散步
➔P.120

交通方式

開車	鐵道
練馬IC	東京站
↓ 關越自動車道・北陸自動車道・日本海東北自動車道	↓ JR上越新幹線
村上瀨波溫泉IC	新潟站
↓ 縣道286號等	↓ JR白新線・羽越本線特急
村上站	村上站
所需時間:約4小時20分 **費用**:8060円	**所需時間**:2小時30分～3小時20分 **費用**:12150円

洽詢對象

村上市觀光協會 ☎0254-53-2258
關川村觀光協會 ☎0254-64-1478

這一區的玩樂方式

也可以規劃鐵道旅行

笹川流一般推薦的玩法是邊開車兜風，邊欣賞窗外景色，不過JR羽越本線同樣也是沿海岸線行駛。除了從電車上觀賞日本海的絕景，也可以從各站步行前往沿線的名勝。

租借自行車悠遊村上的城下町

從JR羽越本線村上站到保留著古老街景的安善小路，要步行20～25分鐘。途中也可以順便參觀歷史悠久的建築物等，不過還是建議在車站租借自行車移動（→P.120）。

瀨波溫泉絕對值得留下來過夜！

瀨波溫泉有許多可以從房間、露天浴池欣賞日本海景色的旅館，是新潟代表性的人氣溫泉地。別忘了在傍晚之前辦好入住手續，一面泡湯，一面欣賞夕陽沒入海面的絕景。優良的泉質與豐沛的泉量也是這裡的一大賣點。

玩樂

●ささがわながれ

笹川流

這段長11km的海岸線是國家指定名勝及天然紀念物，澄澈的碧藍海水與白沙形成美麗對比。因受到波濤洶湧的日本海侵蝕，形成了造型獨特的奇岩等饒富變化的景觀。

✆0254-77-2259
(村上市観光協会山北支部)
所村上市寒川～浜新保
MAP附錄②P.14 E-5

笹川流兜風自駕

奇岩

怪石

沒入日本海的夕陽也美極了

奇形怪狀的岩石連綿不絕的海岸線「笹川流」，是獲選日本百大風景的風景名勝。沿著緊鄰海岸的國道345號北上，享受風光明媚的兜風之旅吧！

⊙澄澈美麗的大海近在眼前

START

SPOT 1 從海上觀賞讓人驚呼連連的大自然之美

●ささがわながれかんこうきせん

笹川流観光汽船

不僅能從海上以不同角度賞景，還可以餵食飛在船邊的海鷗。海浪刻鑿出的奇岩與湛藍海水構成的美景絕對值回票價。也可透過電腦或手機預約。

✆0254-79-2154　L9:00～16:00左右(乘船時間30～40分、不定期航行)　休無休　¥1000円　所村上市桑川975-44　交JR桑川站步行15分　P60輛

MAP附錄②P.14 E-5

⊙海鷗會跟在船邊等待遊客餵食

⊙炭火燒烤區有販售各式各樣當令乾貨

SPOT 2 大啖憑藉陽光與海風乾燥的美味乾貨

●ささがわながれのじざかなどころてんぴや

笹川流れの地魚処 天ぴ屋

在當地上岸的海鮮經加工之後，完全以陽光乾燥的一夜干是這裡的招牌商品。由於乾貨經過陽光充分曝曬，含有大量胺基酸，因此吃起來格外美味。

緊鄰

✆0254-79-2154(笹川流観光汽船)
L3月中旬～12月中旬、8:00～16:00
休不定休　所村上市桑川968
交JR桑川站步行15分
P30輛
MAP附錄②P.14 E-6

⊙笹川流下酒菜套餐(大)500円

稍微走遠一點 來趟粟島之旅！

岩船港 搭渡輪90分

粟島是一座周長約23㎞的小島，擁有日本海的海浪刻鑿出的美麗海岸線。走在未經開發的大自然，以及散發鄉愁的漁村街道上，好好感受這裡的魅力吧。

✆0254-55-2146（粟島觀光服務處）
MAP附錄②P.10 E-1

粟島港

前往粟島的交通方式

開車 日本海東北自動車道 神林岩船港IC → 國道345號等 3分 → 岩船港
鐵道 JR羽越本線 村上站 → 車程15分 → 岩船港
岩船港 → 粟島汽船 → 粟島港
高速船／55分，3790 渡輪／1小時30分，1880円（2等） 1天航行2～5班（視時期而異）
※車輛無法隨船前往粟島，請停放岩船港停車場

騎著自行車在島上愜意觀光

粟島自行車出租

●あわしまれんたさいくる

↑島上幾乎沒有紅綠燈，因此靈活、機動性高的自行車很方便

可在粟島觀光服務處的自行車租借窗口租車。島上坡道雖多，但大約3小時就能環島一周。悠閒地騎車探索島上的自然風光吧。

✆0254-55-2146（粟島觀光服務處） 🕒8:30～17:00 休無休 ¥未滿4小時500円，超過4小時1000円（最長到8小時30分） 所粟島浦村日ノ見山1513-11 交粟島港即到 P無
MAP附錄②P.10 E-1

提供3種不同的開心體驗

あわしま自然体験学校

●あわしましぜんたいけんがっこう

↑海上划艇在海邊進行，時間90分鐘（小學生以上）

有海上划艇、岩間垂釣、動手做鄉土料理わっぱ煮等，各種充滿粟島特色的活動可體驗。詳情請於網站確認。

✆070-1044-0777 🕒休根據體驗行程而有所不同（需事先確認）
¥海上划艇3500円、わっぱ煮2000円等（需前一天預約）
所粟島浦村日ノ見山1491-8 交粟島港即到 P無
MAP附錄②P.10 E-1

SPOT 3 在附設鹽工房的咖啡廳 舒緩開車累積的疲勞吧

GOAL

salt&cafe

●そるとあんどかふぇ

↑露臺旁邊就是海，天氣好時還能看見粟島

使用以笹川流的海水做成的鹽製作餐點的咖啡廳。店內一隅可參觀古法製鹽的作業情景，也能購買做好的鹽。搭配天然鹽品嘗的水煮蛋50円值得一試。

✆0254-78-2468
🕒9:00～17:00（午餐時間為5～10月） 休週四 所村上市脇川1008-1 交JR越後寒川站步行20分
P30輛
MAP附錄②P.14 E-4

→灑了玉藻鹽的鹽味霜淇淋350円

10分

ViewPoint 鷹巢岩

たかのすいわ

↑老鷹等鳥類的棲息地。老鷹、遊隼會在岩石縫隙及生長於岩石上的松樹枝頭築巢，因此被稱為鷹巢岩

ViewPoint 恐龍岩

きょうりゅういわ

↓看起來好像一隻大恐龍兩手撐著地，把頭伸進海裡要將海水吸起來般。造型顯眼而有特色

ViewPoint 眼鏡岩

めがねいわ

→岩石上有2個形狀像眼鏡的洞穴，所以命名為眼鏡岩。其中一邊的洞穴因昭和39（1964）年的新潟地震而坍塌

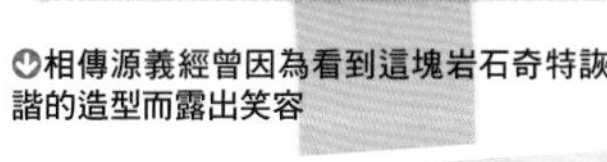

ViewPoint ニタリ岩

にたりいわ

↓相傳源義經曾因為看到這塊岩石奇特詼諧的造型而露出笑容

笹川流周邊的這些地方也值得造訪

可以邊看海邊享用海鮮

民宿・食堂ちどり

●みんしゅくしょくどうちどり

提供在笹川流上岸的海鮮等在地食材做的料理。其中，被日本海岩岸地方稱為「夏牡蠣」，夏天正值盛產的天然岩牡蠣，鮮味更是濃郁綿密，值得品嘗。

✆0254-79-2417 🕒10:00～17:00（有時期變動） 休無休（視時期而異） 所村上市桑川904-3 交JR桑川站即到 P20輛
MAP附錄②P.14 E-6

←僅夏季提供的鹽味岩牡蠣定食1800円

鮮魚做成的極品乾貨超美味

魚富

●うおとみ

使用剛在桑川漁港上岸的鮮魚，藉由海風與陽光乾燥做成的乾貨深受好評。可以買到赤鮭、柳鰈魚等笹川流當令食材及漁夫嚴選的優質海鮮製成的商品。

✆0254-79-2038
🕒8:00～17:00 休不定休 所村上市桑川菅谷地870-1 交JR桑川站即到 P3輛
MAP附錄②P.14 E-6

←店家還有提供網購服務，網路上也買得到

s 村上鮭

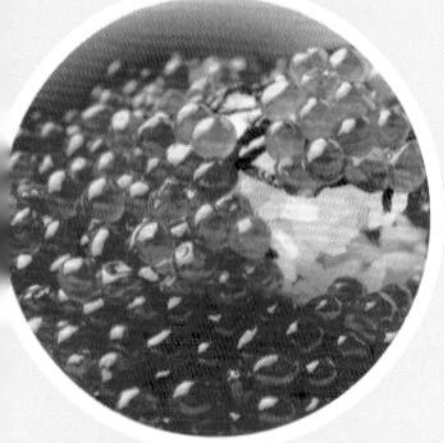

村上三面川的鮭魚在平安時代就已經有進獻到京都的紀錄。村上在悠久的歷史中孕育了獨特的鮭魚文化，發展出超過100種的鮭魚料理。

↑從魚肉、魚卵到魚頭，全都可用於料理，絲毫不浪費

各種傳統好滋味齊聚一堂！古典摩登風格的人氣新店

造訪村上時絕對不可錯過！兩大知名美食正面對決

歷史悠久的城下町──村上，擁有自古以來便遠近馳名的兩大美食。建議在這裡住一晚，用2天時間將各種美食吃個夠！

千年鮭 井筒屋
●せんねんざけいづつや

千年鮭 きっかわ（→P.121）經營的鮭魚料理專賣店，能吃到村上鮭美食中最具代表性的熟成鹽引鮭、酒漬鮭魚等，各式各樣的鮭魚料理，而且全是職人手工製作，未添加化學物質。使用種米名手種植的越光米，以土鍋炊煮而成的米飯也很美味。

✆0254-53-7700
MAP 附錄②P.14 G-1
營11:00～16:00(參觀店內9:00～) 休無休 所村上市小町1-12 交JR村上站步行25分 P4輛

別錯過這道美食
鮭魚料理 七品
2106円
集結了代表性鮭魚料理的人氣組合

↑店面前身為江戶時代創業的旅店，充滿古典氣氛

可以吃到這些鮭魚美食

酒漬鮭魚
↑魚肉經過1年悉心熟成，味道富含深度

一口甘酒
↑不使用砂糖，口味溫和。店家還提供各種用到了麴的料理

紅燒鮭魚頭、漬烤鮭魚、味噌醃鮭魚卵、佐料、土鍋炊飯、高湯
↑包括了煮得軟嫩的紅燒魚頭及味噌醃鮭魚卵等各種下飯的菜餚

鮭魚手鞠壽司
↑經過熟成的鮭魚生火腿搭配一口大的米飯做成的壽司

燒烤鹽引鮭&酒漬鮭魚皮
↑炭火燒烤的鹽引鮭可直接享用，或做成茶泡飯

おもてなしの宿 石田屋
●おもてなしのやどいしだや

位在車站前，走和風摩登路線，內部鋪滿了榻榻米的旅館。非住宿的旅客也可前來用餐，能吃到鮭魚卵蓋飯及各種海鮮料理。

↑建築為縱長形，散發寧靜典雅的氣氛

別錯過這道美食
鮭魚卵蓋飯
1700円
白飯上鋪了滿滿的醬油醃鮭魚卵

✆0254-53-2016
MAP 附錄②P.14 G-2
營11:00～14:00、17:30～20:30(L.O.、晚間需洽詢) 休不定休 所村上市田端町10-24 交JR村上站即到 P15輛

↑外觀晶瑩剔透的鮭魚卵調味也妙不可言。Q彈的口感棒極了◎

悠流里
●ゆるり

位在鮭魚製品直售店「鮭乃蔵」隔壁的餐廳，除了鮭魚、鮭魚卵等鮭魚料理，還能吃到石磨蕎麥麵、使用在地海鮮做的蓋飯及定食、村上牛的蓋飯及牛排等村上的在地美食。

↑將鮭魚與村上牛搭在一起的蓋飯也很受歡迎

✆0254-53-6288
MAP 附錄②P.14 G-1
營11:00～14:30、17:30～20:30 休週三(逢假日則翌日休、視季節而異) 所村上市塩町4-5 交JR村上站步行15分 P35輛

別錯過這道美食
鮭魚親子蓋飯
1674円
鮭魚卵與魚肉的完美結合

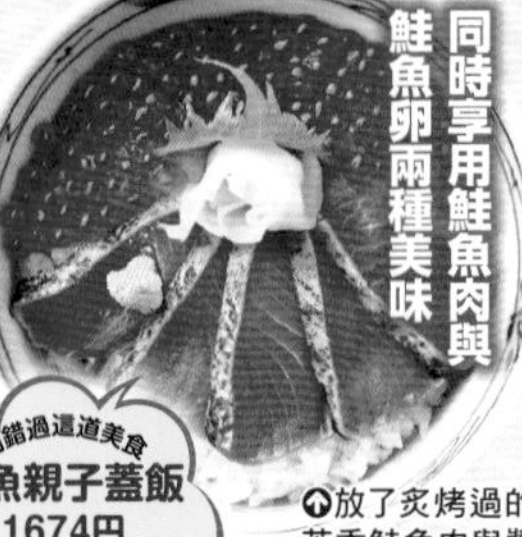

↑放了炙烤過的芳香鮭魚肉與醬油醃鮭魚卵

松浦家
●まつうらや

在最盛產的10～12月會推出鮭魚料理全餐的老字號日本料理餐廳。餐點使用的是山蔬、河魚等當令食材，並以傳統手法烹煮，不論口味、器皿都是一流。鮭魚卵蓋飯全年都吃得到。

↑創業超過150年，已交棒至第5代，是村上代表性的名店

✆0254-53-2015 MAP 附錄②P.14 G-2
營11:00～15:00、17:00～21:00 休不定休 所村上市寺町1-3 交JR村上站車程5分 P7輛

別錯過這道美食
鮭魚卵蓋飯
1620円
吃得到大顆的鮭魚卵與岩船產米飯

將鮭魚卵與白飯一同豪邁送入口中吧

↑Q彈可口的鮭魚卵來自三面川捕獲的鮭魚

千経 ●せんけい

想感受村上的軟嫩肉質與濃郁鮮味的話，火候掌控巧妙的牛排是最佳選擇。這裡夏天還提供笹川流捕撈的岩牡蠣，冬天則有醬油鮭魚卵及鹽引鮭等，來自日本海的海鮮做成的蓋飯等鄉土料理。另外還吃得到道地中餐、鰻魚、定食等，相當特別。〆張鶴、大洋盛等品項豐富的在地日本酒也是一大賣點。

0254-52-2475 MAP 附錄②P.14 G-2
11:30～13:30、17:00～22:00 休週一、有不定休 所村上市山居町1-4-31 JR村上站步行10分 P15輛

有寬敞的停車場，當地人也愛光顧的餐廳

出神入化的火候拿捏突顯了食材的好味道

別錯過這道美食 村上牛沙朗牛排 5940円(150G) 以遠紅外線調理的極致美食

適度地去除了油脂，吃得到濃郁鮮味

由村上牛直售店經營提供嚴選的美味牛肉

別錯過這道美食 村上牛蓋飯 1296円 僅使用上等牛肉的極品蓋飯

突顯了牛肉風味的湯汁味道也富含深度

美食や やま信 ●びしょくややましん

可以吃到嚴選的村上牛做的定食、蓋飯。除了滿是鮮味的牛排、漢堡排，還有燉牛筋、可樂餅等美食，實惠的價格更是一大優點。使用了村上牛的外帶用便當也非常受歡迎。

0254-52-2651 MAP 附錄②P.14 G-2
9:00～17:00(18:00打烊) 休週三、隔週週四 所村上市飯野3-2-1 JR村上站步行10分 P10輛

販售使用越光米稻草餵養，肉質絕佳的村上牛

使用2大在地食材製作的極品美味料理豈可錯過

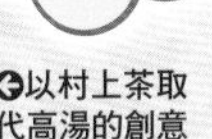
以村上茶取代高湯的創意涮涮鍋

村上牛 V

村上牛指的是新潟和牛之中，飼養於村上周邊，並在評等獲得A4、B4以上等級的黑毛和牛。味道甘甜，彷彿入口即化。

瘦肉部分也紮實、帶有油脂，十分美味

料亭 能登新 ●りょうていのとしん

從江戶時代經營至今的老字號料亭，提供大量使用在地食材打造的特色餐點。僅選用A5等級的村上牛，極為講究。村上堪能全餐可選擇以牛排或茶涮涮鍋的方式享用村上牛，而且還吃得到鮭魚料理，值得推薦。

0254-52-6166 MAP 附錄②P.14 G-2
11:30～13:30、17:00～22:00 休不定休 所村上市飯野2-1-9 JR村上站車程5分 P10輛

別錯過這道美食 村上牛茶涮涮鍋全餐 5400円 村上牛與村上茶聯手帶來的美食

店面別具韻味，在充滿古典風情的村上也不掩其風華

江戸庄 ●えどしょう

灰泥牆、町屋樣式的建築別具特色的村上牛專賣店。除了人氣美食三分熟牛排蓋飯，還能以涮涮鍋、壽喜燒、牛排等各種吃法品嘗村上牛。許多熟食餐點都搭配有三分熟的牛肉料理，顯示店家對食材品質深具信心。另外還準備了眾多適合搭配村上牛的嚴選葡萄酒。

0254-50-1181
MAP 附錄②P.14 G-1
11:00～14:00(需預約)
休不定休 所村上市大町2-17
JR村上站車程5分 P9輛

店面所在的建築過去是旅店。2樓有榻榻米座位

同樣偏生的村上牛牛排蓋飯2700円

三分熟最能吃得出村上牛高雅的鮮甜滋味

別錯過這道美食 村上牛三分熟牛排蓋飯 2700円(上選) 有如鮪肚肉般入口即化的極品

和風醬汁與牛肉的油脂非常下飯

景點

街道上不時可看到城堡般氣派的建築

租輛自行車穿梭在黑牆夾道的小路與町屋間

愜意漫步 懷舊風情城下町

什麼是黑牆?

黑牆是在歷史建築林立，江戶時代為工商階級居住的安善小路常見的黑色木板牆。這裡的民家也紛紛將自家外牆改為相同的黑牆，因而形成了具有一致性的復古街景。

村上在江戶時代是村上藩的城下町，現在也仍保留了過去武士及商人在此生活的蹤跡。安善小路周邊連綿的黑牆，尤其讓人感受到往昔的風貌，彷彿走入了時光隧道。

Spot.1 先造訪充滿歷史氣息的街道

安善小路

あんぜんこうじ

村上市區最具城下町風情的一條小路。被指定為重要文化財的寺廟周邊黑牆夾道，在這邊散步就像穿越到了江戶時代般。

☎0254-53-2258（村上市觀光協會）

MAP 附錄② P.14 G-1

自由參觀 所村上市小町 JR村上站步行25分 P無

↑不妨走進古老的寺廟看看

←當地居民也會以花草等裝飾自家住宅，為街道增添了美感

←有的商店屋頂上還建了氣派的瞭望塔

1500m

Start! 租輛有電動輔助功能的自行車，出發散步去！

↑置物籃有罩子，可避免物品失竊

JR村上站

じぇいあーるむらかみえき

車站內的綠色窗口提供自行車租借服務。有一般的自行車，以及在坡道騎起來比較輕鬆的電動輔助自行車。

☎非公開 MAP 附錄② P.14 G-2

3月上旬（預計）～11月出借、9:00～18:00（不可電話預約）休期間中無休 ¥腳踏車500円、電動腳踏車1日1000円（有活動打折券）所村上市田端町 P使用附近停車場

村上散步MAP
酒田駅
イヨボヤ会館
日本第一座鮭魚博物館。介紹了鮭魚的生態、漁法，乃至於村上鮭魚的全方位知識（→P.124）
羽越本線
←瀬波温泉
安善小路
おしゃぎり会館（村上市郷土資料館）
展示了各種歷史資料，以及被稱為「おしゃぎり」的村上傳統山車（巡遊用的花車）
むらかみ旅なび館
Start & Goal
村上駅
歡迎塔
佇立在車站前的歡迎塔下方展示了「おしゃぎり」的車輪
新発田駅・↓新潟駅
羽黒神社
每年7月的例祭有眾多山車遊街，是一項以華麗著稱的祭典
村上城遺址
過去築於臥牛山的城堡遺址
1
2
3
4
5
6
7

觀光情報就來這裡打聽!

むらかみ旅なび館

むらかみたびなびかん

位在JR村上站前，協助解決觀光疑難雜症的服務處。另外也準備了各種觀光小冊子供遊客索取，並有販售特產。

☎0254-53-2258（村上市觀光協會）

MAP 附錄② P.14 G-2

9:00～17:00 休無休 所村上市田端町11-8 JR村上站即到 P2輛

→可以在離開前來這裡選購伴手禮◎

Spot.3
接觸村上傳統文化的絕佳所在
這些可不是用來展示的唷

↑店面為深具特色的古典建築

←麴布丁462円

↑鮭魚生火腿50g1037円

千年鮭 きっかわ

せんねんざけきっかわ

從江戶時代經營至今，加工、販售鹽引鮭、酒漬鮭魚等村上傳統鮭魚料理的老店。在屋齡140年的町屋樣式建築，可以看到吊掛於天花板的1000尾鮭魚。販售各式各樣的鮭魚製品。

✆0254-53-2213 MAP 附錄②P.14 G-1
營9:00～18:00 休無休 所村上市大町1-20 交JR村上站步行25分 P6輛

↑將鮭魚吊掛著乾燥、熟成一整年是村上特有的景象

即到

安善寺

あんぜんじ

莊嚴氣派的門讓人肅然起敬

相傳創立於明曆元（1655）年的古剎。下層沒有屋頂的樓門造型優美，堪稱村上風格最為不凡的建築，不禁讓人想像起此地的過往時光。寺內的紅葉被指定為村上市的天然紀念物，十分有看頭。

↑樓門周圍也連綿著復古的黑牆

✆0254-53-2258（村上市觀光協會）MAP 附錄②P.14 G-1
營自由參拜 所村上市小町3-34 交JR村上站步行25分 P無

造型古色古香

←樓門雖然曾在平成17年整修，仍然保留了昔日風貌

即到

450m

即到

若林家住宅

わかばやしけじゅうたく

接著去武士宅邸一探究竟

✆0254-52-1347（村上市郷土資料館）
MAP 附錄②P.14 H-1
營9:00～16:30 休無休 ¥500円（鄉土資料館、若林家住宅、歷史文化館共通券）所村上市三之町7-13 交JR村上站車程7分 P30輛

江戶時代典型的中級武士住宅。這棟茅草屋頂的平房為東西與南北有屋脊的曲屋樣式，可看到許多充滿武士宅邸風格的特色。庭園也十分優美。

←室內望出去的庭園景色也很有味道

↑保留了江戶樣式的珍貴建築

おしゃぎり会館（村上市鄉土資料館）

おしゃぎりかいかん
むらかみしきょうどしりょうかん

Spot.5
近距離觀賞華麗絢爛的山車

「おしゃぎり」指的是每年7月的村上大祭等，村上地區舉行祭典時拖行遊街的山車。千萬別錯過奢華絢麗的おしゃぎり及傘鉾等。

←貼上金箔裝飾的山車

✆0254-52-1347 MAP 附錄②P.14 H-1
營9:00～16:30 休無休 ¥500円（鄉土資料館、若林家住宅、歷史文化館共通券）所村上市三之町7-9 交JR村上站步行20分 P40輛

900m

1200m

和水蔵

なごみくら

Spot.6
把限定酒及伴手禮帶回家

大洋酒造經營的常設展示場，除了介紹酒藏的歷史及酒器，還販售只有這裡買得到的原酒。

✆0254-53-3145 MAP 附錄②P.14 G-2
營9:00～12:00、13:00～16:00 休無休 所村上市飯野1-4-31 交JR村上站步行25分 P6輛

古老的招牌等物品讓人感受到這裡的歷史
只有這裡才買得到喔!
限定釀造
大洋盛

↑還能喝到釀酒水

→限定的藏出原酒1100円

Spot.7
在站前的咖啡廳畫下完美句點

→加100円可升級為套餐，僅限平日

↑↓套餐多了這些東西

滑嫩的蛋包與多蜜醬搭配出絕妙滋味♪

→咖啡的拉花也是一絕

↑蛋包飯900円濃郁的多蜜醬美味極了

扇屋カフェ

おうぎやかふぇ

位在村上站前的旅館，搖身一變成為和風摩登的空間。非住宿旅客也可在附設的咖啡廳消費，享用手工義大利麵、飯類的午餐、甜點等，並有品項豐富的飲料。

↑店內空間讓人感受到暖意

✆0254-53-2167
MAP 附錄②P.14 G-2
營11:00～15:30 休週一 所村上市田端町10-15 交JR村上站即到 P30輛

即到

GOAL!
JR村上駅

歡迎來到迷人的夢幻國度!

還有這項精彩活動

村上 宵之竹燈籠祭

むらかみよいのたけどうろうまつり

10月上旬的週六、週日於安善小路舉行的夜間活動。一盞盞竹燈籠照亮了黑牆，整條街道宛如美妙的藝術作品。

✆0254-53-2258（村上市觀光協會）
MAP 附錄②P.14 G-1
營每年10月上旬週六、日的17:30～20:30 所村上市小町（安善小路周邊）交JR村上站步行25分 P有

↑有多達1萬盞竹燈籠

天色將暗之際最是美麗

把新潟的好東西全都帶回家！

精選伴手禮看過來

in 村上·瀨波溫泉·笹川流

來自日本最北茶產地的村上茶及傳統工藝品等，紛紛變身為時尚商品，讓人耳目一新！充滿在地特色的甜點也十分誘人。

其他地區的伴手禮資訊

新潟市區 ▶ P.50
越後湯澤·魚沼·十日町 ▶ P.67
燕三條·彌彥·寺泊 ▶ P.78
長岡·柏崎 ▶ P.92
上越·妙高·糸魚川 ▶ P.103
月岡溫泉·阿賀野川 ▶ P.112
佐渡 ▶ P.139

口味溫順柔和並帶有美麗結晶的天然鹽

C J

白いダイヤ

648円（100g）

以獨家製法讓來自日本海的海水慢慢結晶化所製成的手工鹽，換上了新包裝亮相

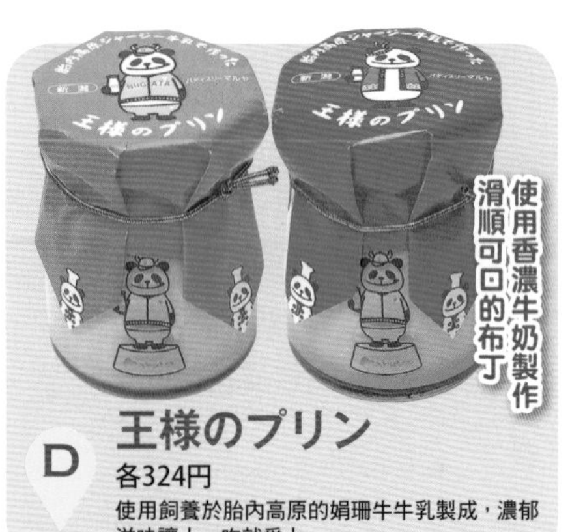

使用香濃牛奶製作滑順可口的布丁

D

王様のプリン

各324円

使用飼養於胎內高原的娟珊牛牛乳製成，濃郁滋味讓人一吃就愛上

以美味名水釀造出正統口味德國啤酒

A

皮爾森啤酒、小麥啤酒、老啤酒、柑橘小麥啤酒

各540円（330mℓ）

以嚴選素材與講究的製法釀成的精釀啤酒，常態販售4種口味

飯店限定的日本酒是伴手禮的好選擇

H

越の胎内

1944円（750mℓ）

酒瓶造型有如洋酒的獨家日本酒。清爽滋味受到了許多人喜愛

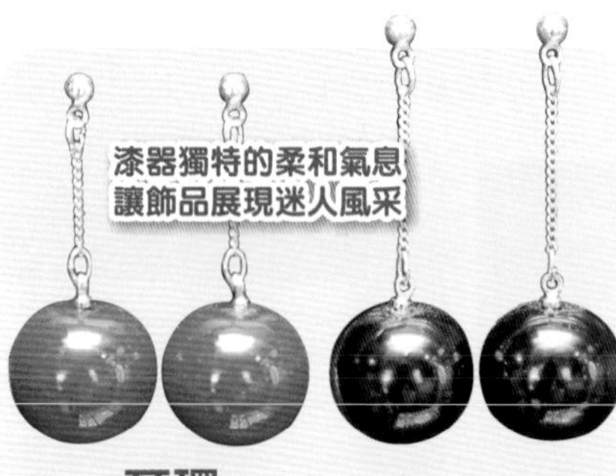

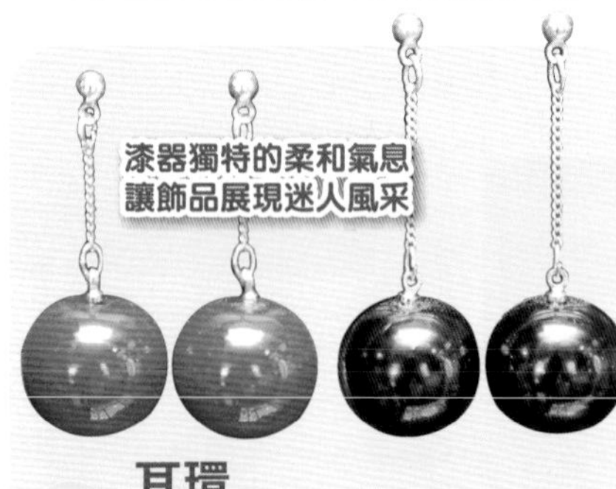

漆器獨特的柔和氣息讓飾品展現迷人風采

B

耳環

各3780円～

運用村上堆朱的漆工技術，打造出充滿村上特色的飾品。雖然是漆工藝品，但價格相當實惠◎！

以傳統工藝—村上堆朱打造的新潮時尚商品！

B

7寸圓盤 色漆塗

各19440円

老闆娘出身村上堆朱（一種雕漆工藝）製造商之家，她製作的這款盤子共4種顏色，適合日常使用

笹川流

C ミネラル工房

● みねらるこうぼう

位於新潟最北端的製鹽工房。堅持獨家製法，以100%海水為原料，帶來最原始的美好滋味。

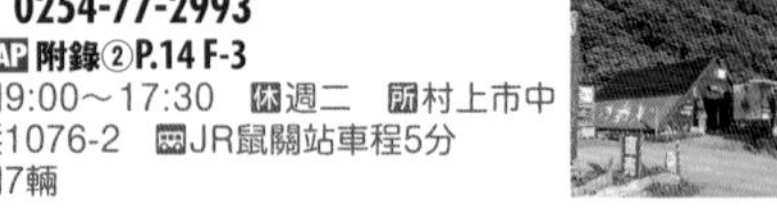

✆0254-77-2993
MAP 附錄②P.14 F-3
L9:00～17:30 休週二 所村上市中浜1076-2 交JR鼠關站車程5分 P7輛

村上

B 漆工房じえむ

● うるしこうぼうじえむ

老闆娘在從事村上堆朱製造的家庭長大，她親手製作的時尚漆製品十分受歡迎。也有許多飾品。

✆090-4714-4680
MAP 附錄②P.14 G-2
L9:00～16:00 休週三，1、2月 所村上市大町3-24 交JR村上站步行25分 P無

胎內

A 山の駅胎内高原ビール園

● やまのえきたいないこうげんびーるえん

使用嚴選素材與飯豐連峰清澈的伏流水，以德國啤酒大師傳授的製法釀造精釀啤酒。胎內高原得天獨厚的自然環境加上職人的用心付出，造就了美味佳釀。

資訊見→P.126

越後關川

I 女川ハム工房

● おんながわはむこうぼう

以日本山櫻煙燻製作的火腿、香腸、燻製品等，不論買來送禮、自用都是好選擇。

✆0254-64-0296
MAP 附錄②P.10 F-5
L8:00～17:00 休不定休 所関川村上野新55-8 交JR越後下關站車程10分 P20輛

胎內

H 皇家胎內公園飯店

● ろいやるたいないぱーくほてる

這間飯店位在擁有豐富自然景觀的胎內高原，飯店內的商店可以買到米粉甜點及葡萄酒。

✆0254-48-2211
MAP 附錄②P.8 H-1
L商店8:30～20:00 休無休（維修保養時休） 所胎內市夏井1191-3 交JR中條站車程20分 P200輛

村上

G 早撰堂

● そうせんどう

販售各式傳統和菓子，店面所在的町屋樣式建築建於明治26（1893）年登錄為國家有形文化財。

✆0254-52-2528
MAP 附錄②P.14 G-1
L8:30～18:00 休週日（舉辦活動時營業） 所村上市大町3-5 交JR村上站步行25分 P5輛

來瓶當地限定的茶飲
在旅行途中解渴吧！

K
村上茶 寶特瓶裝
162円（350mℓ）
使用胎內高原的天然水與100％村上茶的寶特瓶裝飲料。喝起來溫醇、澀味少

H
生銅鑼燒
1個205円
餅皮使用新潟產米粉製成，口感滑順濕潤。餅皮內包著鮮奶油&紅豆餡

日式與西洋口味的結合
突顯了米粉的滑順口感

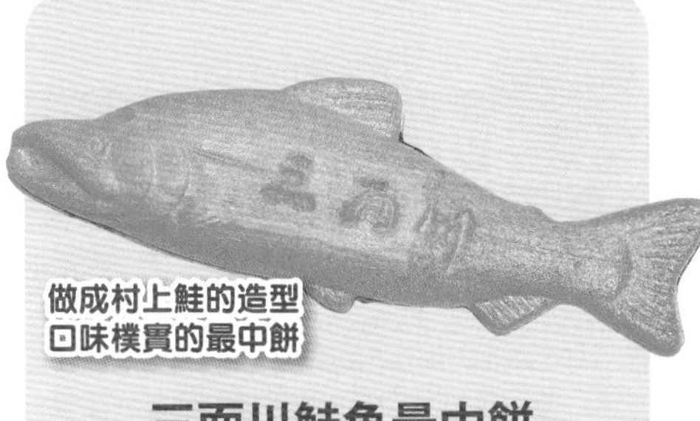

做成村上鮭的造型
口味樸實的最中餅

E
三面川鮭魚最中餅
1個130円
充滿村上特色的鮭魚造型和菓子。有使用村上產玉露茶的抹茶與紅豆2種口味

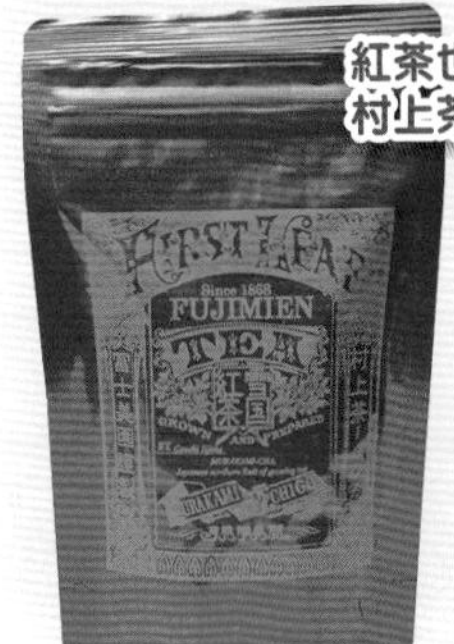

紅茶也能喝到
村上茶的溫順好滋味

K
雪國紅茶
540円（茶葉50g／茶包3g×10袋）
使用與綠茶相同的村上茶製成的紅茶。與國外紅茶相比，具有清爽的香氣與甘甜滋味

使用滿滿在地產食材
入口即化的美味巧克力

H
胎內巧克力
626円（8個裝）
由於加了米粉，因此口感Q彈，並柔順地溶於口中。此外還使用了胎內娟珊牛的牛乳

原來麩還可以這樣吃
芳香可口的創意點心

F
岩船麩法式脆餅
1個200円
使用在地特產─岩船麩做成的新奇法式脆餅。口感清脆，並帶有芬芳香草風味

毫不保留濃縮在其中

L
特製 沙拉醬
653円（200mℓ）
以生醬油為基底，添加了該公司獨自研發的秘傳「鮭魚高湯」製成的大蒜風味沙拉醬

新潟產豬雜與行者蒜

I J
調味豬雜
450円
可以連著袋子加熱直接享用的燉煮豬雜。行者蒜的香氣更添好味道

G
切片鮭魚落雁
1個260円
將橘紅色的魚肉、魚皮模仿得唯妙唯肖的落雁。裡面包有紅豆餡

簡直像是切片的鮭魚
外觀讓人大吃一驚！

村上
F Atelier Le Coeur
● アトリエ・ル・クール

堅持使用在地食材，販售各式各樣平易近人的法式糕點。村上紅茶的達克瓦茲也很受歡迎。

0254-52-5529
MAP 附錄②P.14 G-2
10:00～19:00 休週一、二 所村上市山居町1-3-16-1 交JR村上站步行10分 P8輛

村上
E 永井松栄堂
● ながいしょうえいどう

創業超過100年的老牌糕餅店。除了著名的三面川鮭魚最中餅，也有賣手工製作的麵包。

0254-52-2268
MAP 附錄②P.14 G-2
7:00～18:30 休不定休 所村上市上町1-34 交JR村上站步行25分 P1輛

村上
D PATISSERIE MARUYA
● パティスリーマルヤ

創業超過150年的老字號糕點店。堅持盡可能使用在地食材，並以「真材實料的內涵」為理念。

0254-62-2117
MAP 附錄②P.10 E-5
8:00～19:00 休不定休 所村上市金屋2250 交JR坂町站車程10分 P1輛

村上
L 千年鮭 きっかわ
● せんねんざけきっかわ

加工、販售鹽引鮭、酒漬鮭魚等村上鮭製品的老店。可以在屋齡140年，外觀氣派的町屋樣式建築裡，看到大量吊掛於天花板的鮭魚。此外也開發了眾多鮭魚的創意商品。

資訊見→P.121

村上
K 富士美園
● ふじみえん

明治元（1868）年創業，從村上茶的種植到販售一手包辦。傳統町屋樣式的店面也十分吸睛。

0254-52-2716
MAP 附錄②P.14 G-2
8:00～19:00 休無休 所村上市長井町4-19 交JR村上站步行20分 P4輛

越後關川
J 公路休息站 関川
● みちのえきせきかわ

附設天然溫泉的不住宿入浴設施、餐廳、販售當地特產的物產館等，為關川的一大觀光設施。

0254-64-0252 MAP 附錄②P.14 G-4
9:00～17:00（有季節性變動）休第3週三（逢假日則翌日休）所関川村下関1260-4 交日本海東北自動車道荒川胎內IC經國道113號往南陽方向車程15km P298輛

城下町的歷史與日本海的餽贈

村上・瀨波溫泉

●むらかみ・せなみおんせん

MAP 附錄②P.10・14

區域導覽

ACCESS

詢問處 ☎0254-53-2258（村上市觀光協會）

村上 MAP附錄②P.14 G-1

旅行PICK UP

イヨボヤ会館

●いよぼやかいかん

☎0254-52-7117 景點

介紹鮭魚相關知識的特色博物館

這裡是位在知名鮭魚產地村上的日本首座鮭魚博物館，イヨボヤ為村上當地方言的「鮭魚」之意，在此可認識三面川鮭魚相關的歷史及文化、鮭魚生態等。商店則有販售鮭魚商品。

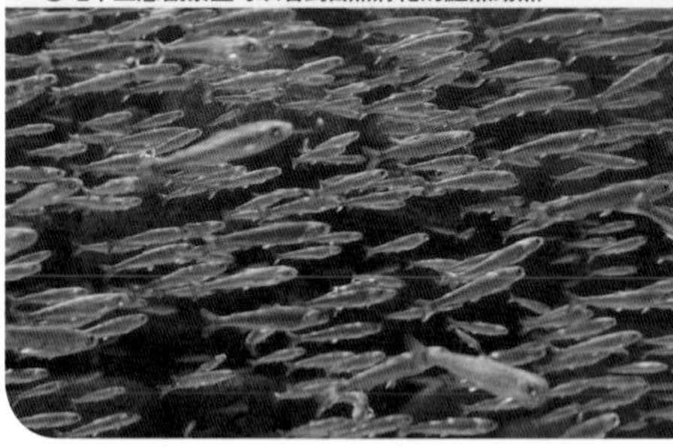

↓地下生態觀察室可以看到自然孵化的鮭魚幼魚

↑1樓的迷你孵化場可以觀察鮭魚幼魚(4月中旬為止)及三面川的生物

↑詳細解說了鮭魚的生態

L9:00～16:30 休無休 ¥600円 所村上市塩町13-34 交JR村上站步行20分 P134輛

村上 MAP附錄②P.14 G-1

はらこ茶屋

●はらこちゃや

☎0254-52-1990 美食

大啖村上特產的鮭魚料理

剛煮好的米飯搭配以醬油及高湯醃漬的鮭魚卵做成的「鮭魚卵飯」為著名美食。放了滿滿鮮美魚骨肉的魚骨肉蓋飯及蒸籠飯套餐等也很受歡迎。

L11:30～15:00（打烊）、17:00～19:30（20:00打烊） 休無休 所村上市塩町13-34 サーモンハウス 2F 交JR村上站步行15分 P100輛

←風味濃郁、口感滑嫩的魚骨肉蓋飯1190円

村上 MAP附錄②P.14 G-2

山上染物店

●やまがみそめものてん

☎0254-52-3570 玩樂

在老字號染布店進行體驗

位在安善小路附近，經營超過360年的老字號染布店，販售以村上茶染色的小物及注染手拭巾等商品。也提供獨家的杯墊及手帕茶染體驗（需預約）。

L9:00～17:00 休不定休 所村上市肴町2-17 交JR村上站車程5分 P1輛

←店內保留了傳統的「座售」空間，並有通往內部的土間

村上 MAP附錄②P.14 H-2

村上城遺址

●むらかみじょうあと

☎0254-53-7511（村上市生涯学習課） 景點

位於臥牛山的著名國家史蹟

標高135m的臥牛山被暱稱為「御城山」，江戶時代的村上藩的城堡便修築於此。天守閣等建築目前已不復存，僅保留了石牆等。通往山頂的路約20分鐘可以走上去。

L自由參觀 所村上市本町臥牛山986-1 交JR村上站車程8分 P50輛

↑可從山頂眺望市區風景

←殘留的石牆訴說著城廓昔日的規模

村上 MAP附錄②P.14 G-1

割烹新多久

●かっぽうしんたく

☎0254-53-2107 美食

選用當令食材烹調村上的傳統料理

慶應3（1867）年創業。將款待的精神表現在料理上，提供使用村上牛、春天的櫻鱒、夏天的岩牡蠣、秋天的鮭魚等，各種村上在地當令美味做成的餐點。店內氣氛寧靜典雅。

L11:30～13:30(L.O.)、17:00～20:00(L.O.) 休週三(有不定休) 所村上市小町3-38 交JR村上站車程5分 P10輛

←中午除了昼膳1620円～也吃得到當令料理

↓位在以黑牆美景著稱的安善小路

村上 MAP附錄②P.14 H-1

舊嵩岡家住宅

●きゅうたかおかけじゅうたく

☎0254-52-1347（村上市郷土資料館） 景點

認識昔日村上藩武士的生活

舊嵩岡家住宅是雅子皇后的老家─小和田家祖先的武家宅邸，由他處遷建至舞鶴公園並在此復原，也被指定為村上市的有形文化財。公園內還公開了另外2棟武家宅邸。

L需洽詢 休不定休 ¥免費 所村上市庄內町319-1 堀片地まいづる公園內 交JR村上站車程10分 P10輛

←有3棟武家宅邸遷建至舞鶴公園，重現往日之姿

村上 MAP附錄②P.14 G-2

町屋ギャラリー やまきち

●まちやぎゃらりー やまきち

☎0254-52-2604 景點

屋齡超過150年的建築也是一大亮點

展示、販售從傳統工藝到現代風格的工藝品。店面過去是鮭魚捕撈業者的住家，主屋與倉庫登錄為國家有形文化財。建築物的內部細節也可參觀。

L10:00～16:00 休不定休 所村上市肴町8-4 交JR村上站步行12分 P3輛

←店面與住家部分以名為「嫁隱」的欄杆區隔開，是這裡的一大特色

村上 MAP附錄②P.14 H-1

URUSHI OHTAKI

●うるしおおたき

0254-52-6988 購物

傳統工藝品也展現摩登風格

大正時代創業的漆器店。以江戶時代傳承下來的漆工藝品「村上木雕堆朱」技法為基礎，製造、展示、販售獨家商品。有器皿、飾品等豐富多元的選擇。

L9:00～18:00 休第2週日 所村上市上片町2-32 JR村上站車程10分 P2輛

店內陳列了各種獨家商品。2樓為藝廊

村上 MAP附錄②P.10 G-3

食堂IRORI

●しょくどういろり

0254-73-0298 美食

小學校舍改裝成的店面別具特色

廢校的小學重新裝修而成的農家餐廳。使用當地收穫的越光米、蕎麥粉等製作的料理口味樸實溫和。店內保留了原本的課桌椅、黑板，營造出懷舊氣氛。

L4月中旬～12月中旬、11:30～14:30（L.O.）
休期間中週一～週五（逢假日則營業） 所村上市高根1913 JR村上站車程30分 P25輛

蕎麥麵定食1300円能吃到當令盛產的食材

村上 MAP附錄②P.14 G-1

海鮮一鰭

●かいせんいちびれ

0254-75-5610 美食

鮮魚店帶來的海鮮料理美味無庸置疑

老字號鮮魚店「うおや」直營的現代風海鮮料理餐廳。店名「一鰭」指的是連著胸鰭的鮭魚下巴。好好享用鹽引鮭、醬油鮭魚卵等，鮭魚之都村上特有的傳統美味吧。

L11:00～15:00（16:00打烊） 休不定休
所村上市大町4-5 大町文庫1F JR村上站車程5分 P3輛

海鮮鮭魚卵蓋飯1380円附小菜與湯品

瀨波溫泉 MAP附錄②P.14 F-1

瀨波南國水果園

●せなみなんごくふるーつえん

0254-52-5060 購物

邊欣賞海景邊享用極品義式冰淇淋

種植了百香果等十幾種熱帶果樹。手工義式冰淇淋是這裡的人氣美食，有新鮮採收的水果、笹川流的鹽、村上茶等各種充滿在地特色的口味。

L9:30～16:00（義式冰淇淋售完打烊）
休週四 所村上市瀨波溫泉1-1175-42
JR村上站搭巴士往松喜和20分，瀨波溫泉下車，步行10分 P15輛

單球310円，雙球360円，三球420円

村上 MAP附錄②P.14 G-2

益甚酒店

●ますじんさけてん

0254-53-2432 購物

把只有村上買得到的日本酒帶回家

販售大洋盛、〆張鶴等只有村上買得到的在地日本酒。這裡曾從事釀造，目前則展示了訴說過去歷史的酒槽、酒瓶等。古色古香的店面為國家登錄有形文化財。

L9:30～17:00 休週三、有其他不定休
所村上市大町1-19 JR村上站步行20分
P7輛（需預約）

杯裝日本酒是相當受歡迎的伴手禮

村上 MAP附錄②P.14 G-2

匠 居酒屋 一心

●たくみいざかやいっしん

0254-53-8287 美食

魚港直送的新鮮海產一次吃個夠

能吃到各種使用岩船漁港直送的新鮮海產製作的料理。提供生魚片、炙烤等各種方式調理的當令海鮮。不論村上最著名的鮭魚料理，或是用料大方的海鮮蓋飯等都非常美味。

L11:30～14:30（15:00打烊）、17:00～22:30（23:00打烊）、週日晚間～21:30（22:00打烊）
休無休 所村上市田端町15-6 JR村上站步行3分 P20輛

豪邁使用了超過20種魚料的殿樣海鮮蓋飯3780円

別忘了順道去岩船走走

想買物美價廉的海鮮就來這

岩船港鮮魚センター

●いわふねこうせんぎょせんたー

0254-52-1261 購物

MAP附錄②P.14 E-3

位於瀨波溫泉的鮮魚中心。除了新鮮海產，也有賣自製的味噌醃鮭魚、乾貨、壽司、生魚片，附設餐廳及美食街。

內部空間寬敞，販售各種鮮魚及加工品

L8:30～17:00 休不定休 所村上市瀨波溫泉3-6-38 JR村上站車程10分 P130輛

風景與料理俱佳的海鮮餐廳

海鮮処 番屋

●かいせんどころばんや

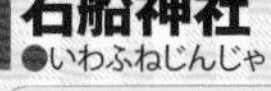

0254-53-5352 美食

MAP附錄②P.14 E-3

位於岩船港鮮魚センター2樓的餐廳，提供各式各樣的定食及蓋飯，散壽司海鮮蓋飯2052円及鹽引鮭定食1620円尤其值得推薦。

在這裡盡情品嘗新鮮海產吧

L10:00～15:45（16:00打烊）
休不定休 所村上市瀨波溫泉3-6-38 岩船港鮮魚センター2F JR村上站車程10分 P130輛

造訪鄰近日本海的古老神社

石船神社

●いわふねじんじゃ

0254-56-7010 景點

MAP附錄②P.10 E-4

這座古老的神社是岩船・村上地區的總鎮守，在延喜式中名列磐舟郡八座之首，供奉饒速日命等四位神明。

從神社可望見日本海

L自由參拜 所村上市岩船三日市9-29 JR村上站車程10分 P10輛

看過來！

濃縮了村上的鮮美滋味 用丼飯品嘗村上的美味

村上地區是以村上牛、鮭魚等食材著稱的美食寶庫。當地還舉辦了一項名為「村上蓋飯會戰」的活動，匯集了使用在地新鮮食材、當令素材等，各個店家使出渾身解數打造，表現了村上特色的美味蓋飯。從這一屆開始，還有機會獲得本活動的獨家碗公！安排時間去品嘗、比較各參賽店家的自豪的蓋飯，看看哪一碗是你的最愛吧。

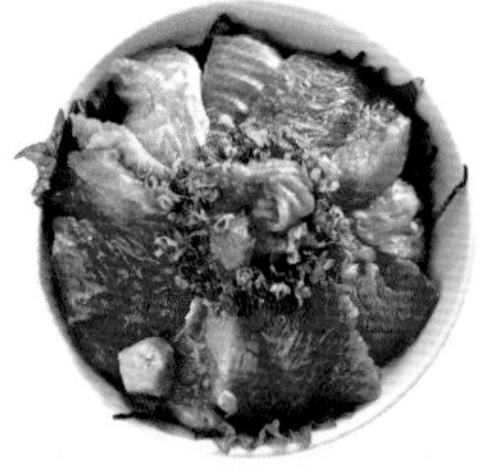

2019年春夏回合參賽店家之一，割烹食堂いそべ的「ずどーん」

0254-53-2258（村上市觀光協會）

採訪memo 「連綿花海告知了春天的到來」國道345號沿線的荒川地區的鬱金香，可說是最具代表性的春日風景。荒川地區自古以來便是鬱金香及番紅花球根的栽種地，花田中五彩繽紛的鬱金香會在4月下旬至5月上旬綻放美麗花朵。MAP附錄②P.10 E-5

這些地方也別錯過！

走訪古老街道與在地休閒景點

越後關川・胎內

●えちごせきかわ・たいない

MAP 附錄②P.8・14

區域導覽

ACCESS

鐵道：新潟站 →（JR白新線・羽越本線特急）→ 坂町站 →（JR米坂線）→ 越後下關站
所需時間／40分　所需時間／12分

開車：荒川胎内IC →（113）→ 越後下關站
所需時間／30分

詢問處 ✆0254-64-1478（關川村観光協會）
✆0254-43-6112（胎內市商工観光課）

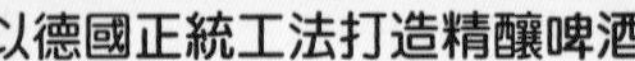

胎內　MAP附錄②P.8 H-1

山の駅胎内高原ビール園

●やまのえきたいないこうげんびーるえん

✆0254-48-2020　購物

以德國正統工法打造精釀啤酒

販售使用嚴選素材與飯豐連峰的伏流水釀造的精釀啤酒，釀造方式為德國啤酒大師所傳授。除了逛商店區，也可以參觀釀造過程（需預約）。

⬆皮爾森啤酒、小麥啤酒、老啤酒、柑橘小麥啤酒各330mℓ540円

⬆把胎內釀造的新鮮啤酒帶回去吧
⬅也可以報名參觀工廠，近距離觀看釀造過程

🅛11:00～16:00（週六、日、假日為10:00～）
休無休（1月中旬～2月下旬為冬季休）　所胎内市熱田坂670　🚃JR中條站車程20分　P80輛

關川　MAP附錄②P.14 G-4

旬彩ダイニング acero

●しゅんさいだいにんぐ あちぇーろ

✆0254-64-3077　美食

提供使用品牌豬調理的餐點

位在公路休息站 関川的餐廳。店內空間寬敞，可在此享用關川的品牌豬「朝日豬」，以及女川ハム工房製作的火腿、香腸等在地食材製作的料理。

🅛4～11月、11:00～14:00（週六、日、假日為～15:00）　休期間中第3週二　所関川村上関1252-1　🚃JR越後下關站步行10分　P298輛

⬅朝日豬漢堡排午餐1000円

關川　MAP附錄②P.14 H-5

鷹の巣遊歩道

●たかのすゆうほどう

✆0254-64-1478（関川村観光協会）　玩樂

走在大自然中為身心注入新能量

這條步道從鷹の巣溫泉通往丸山公園，全長2km，可沿荒川溪谷來趟約40分鐘的散步。這一帶為日本最北的檜樹生長地，可在多達3500株的檜木林中享受森林浴。吊橋附近的紅葉也美不勝收。

🅛自由散步　所関川村鷹の巣
🚃JR越後下關站車程10分　P40輛

⬅鷹の巣的吊橋附近可欣賞到絕美的紅葉景色

關川　MAP附錄②P.14 F-4

越後關川驚人大蛇節

●たいしたもんじゃまつり

✆0254-64-1478（関川村観光協会）　景點

傳說中的大蛇出現在馬路上

以當地村落的大蛇傳說為主題的祭典。以竹子與稻草製作的大蛇長82.8m，重達2噸，是村民們手工打造而成。祭典的重頭戲是扛起大蛇上街遊行，場面十分壯觀。

🅛8月最後的週六、日
所関川村村内をパレード　🚃JR越後下關站步行10分
P100輛

⬅遊行隊伍中的大蛇在2001年獲金氏世界紀錄認證為全世界最大

景點

探索江戶時代的舊米澤街道感受昔日風情

關川位在連接米澤與越後的舊米澤街道上，保留至今的歷史景點訴說了過往風華。購買800円的共通券可參觀以下介紹的3處設施。

渡邉家旁支修築的古色古香大宅邸

東桂苑

●とうけいえん

✆0254-64-1349

MAP附錄②P.14 G-4

東桂苑建於明治時代，緊鄰舊日富農渡邉家宅邸，為其旁支。在此可以欣賞到2層木造、瓦片廡殿頂樣式的氣派建築，以及純和風的庭園。這裡也被指定為關川村的文化財。

🅛4月中旬～11月中旬、9:00～16:00　休期間中無休
¥100円　所関川村下関906-2
🚃JR越後下關站步行10分　P50輛

⬆集結了明治時代的建築技術打造而成
⬅經公開徵選後決定採用「東桂苑」之名

被指定為國家重要文化財的大宅邸

渡邉邸

●わたなべてい

✆0254-64-1002

MAP附錄②P.14 F-4

這座大宅邸的石置木羽葺樣式屋頂，及寬敞的土間相當有特色。整座宅邸佔地3000坪，保留約有40個房間的主屋，以及米倉、金庫等6座倉庫。建於江戶時代中期的池泉迴遊庭園，經過田中泰阿彌之手修復，展現了優美的姿態。

🅛9:00～16:00　休無休　¥600円　所関川村下関904
🚃JR越後下關站步行5分　P30輛（使用區公所停車場）

⬆主屋於文化14（1817）年重建，氣派的樑木十分壯觀
⬅庭園為國家指定名勝

以模型重現昔日街道的景色

せきかわ歴史とみちの館

●せきかわれきしとみちのやかた

✆0254-64-1288

MAP附錄②P.14 F-4

展示關川村的歷史資料，以及18世紀舊米澤街道的街景模型等，可在此認識舊米澤街道上在關川村開設驛站的歷史。免費的鎧甲試穿體驗也深受好評。

🅛9:00～16:30　休週一（逢假日則翌日休）
¥300円　所関川村下関1311　🚃JR越後下關站步行10分　P10輛

⬅建築物是以渡邉邸的形象為概念建造而成

讓人忘卻時間流逝的悠閒離島

佐渡完全手冊

佐渡位在新潟西部的日本海海域，島上獨特的文化、豐富自然景觀等，都展現了絕無僅有的迷人風情。以下將徹底剖析佐渡的魅力♪

Contents

讓你迅速掌握佐渡相關情報

5分鐘說明白！

佐渡之旅行前須知

佐渡在江戶時代因為開採金山的關係，曾經十分繁榮。能劇、鬼太鼓、佐渡Okesa等傳統表演藝術，以及各種獨特的在地文化目前仍生生不息。佐渡也是新鮮海產等食材的寶庫，美食絕對值得期待。

佐渡是座怎樣的島？

島上的2座山脈呈平行走向。由於有溫暖的對馬海流從佐渡海域流過，因此冬天比新潟市還溫暖。過去從京都流放至此的罪人及停靠此地的北前船等，將貴族及町人文化帶來了佐渡。

DATA
面積 854.84㎢
最高標高 1172m（金北山）
人口 55095人（2017年12月1日）

壯觀的巨岩斷崖連綿起伏不斷的海岸線
外海府 ●そとかいふ

從彈崎到尖閣灣有一連串震撼壯麗的景色。千萬別錯過大野龜、二龜等大自然雕琢而成，造型獨特的岩礁群。

↑佐渡島北端的大野龜是一塊突出於海面的巨大岩石

佐渡觀光的門戶也是繁榮熱鬧的港都
兩津 ●りょうつ

兩津是佐渡的門戶，與新潟港間有渡輪往來。夾在海與加茂湖之間的市區聚集了許多海產物伴手禮店及餐廳等店家。

↑周長約17km、面積4.9km²的加茂湖是新潟縣最大的湖

二龜 ▶▶▶ P.133

史跡佐渡金山 ▶▶▶ P.134

尖閣灣揚島遊園 ▶▶▶ P.133

朱鷺森林公園 ▶▶▶ P.132

盆舟 ▶▶▶ P.135

彈崎　大野龜　岩谷口　外海府　入川　ドンデン山　大佐渡山地　兩津　兩津港　姬崎　加茂湖　トキの森公園　尖閣灣　達者　相川　史跡佐渡金山　大佐渡スカイライン　佐和田　赤玉　妙宣寺　真野　多田　西三川　赤泊　宿根木　小木　小木港

南北長 59.5km

海岸線長 281.5km

從新潟港搭噴射水翼船1小時5分

從直江津港搭高速車用渡輪1小時40分

與佐渡金山一同發展起來的地區
相川 ●あいかわ

相川是江戶時代伴隨佐渡金山的榮景發展起來的礦業都市，並設置了奉行所。現在仍保留了古色古香的街景，能感受到這裡的歷史及文化。

↑七浦海岸是高人氣的夕陽景點

造船工匠及船東的住宅訴說往日歷史
宿根木・小木 ●しゅくねぎ・おぎ

這裡過去是因北前船產業而繁榮的聚落，保存了船形民家等珍貴的建築物，並獲選為國家重要傳統建造物群保存地區。

↑宿根木的石板小徑兩旁有許多老房子

壽司及法國料理等佐渡美食齊聚一堂
真野・佐和田 ●まの・さわだ

與兩津同為佐渡的精華地區，過去曾是佐渡國府所在地的真野保存了許多史蹟。這一區也是熱門的餐廳、咖啡廳等人氣店家的集中地。

↑有許多可以欣賞真野灣景色的咖啡廳

佐渡Trip 行程規劃Q&A

Q. 應該玩幾天？
佐渡的面積大約是東京23區的1.5倍，即使是開車玩，移動時間也比想像中長。想完整體驗佐渡魅力的話，建議在此住宿2～3晚。

Q. 什麼季節最適合來？
建議春～秋天造訪佐渡。4月下旬會開放上山，花朵也開始綻放。夏季則有許多活動，並可享受戶外休閒樂趣。秋天的紅葉也十分美麗。

Q. 花費大約多少？
從新潟港搭乘噴射水翼船來回，並在島上租車的話，2天1夜大約要4萬円。想將自家車用渡輪前往佐渡的話，也需要支付汽車運送費用，總金額相差不多。

Q. 有哪些住宿選擇？
從大型溫泉旅館，到家庭式的民宿，共有100多間住宿設施，大多集中在兩津港及相川地區。也有許多可以純住宿或接受單人入住的設施。

前往佐渡的交通方式

從新潟港搭噴射水翼船前往兩津港是最普遍的方式

前往佐渡的港口有新潟港、直江津港2處，分別航行到兩津港、小木港。新潟港～兩津港全年皆有航班，而且班次數也多，較為便利。

如何購買船票

除了搭乘當日前往各港口購票外，也可以透過網路或電話訂票。網路訂票使用信用卡付費的話，還可享有票價優惠。
<詢問處>佐渡汽船 ☎0570-200310

JR新潟站
↓ 搭巴士往佐渡汽船 15分
新潟港 → 兩津港

・噴射水翼船1小時5分，單程6390円，來回11560円（1天5～9班）
・車用渡輪2小時30分，單程2380円～（1天5～7班）

JR上越妙高站
↓ 直江津港線巴士 32分
直江津港 → 小木港

・高速車用渡輪1小時40分，單程3780円，來回6870円（1天1～3班，有季節性停駛）

自己開車周 遊佐渡

由於運送自家車用渡輪的運送費用（新潟～兩津單程10040円～）並不便宜，有時在佐渡當地租車CP值比較高。

租車洽詢對象

兩津港	佐渡汽船観光	0259-27-5195
	渡辺産商	0259-27-5705
	ニッポンレンタカー	0259-23-4020
	タイムズカーレンタル	0259-24-7211
小木港	佐渡レンタカー	0259-86-3010

佐渡汽船也有推出划算的套裝旅行方案！

●私家車運送方案

黃金方案12800円（1人）＋新潟來回運送費19800円／私家車運送使用券與住宿券搭配成的組合。抵達佐渡後為自由行。

●租車方案

黃金方案12800円（1人）＋島上租車16000円～37200円／來回船票與住宿費、租車搭配成的組合。抵達佐渡後為自由行。

<詢問處> 佐渡汽船 0570-200310

如何在島上移動

佐渡島上有各式各樣的交通工具，最省時省力的選擇就是租車自駕，或搭乘定期觀光巴士。可以根據自己的行程規劃或需求做選擇。

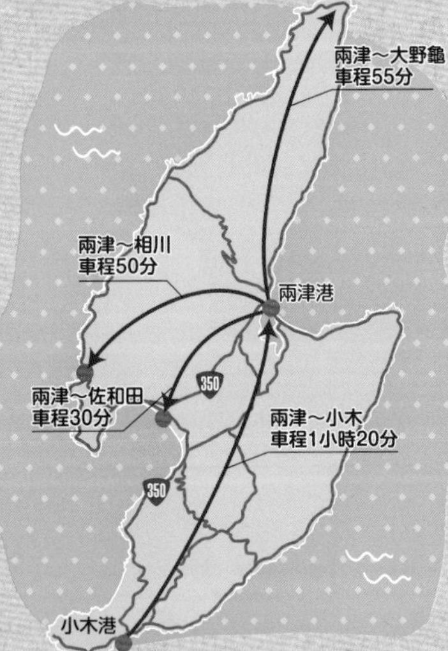

搭路線巴士 玩佐渡

使用周遊券（1day1500円，2day2500円，3day3000円），不用花大錢就能在島上移動。由於班次不多，而且需要轉車，要記得事先做好確認。

<詢問處> 新潟交通佐渡 0259-57-2121

搭觀光計程車 玩佐渡

不用擔心迷路、可以自由安排路線及行程，而且司機還會對觀光景點做介紹。適合團體出遊的旅客。

搭定期觀光巴士 玩佐渡

會從兩津港、小木港配合佐渡汽船的航班發車。前往觀光景點不但方便省事，設施的門票也包含在內。別忘了事先預約。

路線範例

● Okesa A 4800円

下午的半日路線，走訪大佐渡Skyline與金山、尖閣灣等地。

● Okesa B 3300円

上午的半日路線，前往朱鷺森林公園與佐渡博物館等景點，認識歷史與文化。

<詢問處>新潟交通佐渡定期觀光巴士預約中心 0259-52-3200

佐渡Trip 觀光月曆

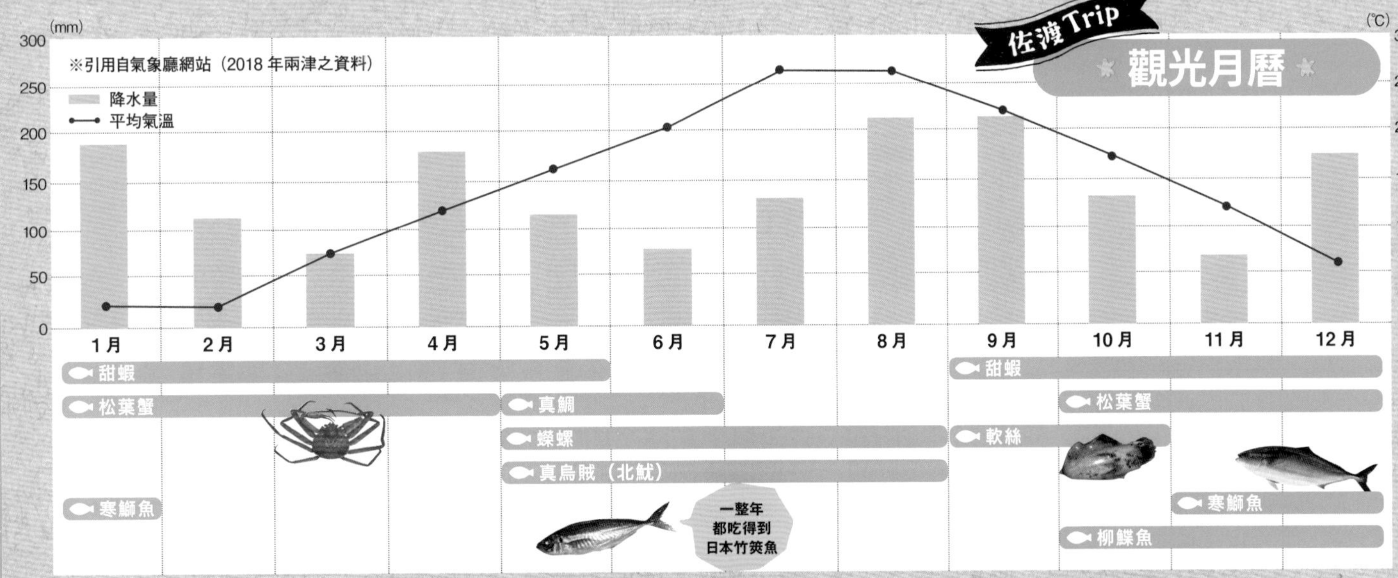

2019年4月12～26日▶相川

佐渡金山櫻花行道樹點燈活動

●さどきんざんさくらなみきらいとあっぷ

佐渡獨有的威動美景。在江戶～明治時代的建築物襯托下，夜晚打上了燈光的櫻花看起來夢幻極了。

0259-74-2220（佐渡觀光交流機構 相川服務處） MAP附錄②P.11 B-4

飛島萱草在5月下旬～6月中旬開得最美

2019年7月20・21日▶相川

礦山祭

●こうざんまつり

源自過去祈求佐渡金山的繁榮與安泰的祭典。還有Okesa遊行、煙火大會等活動。

0259-74-2220（佐渡觀光交流機構 相川服務處） MAP附錄②P.11 A-5

5～10月（8月以外每月1次）▶兩津

天領佐渡兩津薪能

●てんりょうさどりょうつたきぎのう

佐渡是保存了超過30座能舞台的能劇之島。兩津的椎崎諏訪神社會在春～秋季定期上演薪能。

0259-23-3300（天領佐渡兩津薪能實行委員會） MAP附錄②P.11 D-3

5月第4週日▶兩津

佐渡國鬼太鼓.COM

●さどこくおんでこどっとこむ

來自佐渡島各地的鬼太鼓，以及傳統表演藝術齊聚一堂的活動。現場還有販售特產等。

0259-27-5128（兩津工商會） MAP附錄②P.11 D-2

2019年8月16～18日▶小木

地球節（地球文化國際藝術節）

●アース・セレブレーション

以島上的大自然為舞台，帶來太鼓表演團體「鼓童」的演出及佐渡的文化、表演藝術活動。

0259-81-4100（實行委員會） MAP附錄②P.11 D-6

※祭典、活動之預定可能會有變更，請務必事先確認。

巨大的建築物
訴說著過往

有如動畫裡的場景，引發了熱烈討論♪

相川 北澤浮遊選礦場遺址
●きたざわふゆうせんこうばあと

這座產業史蹟目前已申請登錄為世界遺產。利用階狀地形建造的巨大建築物，是過去的浮遊選礦場。荒廢的建築物上長滿蒼翠爬牆虎的景象，看了絕對讓人震撼與感動。

→P.134

與自然融為一體的風貌營造出浪漫氣息

真野的越之長濱有這塊人面岩♪

小學的教室真令人懷念～

在相川京町的街道愜意地散步

在宿根木發現了竹林間的小徑

邂逅獨一無二的佐渡風景…

悠閒島上時光

佐渡島上充滿了如詩如畫的風景，深深打動旅人的心。
給自己放個假，遠離忙碌的日常生活，
在這裡尋找一個可以讓你徹底放鬆的角落吧。

佐渡Trip

現在最火紅！ KEYWORD 5

想在佐渡玩得盡興的話，就要掌握這些關鍵字！

KEYWORD 1

前進世界遺產！

佐渡金銀山

佐渡保留了許多與開採、煉製金銀相關的設備。由於在傳承礦業技術的歷史上具有重要地位，目前以「以金礦為主的佐渡礦山遺產群」之名稱，記載於世界遺產暫定名單中。

◀日本第一座西洋式豎井「大立豎坑」

KEYWORD 2

曾經拍過廣告！

宿根木的三角屋

這棟三角屋因為JR東日本的廣告及車站海報而聲名大噪。宿根木的整個聚落都被指定為國家重要傳統建造物群保存地區，在這裡拍照，感覺自己好像也變成了明星。

◀屋齡150年，是宿根木的地標

KEYWORD 3

每間都很有特色

島上咖啡廳

佐渡有可以欣賞到絕無僅有的美景，或是讓人想收進私房名單的低調小店等，各種充滿特色的咖啡廳。每一間都舒服到讓人想賴著不走，幾乎要忘記時間。

◀多感受不同咖啡廳的特色吧！

看起來要掉不掉的神奇岩石
籠罩在夕陽下的景象也十分優美

相川 弁慶的夾岩
●べんけいのはさみいわ

據說這塊夾在岩壁間的楔形岩石，是島上最強的大力士「佐渡弁慶」與惡魔比力氣時投擲到這裡的。以附近的「鎮目市左衛門之墓」的招牌做為辨識比較容易找到這裡。

0259-74-2220（佐渡觀光交流機構 相川服務處）
自由參觀 佐渡市下相川 兩津港搭巴士往相川1小時，在相川轉搭往岩谷口5分，千疊敷入口下車，步行5分 P無
MAP附錄②P.11 A-4

希望這裡能為自己帶來好姻緣
這裡也是人氣的夕陽勝地

相川 夫婦岩
●めおといわ

七浦海岸最著名的地標，兩塊岩石有如互相依偎般靠在一起，一般將右手邊的視為丈夫，左手邊的看作妻子。這裡在日本國內的眾多夫妻岩之中，算是男女特徵比較明顯的。

0259-74-2220（佐渡觀光交流機構 相川服務處）
自由參觀 佐渡市高瀨 兩津港搭巴士往相川40分，在佐和田BS轉搭往七浦海岸線相川20分，夫婦岩前下車即到 P30輛
MAP附錄②P.11 A-4

山間的純樸風景令人感動不已

岩首 岩首梯田
●いわくびたなだ

從沿海的聚落到標高超過350m的山間，約有460座農田連綿相接。據說這些田開墾於江戶時代前後，由於看起來像連接到了天空般，因此被稱為「昇龍梯田」。

0259-27-5000（佐渡觀光交流機構）
自由參觀 佐渡市岩首 兩津港搭巴士往多田1小時，岩首下車，步行1小時 P無
MAP附錄②P.11 C-5

天氣好時可以從展望台看見對岸的新潟市

努力登上陡峭的山坡眼前便是絕景
從海邊仰望看起來就像「Z」字形

岩谷口 跳坂
●はねさか

被暱稱為「Z坂」的絕景景點。最大坡度達11%，被自行車騎士視為會讓心臟爆掉的高難度路線。山坡上的休息區立有與謝野鐵幹的歌碑。

0259-27-5000（佐渡觀光交流機構）
自由參觀 佐渡市岩谷口 兩津港車程1小時45分 P無
MAP附錄②P.11 C-1

可將岩谷口的聚落與美麗的海岸線盡收眼底

溫暖的語調別具魅力 佐渡方言

佐渡腔的特色是會在語尾加上「～噠怡」、「～怡」。受到過去在政爭中失勢而被流放至此的京都人影響，再加上曾是北前船的停靠地，也有人認為佐渡腔與關西腔接近。

[標準語]	[佐渡腔]	[標準語]	[佐渡腔]
驚訝	oboeta	冒失	totokuso
拜託	gomushin	遠	pinpin
可憐	mogetsune	害羞	syoushine
可怕	osuge	很	yabo
佐渡人	saromon	抓	kajikuru
實在	yanben	隨便	cyarakurage
暫時	sashimuki	刺眼	kaganboshii
丟掉	bisyaru	亂七八糟	gaccyahego
坐下	nemaru	慢慢地	shinashina

KEYWORD 4
在地美味食材有夠多
地產地銷

佐渡位在有植物分界線之稱的北緯38度線上，為暖流與寒流交會處，出產豐富的食材，深受美食愛好者關注。透過佐渡的美食，好好品嘗大自然餽贈的好味道吧。

使用了品牌豬肉，宛如藝術品般的料理

KEYWORD 5
親近壯麗的大自然
地質公園

佐渡在2013年獲認定為日本地質公園，整座島上有各式各樣的地質景觀。在這座地質、動植物、歷史共同打造的大地主題公園，感受悠久的歲月痕跡吧。

位於尖閣灣北部的平根崎海岸

完整體驗佐渡的迷人風情 自駕環島玩佐渡

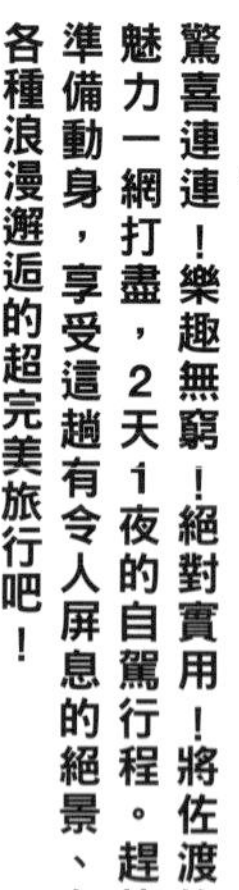

驚喜連連！樂趣無窮！絕對實用！將佐渡的魅力一網打盡，2天1夜的自駕行程。趕快準備動身，享受這趟有令人屏息的絕景、有各種浪漫邂逅的超完美旅行吧！

第1天 朱鷺與絕景 等待你的造訪！

見過了佐渡最具代表性的動物之後，前往以絕景著稱的北部。日本海洶湧的波濤造就的海岸線，以及氣勢磅礴的岩礁風景令人讚嘆。

運氣好的話 朱鷺就近在眼前！

停留時間 1小時

用園方準備的望眼鏡尋找朱鷺的身影吧

↑早上及傍晚各有1次餵食，時間請現場確認

↑朱鷺資料展示館介紹了朱鷺的生態等知識

START 7:55 新潟港 噴射水翼船 1小時5分

9:00 於兩津港租車

在渡輪航站1樓有佐渡汽船観光レンタカー、駅レンタカー等租車業者，建議事先預約(→P.129)。

車程15分

MUST SPOT

1 9:30 新穗 朱鷺森林公園 ●ときのもりこうえん

有機會超近距離觀察朱鷺的一舉一動

園方在此保護與繁殖朱鷺，目標是讓這種被指定為天然紀念物的鳥類野生定居。在朱鷺親睦廣場可以近距離觀察朱鷺。早上及傍晚的餵食時間是絕佳的觀察時機。

☎0259-22-4123 🕒8:30～16:30(17:00閉園) 休無休(12～2月月為週一休、逢假日則翌日休) ¥400円 所佐渡市新穂長畝383-2 🚌兩津港搭巴士往佐和田BS15分，トキの森公園下車即到 P67輛 MAP附錄②P.11 C-4

Column 朱鷺是什麼樣的鳥？

朱鷺的學名為Nipponia nippon，是鵜形目䴉科的鳥類。日本原生的朱鷺已在2003年滅絕，不過憑藉中國贈送的2隻朱鷺成功進行了繁殖。目前每年都培育出數十隻雛鳥。

車程50分

➔這部描寫燈塔看守人的電影當年極為賣座

停留時間 30分

燈塔在碧海藍天的襯托下更顯潔白

2 11:30 鷲崎 彈崎燈塔 ●はじきさきとうだい

佐渡最北端的潔白燈塔

昭和32（1957）年上映的電影《悲歡幾度春秋》便是以這座燈塔為舞台。燈塔附近建有紀念本片的銅像，還會播放電影的主題曲。

☎025-244-1008 (新潟海上保安部交通課) 🕒自由散步 所佐渡市鷲崎303-1 🚌兩津港搭巴士往真更川（週六、日往岩谷口）1小時10分，藻裏下車即到 P無 MAP附錄②P.11 D-1

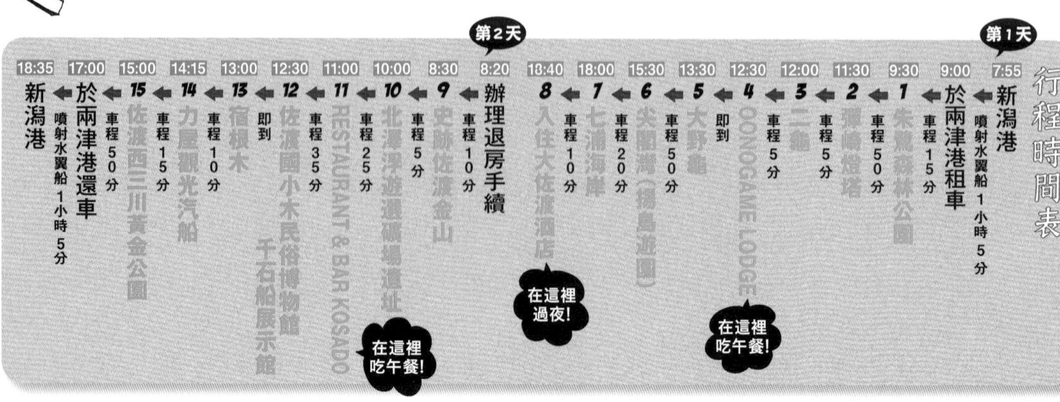

行程時間表

第1天

7:55	新潟港	噴射水翼船1小時5分
9:00	於兩津港租車	車程15分
9:30	1 朱鷺森林公園	車程50分
11:30	2 彈崎燈塔	車程5分
12:00	3 二龜	車程5分
12:30	4 OONOGAME LODGE（在這裡吃午餐！）	即到
13:30	5 大野龜	車程50分
15:30	6 尖閣灣（揚島遊園）	車程20分
18:00	7 七浦海岸	車程10分
18:40	8 入住大佐渡酒店（在這裡過夜！）	

第2天

8:20	辦理退房手續	車程10分
8:30	9 史跡佐渡金山	車程5分
10:00	10 北澤浮遊選礦場遺址	車程25分
11:00	11 RESTAURANT & BAR KOSADO（在這裡吃午餐！）	車程35分
12:30	12 佐渡國小木民俗博物館 千石船展示館	即到
13:00	13 宿根木	車程10分
14:15	14 力屋觀光汽船	車程15分
15:00	15 佐渡西三川黃金公園	車程50分
17:00	於兩津港還車	噴射水翼船1小時5分
18:35	新潟港	

3 二龜
4 OONOGAME LODGE
5 大野龜
彈崎
2 彈崎燈塔
岩谷口
1日目
2日目
入川
6 尖閣灣(揚島遊園)
尖閣湾
9 史跡佐渡金山
大佐渡山地
START&GOAL 兩津港
兩津
10 北澤浮遊選礦場遺址
相川
達者
姬崎
1 朱鷺森林公園
8 大佐渡酒店
7 七浦海岸
佐和田
赤玉
妙宣寺
11 レストラン&バー こさど
真野
15 佐渡西三川黃金公園
西三川
多田
12 佐渡國小木民俗博物館 千石船展示館
赤泊
小木
14 力屋觀光汽船
13 宿根木
宿根木

黃色花朵
形成一整片
花海！
停留時間
1小時
每年5月下旬～6月中旬前後是欣賞飛島萱草的最佳時節

車程5分

周邊海域的海水透明度居佐渡之冠

停留時間 30分

3 二龜 12:00 二龜 ●ふたつがめ

外型有如2隻烏龜的小島

二龜是一座長滿了青草的小島，雖然是離島，但海水退潮時與佐渡的陸地相連。這裡又名沖之島、磯之島，是佐渡人非常熟悉的景點，夏天時也是熱門的海水浴場。

☎0259-27-5000（佐渡觀光交流機構）
🅛自由散步 所佐渡市鷲崎 巴兩津港搭巴士往真更川1小時5分，二ッ亀下車，步行10分 🅟60輛
MAP附錄②P.11 C-1

車程5分

5 大野龜 13:30 大野龜 ●おおのがめ

展現大自然之美的巨岩

大野龜是標高167m的巨大岩石，突出於海面的姿態十分壯觀，並名列日本三大巨岩之一，頂端有石塔，過去還可攀登。初夏盛開的飛島萱草十分美麗。

➲設有步道供遊客行走

☎0259-27-5000（佐渡觀光交流機構）
🅛自由散步 所佐渡市願 巴兩津港搭巴士往大野龜1小時10分，大野亀下車即到 🅟60輛
MAP附錄②P.11 C-1

即到

4 OONOGAME LODGE 12:30 大野龜 ●おおのがめロッジ

在這裡吃午餐!

以絕美風景搭配極品午餐！

鄰近欣賞以萱草聞名的大野龜，景色一覽無遺。老闆親自釣的海鮮非常新鮮，花枝麵線定食1500円可說是極致美味。建議天氣好的時候選擇露臺座。

➲滿是新鮮海產的海鮮蓋飯1200円

➲眼前便是大野龜壯麗的風景

☎0259-26-2410 🅛4～11月、11:00～15:00（L.O.）、商店為9:00～16:30 休期間中無休 所佐渡市願149 巴兩津港搭巴士往大野龜1小時10分，大野亀下車即到 🅟60輛（使用大野龜停車場）
MAP附錄②P.11 C-1

車程50分

沒入尖閣灣的夕陽美極了
停留時間
1小時
➲從遊仙橋上望出去的景色也沒話說。夏季有夜間點燈

連綿的峭壁有如北歐的峽灣

6 尖閣灣（揚島遊園） 15:30 相川 ●せんかくわんあげしまゆうえん

斷崖絕壁連綿的風景名勝

高20m的絕壁與岩礁打造出的景觀有天下絕景之稱，並被指定為海中公園。這裡也因為是昭和28（1953）年上映的電影《請問芳名》的外景地而聞名。

☎0259-75-2311 🅛8:00～17:30（視時期而異） 休無休 ¥入園費500円、乘船費1100円（含入園費） 所佐渡市北狄 巴兩津港搭巴士往相川1小時，在相川轉搭往岩谷口15分，尖閣湾揚島遊園下車即到 🅟100輛 MAP附錄②P.11 A-3

這個也別錯過！

海中透視船 ●かいちゅうとうしせん

搭乘船底做成玻璃的海中透視船（玻璃船），不但可飽覽水上的壯麗景色，也能看到海中複雜的地形及魚兒身影。

➲可享受一圈約15分鐘的遊船之旅

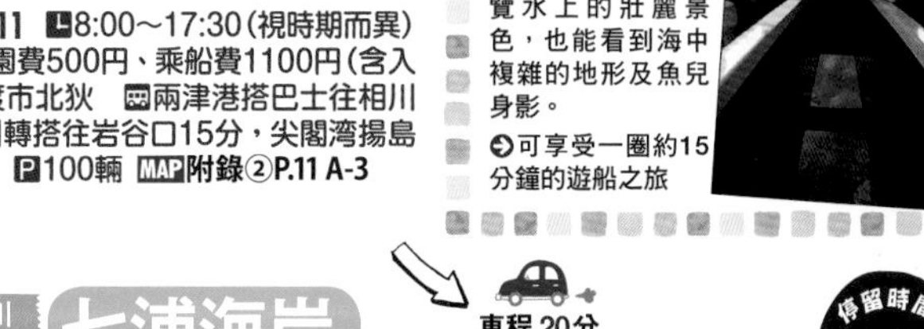

8 大佐渡酒店 18:40 相川 ●ほてるおおさど

在這裡過夜!

擁有海景的奢華溫泉旅館

佐渡數一數二的夕陽名勝—春日崎就近在眼前，位置絕佳。不僅所有客房都可欣賞海景，露天浴池也看得到壯闊的日本海，動人的景色吸引了許多回頭客再次入住。

☎0259-74-3300 🅛IN15:00、OUT10:00 ¥1泊2食13110円～ 所佐渡市相川鹿伏288-2 巴兩津港搭巴士往相川1小時，在終點轉搭往佐和田10分，春日崎下車即到（相川支所巴士站可接送，需事先聯絡） 🅟100輛 MAP附錄②P.11 A-4

➲晚餐吃得到滿滿的佐渡美食

➲露天浴池望出去便是遼闊的日本海

車程20分

7 七浦海岸 18:00 相川 ●ななうらかいがん

景觀饒富變化的夕陽名勝

長手岬、夫妻岩、春日崎等名勝都位在這段長約10km的海岸線。沒入日本海的夕陽景色優美，也非常有人氣。夜晚則能看到海上的點點漁火。

☎0259-74-2220（佐渡觀光交流機構 相川服務處）
🅛自由散步 所佐渡市二見～相川鹿伏 巴兩津港搭巴士往相川40分，在佐和田BS轉搭往七浦海岸線15分，橘長手岬下車，步行5分 🅟30輛（長手岬） MAP附錄②P.11 A-4

※日落時刻視季節而異。18時為4月前後。

停留時間
30分
感受夕陽下的浪漫時光
➲岩石在黃昏時分化作了黑色剪影

車程10分

第2天行程見134頁

接續133頁行程

第2天 金山與北前船 歷史文化知性之旅

這一天將身歷其境進入金山參觀、體驗充滿佐渡風情的盆舟等，內容充實豐富，同時還能深入認識佐渡的歷史與文化。

8:20 辦理退房手續

車程10分

MUST SPOT

8:30 相川

9 史跡佐渡金山

●しせきさどきんざん

支撐起江戸幕府財政 全世界最大的金山

停留時間 1小時30分

歷經388年的開採，產出了78噸黃金、2330噸銀，為日本最大的金山。目前對外開放總長度達400km的坑道的其中一部分，坑道內的年均溫只有10度左右，請多加留意。

☎0259-74-2389（ゴールデン佐渡）
🅛8:00～17:00（17:30閉館）、11～3月為8:30～16:30（17:00閉館） 休無休
¥坑道周遊行程1400円、道遊坑或宗太夫坑行程900円 所佐渡市下相川1305
🚌兩津港搭巴士往相川45分，相川下車，車程5分 P500輛
MAP附錄②P.11 B-4

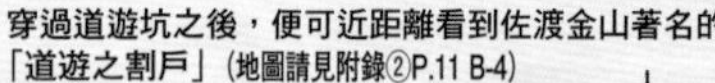

穿過道遊坑之後，便可近距離看到佐渡金山著名的「道遊之割戶」（地圖請見附錄②P.11 B-4）

山頭被挖掉了這麼多！

選一條你有興趣的路線走吧！

道遊坑 ●どうゆうこう

停留時間 40分

保存、展示了明治時代的近代化，到1989年停止開採為止曾使用過的坑道、設備等，各式各樣的近代化產業遺產。

宗太夫坑 ●そうだゆうこう

停留時間 30分

這條江戸金山繪卷路線忠實重現了江戸時代初期的手挖坑道，並藉由約70具的機器人還原江戸時代坑道內的作業情景。

別忘了把特色伴手禮帶回家！

金幣撲克牌 1500円

◐耀眼的金黃色小判金幣造型撲克牌。K、Q都設計成日式風格的圖案，十分有趣

埋藏金最中 1500円

◐印有葵紋的最中餅下面，還藏著金幣造型的巧克力！

News

2018年春季推出了新路線！

憑藉著安全帽與頭燈在廢棄礦坑中探險，時間約100分鐘的黑暗廢坑探險路線「山師路線」（4～11月）。1組最多10人（可預約）。

Column

佐渡與金山

佐渡在慶長6（1601）年發現了金山後，吸引了全日本想要一夜致富的礦業從業人員前來。豐富的黃金礦藏支撐了江戸幕府的財政，並留下了金山與許多相關的產業遺跡。

車程5分

◐將水與雜質分離的設備，以製造出礦業用的增稠劑

10:00 相川

10 北澤浮遊選礦場遺址

●きたざわふゆうせんこうばあと

停留時間 30分

盤踞山坡的混凝土建築十分壯觀

有如古代遺跡般的產業遺產

進行礦石挑選分類作業的設備。這裡是昭和12（1937）年在戰時體制下為增加礦產而興建，礦石處理量曾居東亞之冠。如今長滿了爬牆虎，綠意盎然的景象讓人印象深刻。

☎0259-74-2389（ゴールデン佐渡） 🅛自由參觀
所佐渡市相川北沢町3 🚌兩津港搭巴士往相川45分，相川下車，步行15分 P10輛
MAP附錄②P.11 A-5

車程25分

11:00 真野

在這裡吃午餐！

11 RESTAURANT & BAR KOSADO

●レストラン&バー こさど

可以吃到佐渡牛的洋食餐廳

昭和53（1978）年創業的人氣洋食餐廳。除了佐渡牛的沙朗牛排之外，漢堡排的套餐也是推薦美食。也提供自製蛋糕及自家烘豆的咖啡。

☎0259-55-4004 🅛11:00～14:00（L.O.）、17:00～21:30（22:00打烊） 休週三 所佐渡市真野新町275-2 🚌兩津港搭巴士往佐和田BS40分，真野新下車，步行3分 P20輛
MAP附錄②P.11 A-2

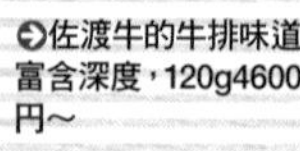

◐佐渡牛的牛排味道富含深度，120g4600円～

◐也有許多人來這裡喝咖啡、喝酒

車程35分

即到

12:30 宿根木

12 佐渡國小木民俗博物館 千石船展示館

●さどこくおぎみんぞくはくぶつかん せんごくぶねてんじかん

◐利用舊宿根木小學的校舍打造的博物館

◐好好感受這裡的懷舊氣氛吧

停留時間 30分

◐根據原始設計圖復原了在宿根木建造的「幸榮丸」（復原後的名稱為「白山丸」）

近距離觀賞巨大的千石船

大正9（1920）年興建的木造校舍改裝成的博物館。附設的千石船展示館復原了北前船「白山丸」供遊客參觀。而且還能進到船的內部，十分有意思。

☎0259-86-2604 🅛8:30～16:30（閉館為17:00）
休12～2月的週一 ¥500円 所佐渡市宿根木270-2
🚌小木港搭巴士往沢崎13分，小木民俗博物館下車即到 P10輛 MAP附錄②P.11 C-6

Column

佐渡與北前船

北前船從江戸時代到明治時代主要負責近畿與北海道間的日本海海運，佐渡因扮演了中繼點的角色而發展起來，宿根木當時更是船員及造船工匠居住的千石船之都，十分熱鬧。

走進宿根木的民家一探究竟！

最具代表性的地標

三角屋 ●さんかくや

蓋在巷弄間的三角形土地上，展現了造船工匠的技術，屋齡150年的民家。

☎0259-86-3200
(佐渡觀光交流機構 南佐渡服務處)
營參觀內部為4~11月的週六、日、假日9:00~18:00(8月每天開放) ¥300円

屋齡200年的氣派宅邸

清九郎 ●せいくろう

因北前船致富的清九郎的宅邸，以漆工藝打造的裝潢等散發出奢華氛圍。

☎0259-86-3852
營4~11月、9:00~16:00(16:30閉館)
休期間中無休 ¥400円

造船工匠的住處

金子屋 ●かねこや

復原了江戶時代後期造船工匠的住處。被稱為「帳台構」的特殊建築樣式為一大特色。

☎0259-86-2362
營4~11月、9:00~16:00 休期間中無休 ¥300円

在宿根木的老宅咖啡廳享用和風甜點

茶房やました ●さぼうやました

船東宅邸改裝成的和風咖啡廳。紅豆麻糬湯515円、附手工蛋糕的飲料套餐450~500円最受歡迎。蠑螺義大利麵980円等午餐也深受好評。

☎0259-86-1212 營10:00~15:30(L.O.、午餐為11:00~14:00) 休週四

紅豆麻糬湯吃得到慢火熬煮的紅豆

即到

因JR東日本廣告而爆紅的三角屋

13 宿根木 13:00 宿根木 ●しゅくねぎ

停留時間 1小時

保留了昔日風情的特色聚落

宿根木在江戶時代曾是船運業聚落而繁榮一時，狹窄的港灣蓋滿了住家，街景十分有情調，也被指定為國家重要傳統建造物群保存地區。參觀時請將100円的街景保存基金投入募款箱。

☎0259-86-3200
(佐渡觀光交流機構 南佐渡服務處)
營自由參觀 所佐渡市宿根木 巴小木港搭巴士往沢崎13分，宿根木下車即到
P25輛 MAP附錄②P.11 C-6

從山坡上眺望聚落。石置木羽葺樣式的屋頂造型優美

石板小路及兩旁的木板牆都充滿了韻味

建於大正10（1921）年的舊郵局

車程 10分

14 小木 14:15 力屋觀光汽船 ●りきやかんこうきせん

MUST SPOT

所要時間 20分

佐渡特有的交通工具帶給你新奇體驗

盆舟據說是明治時代為了捕蠑螺及鮑魚而發明的。盆舟是由女性船夫操作，乘坐之餘還能體驗自己動手划。下雨或下雪時也可以撐傘搭乘。

☎0259-86-3153 營8:30~17:00(視時期而異) 休無休 ¥盆舟成人500円、小孩300円 所佐渡市小木港 巴小木港步行4分
P80輛 MAP附錄②P.11 D-6

坐起來雖然穩，但其實比想像中難操控

划一圈約10分鐘，時速大約3km

車程 15分

努力淘金，看看你能帶回多少黃金

設法從砂礫中淘出黃金吧

停留時間 50分

15 西三川 15:00 佐渡西三川黃金公園 ●さどにしみかわごーるどぱーく

自己動手淘金吧！

位在上杉謙信過去籌措軍費的金山遺址的體驗型資料館。淘金有不同難度的3種方案。淘出來的砂金可以當場加工成鑰匙圈（1500円）等物品。

☎0259-58-2021 營8:30~17:00(17:30閉館，視時期而異) 休無休 ¥800円 所佐渡市西三川835-1 巴兩津港搭巴士往佐和田BS40分，在真野新町轉搭往小木30分，西三ゴールトンパーク下車即到
P150輛 MAP附錄②P.11 B-5

車程 50分

17:00 於兩津港還車

噴射水翼船 1小時5分

GOAL 18:35 新潟港

大吃特吃佐渡在地美食

美味食材應有盡有

島上的廚師異口同聲表示「沒有找不到的材料」，佐渡的食材之豐富可見一斑。從剛上岸的海鮮，到稀有的品牌肉等，各種使用了極致在地食材的美味料理等你來品嘗！

佐和田

在海邊的法國料理餐廳 品嘗在地美味

La Plage ●らぷらーじゅ

位於住宿設施Ryokan浦島東館的法國料理餐廳

以正統法國料理的手法，讓來自佐渡當地的食材昇華為充滿藝術感的料理。可以吃到使用北雪酒造的酒糟等飼料餵養的佐渡島黑豬等，其他地方吃不到的美食。

0259-57-3751 營11:30～14:00(L.O.)、17:30～20:00(L.O.) 休不定休 所佐渡市窪田978-3 交兩津港搭巴士往相川30分，佐和田下車，步行3分 P40輛 MAP附錄②P.11 A-1

從窗戶望出去可看到越之松原與真野灣等風景名勝

提供多款新潟縣產葡萄酒及日本酒

希望各位顧客能透過法國料理重新認識佐渡食材的魅力

主廚須藤良隆先生出身佐渡當地

晚餐全餐
6500円（不含稅）
有開胃小點等8～9道料理。圖中的主菜為自家品牌佐渡島黑豬的烤豬肉

晚餐全餐
15000円
共9道料理，深具獨創性的全餐。圖中主菜為佐渡牛牛排佐山葡萄醬

位在有青年旅館等的複合設施「on the 美一」的1樓

佐和田

美食探求者所打造的極致佐渡料理

清助Next Door ●せいすけねくすとどあ

自認是食材獵人的主廚以法國料理的形式，表現佐渡山海食材的魅力。發揮了日、法、義式料理的經驗所帶來的每道料理都細膩而充滿獨創性。晚餐的全餐7000円起，細節可與店家討論。

0259-58-7077 營11:30～14:30、18:00～21:00(需預約) 休需洽詢 所佐渡市河原田諏訪町207-76 交兩津港搭巴士往相川40分，佐和田BS下車，步行5分 P4輛 MAP附錄②P.11 A-1

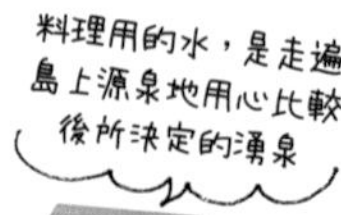
眼前便是真野灣，地點極佳◎

料理用的水，是走遍島上源泉地用心比較後所決定的湧泉

主廚尾崎邦彰先生有豐富的海外工作經驗

敬請期待我們帶來的佐渡產葡萄酒

以made in佐渡的葡萄酒為目標的尚=馬克・布里紐、聰美夫婦

晚餐全餐
3800円
完全使用佐渡食材，共5道料理的全餐。圖中的前菜為醃漬油煎秋季茄子與小竹筴魚

也有許多從國外遠道而來的顧客

入口位在國道通往海邊的叉路上

真野

葡萄酒釀酒師經營的低調餐酒館

La Barque de Dionysos ●らばるくどぅでぃおにそす

老闆是以釀造自然酒聞名的法國釀酒師，由於妻子是日本人，因此也會說日文。可以搭配葡萄酒品嘗主要使用在地海鮮、自家菜園採收的蔬菜製作的料理。

0259-67-7833 營19:00～22:00(需預約) 休週日～三 所佐渡市真野新町327-1 交兩津港搭巴士往佐和田BS40分，真野新町下車，步行5分 P5輛 MAP附錄②P.11 A-2

佐渡是食材的寶庫！

位在海流交會處的佐渡是海鮮的寶庫。另外也地處多種作物生長的南、北限，因此有各式各樣原生的蔬菜、水果。

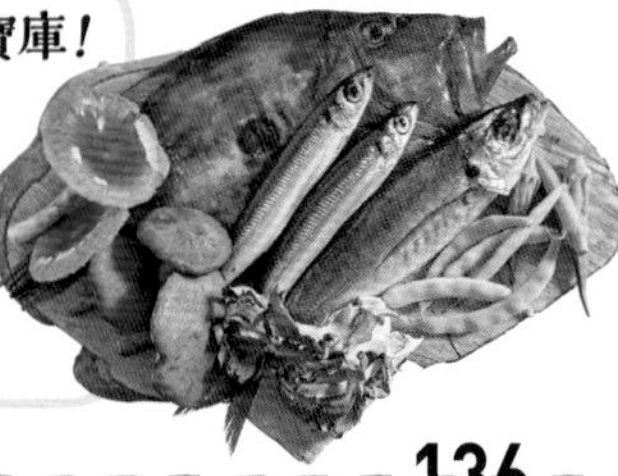

新穗

在佐渡的傳統民家品嘗極品蕎麥麵宴席料理

蕎麦 茂左衛門 ●そばもぜむ

蕎麥麵宴席
午2200円／晚3500円～
有如西式的全餐，從前菜起一道道依序上桌。圖中主菜為西餐風鰤魚丸

也有各季節的當令蕎麥麵，訂位時可提出需求

↑老闆齋藤和郎、佳子夫婦

↑店面沒有招牌，只掛了寫著「蕎麥麵」的布條

↑以船板做成的餐桌等家具也很有味道

隱身於朱鷺棲息的新穗的聚落，精心製作的手擀蕎麥麵及認真下工夫製作的創意日本料理深受好評。偏細的十割蕎麥麵搭配烤飛魚高湯風味的沾麵醬汁，吃起來芳醇可口。

0259-67-7972 11:30～14:00、17:00～22:00（午餐、晚餐皆需在前一天中午前預約） 休週日 所佐渡市新穂田野沢163-1 兩津港車程15分 P4輛 MAP附錄②P.11 C-4

佐和田

輕鬆自然路線的佐渡法國料理先驅

Un Grand Pas ●あんぐらんぱ

特選午餐（時令烤魚）
1200円
使用的是佐渡代表性的魚—湯氏平鮋（眼張魚的一種），搭配巴薩米克醋醬汁品嘗

↑店內空間明亮，擺滿了繪本及藝術作品

↑店名為法文「偉大的一步」之意

↑老闆出崎洋平、真理子夫婦

一度離開島上生活的日子讓我們重新體認到佐渡食材的美好

由醉心於佐渡食材的夫妻經營的休閒風法國料理餐廳。勇於貫徹簡單的烹調手法，可以從中感受到他們對於佐渡食材的自負。不論魚類料理、麵包、蛋糕都十分美味。

0259-52-7878 11:00～14:00、17:00～21:00 休週二、第1週日 所佐渡市中原598-1 兩津港搭巴士往相川30分，鍛冶町中原下車，步行3分 P30輛 MAP附錄②P.11 A-1

佐渡擁有釀酒所必須的優質好米與好水，使用「五百萬石」與「山田錦」交配出的酒米「越淡麗」釀出的日本酒，更是有多款不容錯過的好酒。

尾畑酒造 ◎おばたしゅぞう
真野鶴 大吟醸
720mℓ 2700円
以果香與輕盈口感著稱，描繪了朱鷺的酒標更是充滿佐渡風情

北雪酒造 ◎ほくせつしゅぞう
北雪 純米大吟醸 越淡麗
720mℓ 2700円
使用佐渡產酒米「越淡麗」，豐潤滋味與爽口的餘韻深受好評

逸見酒造 ◎へんみしゅぞう
純米吟醸 至
720mℓ 1543円
沒有無謂多餘的製程，被譽為「素顏美酒」，在全國都享有高人氣。口味接受度高，百喝不厭

天領盃酒造 ◎てんりょうはいしゅぞう
天領盃 越淡麗 純米大吟醸
720mℓ 3600円
運用最先進的技術凝聚了越淡麗的鮮味，帶來高雅而華麗的香氣

加藤酒造店 ◎かとうしゅぞうてん
本醸造 金鶴
720mℓ 920円
佐渡人十分愛喝，在其他地方稀有珍貴的一款酒。沒有雜味，與各種料理都好搭

相川

在鮮魚店直營的老宅餐廳大快朵頤！

持田家 ●もちだや

持田家定食
1500円
可以同時吃到迷你海鮮蓋飯與天麩羅。海鮮蓋飯可更換生魚片與白飯的搭配

→酥炸佐渡產鮟鱇魚500円。肉質飽滿，鹹度也恰到好處，最適合搭配啤酒

→店面位在相川天領通商店街，外觀別具韻味

→母親持田敦子（中）、妹妹梨菜（右）、姐姐桃菜（左）迎接客人的到來

也有吧檯座，不用擔心一個人來會不自在

↑店面為屋齡約60年的老宅改裝而成

創業約50年的鮮魚店經營的老宅食堂。提供種類豐富的餐點，來用餐、喝酒都沒問題。還吃得到使用佐渡產米粉做的鬆餅600円～等各式甜點。

0259-67-7268 11:00～14:00、18:00～21:30（22:00打烊） 休週日晚、週一 所佐渡市相川1-7 兩津港搭巴士往相川1小時，相川下車，步行5分 P2輛 MAP附錄②P.11 A-5

兩津

在人聲鼎沸的居酒屋大啖在地海鮮

しらつゆ

→散發昭和時代的懷舊風情

「想吃魚的話就來這裡」，在地人一致推薦的名店。從約20年前開幕至今始終不變的實惠價格也是一大賣點。充滿漁夫風情的美食—海味湯據說有許多忠實愛好者。

0259-23-5288 17:30～22:30（L.O.） 休週日 所佐渡市両津夷189-5 兩津港搭巴士往相川3分，夷本町下車，步行3分 P無 MAP附錄②P.11 D-2

綜合生魚片
1080円
海味湯 432円 等
綜合生魚片可以吃到佐渡的當令美味。放了鱈魚的船上料理—海味湯是隱藏版美食

→店內有榻榻米座與吧檯座，感覺就像在自己家

←老闆娘加藤女士臉上總是掛著笑容

「沒有湯的海味湯」絕對值得一試！

享受悠閒自在的慢活時光

迷人的島上咖啡廳

來到佐渡別忘了找間咖啡廳坐坐！不論是坐擁絕美海景，或隱身於蒼翠綠意間，每間店各有迷人的特色，讓人忘卻都會的喧囂。

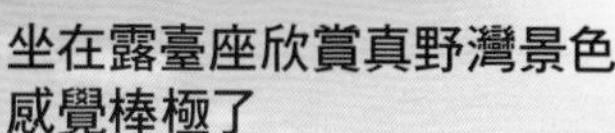

坐在露臺座欣賞真野灣景色感覺棒極了

來這裡小歇片刻
露臺座眼前便是真野灣，壯麗的海景與不時吹來的海風超療癒

真野

しまふうみ

使用自製酵母做的麵包深受好評的烘焙咖啡廳，午餐及種類豐富的三明治也值得推薦。除了視野極佳的露臺座，店內幾乎所有座位也都看得到海景。

✆0259-55-4545 🕒10:00～17:00 休週三 所佐渡市大小105-4 🚌兩津港車程45分 P20輛
MAP附錄②P.11 A-3

↑香氣撲鼻的麵包越咬越美味

↑熱三明治1100円～是人氣美食

↑悉心整理的庭園景色也十分優美

↑下嵌式座位的和室很受攜家帶眷的顧客喜愛

↑豆渣司康200円吃得到豆渣的可口風味

→豆渣麵包 抹茶捲200円

使用健康養生的豆渣製作成美味甜點

來這裡小歇片刻
小巧的店面充滿居家氣氛，擺設了手工製作的長凳等

河原田本町

Love Market Cafe

●らぶまーけっとかふぇ

使用日本產黃豆做的豆渣甜點十分受歡迎。旅行途中可以在這裡享用肉桂捲、手工蛋糕等健康的甜點，稍事休息。用蕎麥粉做的義大利麵「sobasta」也是人氣美食。

✆0259-57-2393 🕒11:30～17:30(打烊)
休週日～四 所佐渡市河原田本町96-1 🚌兩津港搭巴士往相川40分，河原田本町下車即到
P2輛 MAP附錄②P.11 A-1

在老宅民宿的限定咖啡廳放鬆一下

來這裡小歇片刻
厚實穩重的樑木與挑高的天花板營造出開闊感，感覺舒適自在

三瀬川

カール・ベンクス古民家民宿 YOSABEI Hiruma Cafe

●かーるべんくすこみんかみんしゅくよさべいひるまかふぇ

屋齡約200年的老宅重新裝修而成的民宿，於限定日期與時間營業的咖啡廳。德國建築師與老闆夫婦打造的空間讓人很放鬆。咖啡廳預計於2020年4月恢復營業。

✆0259-67-7284 🕒11:00～14:30(15:00打烊)
休週一、週四～日 所佐渡市三瀬川549
🚌兩津港搭巴士往相川15分，吉井学校前下車，步行5分 P5輛 MAP附錄②P.11 C-4

←使用自家耕種蔬菜的時令咖哩800円～

↑甜味自然的當令蔬菜布丁330円～。熱咖啡400円

↑住宿1天限定1組客人。也提供農業體驗等

位於風姿綽約的京町通充滿雅致韻味

來這裡小歇片刻
位在相川的山丘上，從窗戶望出去便是海景。也有露臺座

相川

京町茶屋

●きょうまちちゃや

位在相川京町通的入口，從店內就可欣賞到日本海的景色。西三川蘋果的鮮榨果汁250円值得推薦。店面過去為豆腐店，建築物的結構及店內家具也很有韻味。

↑使用「ひげ」土雞的雞蛋做的戚風蛋糕150円

↑前往京町散步時不妨順道造訪這裡

✆090-1428-6105
🕒10:00～15:30(L.O.)
休週二 所佐渡市相川八百屋町5 🚌兩津港搭巴士往相川1小時，佐渡版画村下車，步行3分 P無
MAP附錄②P.11 A-5

佐渡不可錯過的伴手禮

從極品甜點到餐桌上少不了的良伴，佐渡才有的美味伴手禮全都在這兒！

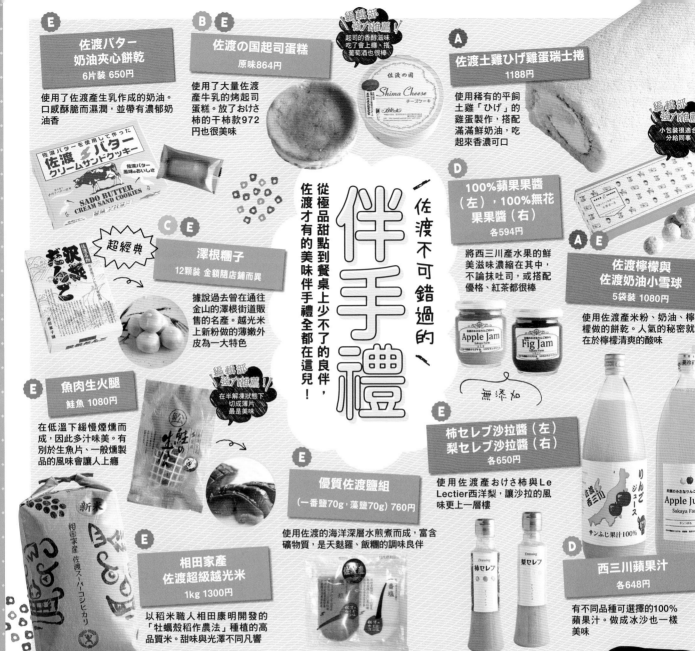

E
佐渡バター奶油夾心餅乾
6片裝 650円

使用了佐渡產生乳作成的奶油。口感酥脆而濕潤，並帶有濃郁奶油香

B E
佐渡の国起司蛋糕
原味864円

編輯部強力推薦！起司的香醇滋味吃了會上癮。搭葡萄酒也很棒

使用了大量佐渡產牛乳的烤起司蛋糕。放了おけさ柿的干柿款972円也很美味

A
佐渡土雞ひげ雞蛋瑞士捲
1188円

使用稀有的平飼土雞「ひげ」的雞蛋製作，搭配滿滿鮮奶油，吃起來香濃可口

編輯部強力推薦！小包裝很適合分給同事

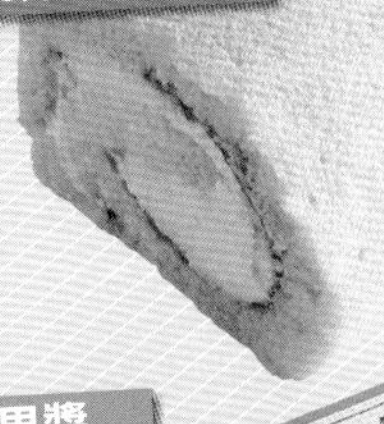

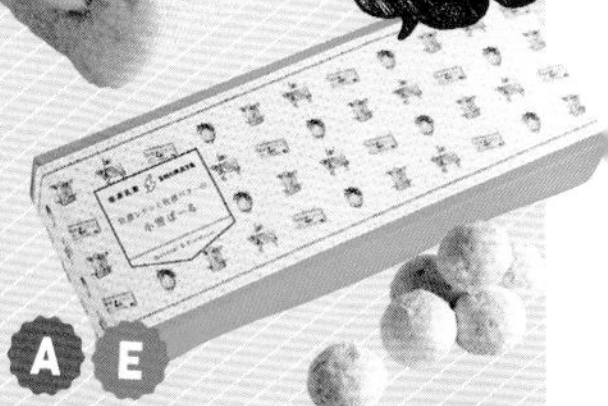

C E
澤根糰子
12顆裝 金額隨店鋪而異

超經典

據說過去曾在通往金山的澤根街道販售的名產。越光米上新粉做的薄嫩外皮為一大特色

D
100%蘋果果醬（左），100%無花果果醬（右）
各594円

將西三川產水果的鮮美滋味濃縮在其中，不論抹吐司，或搭配優格、紅茶都很棒

無添加

A E
佐渡檸檬與佐渡奶油小雪球
5袋裝 1080円

使用佐渡產米粉、奶油、檸檬做的餅乾。人氣的秘密就在於檸檬清爽的酸味

E
魚肉生火腿
鮭魚 1080円

編輯部強力推薦！在半解凍狀態下切成薄片最是美味

在低溫下緩慢煙燻而成，因此多汁味美。有別於生魚片、一般燻製品的風味會讓人上癮

E
柿セレブ沙拉醬（左）梨セレブ沙拉醬（右）
各650円

使用佐渡產おけさ柿與Le Lectier西洋梨，讓沙拉的風味更上一層樓

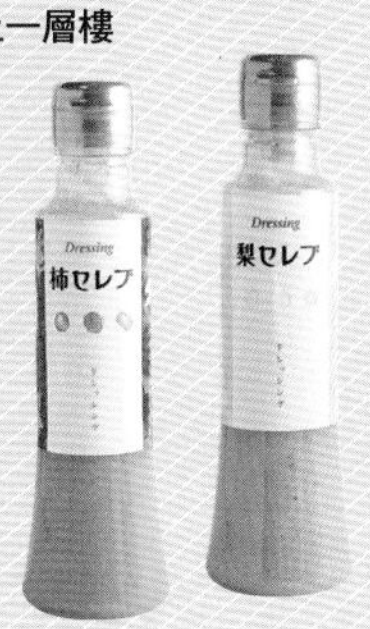

E
優質佐渡鹽組
（一番鹽70g，藻鹽70g）760円

使用佐渡的海洋深層水煎煮而成，富含礦物質，是天麩羅、飯糰的調味良伴

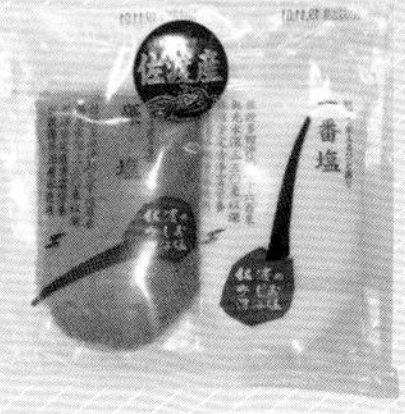

E
相田家產佐渡超級越光米
1kg 1300円

以稻米職人相田康明開發的「牡蠣殼稻作農法」種植的高品質米。甜味與光澤不同凡響

D
西三川蘋果汁
各648円

有不同品種可選擇的100%蘋果汁。做成冰沙也一樣美味

這裡可以買到！

E 兩津
佐渡汽船商事 待合室売店
◆さどきせんしょうじまちあいしつばいてん

位在兩津港渡輪剪票口旁的商店。從海鮮到甜點，整個島上的名產應有盡有，不妨利用等船的時間來逛逛。

☎0259-27-4812 營5:00～19:30（有變動） 休無休 所佐渡市両津湊 両津港ターミナル2F 交兩津港即到 P無
MAP附錄②P.11 D-2

D 西三川
西三川くだもの直売センター
◆にしみかわくだものちょくばいせんたー

從7月中旬的西瓜，到水蜜桃、梨、葡萄等，販售各種當令水果。蘋果更是有超過10種品種，可以多嘗試不同的滋味。

☎0259-58-2045 營7月中旬～3月中旬、10:00～18:00 休期間中不定休 所佐渡市田切須517-4 交兩津港搭巴士往佐和田BS40分，在真野新町轉搭往小木20分，田切須下車，步行3分 P有
MAP附錄②P.11 B-5

C 澤根
池田菓子舗
◆いけだかしほ

位在留存了茶屋風情的街道上，在地人長年光顧的和菓子店。澤根糰子過一下冰水再吃，口感就像湯圓一樣。

☎0259-52-6643 營7:30～19:00 休無休 所佐渡市沢根篭町35 交兩津港搭巴士往相川50分，沢根学校前下車即到 P3輛
MAP附錄②P.11 B-4

B 佐和田
プチドール

堅持使用在地食材製作的甜點深受歡迎。曾榮獲農林水產大臣獎的起司蛋糕搭配葡萄酒也很對味。可內用。

☎0259-57-2288 營8:30～19:00 休不定休 所佐渡市河原田諏訪町182-8 交兩津港搭巴士往相川40分，河原田諏訪町下車即到 P3輛
MAP附錄②P.11 A-1

A 佐和田
しまや 窪田バイパス店
◆しまやくぼたばいぱすてん

在佐渡共有3間店的人氣糕點店。除了西點，澤根糰子486円也深受好評。窪田バイパス店附設內用區。

☎0259-57-1020 營9:00～18:00 休不定休 所佐渡市窪田121-3 交兩津港搭巴士往相川40分，至誠堂前下車，步行10分 P3輛
MAP附錄②P.11 A-1

這些地方也別錯過！

以獨特文化著稱的島嶼

佐渡

●さど

MAP 附錄②P.11

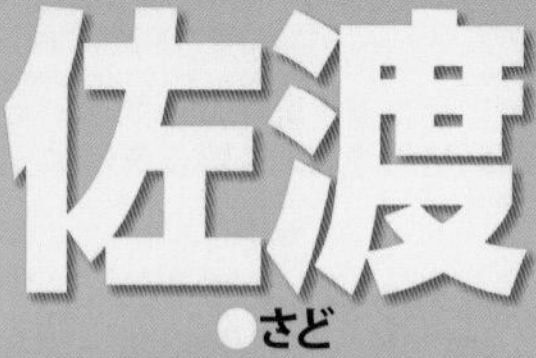

區域導覽

ACCESS

詢問處 ✆0259-27-5000（佐渡觀光交流機構）

真野 MAP附錄②P.11 A-2

旅行 PICK UP

佐渡歷史傳說館

●さどれきしでんせつかん

✆0259-55-2525 景點

穿越時空回到800年前的佐渡

可透過聲、光展示親身體驗佐渡的歷史。等身大的高科技機器人在實際尺寸的布景中栩栩如生的表演不可錯過。2樓新開設了可體驗「佐渡之聲」的展區。附設的餐廳也深受好評。

↓機器人重現了世阿彌的能劇世界

↑館內展示分為第一景至第十景

↑優美的日本庭園四季展現出不同風情

營8:30～17:00（12～3月為9:00～16:30、用餐處為4月中旬～11月中旬的11:00～14:00） 休無休 ¥800円 所佐渡市真野655 交兩津港搭巴士往佐和田BS40分，在真野新町轉搭往小木3分，真野御陵入口下車，步行10分 P100輛

新穗 MAP附錄②P.11 C-4

鮨長三郎

●すしちょうさぶろう

✆0259-22-2125 美食

能吃到當令海鮮的人氣餐廳

在當地深受好評的名店，可以吃到在佐渡海域捕獲，鮮度一流的海鮮捏的握壽司。特定季節還會提供珍貴魚料的押壽司等美食。拉麵、定食、蓋飯也都很有人氣。

營11:00～21:30（22:00打烊） 休第1、3、5週日，第2、4週一（7、8月有變動） 所佐渡市新穗81-4 交兩津港搭巴士往佐和田BS20分，新穗下車，步行5分 P10輛

←上生壽司2200円，中華麵650円

小木 MAP附錄②P.11 D-6

Ogi Diving Center

●おぎだいびんぐせんたー

✆0259-86-2368 玩樂

從海上欣賞無與倫比的美景

透過海上划艇造訪佐渡版「青之洞窟」的行程十分受歡迎。還可以在熔岩形成的礫石上體驗熔岩浴。在只有小艇到得了的景點，好好欣賞令人感動的景色吧。

營8:30～17:00（受理預約） 休不定休 ¥5400円 所佐渡市琴浦225-2 交小木港車程5分 P100輛

←初學者也可以放心地挑戰

相川 MAP附錄②P.11 A-5

史跡 佐渡奉行所遺址

●しせきさどぶぎょうしょあと

✆0259-74-2201 景點

管理幕府直轄地佐渡的中樞

復原、公開了為管理佐渡金銀山而在安政6（1859）年設立的奉行所。除了掌管佐渡島全島行政、司法的御役所、白洲等機關，還有金銀鍊製過程的體驗區。

營8:30～16:30（17:00閉館） 休無休 ¥500円 所佐渡市相川広間町1-1 交兩津港搭巴士往相川1小時，佐渡版画村下車即到 P10輛

←2000年時復原、公開了佐渡奉行所（御役所部分）

深入認識佐渡的傳統文化

景點

傳統人偶劇的表演活動
春駒&のろま人形上演会

●はりごまあんどのろまにんぎょうじょうえんかい

✆0259-27-5000（佐渡観光交流機構）

MAP附錄②P.11 C-4

のろま人形的起源為說經人形的串場表演，春駒則是跨在木馬上表演的一種舞蹈。可藉此機會觀賞傳統的人偶劇，一窺古代庶民的娛樂。

←表演使用的都是歷史悠久的人偶

營2019年7月27日～8月11日的週六、週日的13:15～、8月14日的17:00～ ¥500円（8月14日免費） 所佐渡市新穗瓜生屋501（新穗地区公民館）等 交兩津港車程15分 P100輛

傳承佐渡的能劇與表演藝術
金井能樂堂

●かないのうがくどう

✆0259-63-4151（佐渡市教育委員会西教育事務所金井地区教育係）

MAP附錄②P.11 B-1

位在能劇始祖—世阿彌被流放到的金井地區，為常設能舞台的能樂堂，會在此舉行能劇及文彌人形等公演。

←文彌人形被指為國家重要無形民俗文化財

營視公演而異 所佐渡市中興甲371 交兩津港車程25分 P50輛

佐渡能劇名家的能舞台
本間家能舞台

●ほんまけのうぶたい

✆0259-23-2888

MAP附錄②P.11 C-4

建於明治18（1885）年，舞台地板下埋有增加音響效果用的甕。本間家為佐渡寶生流的當家，居於佐渡能劇的中心地位。7月最後的週日會上演定例能。

→這座舞台是私人擁有的縣文化財

營自由參觀 所佐渡市吾潟987 交兩津港搭巴士往佐和田10分，本間家能舞台下車即到 P10輛

CLOSE UP

體驗用佐渡的米與鹽自己動手捏飯糰

參觀完製鹽工房後，每個人可以各自用飯鍋炊煮高人氣的佐渡市認證米「朱鷺と暮らす郷」，再捏成飯糰。

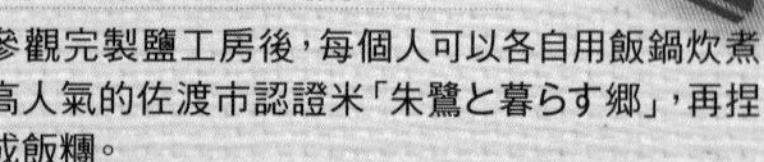

←品嘗自己做的鹽味飯糰，可以確實感受到米與鹽的美味

極致御飯糰製作體驗

●ごくじょうおにぎりづくりたいけん

✆0259-27-5000（佐渡観光交流機構）

營4～9月每天，9:30～10:30（需於前一天12時前預約） ¥成人1500円、小孩1000円 所佐渡市高瀬1267-5 めおと岩ドライブイン 交兩津港搭巴士往相川1小時，相川支所下車，車程15分（可接送需事先預約） P30輛 MAP附錄②P.11 A-4

佐和田 MAP附錄②P.11 A-1

迴転寿司 弁慶

●かいてんずしべんけい ☎0259-52-3453 美食

新鮮的佐渡產魚料連老饕也說讚

醋飯選用佐渡產越光米，並以每天早上在佐渡港上岸的漁獲為主，由職人捏製的壽司深受好評。用實惠的價格就能吃到令人感動的好滋味。在地人也很愛在午餐時段前來光顧。

L10:30～21:00 休週二 所佐渡市東大通833 交兩津港搭巴士往相川35分，東大通下車，步行5分 P100輛（共同停車場）

口味高雅的真鯛280円

甜味濃縮其中的甜蝦421円

帶有油脂的厚切竹筴魚140円

真野 MAP附錄②P.11 A-3

長浜荘魚道場

●ながはまそうさかなどうじょう ☎0259-55-2511 美食

提供當場現宰的新鮮海產

這間活魚餐廳位在面對著海、景觀極佳的壽司民宿「長浜荘」的1樓，店裡還設置了大水族箱。鯛魚、比目魚、鮑魚、岩牡蠣等美味的佐渡海鮮值得期待。

L11:00～13:30（L.O.） 休不定休 所佐渡市大須1021-1 交小木港搭巴士往佐和田BS40分，大須下車，步行5分 P30輛

每天魚料不盡相同的海鮮蓋飯1900円

堅持完全使用佐渡產食材 炸佐渡天然鰤魚蓋飯

CLOSE UP

佐渡產天然鰤魚裹上在地產米粉的麵衣油炸，沾滿特製飛魚高湯醬油醬汁，放在佐渡產米飯上，就成了這道炸佐渡天然鰤魚蓋飯。在「味彩」等4間島上的餐廳可以吃到。

插著豐收旗的炸佐渡天然鰤魚蓋飯1296円

味彩 ●あじさい

☎0259-58-8010 MAP附錄②P.11 B-1

L11:00～14:00（L.O.）、17:30～21:00（L.O.） 休週三（8月為不定休，需確認） 所佐渡市千種113-12 たびのホテル佐渡 交兩津港車程25分 P100輛

真野 MAP附錄②P.11 A-2

えんや Mycafe

●えんやまいかふぇ ☎0259-55-2544 美食

可欣賞海景的閒適咖啡廳

位於面向真野灣的木造倉庫群一隅的咖啡廳，吧檯座可欣賞海景。2樓有瑜珈教室及按摩沙龍，結合了美食、療癒、聚會等不同主題。

L10:30～16:00 休週三 所佐渡市豊田50 交小木港車程50分 P10輛

古色古香的木造建築讓人印象深刻

米粉可麗餅580円與健康飲品380円～

羽茂 MAP附錄②P.11 B-6

プトー・アンディカティール

☎0259-88-1227 美食

使用佐渡食材製作各式料理與蛋糕

位在羽茂的一里塚旁，散發溫馨氣氛的農家咖啡廳，店名為法文的一里塚之意。老闆使用佐渡牛等在地食材親手製作的料理及蛋糕每一道皆深受好評。

L11:00～18:00 休只有週五、六營業 所佐渡市羽茂村山2186-79 交小木港車程10分 P10輛

使用在地產食材製作餐點，吃得到店家的用心

新穂 MAP附錄②P.11 C-4

deVinco へんじんもっこ

●でびんこへんじんもっこ ☎0259-58-7027 美食

來自義式臘腸專賣店的好味道

義式臘腸名店「へんじんもっこ」直營的休閒風格義式料理餐廳，可以吃到使用工廠生產的香腸、培根製作的餐點。其他食材也都是產自佐渡當地。

L17:00～21:00（22:00打烊） 休週二 所佐渡市新穂青木749-3 交兩津港搭南線巴士15分，青木下車即到 P20輛

自製生火腿與佐渡產草莓披薩1500円

景點 親近佐渡美麗的大自然

江戶時代保留至今的日本原鄉風景

小倉千枚田

●おぐらのせんまいだ

☎0259-27-5000（佐渡観光交流機構）

MAP附錄②P.11 C-5

小倉的千枚田位在山坡地上，是僅依靠雨水等自然降水耕種的水田，排列著128片約13坪大的小田地。最早是從江戶時代的寛文年間開始進行開墾。

不僅是收割前，一年四季各有不同美景

L自由散步 所佐渡市畑野地區 交兩津港計程車30分 P無

海岸線上盡是美麗的向日葵花田

小川的向日葵花田

●おがわのひまわりばたけ

☎0259-74-2220（佐渡観光交流機構 相川支部）

MAP附錄②P.11 A-4

背後便是蔚藍海洋的向日葵花田，可說是佐渡獨有的美景。遠方可望見姬津大橋與尖閣灣，是絕佳的休憩地點。在這裡享受舒服的海風吹拂吧。

與碧海、藍天形成的對比美極了

L自由散步（向日葵為每年7月下旬～8月中旬） 所佐渡市小川地區 交兩津港搭新潟交通佐渡本線巴士往相川1小時，在相川轉搭往岩谷口15分，上小川下車，步行5分 P30輛

岩礁被滿滿的黃色花朵所覆蓋

尖閣灣（揚島遊園）

●せんかくわんあげしまゆうえん

☎0259-74-2220（佐渡観光交流機構 相川支部）

MAP附錄②P.11 A-3

這處佐渡數一數二的風景名勝以美麗的大海為背景，開滿向日葵的畫面極為壯觀。也可以搭乘遊覽船從海上賞景。

向日葵開花的季節會湧入大批遊客

L自由散步（只限遊步道，向日葵為每年7月下旬～8月中旬） 所佐渡市北狄 交兩津港搭巴士往相川1小時，在相川轉搭往岩谷口15分，尖閣湾揚島遊園下車，步行5分 P100輛

採訪memo 「電動輔助自行車 エコだっチャリ」租借電動自行車在島上移動也是不錯的選擇，或許還能發現開車或搭巴士看不到的風景。☎0259-27-5000（佐渡観光交流機構）¥最初2小時500円，之後每小時200円（1日2000円），甲地租乙地還、車輛運送1次1100円

德和　MAP附錄②P.11 C-6

北雪酒造
●ほくせつしゅぞう
✆0259-87-3105　購物

以講究的米、水、風土環境釀酒
使用佐渡產的豐富天然資源製造各種商品。除了日本酒、燒酎，也有販售梅酒等利口酒及酒類相關商品。最受歡迎的「北雪大吟釀YK35」喝起來芳香細膩，餘韻令人回味。

L8:00～17:00　休無休　所佐渡市徳和2377-2　🚌赤泊港即到　P20輛

緊鄰日本海，外觀氣派的建築十分吸睛

両津　MAP附錄②P.11 D-2

佐渡汽船商事 待合室食堂
●さどきせんしょうじまち あいしつしょくどう
✆0259-27-4812　美食

位在商店後方的蕎麥麵名店
車用渡輪及噴射水翼船候船室旁的商店後方，有一間內行人才知道的名店。使用佐渡產銅藻製成的「銅藻蕎麥麵」是人氣美食。

L6:45～19:15（有變動）　休無休　所佐渡市両津湊 両津港ターミナル2F　🚌両津港即到　P無

黏呼呼又滑溜溜的銅藻蕎麥麵600円

新穂　MAP附錄②P.11 C-4

フルーツカフェさいとう
✆0259-67-7088　美食

以當令水果打造出華麗甜點
使用大量剛收成的水果做成的鮮榨果汁及甜點十分受歡迎。每個季節都會推出不同品項，每種都能感受到水果的美味在口中蔓延。也可以買到新鮮水果。

L3～10月、11:00～16:00　休期間中週一　所佐渡市新穂青木667-1　🚌両津港車程15分　P20輛

冰凍的越後姬草莓刨成的越後姬雪花冰500円

小巧的店面散發居家氣息

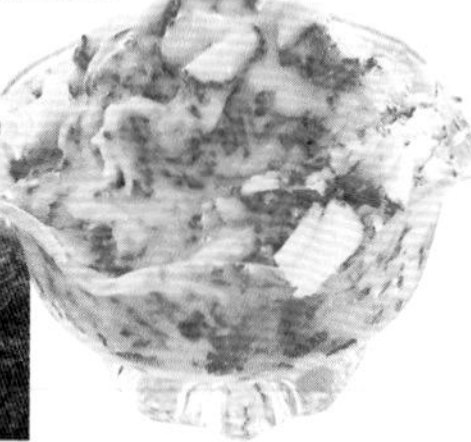

真野　MAP附錄②P.11 A-2

尾畑酒造
●おばたしゅぞう
✆0259-55-3171　購物

釀造佐渡代表性的日本酒
釀出曾在各大品評會上獲得眾多榮譽的「真野鶴」的酒藏。也有販售只有在這裡買得到的稀有日本酒。

L8:00～17:00　休無休　所佐渡市真野新町449　🚌両津港搭巴士經由真野新町往佐和田BS40分，真野新町下車，步行10分　P30輛

真野鶴 大吟釀720ml2700円獲法國航空選為頭等艙&商務艙專用酒

也提供全程20～30分鐘的酒藏導覽服務（免費）

小木　MAP附錄②P.11 D-6

魚晴
●うおはる
✆0259-86-2085　美食

能以實惠價格品嘗當令海鮮
店內有和室，氣氛寧靜舒適的海鮮料理餐廳，樓下就是自家經營的鮮魚店。綜合生魚片、和風鮑魚排為推薦美食。由於自家就有鮮魚店，因此能以實惠的價格提供當令海鮮給顧客。

L11:00～14:00　休每月1、15日、8月無休　所佐渡市小木町415-1　🚌小木港步行10分　P5輛

放了滿滿鮑魚的紅燒鮑魚蓋飯2400円

小木　MAP附錄②P.11 B-6

かっさい
✆0259-86-2124　美食

吃得到豪華海鮮的生魚片定食
家族經營的平民路線日本料理店，深受在地人喜愛。1樓為吧檯座與和室，2樓有團體席，旅行團也會來光顧。除了海鮮蓋飯及生魚片定食，冬天的火鍋也是人氣美食。

L11:30～14:00（打烊）、17:00～22:00（打烊）　休第1、3週日不定休　所佐渡市小木町1977　🚌小木港步行10分　P5輛

種類、分量都沒話說的生魚片定食1700円

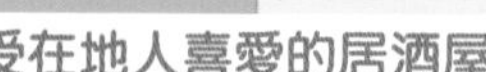

新穂　MAP附錄②P.11 C-4

へんじんもっこ 大野工場
●へんじんもっこおおのこうじょう
✆0259-22-2204　購物

提供高品質的極品義式臘腸
製造、販售義式臘腸，還曾在德國的品評會獲得國際參賽組的優勝。店內除了香腸、培根、生義式臘腸等人氣商品，也有適合當作伴手禮的禮盒組。

L9:00～17:00　休不定休　所佐渡市新穂大野1184-1　🚌両津港搭南線巴士20分，搭車時向司機表示要在へんじんもっこ前下車即可　P6輛

細絞肉裡鑲了番茄的里昂那香腸750円

使用新潟縣產津南豬肉製成的洋蔥義式臘腸1296円

真野　MAP附錄②P.11 A-5

手打そば 徳平
●てうちそばとくべい
✆0259-76-2833　美食

品嘗源自知名產地的可口蕎麥麵
被譽為相川最美味的蕎麥麵店。麵湯的調味突顯了蕎麥粉樸實而芳香的滋味。還會在特定季節推出蔬菜天麩羅蕎麥涼麵、水針魚天麩羅蕎麥麵等餐點。

L11:00～14:00（打烊）　休週三（逢假日則營業）　所佐渡市稲鯨1260-1　🚌両津港搭新潟交通佐渡本線巴士往相川40分，在佐和田巴士站轉搭新潟交通佐渡七浦海岸線巴士往相川22分，稲鯨西下車即到　P3輛

柴魚風味高湯口味高雅的蕎麥湯麵500円

相川　MAP附錄②P.11 A-5

金福
●きんぷく
✆0259-74-3934　美食

深受在地人喜愛的居酒屋
一開門就會湧入大量在地忠實顧客的居酒屋。可以享用大塊的雞胗、雞心、雞肝等串烤，以及用豬肉捲起香菇、蔬菜做成的下酒菜，並搭配「北雪」、「金鶴」等在地日本酒。

L17:00～23:00（打烊）　休週日　所佐渡市相川2-9　🚌両津港搭新潟交通佐渡本線巴士往相川1小時，相川下車，步行3分　P無

串烤搭配佐渡在地日本酒更是美味

竟然多達147座！高居全國第3名

獨家推薦 新潟 溫泉勝地

煩惱新潟實在太多溫泉，不知該如何挑選嗎？別擔心，以下幫你用泉質、所在位置、交通便利性等關鍵字，精心選出了最值得造訪的溫泉！

請教專業溫泉師！新潟的溫泉就該這樣泡

新潟有147座溫泉，數量為全日本第3多，分布在海邊、高原、田園風景等各具特色的環境，更是一大魅力。溫泉的顏色、泉質也五花八門，歡迎大家親身感受。讓自己置身各種環境體驗不同溫泉，更能提升療癒效果。

溫泉師協會負責人
遠間和廣先生
（遠間旅館→P.149老闆）

1 村上 瀨波溫泉 せなみおんせん

海景與美麗的夕陽
造就了全國性的高人氣

↑人氣溫泉旅館大觀莊瀨波之湯（→P.144）的露天浴池

旅館分布於瀨波海岸與山邊，許多都能欣賞到白沙青松、夕陽沒入日本海的美景。以新潟數一數二的豐富泉量著稱。

2 彌彥 彌彥湯神社溫泉 やひこゆじんじゃおんせん

位於著名神社以及
舊日驛站所在地的溫泉

↑老字號旅館四季之宿 MINOYA（→P.147）的露天浴池

鄰近彌彥神社（→P.80）的溫泉。據說可去除皮膚的角質、具有美肌效果的鹼性單純泉十分有吸引力。

3 新發田 月岡溫泉 つきおかおんせん

享有美人之湯名號
古色古香的浪漫溫泉街

↑村上館 湯傳（→P.147）的露天浴池

越後地方著名的高人氣溫泉。由於硫磺含量高，可溶解皮膚的角質，因此被暱稱為「美人之湯」。

越後關川溫泉鄉
清澈的荒川沿岸聚集了5座溫泉

咲花溫泉
位在風景名勝－阿賀野川畔的溫泉地

岩室溫泉
沉靜柔和氣氛圍繞的新潟後花園

鵜之濱溫泉
鄰近日本海的鵜之濱湧出的濱海溫泉

湯之谷溫泉鄉
旅館座落於山谷間的靜謐溫泉鄉

大澤山溫泉
具有美肌效果的越後秘湯

六日町溫泉
昭和32年開湯，有泉量豐富的鹽類泉

貝掛溫泉
以對眼睛特別有效著稱

村上 羽越本線 佐渡島 新潟 新発田 日本海 燕三条 磐越西線 柏崎 信越本線 上越新幹線 只見線 飯山線 直江津 越後心動鐵道 上越妙高 北陸新幹線 糸魚川 富山 越後湯沢

4 阿賀野 五頭溫泉鄉 ごずおんせんきょう

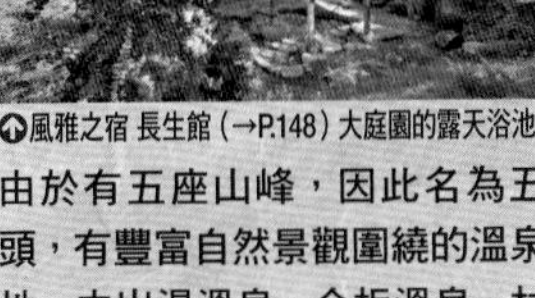

來體驗能讓人
變漂亮的溫泉

↑風雅之宿 長生館（→P.148）大庭園的露天浴池

由於有五座山峰，因此名為五頭，有豐富自然景觀圍繞的溫泉地。由出湯溫泉、今板溫泉、村杉溫泉3座溫泉構成。

10 妙高 赤倉溫泉 あかくらおんせん

在度假飯店也可以
盡情享受泡湯樂趣

↑癒し温泉の宿 遠間旅館（→P.149）的室內浴池

位於妙高山山腳，有數座高原度假村的溫泉地。溫泉是在江戶時代引來此地，為高田藩推動的建設，開湯至今已超過200年。溫泉師也是發源於此。

5 阿賀野 麒麟山溫泉 きりんざんおんせん

阿賀野川的
景色沒話說

↑雪椿之宿 古澤屋（→P.146）的露天浴池

位於美麗的麒麟山山麓，阿賀野川畔。2間緊鄰阿賀野川的溫泉旅館都能欣賞到絕美景色。

9 妙高 關溫泉 せきおんせん

以赤紅色泉水聞名
上杉謙信也曾造訪

↑注滿赤紅色泉水的中村屋旅館（→P.100）的戶外浴池

往昔被稱為「關山之湯」，是上杉謙信的時代便已出名的古湯。紅色的湯花是這裡的一大特色，泡過之後肌膚清爽柔嫩，具有美肌效果。

7 越後湯澤 越後湯澤溫泉 えちごゆざわおんせん

以交通便利著稱的
人氣溫泉勝地

↑雪國之宿 高半（→P.147）為川端康成執筆《雪國》之地

為文學名著《雪國》故事舞台的溫泉地。分布於上越新幹線越後湯澤站周邊，近年來也是熱門的滑雪度假勝地。

8 十日町 松之山溫泉 まつのやまおんせん

雪見風呂值得體驗
具有藥效的溫泉

↑ひなの宿 ちとせ（→P.148）冬天的雪見風呂在下雪時也可以泡

位在與長野縣相鄰的豪雪地帶。溫度高達92度，並名列日本三大藥湯之一的泉水為最大特色。

6 十日町 松代芝峠溫泉 まつだいしばとうげおんせん

↓獨棟旅館雲海（→P.145）的浴池

朝霧形成的雲海
絕對值得一看！

這座秘湯位在以梯田聞名的松代。從露天浴池欣賞朝霧在眼前描繪出的夢幻景色為一大賣點。

← 各溫泉地的推薦旅館請見次頁！

高瀨
越後關川
瀨波
岩室
月岡
五頭
麒麟山
彌彥湯神社
越後長野
赤倉
新赤倉
越後大湯
大澤山
越後湯澤
松代芝峠
松之山

精挑細選 新潟 優質住宿

名湯、山珍海味、絕景三大享受一次擁有

除了位居日本第3、數量豐富的溫泉，滿是美味海鮮的晚餐也超誘人……。新潟的旅館及飯店提供了各式各樣的享受。兼具舒適與機能性的和風摩登旅館也不可錯過！

大澤山溫泉

里山十帖 ●さとやま じゅうじょう

豪華氣派的老宅改裝成的旅館。內部別具韻味，配備了出自各國設計師之手的家具，打造出舒適空間。運用山間食材製作的料理也深受好評，吸引許多旅客一再造訪。

📞025-783-6777 所南魚沼市大沢1209-6 交JR大澤站車程5分（有接送服務，需預約） P20輛
MAP附錄②P.3 D-4

↑坐擁大自然美景的客房，內部裝潢展現了時尚感

住宿資訊

1泊2食 28944円～ IN 15:00 OUT 11:00
客房數 13 附露天浴池客房數 9 浴池 室內浴池1、露天浴池1
用餐 餐廳 不住宿旅客 可於餐廳消費

這裡最迷人
擁有可以眺望上信越群山的露天浴池。到了夜晚，抬頭便是滿天星斗，浪漫極了

置身里山享受靜謐奢華的時光

→露天浴池擁有可以欣賞群山美景的絕佳視野

↑因傑出的設計感而獲得了「造物工藝設計獎」

←使用新潟傳統蔬菜及山蔬製作的SANABURI早餐（需最晚2日前預約）

瀨波溫泉

大觀莊 瀨波之湯 ●たいかんそう せなみのゆ

可以從靠近海邊的「大浴場露天風呂」與俯瞰周圍景色的「天風之湯」欣賞周遭美麗的景緻。四季展現不同風貌的大海增添了旅途中的情趣。

📞0254-53-2131 所村上市瀨波溫泉2-10-24 交JR村上站搭巴士往八日市・岩船站8分，瀨波海岸前下車即到 P100輛
MAP附錄②P.14 E-2

住宿資訊

1泊2食 16200円～ IN 15:00 OUT 10:00
客房數 78 附露天浴池客房數 12
浴池 室內浴池男3・女2、露天浴池男3・女2、展望浴池1、包租湯屋1 用餐 餐廳、客房 不住宿旅客 可

這裡最迷人
瀨波溫泉有許多位在海岸邊的溫泉旅館，從這裡的浴池及客房露天浴池欣賞到的夕陽更是美不勝收

能沐浴在夕陽下泡湯的人氣旅館

大浴場露天浴池可欣賞染上了夕陽色彩的海面

↑可欣賞海景的客房

↑晚餐的食材以海鮮為主

新赤倉溫泉 赤倉觀光飯店
●あかくらかんこうほてる

位於標高1000m處的老牌高原度假飯店。從飯店望出去能看到斑尾山、野尻湖。附源泉放流露天浴池的溫泉大浴場為一大賣點，可以邊泡湯邊享受視野極佳的景觀。

住宿資訊
1泊2食 26070円～ IN 15:00 OUT 11:00
客房數 76 附露天浴池客房數 23
浴池 室內浴池男女各1、露天浴池男女各1、包租湯屋1
用餐 餐廳、客房 不住宿旅客 可(用餐配套方案)

0255-87-2501 所妙高市田切216 越後心動鐵道妙高高原站車程10分(有接送服務，需預約) P76輛
MAP附錄②P.19 B-2

80餘年傳統與令人屏息的絕景

這裡最迷人
早晨經常有雲海出現，在Aqua Terrace、浴池或客房愜意地欣賞美景吧◎!

➲邊泡湯邊欣賞美景讓人心曠神怡

➲客房讓人感受到傳統與格調。有西式及日式客房

➲共有4間餐廳，晚餐有法國料理、和食、壽司等選擇

在展望露天浴池享受感動的絕景

➲放眼望去盡是絕美景色的「雲海之湯」

松代芝峠溫泉 まつだい芝峠温泉 雲海
●まつだいしばとうげおんせんうんかい

可邊欣賞絕景邊泡湯的展望露天浴池十分有名，可望見十日町的群山、梯田、雲海等療癒心靈的美景。餐點則準備了使用新潟食材的宴席料理。

這裡最迷人
可以看見梯田、雲海等最能代表新潟的絕景，是這裡的重點

025-597-3939 所十日町市蓬平11-1 北越急行まつだい站車程7分 P70輛
MAP附錄②P.18 F-4

住宿資訊
1泊2食 12500円～
IN 15:00 OUT 10:00
客房數 23
附露天浴池客房數 無
浴池 室內浴池男女各1、露天浴池男女各1
用餐 餐廳、客房
不住宿旅客 不可

➲除了和室，也有準備西式床鋪的房型

➲集結了山珍海味的晚餐。米為南魚沼產的特級米

➲壯觀的大岩石浴池依時段區分男女使用

越後大湯溫泉 ホテル湯元
●ほてるゆもと

可讓人自在泡湯的大浴池一定要體驗

這裡最迷人
不僅可享受溫泉、自助式吃到飽的餐點，晚餐時段更提供酒類無限暢飲！

鄰近佐梨川的飯店，可在此充分享受泡湯樂趣。擺放著巨大岩石，空間寬敞的大岩石浴池十分有震撼力。晚餐約有50道當令食材製作的料理任你吃到飽。

0570-055-780 所魚沼市上折立460 JR小出站搭巴士往栃尾又溫泉30分，大湯溫泉下車，步行10分 P100輛
MAP附錄②P.2 G-1

住宿資訊
1泊2食 8574円～
IN 15:00 OUT 12:00
客房數 86
附露天浴池客房數 無
浴池 室內浴池男女各1、露天浴池男女各1
用餐 餐廳
不住宿旅客 可

➲可從客房欣賞周遭自然景觀，十分療癒

➲提供各種融合了日本與西餐口味的美味料理

➲前往旅館要先走過吊橋

越後關川溫泉鄉(鷹の巣溫泉) 鷹の巣館
●たかのすかん

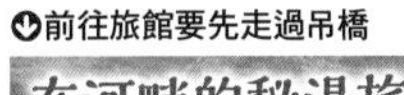

在河畔的秘湯旅館 遠離日常生活

位在磐梯朝日國立公園內荒川峽谷的溫泉旅館，建有9棟樣式各異的獨棟客房。擁有自家源泉，且泉量豐富的放流式溫泉為一大賣點。還能享用五彩繽紛的創意料理。

住宿資訊
1泊2食 16000円～ IN 15:00
OUT 10:00 客房數 12 附露天浴池客房數 9
浴池 室內浴池男女各1、露天浴池男女各1
用餐 餐廳、客房 不住宿旅客 不可

0254-64-1009 所関川村湯沢1072 JR越後下關站車程13分 P50輛
MAP附錄②P.14 H-5

瀨波溫泉 ゆうなみの宿 瀬波ビューホテル
●ゆうなみのやどせなみびゅーほてる

所有客房皆能欣賞夕陽及海景的飯店。使用三面川的鮭魚及來自日本海的海鮮製作，飯店引以為傲的料理也值得細細品嘗。靠山側還有いこいの森公園，可以盡情擁抱大自然。

0254-53-3211 所村上市瀬波溫泉3-5-38 JR村上站搭巴士往岩船站10分，市民会館前下車即到 P32輛
MAP附錄②P.14 E-3

住宿資訊
1泊2食 10800円～
IN 15:00 OUT 10:00
客房數 43 附露天浴池客房數 無
浴池 室內浴池男女各1、露天浴池男女各1
用餐 餐廳、客房
不住宿旅客 不可

位在可眺望日本海的絕佳地點

➲可聽見海浪聲的岩石露天浴池

成熟而低調
體現了木造建築之美

大廳風格氣派穩重，地爐也更添風情

♨岩室溫泉

高志の宿 髙島屋 ●こしのやど たかしまや

由料亭所經營，曾做為明治天皇的休憩處，是一間大有來頭的旅館。主屋為江戶時代的建築，是國家登錄有形文化財。在充滿雅緻韻味的宅邸中享用正統日本料理的極致享受也備受好評。

☎0256-82-2001 所新潟市西蒲区岩室温泉678甲 交JR岩室站搭巴士往間瀨12分，岩室下車，步行3分（有車站接送服務，需預約） P30輛 MAP附錄②P.16 H-4

這裡最迷人
種植了竹林、老松的寬廣庭園景色優美，夜晚點亮燈光後營造出夢幻氛圍

住宿資訊
1泊2食 19590円～
IN 15:00 OUT 11:00 客房數 18
附露天浴池客房數 4
浴池 室內浴池男女各1、露天浴池男女各1
用餐 餐廳 不住宿旅客 可

➡優美典雅的庭園與背後的山巒形成完美構圖

⬅以細膩的手法精心烹調而成，賞心悅目的傳統日本料理

⬇在包租露天浴池可獨佔眼前的絕景

在露天浴池中愜意放鬆
欣賞阿賀野川景色

♨麒麟山溫泉

雪椿之宿 古澤屋 ●ゆきつばきのやどふるさわや

旅館內妝點著色彩豔麗的山茶花。面向阿賀野川的露天浴池及包租露天浴池的景觀別有一番韻味。主要使用在地山蔬、菇類、來自日本海的海鮮製作的料理會隨季節變換菜色。

☎0254-92-3322 所阿賀町鹿瀬5860 交JR津川站搭計程車7分（津川站有接送服務，需預約） P30輛
MAP附錄②P.15 D-3

這裡最迷人
阿賀野川的壯麗風景極富魅力。隨時間展現出不同風貌的景色值得細細品味

住宿資訊
1泊2食 13110円～
IN 15:00 OUT 11:00
客房數 12
附露天浴池客房數 2
浴池 室內浴池男女各1、露天浴池男女各1、貸切浴池
用餐 餐廳
不住宿旅客 不可

⬅可欣賞山川景色的客房。也有附露天浴池的房型

⬅晚餐使用了日本海的海鮮、奧阿賀的山蔬等食材

♨越後長野溫泉

嵐渓荘 ●らんけいそう

位在山間溪流沿岸的溫泉旅館。除了有藥效的溫泉，使用嚴選食材製作的餐點也不同凡響。可以吃到鯉魚生魚片、鹽烤香魚、紫萁一本煮等來自在地山林的美味料理。

☎0256-47-2211 所三条市長野1450 交JR東三條站搭越後交通巴士往八木鼻溫泉40分，終點下車，步行30分（終點站、JR上越新幹線燕三條站、JR新越本線東三條站有接送服務，需預約） P50輛
MAP附錄②P.6 H-3

住宿資訊
1泊2食 16350円～
IN 15:00 OUT 10:00
客房數 17 附露天浴池客房數 無
浴池 室內浴池男女各2、露天浴池男女各2、包租湯屋
用餐 餐廳 不住宿旅客 可

⬇可以在露天浴池享受高濃度的強食鹽冷礦泉

這裡最迷人
前身為建於昭和時代初期的料亭，登錄為國家有形文化財的建築本身也很有看頭

被登錄為文化財的
秘湯溫泉旅館

⬅莊嚴氣派的歷史建築，一旁有清溪流過

⬅使用來自山林與溪流的食材，以及天然湧泉「真木之清水」烹調的料理。不住宿的旅客也吃得到

♨松之山溫泉

越後松之山温泉 凌雲閣 ●えちごまつのやまおんせん りょううんかく

充滿韻味的木造3層旅館。每間客房都是由建造神社的木匠發揮巧思精心打造，樣式各不相同，每次造訪都有驚喜。所有浴池皆為室內，有男女分開的大浴場及家族浴池。

✆025-596-2100 所十日町市松之山天水越81 交北越急行北北線まつだい站搭東頸巴士往松之山温泉25分，終點下車，步行7分(まつだい站有接送服務，需預約) P30輛

MAP附錄②P.3 B-3

山蔬、菇類的
美味料理遠近馳名
↑展現了工匠高超技藝的建築十分吸睛

住宿資訊 1泊2食 14190円～ IN 15:00 OUT 10:00 客房數 17 附露天浴池客房數 無 浴池 室內浴池男女各1 用餐 餐廳 不住宿旅客 不可

♨岩室溫泉

著莪の里 ゆめや ●しゃがのさと ゆめや

在2000坪的廣闊用地內僅有11間客房。在有室內浴池與露天浴池的大浴場可以享受100%自家源泉的溫泉。料理可配合個人食量、喜好做調整等貼心的服務也令人讚賞。

✆0256-82-5151

所新潟市西蒲区岩室温泉905-1

交JR岩室站車程10分 P10輛

MAP附錄②P.16 G-5

四季風情皆迷人的
天然自家源泉
↑露天浴池可欣賞到優美的自然景觀

住宿資訊 1泊2食 32550円～ IN 14:00 OUT 11:00 客房數 11 附露天浴池客房數 3 浴池 室內浴池男女各1、露天浴池男女各1 用餐 餐廳、客房 不住宿旅客 不可

♨月岡溫泉

村上館 湯傳 ●むらかみかん ゆでん

↓大浴場的露天浴池引自月岡溫泉的源泉

4種不同類型的附露天浴池客房很受歡迎。附設按摩沙龍，提供泰式古法及精油按摩，讓人在此放鬆。以日本海的海鮮等當令食材製作的宴席料理也堪稱極品。

✆0254-32-2231 所新発田市月岡温泉230 交JR豐榮站搭接駁巴士往月岡溫泉20分，月岡旧湯下車即到 P50輛

MAP附錄②P.15 D-2

在露天浴池享受色彩會產生變化的名湯

住宿資訊 1泊2食 10950円～ IN 15:00 OUT 10:00 客房數 25 附露天浴池客房數 4 浴池 室內浴池男女各1、露天浴池男女各1 用餐 餐廳、客房 不住宿旅客 可

♨彌彥湯神社溫泉

四季之宿 MINOYA ●しきのやど みのや

↓可以在露天浴池悠閒地泡湯並欣賞自然美景

位在最上層8樓的展望浴池可欣賞彌彥山的景色。鹼性泉具有去除汗垢、滋潤肌膚的效果。客房除了和室之外，也有重現了大正浪漫風格的和洋室。

✆0256-94-3000 所弥彦村弥彦2927-1

交JR彌彥站步行15分 P100輛

MAP附錄②P.16 G-2

溫和泉質博得了
美肌之湯的美名

住宿資訊 1泊2食 12500円～ IN 15:00 OUT 10:00 客房數 60 附露天浴池客房數 無 浴池 室內浴池男女各1、露天浴池男女各1 用餐 餐廳、客房 不住宿旅客 可

孕育出文學名著《雪國》的老牌旅館
↑女性浴場的半露天浴池。周圍的綠意十分優美

♨越後湯澤溫泉

雪國之宿 高半 ●ゆきぐにのやど たかはん

這裡最迷人 擁有自然湧出&源泉100%的高品質溫泉。窗外的盎然綠意也賞心悅目

因川端康成在此寫下《雪國》而聞名的旅館，使用的是約900年前第一代老闆發現的湯元源泉。由於溫泉中有蛋花般的湯花，因此又被稱為「卵之湯」。

✆025-784-3333 所湯沢町湯沢923 交JR越後湯澤站車程5分 P30輛

MAP附錄②P.2 G-4

住宿資訊 1泊2食 13650円～ IN 15:00 OUT 10:00 客房數 34 附露天浴池客房數 無 浴池 室內浴池男女各1、露天浴池女1 用餐 餐廳 不住宿旅客 不可

↑南館的和室可眺望山景及湯澤市區

↑晚餐使用了魚沼產越光米及河魚等在地食材

♨瀨波溫泉

晚霞映照下的旅館 汐美莊 ●ゆうばえのやどしおみそう

↓男性專用露天浴池「朝凪」等所有浴池都能欣賞夕陽美景

如夢似幻的夕陽
讓人忘卻時間流逝

這裡最迷人 最大的魅力當然是可以獨佔沒入日本海的夕陽！切記在黃昏前辦理入住手續

位於海濱，以夕陽美景著稱的旅館。建築經過精心設計，使得館內每一處都能欣賞到夕陽。每天黃昏時分都會招待獨家的雞尾酒。

✆0254-53-4288 所村上市瀬波温泉2-9-36 交JR村上站搭巴士往八日市・岩船站8分，瀨波海岸前下車即到 P100輛

MAP附錄②P.14 E-2

↑還有日本首座「夕陽劇院」，不論什麼天候都會上映夕陽美景

↑所有客房皆為海景房，有日式、西式等不同房型

↑位在海岸邊，是欣賞夕陽的絕佳地點

住宿資訊 1泊2食 16350円～ IN 15:00 OUT 10:00 客房數 91 附露天浴池客房數 4 浴池 室內浴池男女各1、露天浴池男3・女2、包租湯屋2 用餐 餐廳 不住宿旅客 可

月岡溫泉

白玉之湯 泉慶 ●しらたまのゆ せんけい

號稱能使肌膚如同白玉般美麗的溫泉，是旅館獨家挖掘出來的，可以在岩石庭園令人印象深刻的大浴場等舒適泡湯。館內的料亭採開放式廚房設計，能吃到現做的美味料理。

☎0254-32-1111 所新発田市月岡温泉453 JR豐榮站搭新潟交通觀光巴士往月岡溫泉25分，泉慶前下車即到（豐榮站有接駁巴士，定時發車） P500輛

MAP附錄②P.15 D-2

住宿資訊

1泊2食 17430円～ IN 15:00 OUT 10:00
客房數 110 附露天浴池客房數 11
浴池 室內浴池男2・女1、露天浴池男女各1
用餐 餐廳、客房 不住宿旅客 可

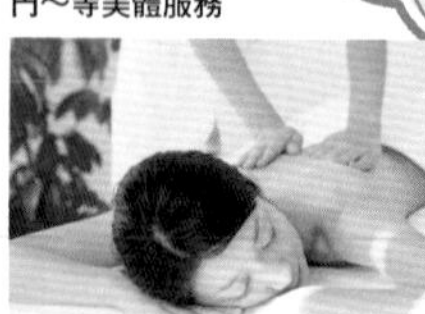

←晚餐還能吃到能平汁等鄉土料理
↓提供精油按摩4320円～等美體服務

這裡最迷人
月岡數一數二的豪華旅館。館內有展示了美術品的美術散步道，能讓人放鬆心情

自家源泉的優質溫泉
帶來極致泡湯體驗

露天岩石浴池使用的是自家源泉，泉質體貼肌膚

松之山溫泉

ひなの宿 ちとせ ●ひなのやど ちとせ

↓冬天被白雪覆蓋的露天浴池也別有情趣

感受四季變化呈現出的萬種風情

↓6.25坪大，精心打造的和室客房。房內有下嵌式座位

這裡最迷人
具有高濃度溫泉成分，名列日本三大藥湯之一的溫泉美肌效果一流！

館內全部鋪上了榻榻米，打造出讓人放鬆的空間。也有配備下嵌式座位、上下活動式拉門的客房，讓旅客在冬季更感舒適。使用在地食材製作的料理能吃到里山的美味。

☎025-596-2525 所十日町市松之山湯本49-1 北越急行まつだい站搭巴士往松之山溫泉25分，終點下車，步行4分 P35輛 MAP附錄②P.3 B-3

←晚餐使用了當地梯田種植的稻米及美味在地食材

住宿資訊

1泊2食 16350円～
IN 14:00 OUT 10:00
客房數 30
附露天浴池客房數 3
浴池 室內浴池男女各1、露天浴池男女各1、貸切浴池1
用餐 餐廳、客房
不住宿旅客 不可

五頭溫泉鄉

風雅之宿 長生館 ●ふうがのやど ちょうせいかん

↓男女浴池合計1000坪的庭園大露天浴池

在4000坪的庭園中
自在享受泡湯樂趣

這裡最迷人
整體環境與擁有初夏的杜鵑、紫藤花，秋天的紅葉等四季美景的大庭園完美融合在一起

擁有開湯700年的歷史，以及鐳含量在全日本名列前茅的名湯。館內有新潟最大的庭園大露天浴池與3棟不同風格的茶室風包租露天湯屋，可在大自然中盡情泡湯。

☎0250-66-2111 所阿賀野市村杉4632-8 JR水原站搭阿賀野市營巴士往村杉溫泉26分，終點下車，步行3分（JR新潟站有接送服務，需預約） P60輛

MAP附錄②P.15 B-4

↓有可以欣賞庭園景色的露臺供入住旅客休憩

→包租露天湯屋有桐木浴池等3種不同的類型

住宿資訊

1泊2食 17430円～ IN 15:00
OUT 10:00 客房數 27
附露天浴池客房數 1
浴池 室內浴池男女各1、露天浴池男女各1
用餐 餐廳、客房 不住宿旅客 需洽詢

赤倉溫泉

癒し温泉の宿 遠間旅館 ●いやしおんせんのやど とおまりょかん

妙高山湧出的溫泉帶來極致享受

⬆上層的客房可以望見妙高山

小巧的溫泉旅館位於赤倉溫泉的中心地帶。妙高山自然湧出的源泉放流溫泉保溫性佳，不易變涼。老闆是溫泉師協會負責人，擁有豐富溫泉知識。

☎0255-87-2028 所妙高市赤倉34-2 交越後心動鐵道妙高高原站搭巴士往赤倉溫泉20分，赤倉本通り下車即到 P15輛(冬天使用共同收費停車場)

MAP附錄②P.19 C-5

住宿資訊
1泊2食 10950円～
IN 15:00 OUT 10:00 客房數 9
附露天浴池客房數 無 浴池 室內浴池男女各1
用餐 餐廳 不住宿旅客 不可

月岡溫泉

したしみの宿 東栄館 ●したしみのやど とうえいかん

⬇包租湯屋「あかね」可以看到夕陽

充滿木頭暖意的旅館

讓人賓至如歸的待客之道為最大特色。提供附半露天浴池的客房、24小時都可泡湯的大浴場，也有包租湯屋。包租湯屋內還有客廳，泡完湯後可以好好休息。

☎0254-32-2711

所新發田市月岡溫泉552-2 交JR豐榮站搭接駁巴士往月岡溫泉20分，新潟前下車即到 P20輛

MAP附錄②P.15 C-2

住宿資訊
1泊2食 11880円～ IN 15:00
OUT 10:00 客房數 16 附露天浴池客房數 無
浴池 室內浴池男女各1 用餐 餐廳、客房 不住宿旅客 可

越後關川溫泉鄉(高瀨溫泉)

光兎の宿 あらかわ荘 ●こうさぎのやど あらかわそう

位於高瀨溫泉，全館皆鋪設榻榻米的和風旅館。大浴場的浴池以古代檜木打造，散發清爽香氣，十分療癒。老闆娘布置的花草裝飾及小東西等細膩的服務深受女性顧客好評。

☎0254-64-2118 所関川村高瀬308 交JR越後下關站車程5分 P20輛

MAP附錄②P.14 G-5

體驗傳說中的檜木浴池

⬆飄散檜木香氣的源泉放流溫泉泡起來舒服極了

住宿資訊
1泊2食 13110円～ IN 15:00
OUT 10:00 客房數 15 附露天浴池客房數 無 浴池 室內浴池男女各1 用餐 餐廳、客房 不住宿旅客 不可

高瀨溫泉

ちょっといい宿 髙橋屋観山荘 ●ちょっといいやどたかはしやかんざんそう

⬇成分溫和的泉水具有美肌效果

除了24小時開放的大浴場、屋頂的包租展望露天浴池，溫泉放流的庭園露天浴池「四季彩之湯」也深受好評。料理大量使用當令食材，更增添了季節風情。

☎0254-64-1188

所関川村湯沢228-4 交JR越後下關站搭計程車5分(越後下關站有接送服務，需預約) P20輛

MAP附錄②P.14 G-5

真誠的待客之道療癒極了

住宿資訊
1泊2食 13110円～ IN 15:00
OUT 10:00 客房數 20 附露天浴池客房數 無
浴池 無男女各1、露天浴池男女交替制1
用餐 餐廳、客房 不住宿旅客 不可

新潟市區最值得推薦的飯店 都會區住宿首選

新潟市區

新潟大倉酒店 ●ほてるおーくら にいがた

位在新潟市中心萬代橋畔，高15層的飯店。從商務到觀光等，各種目的都適合入住。在餐廳可以品嘗到充滿新潟季節感的料理。

☎025-224-6111
IN14:00、OUT11:00
¥單床房10692円～ 所新潟市中央区川端町6-53 交JR新潟站車程5分
P150輛

MAP附錄②P.12 E-3

可欣賞信濃川景色 位置絕佳

⬆高雅且寬敞的雙床房

新潟市區

新潟第一酒店 ●にいがただいいち ほてる

提供直通大廳的便利商店、男女分別的大浴場等，穿著輕便衣物、不用外出就能享受的便利設施。漫畫區&健身房還有多達15000冊的豐富藏書。

☎025-243-1111
IN15:00、OUT10:30
¥單床房6100円～
所新潟市中央区花園1-3-12
交JR新潟站即到 P100輛

MAP附錄②P.12 G-5

新潟站直達 便利性沒話說

⬆不論商務旅客或家庭出遊都適合住宿

新潟市區

新潟日航酒店 ●ほてるにっこう にいがた

前往佐渡島也方便的都會型飯店

新潟的水岸景點─朱鷺展覽館會議中心附設的飯店，客房位在22樓以上的高樓層。位在遠離鬧區的寧靜之地，可享受優雅的假期。

☎025-240-1888
IN14:00、OUT11:00
¥單床房8000円～
所新潟市中央区万代島5-1
交JR新潟站車程10分
P180輛(收費)

MAP附錄②P.12 F-2

⬆從大片的窗戶可望見日本海及佐渡

新潟市區

義大利軒飯店 ●ほてるいたりあけん

前身為明治時代創業的餐廳

前身為明治7(1874)年創業，日本現存最古老的西餐廳。客房為充滿優雅氣息的高格調空間，在餐廳可以品嘗到自創業之初傳承至今的料理。

☎025-224-5111 IN15:00、OUT 11:00 ¥單床房15000円～
所新潟市中央区西堀通7-1574
交JR新潟站搭巴士往古町方面8分，古町下車，步行5分 P50輛

MAP附錄②P.13 D-2

⬆展現典雅簡約氣氛的行政雙人房

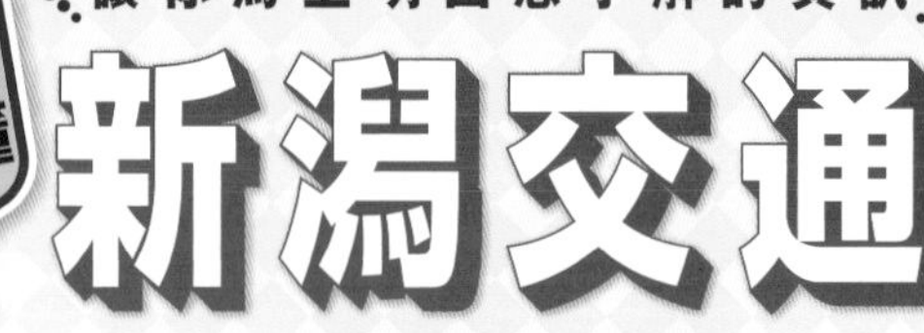

新潟交通指南

先從最便利的新潟市區看起

從日本各地前往新潟市區

從東京出發 JR上越新幹線／高速巴士

從東京一帶前往新潟站最主要的交通方式，是在東京站、大宮站搭乘JR上越新幹線。想省錢的話，可以從新宿、池袋、大宮等地，搭乘高速巴士至位在新潟市區中心的「萬代城巴士中心」。

	出發地	路線	抵達地	所需時間／車資
新幹線	東京站	JR上越新幹線 每小時1～2班	新潟站	1小時35分～2小時20分 10570円
	大宮站	JR上越新幹線 每小時1～2班	新潟站	1小時15分～1小時50分 10140円
高速巴士	池袋站東口	西武巴士等 日行每小時1班，夜行1日1班	萬代城巴士中心	5小時15分～5小時30分 3100～6700円
	新宿高速巴士總站（新宿站新南口）	西武巴士等 日行每小時1班，夜行1日2班	萬代城巴士中心	5小時45分～6小時 3100～6700円
	大宮站西口	西武巴士等 日行每小時1班，夜行1日1班	萬代城巴士中心	5小時45分～5小時55分 3100～6500円

其他地方 飛機／高速巴士

飛機

機場有直達新潟市區的巴士。除了一部分機場外，由於飛往新潟的班次有限，購票時請先做確認。

出發機場	航空公司・班次	所需時間／票價	抵達
新千歲機場	ANA・JAL 1日4班	1小時15～25分／31470円(※注1)	新潟機場
成田機場	ANA 1日1班	1小時5分／18640円	新潟機場
中部機場	ANA 1日2班	1小時／26910円	新潟機場
小牧機場	FDA(與JAL的聯營航班)1日1班	50分／28600円(※注2)	新潟機場
伊丹機場	ANA・JAL・IBX 1日10班	1小時5分／30860円(※注3)	新潟機場
關西機場	APJ 1日1班	1小時10分／4600円～	新潟機場
福岡機場	ANA・FDA(FDA為與JAL的聯營航班)1日3班	1小時30～50分／43600円(※注4)	新潟機場
那霸機場	ANA 1日1班(10～5月營運)	2小時25分／52920円	新潟機場

從新潟機場前往新潟市區搭巴士最方便！

有直達的利木津巴士與會沿途停靠的路線巴士，車程約30～40分。詳情請參閱新潟機場官網

(https://www.niigata-airport.gr.jp/access/bus.php)

航空MAP

新千歲機場 日本海 ANA・JAL 新潟港 新潟機場 APJ 太平洋 ANA・JAL・IBX FDA ANA 小牧機場 成田機場 伊丹機場 ANA 福岡機場 關西機場 中部機場 ANA・FDA ANA 那霸機場

※注1：JAL為33370円 ※注2：JAL同金額 ※注3：JAL為32760円、IBX為32590円 ※注4：JAL・FDA為46100円

高速巴士

其他城市直達「萬代城巴士中心」的高速巴士請見下表。若搭電車會繞遠路的話，不妨多加利用。

出發地區	搭車地	抵達地	行駛公司	班次數	所需時間	車資	備註
仙台出發	仙台站東口	萬代城巴士中心	JR巴士東北等「WEライナー」	日行1日7班 夜行1日1班	日行4小時20分 夜行5小時45分	3800～5200円	也可從廣瀨通一番町搭車。也可在新潟站前下車
福島出發	若松站前巴士總站	萬代城巴士中心	會津巴士（會津乘合自動車）等	日行1日4班	1小時55分	2060円	也可從鶴城・合同廳舍前及神明通等地搭車。也可在安田交流道或新潟站前等地下車
	郡山站前	萬代城巴士中心	福島交通巴士等	日行1日2班	2小時45分	3090円	也可從郡山市公所及桑野三丁目等地搭車。也可在新潟站前下車
富山出發	富山站前	萬代城巴士中心	富山地方鐵道巴士等	日行1日2～4班	3小時50分	4110円	也可從富山市公所前及總曲輪、富山市民病院前等地搭車。也可在新潟站前下車
金澤出發	金澤站東口	萬代城巴士中心	北陸鐵道巴士等	日行1日2班	4小時40分	4710円	也可從金澤站西合同廳舍前搭車。也可在新潟站前下車

※此外還有從山形、群馬、長野、名古屋、大阪直達萬代城巴士中心的高速巴士。

往來新潟各地的重點

其1 行程就從新幹線車站出發！

新潟縣內有上越新幹線的新潟站、燕三條站、長岡站、浦佐站、越後湯澤站，以及北陸新幹線的上越妙高站、糸魚川站等7個新幹線車站，也有從東京站搭新幹線就能直接到達的地區。

其2 除了佐渡，各地區都可以經鐵道前往！

本書介紹的各大地區之中，除了佐渡，都能搭乘電車前往。有些離車站較遠的溫泉地也有接駁巴士，請見本書的特集介紹！

前往佐渡的各種交通方式➜P.128

其3 善加利用優惠票券！

藉由縣內鐵道路線移動的話，有好幾種划算的票券，別忘了事前確認（→P.151）

注意事項

※飛機票價為一般時期普通票價（ANA為FLEX D票價），包含旅客設施使用費等。

※鐵道票價為全程之普通車資與一般時期的特急普通車指定席費用（包括轉乘優惠）的合計金額（搭乘快速、普通列車則僅有普通車資）。

※所需時間為去程之標準時間。本書刊載的資訊為2019年2月採訪、調查之內容。有可能隨時刻表修訂或票價調整等因素而變更，準備出發時請事先確認。

從新潟市區搭

電車·巴士前往各區域

越後湯澤·魚沼·十日町 P.61

越後湯澤·魚沼 43分/5380円

[新潟站]→JR上越新幹線「朱鷺號」→**[越後湯澤站]**

十日町 1小時15分～2小時5分/6030円

[新潟站]→JR上越新幹線「朱鷺號」→**[越後湯澤站]**→JR上越線・北越急行北北線直通※注→**[十日町站]**

※注：除直通列車外，途中需在六日町站轉乘

燕三條·彌彥·寺泊 P.75

燕三條 12分/3120円

[新潟站]→JR上越新幹線「朱鷺號」→**[燕三條站]**

彌彥 1小時5分～1小時35分/760円

[新潟站]→JR越後線→**[吉田站]**→JR彌彥線→**[彌彥站]**

寺泊 1小時10分～1小時35分/840円

[新潟站]→JR越後線（吉田行）→**[吉田站]**→JR越後線（柏崎行）→**[寺泊站]**

長岡·柏崎 P.87

長岡 22分/3500円

[新潟站]→JR上越新幹線「朱鷺號」→**[長岡站]**

柏崎 1小時20分/3360円

[新潟站]→JR特急白雪號→**[柏崎站]**

上越·妙高·糸魚川 P.97

上越·妙高 2小時/5070円

[新潟站]→JR特急白雪號→**[上越妙高站]**

糸魚川 2小時35分～3小時5分/5290円

[新潟站]→JR特急白雪號→**[直江津站]**→越後心動鐵道日本海翡翠線→**[糸魚川站]**

月岡溫泉·阿賀野川 P.107

月岡溫泉 約50分/540円

[新潟站]→JR白新線→**[豐榮站]**→接駁巴士→**[月岡溫泉]**

阿賀野川 50分～1小時25分/670円

[新潟站]→JR信越本線→**[新津站]**→JR磐越西線→**[東下條站]**

※若搭乘SL磐越物語則在新津站下車

村上·瀨波溫泉·笹川流 P.115

村上·瀨波溫泉 50分/2590円

[新潟站]→JR特急稻穗號→**[村上站]**

※前往瀨波溫泉從村上站搭乘路線巴士，詳情請參閱各旅館之介紹頁

笹川流 1小時35分～2小時25分/2770円

[新潟站]→JR特急稻穗號→**[村上站]**→JR羽越本線→**[桑川站]**

\超值乘車票券info/

新幹線W票券

新潟～越後湯澤
7700円等／1個月有效

◎可來回搭乘JR上越新幹線普通車自由席的2張組回數券。可供1人來回使用，也可2人單程使用。另外也有發售新潟～燕三條·長岡·浦佐及長岡～燕三條等區間。販售地點為JR東日本主要車站的綠色窗口、指定席售票機、View Plaza等。

白雪號W票券

新潟～直江津～新井 6080円等／1個月有效

◎可搭乘特急「白雪號」普通車自由席的2張組回數券。1人來回使用，或2人單程使用都可以。另外也有發售新潟～柏崎，長岡～直江津～新井等區間。販售地點為適用區間內的JR東日本兩端點的車站及其周邊主要車站的綠色窗口、View Plaza，以及越後心動鐵道的直江津、春日山、高田、新井、妙高高原、糸魚川等各站（越後心動鐵道各站未發售新潟～柏崎之W票券）。

越後1DAY PASS

1540円／使用當日有效

◎可不限次數搭乘新潟縣內JR東日本指定區域內的快速、普通列車、普通車自由席。單單來回新潟～長岡便可節省740円。全年皆可購買、使用。販售地點為指地區域內的JR東日本綠色窗口、指定席售票機、View Plaza、各大旅行社等。

越後2DAY PASS

2690円／2日有效　※販售至2019年9月30日

◎「越後1DAY PASS」的加強版。可在週一～週五、假日、暑假期間內預先指定的連續2日使用。除了幾乎涵蓋全新潟縣的JR東日本指定區域外，北越急行北北線與越後心動鐵道也在免費區間內。搭乘新幹線及特急需另行購買特急券。販售地點為免費區間內的JR東日本主要車站及其周邊主要車站的綠色窗口、指定席售票機、View Plaza、各大旅行社與越後心動鐵道的直江津、春日山、高田、新井、妙高高原、糸魚川等各站。

◎各交通機關聯絡電話

鐵道

JR東日本客服中心
050-2016-1600

北越急行（北北線）
025-750-1251

越後心動鐵道（直江津站）
025-543-3160

信濃鐵道
0268-21-4701

航空

ANA（全日空）
0570-029-222

JAL（日本航空）
0570-025-071

IBX（伊別克斯航空）
0120-686-009

FDA（富士夢幻航空）
0570-55-0489

APJ（樂桃航空）
0570-001-292

巴士

JR巴士東北仙台站東口巴士服務處
022-256-6646

會津巴士若松營業所
0242-22-5555

福島交通高速巴士中心
024-536-6131

富山地方鐵道高速巴士預約中心
076-433-4890

北陸鐵道預約中心
076-234-0123

開車前往各地

若是開車自駕，關越・北陸自動車道為最主要的行駛路線。前往村上可由新潟中央JCT接日本海東北自動車道，前往妙高高原則行駛上信越自動車道。前往阿賀野川流域的津川等地走磐越自動車道最方便。

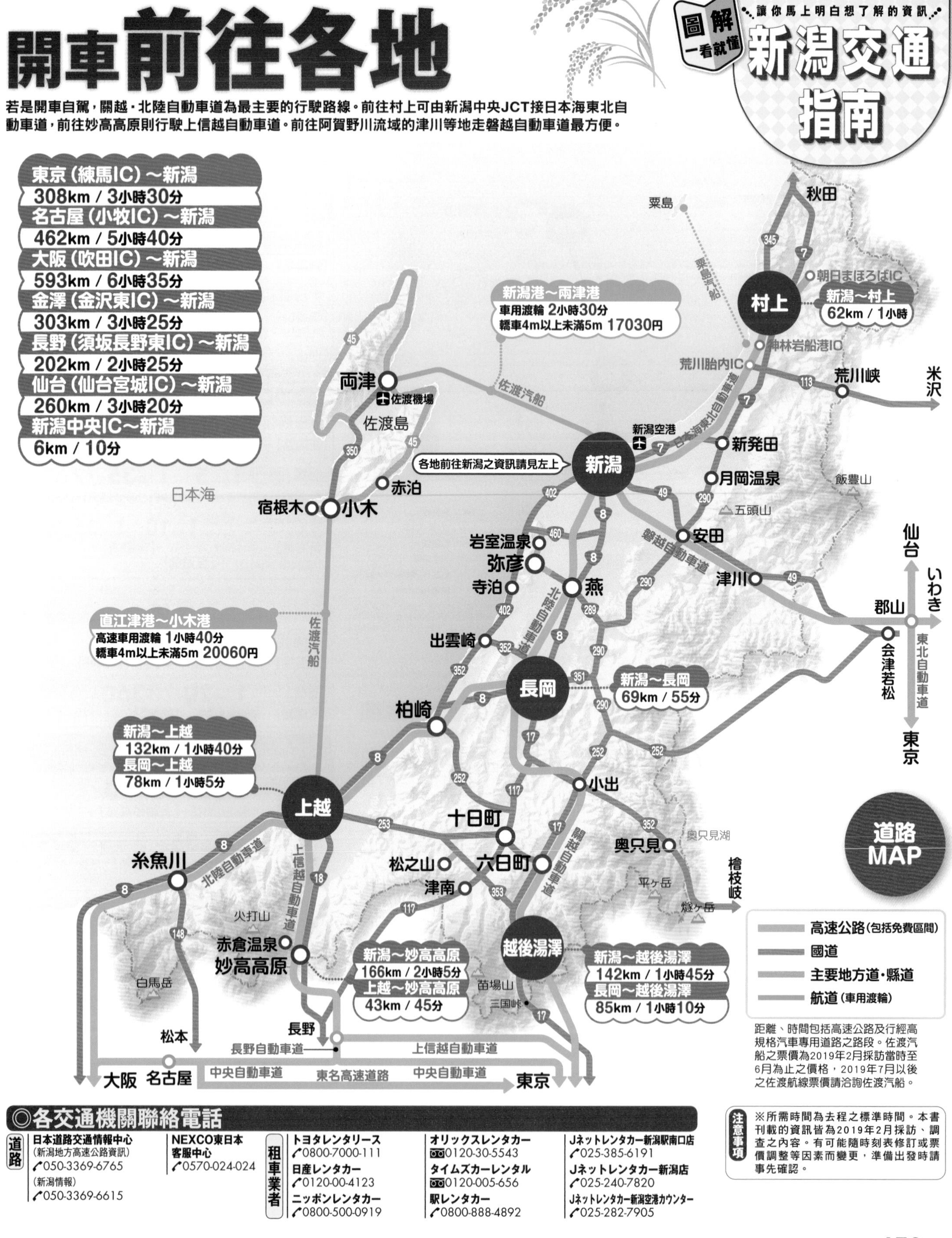

距離、時間包括高速公路及行經高規格汽車專用道路之路段。佐渡汽船之票價為2019年2月採訪當時至6月為止之價格，2019年7月以後之佐渡航線票價請洽詢佐渡汽船。

◎各交通機關聯絡電話

道路

- 日本道路交通情報中心（新潟地方高速公路資訊）050-3369-6765（新潟情報）050-3369-6615
- NEXCO東日本客服中心 0570-024-024

租車業者

- トヨタレンタリース 0800-7000-111
- 日産レンタカー 0120-00-4123
- ニッポンレンタカー 0800-500-0919
- オリックスレンタカー 0120-30-5543
- タイムズカーレンタル 0120-005-656
- 駅レンタカー 0800-888-4892
- Jネットレンタカー新潟駅南口店 025-385-6191
- Jネットレンタカー新潟店 025-240-7820
- Jネットレンタカー新潟空港カウンター 025-282-7905

注意事項 ※所需時間為去程之標準時間。本書刊載的資訊皆為2019年2月採訪、調查之內容。有可能隨時刻表修訂或票價調整等因素而變更，準備出發時請事先確認。

十一～十五畫

十六畫以上

景景點 玩玩樂 食美食 買購物 溫溫泉 住住宿

Mapple Magazine

哈日情報誌 新潟 佐渡 INDEX

符號、英文字母

@foodelic …… 47
Atelier Le Coeur …… 123
Auberge Furumachi …… 47
Bague …… 95
Befco ばかうけ展望室 …… 52
BOOKS f3 …… 45
café dandelionのおやつ工房 …… 47
Cafe Konditorei Hiro Kranz …… 49
cafféitalia …… 53
CAVE D'OCCI WINERY …… 60
CoCoLo新潟 …… 13・42・附錄①5
cotori cafe …… 109
Denka大天鵝球場 …… 57
deVinco へんじんもっこ …… 141
DILL …… 45
Fermier …… 34
focaccia e vino TETTO …… 47
foods bar sasaki music+ …… 53
för ägg …… 103
FOREST ADVENTURE湯澤中里 …… 63
GALA夏季公園 …… 63
GATARIBA …… 38
GÂTEAU SENKA本店 …… 92
Gelateria Regaro …… 84
GEO河岸段丘花火2019 …… 89
GIVE ME CHOCOLATE …… 53
Hachi Café …… 73
hana*kiku …… 47
Heaven's Cafe …… 103
hickory03 travelers …… 46
IJIRUSHI insieme …… 35
IKOTE …… 73
ISANA …… 44
JR村上站 …… 120
KADO shoe repair & beer stop …… 45
KEN's BURGER …… 47
Kippis7265 …… 44
KONA SNOW Coffee Roasters 江南区本店 …… 35
La Barque de Dionysos …… 136
La Bistecca …… 37
La Grassa …… 66
La Plage …… 136
LE POELON BIS …… 51
Love Market Cafe …… 138
MIMATSU CAFE 大手店 …… 91
MURANGOZZO …… 66
nemon …… 45
NIHONKAI FISHERMAN'S CAPE …… 96
NIIGATA COFFEE DONYA BAY STANDARD …… 50
NIIGATA COFFEE DONYA THE BAROQUE …… 35
NIIGATA光之盛典 …… 9
Ogi Diving Center …… 140
OONOGAME LODGE …… 133
PÂTISSERIE AU RALENTI …… 105
PATISSERIE MARUYA …… 123
Patisserie Riz-Riz …… 103
Porto Cave d' Occi …… 54
premium POWDER 米 …… 108
premium SAKE 蔵 …… 108
premium SELECTION 旨 …… 109・112
premium SENBEI 田 …… 109
premium TASTE 香 …… 109
Quatre-Vingts …… 53
QUON CHOCOLATE 新潟 …… 46
RESTAURANT & BAR KOSADO …… 134
Ruruck Kitchen …… 44
Ryutoダイニング 新潟駅前店 …… 29
SAKURAプラザ …… 103
salt&cafe …… 117
SL磐越物語 …… 111
Snow Peak Headquarters …… 63
STOCK BUSTERS 燕店 …… 77
SUN Set Café Dining …… 53
SUZUDELI …… 90
SUZUVEL …… 38
TANITA CAFE …… 95
taruhi glass works …… 45
Teapresso&Slowfood Cafe Audrey …… 52
trattoria A alla Z 長岡店 …… 95
TRATTORIA ORA HARACUCE …… 114
umicafe DONA …… 15・91
Un Grand Pas …… 137
Un Lemieux 駅南店 …… 50
URUSHI OHTAKI …… 125
Vege Table …… 85
Wa's Style …… 46
work place シロツメ舎 …… 45
Y&Y GARDEN …… 112・114
YASUDA YOGURT CoCoLo南館店 …… 43

日文假名

アウトドアカレッジ冒険舎 …… 70
あらきんラーメン …… 15・105
あわしま自然体験学校 …… 117
いくとぴあ食花 …… 57
いち井 …… 94
いもり池 …… 102
イヨボヤ会館 …… 124
うおぬま倉友農園おにぎりや …… 70
うぶすなの家 …… 11・73
えびす鯛 …… 38
えんや Mycafe …… 141
おぐに和紙の店 …… 94
おさかな亭 白根店 …… 21
おしゃぎり会館（村上市郷土資料館） …… 121
おもてなしの宿 石田屋 …… 118
おもてなし広場 …… 80
オレたちのラーメン ちょび吉 …… 31
お米の楽校 …… 10・69
お食事処 みよしや …… 105
お菓子の龍宝堂 …… 112
カール・ベンクス古民家民宿 YOSABEI Hiruma Cafe …… 138
かっさい …… 142
カネタみやげ店 …… 105
カフェバー風待 …… 32
かま炊きめしや こめ太郎 …… 70
かんずり …… 103
きぶんー …… 114
きものリサイクル蔵や …… 47
こかげカフェ L'ombrage …… 48
こがね鮨 …… 20
ことぶき寿司 内野店 …… 23
ことりと …… 92
こまどり …… 30
ジェラテリア Popolo …… 55
したしみの宿 東栄館 …… 149
しまふうみ …… 138
しまや 窪田バイパス店 …… 139
シャモニー本店 …… 55
しょこら亭 瓢湖店 …… 13・112
しらつゆ …… 137
すがばたけ …… 37
せかい鮨 …… 12・18
せきかわ歴史とみちの館 …… 126
せきとり本店 …… 33
そばの郷 Abuzaka …… 37
たべあるき横丁 …… 68
たまごスイーツカフェ 中条たまご直売店 …… 50
だるまや 女池店 …… 57
ちょっといい宿 高橋屋観山荘 …… 149
ツバメコーヒーSTAND …… 35
どっぺり坂 …… 49
とんかつ太郎 …… 12・32
とん汁の店たちばな …… 104
なり-nuttari NARI- …… 45
にぎり米 …… 25
ネルソンの庭 …… 34
パノラマタワー …… 81
はらこ茶屋 …… 124
ハリカ水原店 …… 112
ばるむ食堂 …… 31
パンのかぶと …… 43
ピアBandai …… 52
ビストロ椿 …… 28・38
ひなの宿 ちとせ …… 148
ひらしお …… 78
ファミリーダイニング小玉屋 …… 70
プチドール …… 139
ぶどう畑 …… 37
ブトー・アンディカティール …… 141
フルーツカフェさいとう …… 142
フレンド CoCoLo長岡店 …… 90
へんじんもっこ 大野工場 …… 142
ホテル湯元 …… 145
ぽんしゅ館 魚沼釜蔵 新潟店 …… 29
ぽんしゅ館 越後湯沢店 …… 68
ぽんしゅ館 新潟駅店 …… 42
ぽんしゅ館（クラフトマンシップ） …… 43
ぽんしゅ館（爆弾おにぎり家） …… 43
みかづき万代店 …… 33
ミネラル工房 …… 122
むすびや百 …… 55
むらかみ旅なび館 …… 120
やさい工房 あぐりDining …… 37
ゆうなみの宿 瀬波ビューホテル …… 145
ラーメン東横 笹口店 …… 30
レストランナカタ …… 90
レストラン日本海 …… 96
レストラン彩巴 …… 25
レストラン雪国 …… 70
ロシアチョコレートのマツヤ …… 53
わくわくファーム豊栄店 …… 33
わたや 平沢店 …… 94
わっぱ飯と割烹の吉田屋 …… 84

一～五畫

七浦海岸 …… 133
二龜 …… 133
八海山空中纜車 …… 70
力屋觀光汽船 …… 135
十一屋商店 …… 67
十日町市博物館 …… 72
十日町雪祭 …… 9・73
三川観光きのこ園 …… 111
三吉屋 …… 31
三角家 …… 135
三省屋 …… 73
三國街道鹽澤宿 牧之通 …… 69
三條夏祭大花火大會 …… 88
上古町商店街 …… 12・46
上堰潟公園 …… 57
上越市立水族博物館 UMIGATARI …… 15・104
上越市立歴史博物館 …… 99
上越市埋藏文化財中心 …… 98
上越妙高APA渡假村 …… 101
上越科學館 …… 104
上越祭大花火大會 …… 88
上越観光物産センター ふるさとコーナー …… 99・103
丸十 …… 52
丸屋本店 CoCoLo本館店 …… 50
千代鮨 本店 …… 19
千年の市 じろばた 畑のレストラン …… 73
千年鮭 きっかわ …… 14・121・123
千年鮭 井筒屋 …… 14・118
千経 …… 119
夕凪の橋 …… 86
大佐渡酒店 …… 133
大助 駅前本店 …… 24
大杉屋惣兵衛 本店 …… 103
大和屋 CoCoLo本館店 …… 51
大海屋みやげ店 …… 67
大野龜 …… 133
大黒屋 …… 99
大源太峡谷露營場 …… 62
大観荘 瀬波之湯 …… 144
女川ハム工房 …… 122
小千谷市総合産業会館サンプラザ …… 95
小千谷市錦鯉之郷 …… 93

【 MM 哈日情報誌系列 33 】

新潟 佐渡

作者／MAPPLE昭文社編輯部
翻譯／甘為治
校對／黃渝婷
編輯／林庭安
發行人／周元白
排版製作／長城製版印刷股份有限公司
出版者／人人出版股份有限公司
地址／23145 新北市新店區寶橋路235巷6弄6號7樓
電話／（02）2918-3366（代表號）
傳真／（02）2914-0000
網址／www.jjp.com.tw
郵政劃撥帳號／16402311 人人出版股份有限公司
製版印刷／長城製版印刷股份有限公司
電話／（02）2918-3366（代表號）
經銷商／聯合發行股份有限公司
電話／（02）2917-8022
第一版第一刷／2019年11月
定價／新台幣420元
港幣140元

國家圖書館出版品預行編目(CIP)資料

新潟 佐渡 MAPPLE昭文社編輯部作；
甘為治翻譯. --
第一版.-- 新北市：人人, 2019.11
面； 公分. --（MM哈日情報誌系列；33）
ISBN 978-986-461-198-0（平裝）

1.旅遊 2.日本新潟縣

731.73209 108015427

MM日本33
201911